临沂市河东年鉴

HEDONG YEARBOOK

2017

临沂市河东区人民政府　主办

临沂市河东区地方史志办公室　编

方志出版社
Publishing House of Local Records

图书在版编目（CIP）数据

河东年鉴. 2017 / 临沂市河东区地方史志办公室编
. --北京：方志出版社，2018.1
ISBN 978-7-5144-2930-5

Ⅰ. ①河… Ⅱ. ①临… Ⅲ. ①区（城市）—临沂—2017—年鉴 Ⅳ. ①Z525.24

中国版本图书馆CIP数据核字（2018）第014689号

河东年鉴（2017）

编　　者： 临沂市河东区地方史志办公室
责任编辑： 王　品

出 版 人： 冀祥德
出 版 者： 方志出版社
地址　北京市朝阳区潘家园东里9号（国家方志馆4层）
邮编　100021
网址　http://www.fzph.org
发　　行： 方志出版社图书经销中心
电话（010）67110500
经　　销： 各地新华书店
印　　刷： 济南黄氏印务有限公司

开　　本： 889×1194　1/16
印　　张： 23.5
字　　数： 615千字
版　　次： 2018年1月第1版　2018年1月第1次印刷
印　　数： 0001～1000册

ISBN 978-7-5144-2930-5　**定　价：** 298.00元

《河东年鉴（2017）》编纂委员会

《河东年鉴（2017）》编纂人员

1月6日，市委书记、市人大常委会主任林峰海带领全市转方式调结构现场交流会与会领导到河东区现场观摩

1月25日，全国供销总社监事会副主任王韩民到河东区检查指导供销社综合改革试点情况

2月2日，全区扶贫开发暨民生工作推进会议召开

2月29日，全区科学发展总结表彰大会召开

3月5—7日，中国人民政治协商会议第十四届临沂市河东区委员会第五次会议在区政务大厦召开

3月6—8日，河东区第十八届人民代表大会第五次会议在区政务大厦召开

3月24日，省委党校常务副校长徐闻一行到河东区开展党校调研工作

3月25日，全区社会治安综合治理暨“雪亮工程”建设工作会议召开

3 月 28—29 日，省人民检察院检察长吴鹏飞一行到河东区视察

4 月 13—14 日，省人大常委会副主任于建成带领省人大大气污染执法检查组到河东区检查

4月15日，省司法厅党委副书记、副厅长马灵喜到河东区调研基层司法行政工作

4月22日，省委常委、常务副省长孙伟到河东区调研重点项目建设工作和教育发展情况

4月30日，临沂经喀什至巴基斯坦瓜达尔“临沂号”国际货运班列开行仪式在河东区胶新铁路临沂北站货场举行。市委书记、市人大常委会主任林峰海宣布“临沂”号国际货运班列开行，并与市委副书记、市长张术平为国际货运班列揭牌

5月17日，省发改委党组成员、副主任崔建海带领省政府学校建设安全工作专项督导组对河东区学校建设安全工作进行督查

5 月 31 日 ，全国人大农业与农村委员会副主任委员、省政府原省长李春亭到河东区视察经济社会发展情况

6 月 7 日，区委书记王晓军视察汤河综合治理工程

6 月 9 日，区委副书记、区长赵晓晖带队视察全区秸秆禁烧工作

7 月 27 日，副省长、公安厅厅长孙立成到河东区视察公安工作

8月26日，外交部原部长、中国公共外交协会会长、中国人民外交学会名誉会长李肇星到河东区调研

9月3日，副省长张务锋一行到河东区调研非物质文化遗产工作

9月8日，市委副书记、市长张术平到河东区视察特殊教育发展情况

9月28日，全区环保突出问题治理攻坚动员会召开

10 月 27 日，中组部党员教育和干部测评中心主任、全国基层办副主任陈燕楠一行到河东区开展党员教育培训和远程教育调研工作

12 月 11 日，区委书记隽新阳到八湖镇调研

12 月 11 日，中华全国供销合作总社党组书记、理事会主任王侠到河东区调研供销社综合改革试点工作

12 月 13 日，区委副书记、区长候选人姚运明带队调研全区重点本土企业发展情况

编辑说明

一、《河东年鉴（2017）》（以下简称《年鉴》）是中共河东区委、河东区人民政府主办的政务工具，编纂业务由区地方史志办公室完成。该书旨在全面系统地记述2016年河东区自然、经济、政治、文化、社会和人物等方面的基本情况，突出地方特点和优势，具有资料的丰厚性、综合性、权威性等特点，是各级领导决策的重要参考依据，是各方面了解河东的信息窗口。年鉴于2006年创刊，此卷为第三卷。

二、《年鉴》坚持以马列主义、毛泽东思想、邓小平理论、“三个代表”重要思想、科学发展观和习近平新时代中国特色社会主义思想为指导，力求观点正确、内容翔实、分类科学、结构严谨、特色鲜明、语言精练、文图并茂、实用性强。

三、《年鉴》正文，主要记述2016年度全区地理环境、政治、经济、政法、科技、教育、文化、卫生、体育、社会、人物、文献等方面的内容；彩色图片为综合新闻。

四、《年鉴》正文采用分类编辑法，一般设类目、分目、条目三个层次。条目为全书基本记述单位，其标题采用黑体字并加【】表示。

五、《年鉴》行文采用语体文记述体，使用规范化汉字、标点符号和标准计量单位。

六、《年鉴》“人物”，主要收录2016年度获市级（含市级）以上劳动模范与先进个人称号的人物；正文中“领导成员”，专指2016年度在职的区级及镇、街道、区直各部门领导，期间任、离职者在姓名后标注；副科级单位用“※”标明。

七、《年鉴》稿件由全区各有关部门、单位指定专人撰稿，并经撰稿单位领导审核，为示负责，文后署撰稿人、审稿人姓名。全区主要综合数据以区统计局公布的为准，但因个别供稿单位统计口径不同等原因，有的数据在不同条目中略有出入，使用时请注意出处。

八、《年鉴》的编纂出版得到区委、区政府领导的高度重视和关心，也得到社会各界和所有参编单位及全体撰稿、审稿人员的大力支持和配合，在此深表谢意。由于时间和水平所限，书中难免有疏漏之处，敬请批评指正。

目　录

特　载

大事记

综　述

政党·政务

社会团体

法治·军事

经济管理

农　业

工　业

国内外贸易·招商引资

交通·邮电

城建·环保

财政·税务

金融·保险

科教文卫

社会事业

镇街（园区）

园区发展

人　物

附　录

特　载

TeZai

走在前列　争先进位
奋力建设“大美新”临沂美丽河东区

——在区委十三届十三次全体（扩大）会议上的报告（摘要）

（2016 年 12 月 18 日）

区委书记　隽新阳

一、2016 年的工作

今年以来，在中央和省委、市委坚强领导下，区委常委会团结带领全区广大党员干部群众，全面落实创新、协调、绿色、开放、共享五大发展理念，深入实施“五区托一城”发展战略，统筹做好稳增长、调结构、促改革、惠民生、守底线等各项工作，实现“十三五”良好开局。

（一）繁荣新河东建设跃上新台阶。区委常委会以供给侧结构性改革为主线，坚定不移地推动转方式、调结构，加快经济转型升级步伐。预计全年实现生产总值 193.8 亿元，增长 9%；实现一般公共预算收入 13.9 亿元（按照新统计口径），增长 10.9%；实现社会消费品零售总额 139 亿元，增长 12%。一是矢志不移推进重大项目建设。深入开展“重大（重点）项目突破年”活动和项目建设“百日会战”，1—11 月，开工建设重大（重点）项目 72 个，累计完成投资 170 亿元，其中 1 个省级重点、30 个市级重点项目全部开工建设，连续四年有项目被列入省级重点，重点项目建设工作迈上新台阶。二是持之以恒突破提升园区建设。东城新区开发建设纳入全市战略部署和工作重点，与北城新区交相辉映的滨河“城市天际线”正加快形成；临沂农高区成功创建国家农业科技园区，成为全市第三个国家级产业园区；临沂汤泉旅游度假区是全市第一家省级旅游度假区，被评为“山东省重点文化产业园区”，正在申报国家级旅游度假区；临沂临空经济区建设成效初显，临沂机场开通国际航线、货机航线，顺丰物流、跨境电商等一大批项目成功落户运营，航空物流、飞机维修、飞行员培训等临空经济业态初具规模，“五区”载体平台功能日臻完善，为后发崛起奠定了坚实基础。三是千方百计推进产业转型升级。扎实推进“腾笼换鸟”工程和“新天地”计划，利用环保、安全生产、节能等手段倒逼传统产业转型升级，加快培育新兴产业，1—11 月，全区工业用电量增长 13.4%，增幅居全市第 3 位。三次产业比例调整为 6.5 ∶ 46.4 ∶ 47.1，首次实现“三二一”产业格局。引导传统产业“退城进园”，42 家化工企业完成转型、搬迁。实施工业技改项目 46 个，成功获批全市第一家环保产业园。新型工业蓬勃兴起，石墨烯、新能源汽车、新医药等产业加速成长。现代服务业快速崛起，电子商务、商贸物流、现代金融、养老养生、文化旅游等现代服务业快速发展，商城实现市场交易额达 541.7 亿元，商城国际化进程快速推进。四是全力以赴推进“三引一促”。全年引建项目 127 个，到位区外资金 110 亿元，其中 500 强项目 5 个，过 10 亿元的项目 17 个；引进“千人计划”专家、“泰山学者”等高层次人才 6 名，创新创业人才 106 名，高学历人才

218名；引进先进技术、成果53项，新增注册商标2343件，有效注册商标总量位居全市第2位，发展要素资源更加集聚。

（二）宜居新河东建设迈出新步伐。区委常委会始终坚持绿色发展理念，深入实施生态文明建设工程，加快建设生态宜居新城。全区总规和“五区”规划、镇村布局规划实现全覆盖。城市建成区面积达30.5平方千米，城镇化率提高2个百分点，被确定为国家级新型城镇化“全域旅游”标准化试点区。一是城乡面貌更加靓丽。城区开发加速推进，引进建设了环球阳光城、豪森国际广场、翔宇豪生、吾悦广场等一批城市综合体，商业配套显著提升。引进建设了市委党校新校区、临沂体校、市第五人民医院等项目，城市品质功能进一步优化。完成房屋征收161.5万平方米，新开工商品住宅小区126万平方米，建成1.05万套安置住房，提前完成节点计划。推进城市管理和改革创新，城市发展更加有序。坚持产业强镇、富民兴镇，形成了“一镇一主业”的特色发展模式。深入推进“幸福家园”建设五年计划，建成36个新型农村社区，开工建设29处社区综合服务中心，被评为全省城乡环卫一体化全覆盖区，120个村居完成“户户通”硬化路，省级三年改厕任务一年基本完成，美丽乡村建设迈上新台阶。二是基础设施更加完善。深入开展“基础设施建设年”活动，路网结构日趋完善，南京路、陶然路沂河大桥顺利通车，临沂内环实现闭合，中环道路骨架加快闭合联通。顺利完成北京东路60万平方米拆迁任务，改建工程已全面铺开。华阳公铁联运物流园区、临沂机场航空货运枢纽等项目顺利建设，开通了货运航班和4条国际货运班列，助推临沂加速融入“一带一路”。一批“大水利”工程加快建设，河湾水库、茶山橡胶坝工程主体完工，投资4.5亿元对汤河实施全流域整治，葛沟灌区节水改造项目和石拉渊灌区渠首橡胶坝顺利推进，总投资7350万元的小农水重点县项目全部完工并通过省级验收。三是生态环境更加优良。加大环保攻坚力度，持续推进大气污染防治，在抓好秸秆禁烧、扬尘治理等工作的同时，加大工业排放治理力度，列入市攻坚行动计划的5家治理再提高企业均完成治理并监测达标，实现了镇街空气自动监测设施全覆盖。1—11月，全区空气质量综合指数居全市第3位，获市级生态补偿金、空气质量改善率均居全市第1位。全面实施水环境污染防治，加快国家级汤河湿地公园和祝丘河、李公河生态治理等重点工程建设，新建、改扩建污水处理厂5处，24个农村新型社区污水处理设施全部安装完成，3个市控河流断面综合达标率达91%，生态宜居的城市魅力更加彰显。

（三）幸福新河东建设再上新水平。区委常委会始终牢记习近平总书记视察临沂时“让老区人民生活得更幸福”的殷切嘱托，坚持以体系化理念推进民生建设，1—11月份，用于民生方面的支出达18.5亿元、增长8.2%，居民人均可支配收入达到23428元、增长9%，广大人民群众有了更多的获得感和幸福感。一是脱贫攻坚成效显著。深入落实“七个全覆盖”“9+1”脱贫措施、“产业园区、社区服务中心、美丽乡村”建设“三个快落实”等，全力以赴“摘穷帽”“拔穷根”，实现省定贫困线和低保线“两线合一”，全区3695户6298名贫困人口全部实现脱贫退出，15个省定贫困村全部按程序摘帽，全面完成脱贫攻坚目标任务。二是民生实事全面落实。以“体系化”理念推进民生建设，深入实施“8+3”体系化民生工程。统筹推进教育优先发展再提升和义务教育学校“全面改薄”工程，新建、改扩建学校、幼儿园20处，全区中小学硬件设施达到省级办学标准，新增学位8000余个，有效缓解“大班额”问题。全民健康保障工程加快推进，区人民医院与北大医疗产业集团全面合作，取得实质性进展，改造提升、扩建镇街卫生院4处、村卫生室60处，全区90%村卫生室基本达到省标准化要求，计生服务工作不断提升。文明城市测评居全市前列。养老服务体系加快建设，新建11处敬老院、社区日间照料中心，全区特困人员养老全覆盖。新增城镇就业5362人，转移农村劳动力就业15110人。低保实现了动态管理下的应保尽保，城乡居民养老保险实现全覆盖。“文化惠民”工程深入推进，建设省级综合文化站2处，提升综合文化服务中心30个，实现文化器材贫困村全覆盖、行政村文化广场全覆盖，成功举办央视《乡村大世界》河东行活动。三是社会保持和谐稳定。积极创新社会治理，深化平安河东、法治河东建设。深入开展安全生产“大快严”活动，全区没有发生较大以上生产安全事故。深入开展“大下访”“大排查”“大接访”“大救助”活动，社会治理体系和救助体系“网底”更实更牢。政法、综治工作位居全省先进行列，被评为“全市信访工作先进县区”和“全省安全生产先进县区”。

（四）党的建设实现新突破。区委常委会牢固树立党建工作是第一责任、最大政绩的理念，全面落实管党治党主体责任。一是扎实开展“两学一做”学习教育。确定了“一个主题教育展、三项活动”的实践特色，党员领导干部带头讲党课，完成党员集中党性教育2.5万人次，区委理论中心组被评为全省先进县级党委中心组。二是扎实推进区镇换届工作。认真落实上级关于换届工作的有关部署，坚持“好干部”标准，对镇街干部进行了换届调整，干部队伍结构得到进一步优化。三是不断夯实基层党建基础。制定出台了区域化党建双带动“2351”工程三年规划，实施了基层组织建设“双百”工程，新建、改扩建村级组织活动场所50处，对20个软弱涣散基层党组织进行了整顿，每年用于基层党建工作经费提高到4000余万元，基层党组织战斗堡垒作用持续增强。四是落实全面从严治党。深入学习贯彻党章等党内法规，坚持把纪律和规矩挺在前面，严格落实党委主体责任、纪委监督责任，党风廉政建设和反腐败斗争深入推进，1—11月立案154起，给予党政纪处分165人。作风建设持续深化，严格落实中央八项规定精神，认真整改落实省委巡视组反馈意见，累计查处违反中央八项规定精神问题21个、处理59人，作风建设常态化、长效化机制更加健全。民主政治建设成效明显，人大、政协重要作用得到充分发挥，统战、人武、法院、检察、群团、双拥、老干部等各项工作也取得了新的成绩。

（五）区委自身建设得到新加强。在坚持统揽全局、协调各方过程中，区委始终高度重视自身建设。一是增强政治定力。结合“两学一做”学习教育，全年组织理论学习13次，进一步坚定了理想信念，增强了看齐意识，自觉在思想上政治上行动上同以习近平同志为核心的党中央保持高度一致。二是提高执政能力，制定出台了《中共河东区委工作规则》《中共河东区委常委会议事规则》等系列制度，严格把好权力边界，规范了从政行为，提升了执政能力。始终坚持党管意识形态不动摇，牢牢把握领导权和话语权。三是切实作好表率。区委常委严格遵守党内政治生活制度和廉洁自律各项规定，坚决执行民主集中制，自觉依程序、按规矩办事，以上率下，发挥了模范带头作用，常委会班子科学决策能力和水平进一步提高。

同志们，今年以来，全区各项工作取得了新进展、新突破、新成效，成绩来之不易，这是市委、市政府坚强领导的结果，是全区各级党组织和广大党员干部群众共同奋斗的结果，是区委委员、候补委员、区几大班子、区级各部门和社会各界，鼎力维护支持的结果。在此，我代表区委常委会表示衷心的感谢！

在总结成绩的同时，我们也清醒地看到，常委会的工作还存在一些问题和不足：一是经济发展转型升级的压力还比较大，经济总量小，大项目、支柱型项目少的问题仍是全区短板；二是镇域经济还比较薄弱，城乡差别比较突出，与中心城区的地位还不相匹配；三是基础设施建设水平滞后，配套不足，质量不优，城区供暖还未实现全覆盖，城乡环境面貌还有较大差距；四是基层组织建设仍存在薄弱环节，部分基层组织党的领导弱化，战斗力不强；五是个别领导干部服务效率不高，干事创业激情不足，不作为、慢作为，农村基层干部违法违纪现象仍时有发生，等等。针对这些问题，区委常委会进行了深入思考，将采取有力措施认真加以解决。

二、今后五年的工作

今后五年，是全面建成小康社会的决胜阶段。全区工作总的指导思想是：高举中国特色社会主义伟大旗帜，紧密团结在以习近平总书记为核心的党中央周围，全面贯彻党的十八大和十八届三中四中五中六中全会精神，紧紧围绕"五位一体"总体布局和"四个全面"战略布局，牢固树立"五大发展理念"，认真落实"大美新"临沂建设部署要求，深入实施"五区托一城"发展战略，团结带领全区干部群众坚定信心，奋发进取，全力打造创业新城、和谐新城、生态新城、活力新城、幸福新城，实现生产美、生态美、生活美，努力建设令人向往的"大美新"临沂美丽河东区，奋力在全面建成小康社会新征程中走在前列。

全力以赴实现"一三五"总体目标。明确"一个目标"。围绕建设"大美新"临沂美丽河东区这个目标，增强自信，奋力前进，再续辉煌。努力实现"三个追求"。围绕建设繁荣新河东，努力追求生产美。坚持绿色、低碳、循环发展，大力推进产业集群化、智能化、高端化、特色化、服务化发展，推动经济保持中高速增长，产业迈向中高端水平，发展质量效益明显提高。围绕建设宜居新河东，努力追求生态美。坚持以人为本，打造天蓝、地绿、水清、城美的新家园，绿树成荫、碧波荡漾、空气清新、移步即景的滨水生态宜居风貌更加彰显，深入推进文明城、卫生城创建，国家生态文明先行示范区建设取得重大突破。围绕建设幸福新河东，努力追求生活美。深入实施"8+3"系统民生工程，推动社会公平正义，维护全区平安和谐，实现学有优教、病有良医、老有乐养、住有宜居，人民生活更加和美。坚定落实"五个发展定位"。落实创新发展，建设创业新城。把改革创新贯穿于发展的方方面面，深入推进全面深化改革，加快实施创新驱动战略，以体制机制的不断健全、发展动力的加快转换，在更大层面、更深层次上破解发展瓶颈、激活发展动能、形成"大众创业、万众创新"的良好局面，让创新创造活力充分迸发，让创业创富源泉充分涌流。落实协调发展，建设和谐新城。把全区经济社会作为一个整体来谋划、作为一个系统来推进，坚持问题导向，紧盯薄弱环节，在固优固强、补差补短中，加快实现城镇与农村、经济与社会、产业与生态、硬实力与软实力的统筹协调，推动河东各项事业全面发展、全面进步。落实绿色发展，建设生态新城。坚持从生产和生活两头入手、治理和保护两手齐抓、约束和激励两端发力，大力优化产业结构、能源结构和生态治理结构，加快建设碧水蓝天、绿色低碳、人文厚重、和谐宜居的资源节约型、环境友好型社会，让绿色成为河东发展最鲜亮的底色。落实开放发展，建设活力新城。主动对接国家、省、市开放战略，利用国际国内两个市场，充分发挥区位交通优势，深度融入"一带一路"，以开放平台的再完善、开放领域的再拓展、开放内涵的再丰富、开放机制的再优化，为河东新一轮发展集聚更多资源、开辟更大空间。落实共享发展，建设幸福新城。坚持以人民为中心，以体系化理念推进民生工程，持续巩固脱贫成效，更大力度解决民生问题，结出更多民生福祉成果，不断提升群众的获得感、幸福感和满意度。

坚定不移实施"五区托一城"发展战略。一是以临沂东城新区开发建设为龙头，打造生态宜居城市标志区。落实市委、市政府"北上东进"战略，与兰山区对标呼应，以"三环"

为城市发展辐射圈，以九曲街道为核心，北上辐射太平街道，东进覆盖凤凰岭街道、相公街道，以沂河滨河沿线为呼应北城新区的沿河风景线，以北京东路为对接北城新区的城市中轴景观线，打造与临沂老城区和北城新区交相辉映的靓丽东部新城。二是以临沂经开区北区建设为支撑，打造新型工业发展集聚区。对接借力国家级临沂经济技术开发区，以凤凰岭街道、汤河镇、工业园区为主体，加快全区工业向经开区北区集聚发展，构建工业强区的主平台。三是以临沂临空经济区建设为突破，打造高端商贸物流引领区。以规划的临空经济区为主体，大力发展新型高端商贸业态，联通整合公铁物流园区，充分发挥空港、铁港特有的产业带动作用，积极构建融入"一带一路"的桥头堡，打造临沂商城国际化的新引擎。四是以临沂国家农业科技园区建设为引领，打造现代都市农业示范区。以新规划的国家农业科技园区核心区为起步区，围绕"三河（沂河、汤河、沭河）四岸（沂河东岸、汤河两岸、沭河西岸）"，以太平街道为龙头，八湖镇、郑旺镇、汤河镇为主体，坚持产业带动，点上突破、线上延伸、面上拓宽，加快一二三产融合发展，为全国现代农业产业发展提供科技引领、服务支撑和展示样板。五是以临沂汤泉旅游度假区建设为带动，打造全域旅游发展样板区。实施全域旅游战略，以汤头街道为主体，以争创国家级旅游度假区为引领，融合发展旅游产业、现代农业、美丽乡村、生态文明、健康产业，全力构筑文旅、农旅、康旅等深度融合的"全域旅游"格局，把河东打造成全国知名的温泉旅游核心目的地，建设国际有影响力的休闲度假健康养生胜地。

三、2017年的工作

2017年是实施"十三五"规划的重要一年，是供给侧结构性改革的深化之年。2017年全区工作总的思路目标是：认真贯彻中央经济工作会议精神，按照"走在前列、争先进位"的工作要求，围绕"十三五"规划确定的"一个提前、四个倍增、六个显著提升"目标任务，扎实推进"八项发展举措"，着力强化"四个坚实保障"，努力谱写"大美新"临沂美丽河东区建设的新篇章。

（一）充分发挥河东优势，努力补齐发展短板，扎实推进"八项发展举措"。一是打造临沂城市北上东进的主战场。充分发挥临沂城市"北上东进"的发展布局优势，借势"三环"道路的整合联通，完善城市路网等基础设施配套，拉开东部新城发展框架，迈开拉近联通临沂临港区的东进步伐。加快旧城旧村改造，提升城市服务功能，全力推进新型城镇化，打造特色小镇，建设美丽乡村，推动城乡一体发展。二是打造河东工业"升级版"。充分发挥毗邻国家级临沂经济技术开发区的优势，全力推动园区配套，拉开园区发展框架，依托经开区北区推动工业向园区集聚发展，充分发挥环保产业园平台载体作用，引导环保产业有序退城进园。加快五金机械、食品加工、家具装饰建材等传统产业转型升级，培植壮大新能源新材料、高端装备制造、生物医药等战略性新兴产业，培植壮大本土骨干企业，实现工业新突破。三是加快建设临沂商城国际化的桥头堡。充分发挥空港、铁港、陆港交通优势，依托临空经济区和公铁联运物流园，大力发展商贸物流、电子商务、航空服务、总部经济、现代金融、服务外包等现代服务业，培树河东经济发展新的增长极。四是把河东农业农村打造成叫响全国的现代农业体验观光园。充分发挥国家农业科技园区和农村"三权"改革政策优势，深入推进农业供给侧结构性改革，依托奥正农博园、立晨农业生态园、瑞泽农业等龙头带动，促进花卉苗木、蔬菜种植、城郊农业向都市观光农业转型提升，实现一二三产融合发展。五是让河东成为最具活力的创业乐园。充分发挥河东区人才辈出的人文优势和新区特有的环境优势，吸引河东成功人士回乡创业，打好“三引一促”硬仗，积极引进企业和教育卫生等方面优秀人才，打造河东发展人才高地，全力推动企业二次创业，形成内强外拓、发力赶超的开放开发活力。六是打造令人向往的临沂城市新家园。充分发挥教育、文化、体育、医疗等城市功能要素集聚优势，积极跟进、超前谋划，努力打造全市一流的教育、一流的医疗、一流的养老、一流的社区、一流的环境。七是实现河东绿色崛起。充分发挥沂沭汤三河流域和城区“三环十五射”道路景观的绿色优势，加快建设以河为轴的生态廊道，全力打造以路为轴的绿色通道，规划布局以城市公园为核心的城市绿地，努力建成生态宜居河东，让美丽河东成为“大美新”临沂的“美之所在”。八是打造全域旅游的河东模式。充分发挥汤头温泉、都市农业、滨河风光、红色圣地、文化之邦的资源优势，以国家级新型城镇化“全域旅游”标准化试点区建设为契机，依托汤泉旅游度假区和市游客集散中心，结合特色小镇建设，发挥鲁商知春湖、奥华温泉、沂州古城、龙园等龙头项目的带动作用，做好“旅游+”和“+旅游”文章，全域规划、全景打造、全面提升，全力创建国家级旅游度假区。

（二）着力强化“四个坚实保障”，确保美丽河东建设打开新局面。一是弘扬沂蒙精神，强化思想保障。大力弘扬“一心为民、勇于担当、大义忠诚、敢为人先”的新时期沂蒙精神，发扬“艰苦创业、励精图治、敢为人先、能打善战、求真务实、真抓实干”的河东干劲，拚上豁上、苦干实干，在打好全面建成小康社会“新孟良崮战役”中勇当先锋、争做表率。二是深化改革创新，强化体制保障。认真贯彻落实好中央全面深化改革的顶层设计和省委、市委改革任务部署，结合河东实际，突出重点领域、关键环节，敢于摆脱定势，敢于突破常规，用创新的思维探索新路，用创新的胆略突破瓶颈，形成系统完备、科学规范、运行有效的体制机制。三是优化发展环境，强化服务保障。坚持依法治区，自觉运用法治思维和法治方式开展工作，推进社会治理的法制化、科学化。加强社会诚信建设，大力推进政务诚信、商务诚信、司法公信等诚信体系建设，在全社会营造诚实守信的社会风尚。推进社会治理精细化，有效预防和化解矛盾纠纷，建立健全治安防控体系，依法打击违法犯罪，不断巩固深化平安河东建设。牢固树立安全发展理念，狠抓安全生产隐患排查治理和风险分级管控两个体系建设，确保安全生产持续向好，促进社会和谐稳定。四是狠抓党的建设，强化组织保障。坚持党要管党、从严治党，以区镇换届工作为契机，着力打造“忠诚干净担当”的干部队伍，始终保持党的先进性和纯洁性。切实加强基层组织建设，全力做好村两委换届工作，实施加强村级班子百村帮扶行动和壮大集体经济百村攻坚工程，时时处处体现为民、务实、清廉的良好形象，为加快发展提供坚强组织保障。

四、认真贯彻落实十八届六中全会精神

党的十八届六中全会是在全面建成小康社会决胜阶段召开的一次十分重要的会议。全会主题重大、影响深远，在中国共产党发展史上具有重要的里程碑意义。今天，区委全会审议通过了《中共临沂市河东区委关于深入学习贯彻党的十八届六中全会精神的意见》。全区各级党组织和广大党员干部要把学习宣传贯彻六中全会精神作为当前首要政治任务，自觉在思想上政治上行动上同以习近平总书记为核心的党中央保持高度一致。

一要坚决维护习近平总书记在全党的核心地位。全会明确习近平总书记的核心地位、正式提出“以习近平同志为核心的党中央”，对党和国家事业发展具有重大现实意义和深远历史意义。要深刻认识到，明确习近平总书记的核

心地位，是历史的选择、实践的选择、人民的选择，事关统筹推进“五位一体”总体布局和协调推进“四个全面”战略布局，是顺应时代发展召唤，更好进行具有许多新的历史特点的伟大斗争、推进党的建设新的伟大工程、推进中国特色社会主义伟大事业的迫切需要，有利于更好地维护党中央权威、维护党的团结和集体统一领导，更好地统一全党意志、集中全党智慧，凝聚全党全军全国各族人民的力量，为实现“两个一百年”奋斗目标、实现中华民族伟大复兴的中国梦而不懈奋斗。全区各级党组织和广大党员干部要进一步增强“四个意识”，特别是核心意识、看齐意识，把坚决维护习近平总书记领导核心地位作为首要政治纪律，更加紧密地团结在以习近平总书记为核心的党中央周围。

二要坚定不移落实全面从严治党要求。这次全会制定的《准则》、修订的《条例》，为规范党内政治生活、加强党内监督提供了根本遵循。我们一定要认真学习领会、贯彻落实好。要加强和规范新形势下党内政治生活，抓好思想教育这个根本，严守党的纪律和规矩这个生命线，把准选人用人这个导向，抓实组织生活这个经常性手段。要从严从实抓好党内监督，党委（党组）要肩负起监督的主体责任，敢抓敢管、从严监督，抓早抓小、防微杜渐；各级纪委要用好监督执纪“四种形态”，强化巡察和派驻监督，发现问题苗头及时咬耳扯袖；要注重党内监督与人大监督、行政监督、审计监督、民主党派监督、群众监督、社会舆论监督相结合，形成强大的监督合力。要集中整治薄弱环节和突出问题，以严和实的作风抓好整改。要坚持以上率下、标本兼治、举一反三，推动管党治党从“宽松软”真正走向“严实硬”。

三要以贯彻落实全会精神推动当前各项工作。当前正值年终岁尾，各项任务异常繁重，各级各部门要把学习贯彻十八届六中全会和省委、市委全会精神，与做好当前工作紧密结合起来。一要高度负责抓好换届工作。区镇换届是全区政治生活中的一件大事，要把做好换届工作作为贯彻落实十八届六中全会精神的重要检验。要切实负起责任，精心组织，周密安排，以高度的责任感扎实做好各项筹备工作，为党代会、“两会”顺利召开营造良好环境，确保不出现任何闪失。二要全面抓好重点项目。继续实施“重大（重点）项目突破年”和“基础设施建设年”活动，集中精力盯紧项目，加快推进沂州古城、吾悦广场、临沂公铁联运物流园、10万吨高纯石墨深加工、临沂绿城·桃李春风、鲁商健康城等103个区级以上重点项目建设，明确责任、挂图作战、务求实效，确保圆满完成年初确定的工作任务。要做好迎接全市现场观摩交流会工作，明确分工及责任人，精心准备项目现场，优化观摩路线，确保取得好的名次。三要科学破解发展瓶颈。要创新投融资方式，放大政府资金撬动社会资本效用，保证项目的顺利实施。要多措并举增加土地供应，科学破解用地瓶颈，最大限度保证城市开发、项目建设、民生事业用地需求。四要认真细致安排好各项民生工作。元旦春节将至，各级要周密安排好困难群众和老党员、老英模的走访慰问工作，巩固深化脱贫攻坚的成果，切实把党和政府的温暖送到群众心坎上。五要毫不放松抓好安全稳定。各镇街（园区）、部门单位一定要把安全隐患排查好、整治好，一定要把矛盾纠纷化解好、稳定好，真正做到关键时刻不掉链子、不添乱子、不捅漏子，确保社会大局和谐稳定。六要及早谋划明年工作。要着眼今后五年，立足抓好明年，抓紧梳理各项重点任务、重点工程，拉出具体的项目清单，做到早敲定、早安排、早启动、早落实，确保明年开好局、高起步。

践行新理念　引领新发展
奋力谱写“大美新”临沂美丽河东区崭新篇章

——在中国共产党临沂市河东区第十四次代表大会上的报告（摘要）

区委书记　隽新阳

（2017年1月17日）

一、过去五年的工作回顾

区第十三次党代会以来的五年，是河东适应新常态、应对新考验、探索新路径、取得新成就的五年。在省委、市委坚强领导下，在市直各部门大力支持下，区委团结带领全区广大党员干部群众，坚持以邓小平理论、“三个代表”重要思想、科学发展观为指导，认真贯彻落实党的十八大和十八届历次全会精神，全面落实习近平总书记系列重要讲话特别是视察临沂重要讲话精神，深入实施“五区托一城”发展战略，统筹做好稳增长、调结构、促改革、惠民生、守底线等各项工作，圆满完成了区第十三次党代会确定的各项目标任务，繁荣宜居幸福新河东建设迈上新台阶。

过去的五年，是繁荣新河东建设“乘势而上”，经济发展大幅提升的五年。一是综合实力显著增强。2016年，全区实现地方生产总值193.8亿元，是2011年的1.5倍、年均增长8.7%；一般公共预算收入14.03亿元，是2011年的2.3倍、年均增长17.7%；完成规模以上固定资产投资149亿元，是2011年的2倍、年均增长15.6%；实现社会消费品零售总额140亿元，是2011年的2.6倍，年均增长21.4%。一般公共预算收入占对标区徐州市云龙区比重由2014年的53.8%提高到72%。全区税收过千万元企业达到32家，其中山东荣盛富翔有限公司和山东奥德有限公司纳税过亿元，临沂正直有限公司、临沂华太有限公司纳税过5000万元。二是产业结构进一步优化。三次产业比例由7.6：52：40.4调整为7.2：45.9：46.9，形成了“三二一”产业格局。农业现代化水平稳步提升。实施了葛沟灌区节水改造等一批重点农田水利工程，粮食实现连年丰产。国家农业科技园区扬帆起航，新增优质农产品产业园区8个、区域品牌40个、市级以上农业产业化龙头企业58家，成功创建全国农产品加工业示范基地和首批国家级出口食品农产品质量安全示范区。工业经济加速升级成长。新能源新材料、高端装备制造、生物医药等战略性新兴产业开篇布局，引进先进技术成果110项，创建省级以上科技创新服务平台13个，高新技术企业发展到14家，高新技术产业产值占比达31%，有效注册商标总数达1.1万件，被列为国家知识产权工程试点区。五金机械、食品加工、家具装饰建材等传统产业提档升级，完成工业技改投入299亿元，五金产业被列入市级产业集群，山东天同食品有限公司在香港联交所主板上市，规模以上工业企业增加到242家，23项产品市场占有率居全国前三位。现代服务业提速增效。临沂机场开通国际航线、货运航线，航空货运枢纽投入运营。临沂公铁联运物流园开通4条国内、国际货运班列，助推临沂加快融入“一带一路”。新增商贸物流城9个、电商产业园4个，市场主体发展到3.5万户，商城实现市场交易额593亿元，电子商务主体突破1000家、实现交易额150亿元。金融机构发展到46家，存贷款余额达278亿元、202亿元，分别是2011年的1.9倍、2.2倍。新建国家A级以上旅游景区4个，龙园、凤凰欢乐大世界、立晨农庄等一批在省市有影响力的新景区建成开放，累计接待游客2170万人次，实现旅游总收入137亿元，汤头街道、汤河镇被评为“山东省旅游强乡镇”。成功举办5届百里沂河水上运动挑战赛，被确定为“山东省体育产业基地”，汤泉区获批“山东省重点文化产业园区”。三是产业布局持续优化。“五区”成为全区经济工作的主战场、产业发展的主平台。成功获批国家农业科技园区、省级旅游度假区，临沂临空经济区、东城新区、汤泉旅游度假区开发建设纳入全市战略部署和工作重点。四是“三引一促”和项目建设全面突破。累计引进项目704个，其中世界500强项目7个、国内500强项目12个，过亿元项目189个，过10亿元项目38个。引进“千人计划”专家和“泰山学者”6名、创新创业团队2个、硕士以上高学历人才279名。连续五年开展“重大（重点）项目突破年”活动和“百日会战”攻坚行动，累计实施重点项目407个，完成投资501亿元。五是创业环境全面优化。加快社会诚信体系建设，建成运行区镇村三级便民服务体系，调整取消行政权力事项60项，清理规范收费项目9个，营造了创新创业的浓厚氛围。

过去的五年，是宜居新河东建设“渐入佳境”，城乡面貌焕然一新的五年。深入实施新型城镇化战略，统筹推进城乡一体化发展，城市建成区面积扩大到30.5平方千米，城镇化率达59%，被列为国家新型城镇化标准化试点区。一是城市功能品质不断提升。规划建设了12平方千米的临沂东城新区，组织实施了十大片区改造，完成房屋征收面积660万平方米，还建面积680万平方米，开工房地产面积470万平方米，建设棚户区住房2.1万套，城市建成区绿化覆盖率达46%，集中供热达到300万平方米，率先在全市实现天然气“镇镇通”，公交车实现行政村全覆盖。教育、医疗、体育、城市综合体等一批城市功能要件相继建成。配合市里完成全国文明城市、全国卫生城市创建任务，城市管理水平不断提升，宜居城市魅力更加彰显。二是特色镇和美丽乡村建设成效显著。统筹推进“强镇富民”工程和专业镇建设，各镇街特色化发展，九曲街道综合实力跃居全市镇街综合排名第三名，郑旺镇被列为国家级示范镇，汤头街道被列为市级优先发展重点镇。建设新型城乡社区39个、美丽村居57个，农村面貌焕然一新，农村生活环境大幅改善。三是基础设施配套更加完善。累计实施重点基础设施项目28个、完成投资144亿元。临沂机场加速改扩建，陶然路、南京路两座沂河大桥实现通车，长深高速及河东连接线建成通车，中环东线北线全线开工，北京东路改建工程全面铺开，城区“三环”道路骨架加快闭合联通，现代立体交通体系更加完善。四是生态建设成效初显。铁腕“治水治气”，清理取缔“土小”企业1540家。开工建设龙园水库、葛沟橡胶坝等10个水利枢纽工程，新建、改建污水处理厂5处，投资4.3亿元开展汤河、祝丘河全流域综合整治，汤河国家级湿地公园建设顺利推进。全区大气质量稳居全市前列，出境河流综合达标率达94%，被授予全市大气污染防治、淮河流域水污染防治工作先进县区。

过去的五年，是幸福新河东建设“深入推进”，民生改善成效显著的五年。坚持“体系化”推进民生建设，组织实施了11项民生工程，连续五年民生支出增长幅度达10%以上，累计完成民生支出80亿元，占财政支出的80%，群众获得感不断提高。一是民生实事全面落实。深入开展“大下访”“大排查”“大救助”活动，城乡居民社会养老保险、城乡低保和居民医疗保险实现全覆盖，社会救助体系网底更实更牢。加快推进《幸福家园建设五年计划》，投入30亿元改善农村基础设施，新建改建农村公路188

千米，高标准完成120个村庄环境综合整治，城乡环卫一体化实现全覆盖。大力实施《教育优先发展三年规划》和再提升工程，累计投资16.5亿元，新建、改扩建校舍项目332个、面积85.3万平方米，顺利通过国家义务教育发展基本均衡县区验收。认真实施《全民健康保障工程三年规划》，改扩建区人民医院，完成10处镇街卫生院改造，233处村卫生室开展了省级规范化建设。养老服务逐步完善，建成区级社会福利中心、区域性中心敬老院4处，新建城市社区日间照料中心、农村幸福院33处，引建养老服务机构6家，新增养老床位1650张。“五大文化惠民工程”实现全覆盖，被评为“文化强省建设先进县区”。二是脱贫攻坚成效显著。落实“七个全覆盖”“9+1”扶贫措施，加快“产业项目、社区综合服务中心、美丽乡村”三个快落实，全区建档立卡贫困人口全部脱贫，15个省定贫困村摘帽退出。三是社会保持和谐稳定。强化依法治区，治理体系逐步完善，法治河东建设取得新成效。落实领导干部信访包案制度，信访基层基础规范化建设走在全省前列。立体化社会治安防控体系建设不断加强，社区网格化管理实现全覆盖，区综治中心实体化工作经验全省推广，被评为全省社会治安综合治理先进县区。全面落实安全生产责任制，安全生产形势持续向好，被评为全省安全生产先进县区。

过去的五年，是河东党的建设“全面加强”，政治生态风清气正的五年。始终坚持把党建作为主业主责，坚持党要管党、从严治党，推动干部清正、政府清廉、政治清明。一是思想作风建设不断加强。坚定理想信念，牢固树立“四个意识”，始终向以习近平总书记为核心的党中央看齐，自觉维护中央权威，确保党的路线方针政策在河东落地生根，区委理论学习中心组被评为全省先进县级党委中心组。扎实开展党的群众路线教育实践活动、“三严三实”专题教育和“两学一做”学习教育，组建了“百人宣讲团”，举办“凤凰讲坛”，深入开展“受教育、亮承诺、见行动”主题活动，完成党员集中党性教育2.3万人次。二是干部队伍活力全面激发。坚持好干部标准，树立鲜明用人导向，先后调整干部7批789人次，培树市级“示范书记”12名。强化干部教育培训，先后举办主体班次72个，培训干部1.6万人次。从严监督干部，加强对领导干部经济责任的全程监督，对超职数配备、在企业兼职（任职）干部进行了专项清理，党员行为预警谈话经验做法被中组部专题推介。三是基层组织建设得到夯实。组织实施了党建带动“2351”工程，创新实施了村居干部经济责任审计，整顿完成后进村140个。开展了第一书记“三亮三评一争”、后进村集中整治“双强双促”活动，总结提炼了以党建创新引领服务型社区建设的做法，创建了独树头社区、龙车辇社区等全市先进典型。加大基层支持力度，基层党建工作经费逐年提高，及时兑现村干部待遇。投资1.6亿元建成社区综合服务中心51个、便民服务场所75处，基本解决村（社区）组织无活动场所问题。扎实抓好“两新”组织党建工作，基层党组织战斗堡垒作用和党员先锋模范作用有效加强。四是党风廉政建设扎实有效。把党风廉政建设融入经济社会发展和党的建设总体部署，全面落实“两个责任”，在全市党风廉政建设责任制年终考核中始终位居前列。大力开展区级派驻机构巡察工作，实现了对镇街（园区）、区直部门全覆盖。深入贯彻落实中央八项规定精神，驰而不息纠正“四风”。践行“四种形态”，坚决惩治腐败，党员领导干部纪律规矩意识不断强化，党风政风持续好转。五是民主政治建设全面加强。充分发挥人大监督作用，着力推动政府职能转变，支持政协参政议政，支持法院、检察院独立依法行使职权，群团工作开展得有声有色，统战工作取得新成效，老干部工作走在全市前列，党校工作成为入选中央党校十八大以来党校发展专集的五个县级党校之一，人武、编制、对台、党史、档案、关心下一代等其他各项工作均取得新成绩，全区上下呈现出加快发展、政通人和、风清气正、社会和谐的良好局面。

过去五年成绩的取得，是省委、市委正确领导的结果，是市直各部门大力支持的结果，是历届区委接续奋斗的结果，是全区广大党员干部和人民群众开拓奋进的结果。在此，我代表中共临沂市河东区第十三届委员会，向关心支持河东的各级领导、在外老乡和各界朋友，致以最衷心的感谢！向为河东发展做出历史奉献的老领导致以最崇高的敬意！向为河东发展付出辛勤努力的广大党员干部和59万河东父老乡亲致以最诚挚的慰问！

总结建区22年来、特别是五年来的发展成果，倍感欣慰、值得自豪。这不仅是一部“励精图治、艰苦奋斗”的创业史，更是一部“勇于开拓、改革创新”的发展史，给了我们诸多有益启示：

——必须坚持党的领导、团结拼搏，凝心聚力推动发展。五年来，我们认真落实党建主体责任，牢牢抓住干部队伍和基层组织建设这个决定事业成败的关键因素，持续发力，使“敢为人先、能打善战”的河东干劲成为引领发展的坚实基础，同频共振、奋发向上的精神状态成为跨越争先的动力源泉，营造了以优良的党风政风引领社会风尚的发展环境。实践证明，心齐则劲足、政通则人和。只要我们旗帜鲜明地坚持党的领导，凝聚人心、聚集智慧、积聚力量，河东的事业就一定能够无往而不胜！

——必须坚定理想信念、明确目标，奋勇争先推动跨越。五年来，我们高举中国特色社会主义伟大旗帜，围绕“两个一百年”奋斗目标，紧跟建设大美新临沂发展蓝图，坚持“走在前列、争先进位”的目标定位，创造了多项全市第一、全省率先、全国先进。实践证明，站位高，方能一览众山小。只要我们坚定建设大美新临沂美丽河东区的梦想，高点定位，奋勇争先，美好的中国梦、河东梦就必定能够在河东大地变成现实！

——必须坚持解放思想、与时俱进，提升境界引领发展。建区22年来，历届区委始终以全局视野、战略思维，提出了一系列符合河东实际的战略定位和发展思路，为河东发展奠定了坚实基础。区第九次党代会制定了“一年打基础，二年见成效，三年大发展”的总体奋斗目标；区第十次党代会提出了“在建区3年的基础上，通过以后5年大发展，争取10年内建成繁荣新区”的战略举措；区第十一次党代会提出了“大开放、快发展、建强区”的发展思路和“三步走”发展战略；区十一届六次全会提出了集中发力抓好“工业强区、城市建设、招商引资、新农村建设”四个重点突破的工作思路；区第十二次党代会提出了实施“345”的发展定位，打造“半壁江山”的战略框架；区第十三次党代会规划实施了“五区托一城”发展战略，建设繁荣宜居幸福的新河东。一届接一届，一步步拉开了河东发展的框架，追赶上了沂蒙科学跨越发展的步伐。这也启示我们，只要与时俱进，创新思维，具有时代特征、河东特色的发展之路必定越走越顺畅、越走越宽广！

——必须坚持改革创新、扩大开放，激发活力持续发展。五年来，我们始终坚持改革出动力、创新促活力，聚焦制约发展的瓶颈问题，出台了一揽子改革措施，建立健全高效的组织推进机制，形成了河东特色的改革创新模式，构建了加快开放的新格局。实践证明，办法总比困难多，创新就会有办法。只要我们坚持用改革创新思维来破解发展中的难题短板，就一定能找到攻坚克难、克敌制胜的“金钥匙”！

——必须坚持为民宗旨、民生为本，执政为民造福一方。五年来，我们始终把人民群众对美好生活的向往作为自己的奋斗目标，攻坚克难，补齐短板，体系化推进民生工程建设，每年将全部财力的80%以上用于改善民生，“真金白银”的民生投入、实实在在的民生建设，切实让广大群众看到变化、获得实惠。实践证明，只有牢固树立造福人民的不变初心，始终坚持人民立场，始终怀着强烈的忧民、爱民、为民、惠民之心，着力解决好人民群众普遍关心的突出问题，才能万众归心、凝心聚力，汇聚起全面建成小康社会的最大力量！

——必须坚持励精图治、敢为人先，能打善战创业成事。五年来，我们发挥区委总揽全局、协调各方的领导核心作用，集思广益谋发展，志同道合干事业，领导身先士卒、干部实干担当、百姓真心参与，全区上下心往一处想、劲往一处使，营造了迎着困难上、顶着压力干的浓厚氛围，区域环境风清气正，切实让群众满意、让客人点赞、让上级认可。实践证明，未来属于脚踏实地的实干者，属于毫不懈怠的创新者，属于搏击风浪的弄潮儿，只要我们以踏石留印、抓铁有痕的精神，拼上豁上、苦干实干，就一定能干成功、干出彩！

在总结成绩和经验的同时，我们也必须清醒认识到发展中存在的问题和不足，主要表现在：一是公共基础设施配套水平滞后于新型城镇化要求和经济社会发展需求；二是缺乏对全局有关键性影响力的项目特别是重大工业项目支撑；三是商城国际化步伐有待进一步加速提升；四是农业一二三产融合发展水平有待进一步提高；五是创新创业环境有待进一步优化；六是教育、医疗等优质公共服务资源供给能力不足；七是生态旅游优势有待进一步放大；八是党的建设存在薄弱环节，个别党员干部干事创业激情不足，服务企业的意识不强等等。我们要直面问题，敢于担当，勇于攻坚，不辱历史使命，不负人民重托！

二、今后五年的目标任务

今后五年，是全面建成小康社会的决胜阶段，是实现党的第一个100年奋斗目标的冲锋时期，做好这五年的工作，意义重大、影响深远。今后五年，全区工作总的指导思想是：高举中国特色社会主义伟大旗帜，紧密团结在以习近平总书记为核心的党中央周围，全面贯彻党的十八大和十八届历次全会精神，紧紧围绕“五位一体”总体布局和“四个全面”战略布局，牢固树立“五大发展理念”，认真落实大美新临沂建设部署要求，深入实施“五区托一城”发展战略，团结带领全区干部群众，坚定信心，奋发进取，全力打造创业新城、和谐新城、生态新城、活力新城、幸福新城，全面实现生产美、生态美、生活美，努力建设令人向往的大美新临沂美丽河东区，奋力在全面建成小康社会新征程中走在前列。

今后五年，我们要坚定不移实施“五区托一城”发展战略，全力以赴实现“一三五”总体目标：

——明确“一个目标”。围绕建设大美新临沂美丽河东区这个目标，抓住中央、省、市重大政策战略机遇，全力推进实施“振兴河东百千亿发展计划”，充分发挥市里在河东百亿投资的引领作用，力争撬动全社会固定资产投资突破千亿元，确保圆满实现区“十三五”规划确定的“一个提前、四个倍增、六个显著提升”任务。

——实现“三个追求”。坚持把人民对美好生活的向往作为奋斗目标，努力建设令人向往的美丽河东区，成为大美新临沂的美之所在。

围绕建设繁荣新河东，努力追求生产美。坚持绿色、低碳、循环发展，大力推进产业集群化、智能化、高端化、特色化、服务化发展，现代产业体系更加完备，创新发展能力显著增强，经济保持中高速增长，产业迈向中高端水平，三次产业比重更加合理，发展质量效益明显提高。

围绕建设宜居新河东，努力追求生态美。坚持以人为本，打造天蓝、地绿、水清、城美的新家园，国家生态文明先行示范区建设取得重大突破，滨河亲水的城市特色充分彰显，开放大气精致的城市形态靓丽呈现，繁华都市与美丽乡村相得益彰，现代文明与历史文化交相辉映，一座现代化有特色的美丽宜居城市展现在世人面前、屹立于沂河岸畔。

围绕建设幸福新河东，努力追求生活美。深入实施“8+3”系统民生工程，打造全市一流的教育、一流的医疗、一流的养老、一流的社区、一流的环境。社会就业更加充分，创业致富蔚然成风，保障体系更加健全，社会事业全面发展，基本公共服务均等化水平稳步提升，低收入者收入明显增加，中等收入群体持续扩大，社会公平正义，全区平安和谐。

——坚持“五个定位”。牢固树立和贯彻落实新发展理念，把中央“四个全面”战略布局、省委“一个定位、三个提升”要求、市委大美新临沂目标在河东具体化，努力把河东建设成为创业新城、和谐新城、生态新城、活力新城、幸福新城。

（一）落实创新发展，建设创业新城。培育创新主体。强化企业创新主体地位，引导和鼓励企业加大研发投入，推进建设石墨烯创新中心，实施超临界石墨烯生产技术、甾体双烯类昆虫信息素制备技术、麝香酮生产技术等30个重点项目攻关与产业化。强化质量、品牌、专利、标准建设，创建一批自主知识产权和技术标准，培育一批掌握行业前沿技术、具有强大研发能力的创新型领军企业。围绕集聚高端要素、发展高端产业，全力打造“孵化器+加速器+产业园区”接力式孵化体系，高标准建设技术成果转化、公共技术服务、科技中介服务等平台。到2021年，完成工业技改投入年均增长20%以上，规模以上工业发展到400家，实现工业产值、销售收入翻一番，均超1000亿元，专利授权量及发明专利授权量年均增长30%以上，有效注册商标总量力争突破2万个。打造人才高地。围绕主导产业发展，完善柔性引才机制，健全人才服务体系，持续推进高层次人才集聚计划，加快建设主导产业人才集聚区。高度重视中青年企业家培育，全力打造一支富有创新精神的企业家队伍。加强专业技术人才、高技能人才、经营管理人才引进和培育。深化重点领域改革。坚持以问题导向破难题、增活力、创优势、促发展，围绕“三去一降一补”重大任务，继续深化企业改革、行政审批改革、财税改革、金融改革、投融资改革、事业单位改革等，形成有利于创新创业的市场环境、产权制度、投融资体制、分配制度和人才环境。优化产业体系。以供给侧结构性改革为主线，以打造一批百亿级产业集群为目标，对接“中国制造2025”，加快改造提升五金机械、食品加工、家具装饰建材等三大传统产业，打造“河东智造”新优势。围绕新能源新材料、高端装备制造、生物医药等重点领域，引进一批龙头型、种子型、基地型项目，着力培育战略性新兴产业，加快形成一批新的支柱产业。实施“十大现代服务业振兴计划”，推进商贸物流、航空服务、总部经济、电子商务、现代金融、健康养老养生、教育培训、文化体育、楼宇经济、休闲旅游等产业加快发展。实施农业品牌战略，围绕现代种业、现代畜牧业、农产品加工业、都市农业、智慧农业等重点领域，构建集农产品供给、生活休闲与生态服务功能为一体的都市型现代农业产业体系。

（二）落实协调发展，建设和谐新城。打造高品质城区。充分发挥规划的战略引领作用，按照城乡一体化要求，积极推进“多规合一”，进一步优化城乡宏观布局、推动微观空间治理，全面加强重点片区、重要街区、重要节点的城市设计，更好地统筹建筑布局、协调景观风貌，构建更加清晰的生产、生活、生态空间格局。强化规划刚性执行，全力维护规划的严肃性、权威性，让高水平规划真正高品质落地。全面对接国内一线城市标准，积极稳妥推进旧城改造，完善新型社区功能支撑，提高城市公共管理、商务活动、法律服务、投资便利化等水平，构筑城市品质高端化的硬件基础和软件功能，营造宜居宜业宜商宜游的城市功能环境。构建大交通格局。积极对接全市交通“3456”“三环十五射”工程，改造提升城市道路，规划建设新汽车站，全面推进城区道路快速化改造、中环和外环快速路建设，构建快速路、主次干路和支路布局合理、衔接顺畅的路网系统。彰显文化魅力。扎实推进文化强区建设，塑造城市文化符号，传承城市文化记忆，提升城市文化空间。加大凤凰岭遗址、祝丘故城遗址等文化遗产保护开发力度，传承弘扬温泉文化，规划建设区级图书馆、文化馆、博物馆等文化设施，加快建设一批城市风貌区、遗址公园。建设特色镇村。充分发挥国家新型城镇化试点区、示范镇建设带动作用，加快打造一批产业特色鲜明、生态环境优美、多种功能叠加的特色小镇。按照“长期保留村做成精致景观、集聚中心村建成新型社区、计划拆迁村保持洁净绿美”的思路，大力推进基础设施向农村延伸、公共服务向农村覆盖、管理功能向农村辐射，加快农村危旧房改造和重点村、特色村农民住房改造试点。标准化实施“硬化＋改厕”、汪塘生态化治理、城乡环卫一体化、五化提升等四项工程，实现美丽乡村全覆盖。

（三）落实绿色发展，建设生态新城。推进绿色低碳发展。坚持控增量与减存量并举，加大源头管控，严把产业落地准入门槛，打好节能减排攻坚战。大力发展节能环保产业，突出节约集约用地。完善“低碳城市”发展机制，提高生态园区建设水平，大力倡导绿色生活方式，使低碳生活成为社会新风尚。到2021年，单位地区生产总值能耗在2015年基础上下降16%以上。实施增绿扩绿工程。围绕“三河四岸”和区镇主干道，点线面相结合，合理布局城市公园绿地、道路绿地、生态景观、水系网络，分期分批对区内17条河流、干渠进行生态治理，加快建设以路为轴的绿色通道、以河为轴的生态廊道。实施环境综合治理。坚持综合整治和专项治理并重、常态治理和集中整治结合，严格落实“水十条”“气十条”“土十条”，坚决打好大气、水、土壤污染防治攻坚战，把“河长制”责任体系落到实处，确保全区河流水质和空气质量逐年改善。到2021年，城镇生活垃圾无害化处理率、工业固体废物处置利用率、危险废物安全处置率均达100%。推进全域旅游建设。以国家级新型城镇化全域旅游标准化试点为契机，以“城市旅游做功能，乡村旅游做特色”为原则，按照“把全区建成景城一体、景村一体、宜居宜游的县域大景区”的总体思路，对全区旅游资源进行整体规划、整体推介，“点”上以沂州古城、龙园、鲁商知春湖、华东野战军纪念馆、释佛寺、凤凰欢乐大世界、临沂国际影视城、正直汽车主题公园、中华盆景园和美丽乡村片区等景点为带动，“线”上以沂河东畔旅游产业隆起带、汤河湿地景观带、沭河田园风光带为延伸，“面”上做大做强汤泉旅游度假区和国家农业科技园区，着力构筑全域旅游发展格局。坚持全域营销，精心设计旅游线路，开辟旅游公交专线，加大整体包装推介，努力把河东建设成为区域性旅游目的地中心城市、具有国际影响力的温泉养生旅居目的地。到2021年，接待游客总量力争突破1000万人次，全区旅游业增加值占地区生产总值的比重提高到15%以上，进入省旅游产业发展先进县区前列。

（四）落实开放发展，建设活力新城。拓展开放空间。放大“空港”优势，积极对接临沂综合保税区，引建国际、国内物流龙头企业，建设国家一类航空口岸，构建开放发展的空中走廊。放大“陆港”优势，拓展临新欧、临满欧等快速货运通道运载能力，以巴基斯坦瓜达尔港临沂海外商城建设为契机，依托临沂火车北站和公铁联运物流园区优势，坚持港口与市场一体发展，规划建设临沂国际商品交易市场，构建临沂连接欧亚国家的货物集散地。打通疏港大道，推进空港、陆港、海港多港联动。到2021年，现代化、立体化的陆海空大物流体系基本建成。发展电子商务。坚持线上、线下协调发展，加快传统市场改造升级，提升现有电子商务产业园运营水平，引导地产品建立垂直电商平台，积极推动农村电商发展。到2021年，建成一批配套服务完善、产业特色突出的示范性电子商务产业园，集聚一批国内外知名电子商务企业，发展形成电子商务产业集群，实现电子商务生态化、品牌化、国际化。扩大招商引资。围绕现有骨干企业、补齐发展短板、五区发展平台、优势支柱产业四大招引重点，积极对上争取一批，强力对外招引一批，激活民间投资一批，全力引进一批种子型、龙头型、旗舰型项目。到2021年，引进世界500强项目15个以上、国内500强及行业领先项目30个以上，实际到位区外资金1000亿元以上。

（五）落实共享发展，建设幸福新城。巩固提升脱贫成果。创新扶贫举措，培育多元化社会扶贫主体，构建专项扶贫、行业扶贫、社会扶贫等有机结合、互为支撑的大扶贫格局，贫困人口实现稳定收入并持续增长。健全城乡居民收入增长保障机制，突出农民、中低收入者和困难家庭增收，逐步缩小收入差距。到2021年，城乡居民收入比2015年翻一番。提供优质公共服务。以打造全市一流的教育、一流的医疗、一流的养老、一流的社区、一流的环境为目标，全力推进实施“名校名师引领工程”“名院名医带动工程”“优老助老惠老扶助工程”“高品质社区打造工程”“创业就业环境提升工程”，逐步健全覆盖城乡、制度完善、保障有力的社会保障体系，实现基本公共服务均等化水平逐步提高。创新社会治理体系。深化法治河东建设，扎实开展“七五”普法，全面提升依法治区能力和水平。落实安全生产责任制，完善应急管理体系，守住安全生产底线。加强金融生态环境建设，防范区域性金融风险的发生。加快社会治安防控体系提档升级，着力提升公众安全感和满意度。

——实施“五区托一城”发展战略。把“五区”作为全区经济工作的主战场、产业发展的主平台、转调创的主阵地，撸起袖子加油干，以实施“五个二十亿”基础建设工程为引领，开创“五区”开发建设新局面。

（一）以临沂东城新区开发建设为龙头，打造生态宜居城市标志区。以九曲街道为主体，辐射凤凰岭街道和相公街道，按照“北上东进中改南优”的发展思路，不断完善城市功能，提升城市品质，打造与临沂老城区和北城新区交相辉映的靓丽东部新城。“北上”：沿滨河一线连通汤泉旅游度假区，通过生态相连，实现城市、景区一体发展；“东进”：按照“四纵四横”的框架，启动实施以北京东路、温泉路为新轴线的新城拓展布局，加快推进一批城市要素向轴线集中；“中改”：有序启动实施中心城区旧城旧村片区改造，集中推进片区开发，打造高品质城市综合体和城市社区；“南优”：以凤凰大街为轴，借助南疏港工程建设，加快建设南部现代产业新城。

（二）以临沂经开区北区建设为支撑，打造新型工业发展集聚区。对接借力国家级临沂经济技术开发区，以经济开发区北区为概念引领，工业园区为主平台，八个镇街特色产业园区为支撑，一年内完成八大特色园区总体规划和各园区专业规划，完成园区一期土地规划修编，启动基础设施建设，拉开园区建设框架；三年内实现园区基础设施基本配套，承载功能基本完善，主导产业加快向园区聚集；五年内各项基础设施全面配套，园区承载力、吸引力持续增强，项目建设加快推进，主导产业形成较大规模，打造河东工业经济升级版的载体作用日益凸显。

（三）以临沂临空经济区建设为突破，打造高端商贸物流引领区。积极融入“一带一路”战略，以临空经济区、工业园为主体，充分发挥空港、陆港特有的产业带动作用，提档升级建成区，建成“十纵九横”道路框架，因地制宜新建现代服务产业区、高端商贸物流产业区、新型工业聚集产业区、现代食品产业区等，大力发展新型高端商贸业态，培植壮大商贸物流、航空服务、电子商务、总部经济、现代金融、服务外包等现代服务业和新能源新材料、高端装备制造、生物医药等战略性新兴产业，加速形成一批百亿级产业区，打造临沂商城国际化的新引擎。

(四)以临沂国家农业科技园区建设为引领，打造现代都市农业示范区。以国家农业科技园区核心区为起步区，以太平街道为龙头，八湖镇、郑旺镇、汤河镇为主体，围绕现代都市农业发展，以科技为引领、项目为支撑，统筹抓好园区规划、基础设施、项目建设和科技支撑，明确发展领域、填补产业空白、延伸产业链条，做好“农业+”“+农业”文章，促进一二三产融合发展。深入推进优质农产品基地和品牌建设工作，重点抓好沂河、沭河、汤河三条产业带、景观带建设，加快发展农业产业园区，打造叫响全国的现代都市农业示范园。

(五)以临沂汤泉旅游度假区建设为带动，打造全域旅游发展样板区。以创建国家级旅游度假区为目标，倾力打造全域旅游发展样板区和温泉旅游发展新城区，实现旅游公共服务功能、旅游产业深度融合格局、温泉旅游品牌形象三个全面提升，全力构筑农旅、工旅、商旅、文旅、康旅等深度融合的“全域旅游”格局，把河东打造成全国知名的温泉旅游核心目的地，建设有国际影响力的休闲度假健康养生胜地。

三、奋力实现2017年良好开局

2017年是党的十九大召开之年，是实施“十三五”规划的重要一年，是推进供给侧结构性改革的深化之年。我们当倍加努力、奋发有为。

2017年全区工作的思路目标是：认真贯彻中央省市经济工作会议精神，围绕建设大美新临沂战略部署，立足“一三五”总体目标，按照“走在前列、争先进位”的工作要求，以推进供给侧结构性改革为主线，深入实施“五区托一城”发展战略，扎实推进“八项发展举措”，着力强化“八个保障举措”，奋力谱写大美新临沂美丽河东区建设的新篇章，以优异成绩迎接党的十九大和省市党代会胜利召开。

(一)扎实推进“八项发展举措”，迅速掀起大美新临沂美丽河东区建设的新高潮

一是充分发挥临沂城市“北上东进”的发展布局优势，着力打造临沂东部新城建设的主战场。以实施“城镇建设提升年”活动为抓手，加快“三个市民化”进程，全力推进新型城镇化和城乡发展一体化。完善中心城区规划修编，启动实施以北京东路、温泉路为主轴线的新城拓展布局，启动东部新城新片区开发，加快建设城市“十个系统”，全面提升功能配套，重点推进北京东路、中环北线、中环东线、内环东线等市级道路交通工程建设，加快奥正诚园、滨城华府等城市开发项目建设，开工建设市委党校新校区、吾悦广场、天元锦都城等项目。大力发展现代服务业，规划建设总部经济聚集区和金融聚集区。加强产城一体的特色小镇建设，引导各镇街因地制宜发展特色产业，培育一批特色小镇，进一步壮大镇域综合实力。抓好美丽乡村标准化建设，全面实施改善农村人居环境项目，以基础设施建设、村容村貌整治、公共服务提升为重点，着力打造一批省市级美丽乡村。坚持控、建结合，扎实稳妥推进违法建设治理行动，做好新型城乡社区新建续建工作，加快棚户区改造，筑起百姓“安居梦”。

二是充分发挥毗邻国家级临沂经济技术开发区的优势，着力打造河东工业“升级版”。牢牢抓住做大做强工业经济这个重点，设立新型工业发展资金，推动产业集聚、工业升级，着力培育一批百亿级产业集群。实施“八个特色产业园区提升工程”，全力加快基础设施建设，进一步改善园区环境，挖掘内涵潜力，加快建链补链。实施“工业3·80升级”工程，对现有规模以上企业进行升级改造，全面落实现有骨干企业“二次创业”招商引资政策，着力推进天同食品科研中心及水果深加工、三丰化工塑料造粒扩产、凯佳食品等项目。加大新能源

新材料、高端装备制造、生物医药等战略性新兴产业扶持力度，积极培育东昀石墨、远通汽车工贸产业园、伯克特医、宏欣医药和泰国PTT润滑油等项目。实施“百小企业提升”工程，对全区100家最有潜力的中小企业进行重点、精准扶持，深化小微企业“一企一技术”，培育行业单项冠军。

三是充分发挥空港陆港优势，着力加快建设临沂商城国际化的新引擎。设立现代服务业发展资金，依托临空经济区、公铁联运物流园，加快培育十大现代服务业，实现服务业增加值占地区生产总值比重提高2个百分点。加快临沂机场改扩建配套工程，启动“一关两检”建设，增开国际和地区航线，建设国际一类航空口岸。扩建公铁联运物流园区，完善3000亩的园区产业规划，推进现货交易中心、中储荣畅物流等项目建设，加速形成高端商贸物流产业区。重点围绕航空服务产业、总部经济、金融服务等产业，着力引建齐鲁航空、凤凰航空、申通物流、奥德总部等项目，加快培植高端现代服务业。壮大升级临沂五金城、钢材物流城、伦达国贸城等7个专业市场，搬迁改造建材、土杂等4个老旧市场，规范提升皮毛交易市场，全面提升专业市场发展水平。

四是充分发挥国家农业科技园区优势，着力打造叫响全国的现代都市农业体验观光园。设立现代都市农业发展资金，深入推进农业供给侧结构性改革，实现一二三产融合发展。启动农高区农业科技研发中心、农业科技成果转化中心和农产品检测检验中心等项目建设，重点抓好瑞蕈天库菌种研发中心、立晨农业博览园、临沂国际花木城、祥瑞葡萄酒庄等项目建设，推动产业农业向农业体验转变，加快构建南起都市农业体验区，涵盖汤头温泉旅游，北至龙园生态旅游观光园的滨河特色农业休闲旅游带。支持食用菌产业基地建设，扩大上海外延蔬菜基地建设，壮大汤河苗木花卉产业基地，大力扶持优质农产品生产龙头企业及农民专业合作组织发展，创建一批优质农产品品牌。改善农业基础设施，高标准建设村级路网工程，加快实施农村水利建设，重点推进石拉渊灌区渠首拦河坝、汤河大闸改建等骨干水利工程，完成葛沟、石拉渊灌区节水改造工程，加快沂河、汤河水系连通。

五是充分发挥人才辈出的人文优势和新区特有的环境优势，着力打造最具活力的创业乐园。实施“三引一促突破年”活动，设立引资引技引智发展资金，加大以企招商、以商招商、专业招商、产业招商力度，着力招引一批产业层次高、带动能力强的大项目、好项目，引进一批高层次创新创业领军人才和先进技术。开展“回乡创业”行动，吸引河东籍在外企业家回归家乡、报效家乡。全力抓好“重点项目推进年”活动，加快项目落地见效。实施“创业就业环境提升工程”，推进新型创业就业平台建设，重点改造提升零工市场，建设人力资源产业园、就业见习基地，健全创客创新创业孵化生态体系和服务体系，推进公共就业服务城乡全覆盖，加快形成“大众创业、万众创新”新局面。

六是充分发挥城市功能要素日益集聚优势，着力打造令人向往的临沂城市新家园。以“五个一流”为目标，深入推进“8+3”系统民生工程。推进市级名校进东城，加快解决城镇中小学大班额问题，全面提升教育品质和办学水平。支持优质医院进河东，积极引进“院士”工作站，推进市人民医院东医疗区传染病区搬迁，提升发展区级医疗机构，重点改扩建区妇幼保健院、区疾病预防控制中心，加快镇街卫生院和村卫生室改造提升。深入推进医养护结合，积极做好孝善养老工作。以高品质、低密度、广绿化为目标，完善城市功能配套，打造一批设计新颖、布局合理、功能齐全的高品质社区。围绕北京东路、温泉路、中环东线等主干道，布局教育、医疗、养老、城市综合体等一批公共服务资源，不断提升城市品位和居民幸福指数。

七是充分发挥沂沭汤三河流域和城区“三环十五射”绿色通道优势，着力打造绿色生态河东。实施绿满河东工程，突出抓好“三河四岸”、临沂都市农业体验区等工程。全面落实河长制，谋划实施沭河西岸治理工程，加快推进汤河、李公河两河治理，确保汤河沿线道路全线贯通，加速形成以河为轴的生态廊道、以路为轴的绿色通道。实施工业绿动力计划，加强环保执法监管，巩固迎淮成果，加快推进在线监控平台、环境管理第三方运营、镇街污水处理、镇街空气质量自动检测站全覆盖，确保环境质量持续改善，环保指标位居全市前列。

八是充分发挥汤头温泉、都市农业、滨河风光、红色圣地、文化之邦的资源优势，着力打造全域旅游的河东模式。以实施“全域旅游创建年”活动为抓手，制定完善加快推进全域旅游发展的意见，设立旅游产业发展资金，组建旅游发展委员会，健全推动全域旅游的体制机制。深入推进4A级旅游景区创建工作，加快市旅游集散中心、沂州古城、鲁商知春湖、中国梦幻城、汤河国家湿地公园等项目开发建设，引导培育翔宇豪生、观唐温泉、奥华维景温泉等成为具有国际水准的度假酒店。谋划全域旅游精品线路，增开旅游公交专线，加大全区旅游资源整体包装及宣传推介力度。修编汤泉区旅游总体规划，组织实施汤泉区公共服务体系建设，扎实推进牧鹅湖路、御汤街西段、汤泉路北延等基础设施工程建设，重点推进鲁商知春湖、绿城桃李春风等项目建设，全面提升软硬件指标，确保成功争创国家级旅游度假区。着力做好“旅游+”“+旅游”文章，加快构建全域共建、全域共融、全域共享的旅游业发展河东模式。

（二）全面强化八个保障举措，努力营造大美新临沂美丽河东区建设的正能量

一是切实明确责任，形成工作合力。充分发挥“五区”指挥部、八个专线领导小组、八个专门工作委员会的作用，明确各工作线工作职责和任务目标，对重大工作实施项目化管理。认真落实联席会议制度，加强工作调度，定期通报工作情况。建立信息沟通和联合调研机制，加强工作信息的交流与传递。强化协作，建立牵头与协办单位共同责任机制，形成整体合力，保证各项任务真正落到实处。

二是全面深化改革，激发内生动力。以实施“改革创新深化年”活动为抓手，深入推进山东省农民专业合作社信用互助业务、社区公共服务综合信息平台建设、全国肉类蔬菜流通追溯体系建设、国家级新型城镇化标准化等改革试点任务，发挥好试点对全局性改革的示范、突破、带动作用。创新政府与社会资本合作模式，鼓励和引导社会资本参与重大基础设施项目建设。加快推进“基础教育课程综合改革示范区”项目建设，深化医药卫生体制改革，加强城市管理领域体制改革，扎实推进综合行政执法、盐务等改革，以改革释放发展活力。

三是优化发展环境，打造服务高地。加大对实体经济发展支持力度，充分发挥6个发展资金作用，全力支持产业做大、企业做强。优化服务环境，大力实施“1+7”帮服行动，全力帮助服务对象解决困难。优化政务环境，完善审批“绿色通道”，加快网上平台建设步伐，深入推进简政放权，将“放管服”改革向纵深推进，着力打造行政审批项目最少、速度最快、收费最低、市场主体和人民群众最满意的“四最”区域。优化营商环境，对招商引资项目实行一站式全程服务，确保项目招得来、留得住、发展好。加大金融对实体经济支持力度，充分发挥政、银、企连接的桥梁纽带作用，深化重点骨干企业政银企合作机制，搭建金融合作平台。

四是深化文明创建，凝聚精神动力。深入践行社会主义核心价值观，广泛开展善行义举四德榜、“河东好人”、道德模范等各类先模人物推荐评选活动。大力弘扬新时期沂蒙精神，发扬“敢为人先、能打善战”的河东干劲。加强文明城市、卫生城市创建长效机制建设。培

育良好家风，加强未成年人思想道德建设。深化乡村文明行动，扎实推进移风易俗工作。健全诚信体系，在全社会营造诚实守信的社会风尚。加强文化市场管理执法，促进文化市场健康发展。

五是抓实安全生产，守住安全底线。牢固树立安全发展理念，坚持“党政同责、一岗双责、齐抓共管”，完善“尽职照单免责、失职照单追责”机制，全面落实镇街属地责任、部门监管责任、企业主体责任。建设安全生产风险分级管控和隐患排查治理体系，采取有效措施控制重大安全风险，对隐患排查治理实施闭环管理。持续组织开展“大快严”执法行动和“四不两直”暗查暗访，切实抓好安全生产各项整治行动，有效杜绝各类安全事故，确保安全发展。

六是深化平安建设，确保社会稳定。强化社会治安综合治理，加强社会治安立体防控体系建设，增强可防性案件预防，夯实基层综合治理根基。加强治安突出问题和落后区域治理，做好源头防控，全面排查矛盾隐患，建立台账，实行销号管理，及时化解基层矛盾纠纷。落实区、部门、镇街领导包案责任制，确保领导到位，责任到位，措施到位。大力推进普法宣传教育，提升广大群众法律意识，建设平安和谐河东。

七是坚持项目引领，加快发力赶超。以实施“重点项目推进年”活动为抓手，精准发力、内强外拓、奋力赶超。按照“工作项目化、项目责任化”要求，以推进区级100个重点项目为着力点，深入实施区领导包重点项目责任制和部门联系重点项目责任制，建立“一个项目、一名领导、一支队伍”的工作机制，实行一线工作法，对重点项目进行现场协调、服务，及时研究解决项目建设中的突出问题，以项目服务成效推动作风转变、检验工作能力。

八是强化督查考核，推动工作落实。完善督查考核机制，责任压实、要求提实、考核抓实，推动各项工作落地见效。对重大工程、重点项目、重要工作，逐一梳理，明确责任，加强督查，定期通报。对镇街（园区）、部门单位实行分类考核。加大奖惩力度，突出督查考核结果运用，坚持对工作不力的进行通报、约谈，对做出突出贡献的给予表彰奖励，倡树“以实干论英雄”的鲜明导向，全力营造“走在前列、争先进位”的干事创业氛围。

四、坚定不移推进全面从严治党

实现未来五年的宏伟蓝图，关键在于从严抓好党的建设。全区各级党组织要切实履行党建主体责任，牢牢把握新形势下全面从严治党新要求，认真贯彻落实党建工作“五位一体”总体布局，继续在常和长、严和实、深和细上下功夫，以更大的决心、更大的气力、更大的勇气抓紧抓好，不断增强全面从严治党的系统性、创造性、实效性。

加强思想政治建设，锤炼忠诚可靠的坚强党性。全面加强理论武装。深入学习党的十八大和十八届历次全会以及党的十九大精神，学习习近平总书记系列重要讲话精神，完善党委（党组）中心组学习制度，定期举办凤凰讲坛，深化党中央治国理政新理念新思想新战略重大主题宣传教育，推动广大党员干部进一步增强“四个意识”“四个自信”。落实党委（党组）意识形态工作责任制，牢牢掌握意识形态工作的领导权、主动权，确保意识形态安全。严肃党内政治生活。强化党章学习，突出党规党纪教育，严格落实“三会一课”、民主生活会等制度，用好批评与自我批评，全面规范基层组织生活，切实增强党内政治生活的政治性、时代性、原则性、战斗性。扎实开展党员教育。深入开展“两学一做”学习教育，常态化开展教育培训，发挥党校主阵地作用，对农村党员、新发展党员、入党积极分子等集中培训，提升党员队伍整体素质，打造共产党员的“应有样子”，争做“四讲四有”党员。对不合格党员及时处置，严格保证党员质量。

加强基层组织建设，构筑坚强有力的战斗堡垒。强化党组织功能。深入实施“区域化党建2351工程”，实现90%以上的基层党组织符合“五服务”要求和“六有”标准。认真抓好各领域党组织建设，实现非公有制经济组织和社会组织党组织覆盖率达97%以上。开展“加强村级班子建设百村帮扶行动”，对后进基层党组织进行整顿提升；开展“壮大村级经济收入百村帮扶行动”，设立村级集体经济发展资金，五年内实现所有村集体经营性收入突破10万元。强化基层骨干支撑。深入实施“领头雁”工程，认真做好村两委换届，抓好换届后村干部培训，培树一批“示范书记”。深入开展“第一书记”包村工作。继续做好村居干部经济责任审计工作。强化干部选拔管理。按照好干部标准，注重在基层一线考察、培养和使用干部，真正把想干事、能干事、敢担当、善作为的好干部选出来、用起来。健全干部教育培训机制，大力实施“116”干部教育培训工程，每年培训干部4000人次。全面开展各层次创先争优活动，培树一批叫得响、过得硬的先进典型，激发干事创业的热情。

加强作风效能建设，树立严实奋进的良好形象。切实转变工作作风。组织广大领导干部深入实际、深入基层、深入群众，及时有效解决问题和矛盾，号召党员在一线发挥先锋模范作用。健全深入群众纾解民忧、深入基层问计问策的工作机制，深入开展“结亲连心”活动，注重发挥“12345”热线作用，拓宽联系服务群众、了解社情民意的渠道，及时解决群众合理诉求，着力解决群众最关心的突出问题。大力支持非公经济发展，积极作为、靠前服务，着力构建“亲”“清”新型政商关系。聚焦问题狠抓整改。坚定不移落实作风建设各项规定，紧盯“四风”新形式、新动向，拓宽群众监督渠道，健全明查暗访机制，加大通报曝光力度，严查顶风违纪行为，坚决整治和查处侵害群众利益的不正之风和腐败问题，切实巩固作风建设成效。着力推动担当落实。坚持以河东为家、以事业为重、以工作为先，引导各级干部冲锋在前、干在一线，把心思用到干事创业上，把功夫下到察实情、出实招、办实事上，让担当尽责成为全区党员干部的鲜明特质和品牌形象。

加强法规制度建设，扎紧从严治党的制度笼子。健全规章制度。坚持用制度管人管事管权，突出抓好政府投资项目、招投标、公共资金管理、村级“三资”管理等重点领域制度建设，努力用制度堵塞腐败漏洞。加强对重点岗位人员特别是“一把手”的权力监督，促使各级干部公正用权、依法用权、廉洁用权、为民用权。强化制度执行。严格按照党内政治生活准则和党的各项规定办事，决不允许有令不行、有禁不止。严格执行领导干部报告个人有关事项和重大事项请示报告制度。对重大决策部署、制度规定执行情况实行专项督办，对执行不力的严肃问责追究。加强民主政治建设。坚持和完善人民代表大会制度，支持人大及其常委会依法加强工作监督和法律监督，加强和完善基层人大工作。支持政府依法行政。支持政协充分履行政治协商、民主监督和参政议政职能，营造协商民主建设的良好氛围。守牢公正司法防线，支持法院、检察院依法独立公正行使职权。加强统战工作，认真落实民宗、侨台等政策，更好地团结各界党外人士。持续深入推进群团改革工作，更好地发挥工会、共青团、妇联、工商联等群团组织的桥梁纽带作用。统筹抓好党管武装、双拥共建、老干部等工作，为推进改革发展、维护和谐稳定汇聚强大力量。

加强党风廉政建设，营造风清气正的政治生态。从严落实“两个责任”。各级党组织和纪检监察机关要全面履行党风廉政建设主体责任和监督责任，主要负责人要切实担负“第一责任人”职责，班子成员要认真履行“一岗双责”，做到真抓真管、严抓严管。深入推进纪检监察体制改革。进一步落实“一把手”述责述廉、“一岗双责”“一案双查”等制度，加强管理考核和监督检查，推动责任落实常态化。驰而不息正风肃纪。坚持把纪律和规矩挺在前面，刚性执行政治纪律、组织纪律、廉洁纪律、群众纪律、工作纪律、生活纪律等“六大纪律”，把握运用监督执纪“四种形态”，推动落实中央八项规定精神常态化、长效化。强化党内监督执纪问责，发挥巡察监督震慑作用，将巡察向基层村（社区）党组织延伸，让从严监督不留“盲区”。毫不手软惩治腐败。坚持有腐必反、有贪必肃，紧盯“三类人”，牢牢把握党员领导干部这个“关键少数”，严肃查处违反政治纪律、政治规矩的行为。始终坚持无禁区、全覆盖、零容忍，有腐必反、利剑高悬，切实形成不敢腐、不能腐、不想腐的长效机制，推动全区党风政风持续好转。

五、切实加强区委自身建设

履行新使命、实现新目标，必须充分发挥区委“总揽全局、协调各方”的领导核心作用。我们将牢记“打铁还需自身硬”，以更高的标准、更严的要求加强自身建设，提高政治站位，提升能力水平，强化责任担当，让党放心，让群众满意。

坚定理想信念，做对党忠诚的表率。坚决把好理想信念这个“总开关”，补足“精神钙”，牢固树立政治意识、大局意识、核心意识、看齐意识，始终同以习近平总书记为核心的党中央保持高度一致。进一步坚定“四个自信”，做到虔诚而执着、至信而深厚。坚定理想信念，始终做到不忘初心、坚守正道。

密切联系群众，做一心为民的表率。牢固树立以人民为中心的发展思想，把立党为公、执政为民落实到全部工作中，察民情、接地气，倾听群众呼声，自觉运用法治方式解决问题、化解矛盾、推动发展，着力解决好人民群众最关心最直接最现实的利益问题，不断让人民群众得到更多实惠。

坚持真抓实干，做勤政务实的表率。树立正确的政绩观，切实在求实、务实、落实上下功夫。在思想认识上求实，在方法措施上务实，在工作末端上落实，用宽广的眼光、改革的思路、发展的办法解决前进中的问题，让改革发展稳定各项任务落下去，让惠及百姓的各项工作实起来，干出一番事、擎起一片天。

敢于攻坚克难，做勇于担当的表率。主动认领任务，勇于担当，面对矛盾敢于迎难而上，面对危机敢于挺身而出，面对失误敢于承担责任，平常时候看得出来、关键时刻站得出来、危急关头豁得出来。健全正向激励和容错纠错机制，为敢于担当者担当，为能负责者负责，营造担当可贵、担当光荣的从政环境。

保持政治本色，做干净清廉的表率。提高廉洁自律意识，在依法用权、正确用权、干净用权中保持廉洁，在守纪律、讲规矩、重名节中做到自律。处处以身作则，带头严格遵守党章、准则和条例等党纪党规要求，带头贯彻执行党风廉政建设各项规定，带头严格落实中央八项规定精神，自觉接受监督，始终做干净清廉的表率。

河东区人民代表大会常务委员会工作报告

——2017 年 1 月 21 日在河东区第十九届人民代表大会第一次会议上（摘要）

河东区人民代表大会常务委员会主任　吴汉林

过去五年工作回顾

区十八届人大常委会任职的五年，是我区经济加快科学跨越发展、社会更趋和谐稳定、人民群众获得更多实惠的五年，是城区面貌发生显著变化、五区建设成果全面显现、全区人民幸福感自豪感空前增强的五年。尤其是刚刚过去的一年，重大项目、产业升级、“三引一促”全面开花，乡村面貌、基础设施、生态环境极大改善，脱贫攻坚、民生实事、平安河东全面落实，“十三五”规划开局良好，美丽河东区建设的基础已经奠定，河东的发展站在了新的更高的历史起点上。

置身河东经济社会发展新时期，亲历又好又快发展新变化，区人大常委会在中共河东区委的坚强领导下，倍加珍惜来之不易的大好形势，自觉融入河东发展的大潮中。认真学习贯彻党的十八大和十八届三中、四中、五中、六中全会精神，深入学习贯彻习近平总书记系列重要讲话精神，加强和改进新形势下的区镇人大工作，在监督支持与保障促进中体现人大的积极作为。任期内共召开 5 次人民代表大会、39 次常委会会议，听取审议“一府两院”93 项工作报告，组织常委会组成人员和人大代表进行 70 次视察、调研和执法检查活动，为促进全区经济社会又好又快发展和社会主义民主法治建设作出了积极贡献。

一、坚持党的领导，维护宪法法律权威，扎实推进法治河东建设

常委会始终把坚持党的领导贯穿于人大工作的全过程，确保人大工作正确的政治方向。同时，因势而谋、因势而动、因势而进，扎实推进建设法治河东，推动法治成为社会最大公约数。

坚持党的领导，积极履职行权。常委会及时组织学习习近平总书记关于人大工作的重要讲话和中央、省、市、区委关于加强县乡人大工作和建设、加强和改进人大监督工作等方面的文件精神，明确做好新时期人大工作的具体要求，增强责任感和使命感。深入镇街人大进行调研、督促和指导，推动文件精神的贯彻落实，确保全区人大工作在党委领导下依法有序开展。紧紧围绕区委中心工作、全区经济社会发展大局和人民群众普遍关心的热点难点问题来谋划和推进人大工作，常委会各位主任直接参与到工业园区建设、东城新区建设、北京东路改建、“美丽乡村”建设等重点项目，置身于经济社会发展中，较好地发挥了地方国家权力机关的作用。

维护宪法权威，推动宪法实施。连续三年在机关、学校、企事业单位、社会组织中开展“国家宪法日”活动。听取审议区政府关于我区“六五”普法、依法治区情况和“七五”普法规划的报告，审议《河东区 2016—2020 年依法治区规划（草案）》并作出决议，引导“最大多数”树立法治观念，提升法律素养。认真落实宪法宣誓制度，通过《关于实施宪法宣誓制度的暂行办法》，明确了宪法宣誓的人员范围、组织程序、施行时间，并先后 4 次组织新任命的国

家机关工作人员公开向宪法宣誓，通过庄严的仪式化表达，激励国家机关工作人员忠于宪法、遵守宪法、维护宪法。

促进法律实施，推进依法行政。常委会强化对权力运行的制约和监督，推动法治政府建设，确保法定职责必须为、法无授权不可为。依法对全区贯彻执行消防法、劳动法、治安管理处罚法、食品安全法、安全生产“一法一条例”等法律法规情况进行执法检查。听取审议全区行政执法人员法律素质和执法能力提升工作情况的报告，提出要牢固树立法治建设政府先行的理念，区政府及相关部门积极落实，全区执法人员法律素质和执法能力得到进一步提升，全面推进了我区依法行政和法治政府建设的进程。

加强司法监督，推进公正司法。常委会在深入调研、全面总结的基础上，听取审议了区法院关于执行工作、行政审判工作、规范司法行为、办理人大交办信访案件情况的工作报告，以及区检察院关于民事行政检察工作、行政执法检查监督工作、查办和预防职务犯罪工作、刑罚执行监督工作的专项报告，加强司法监督，推进司法行为的进一步规范。每年均组织人大代表旁听法院庭审工作，参加检察院“开放日”活动，通过对司法活动的监督，力促人民群众在每一件司法案件中都感受到公平正义。

严格规范程序，做好人事任免。常委会始终把依法任免国家机关工作人员作为坚持党的领导的重要内容，坚持党管干部和依法任免相统一，充分发扬民主，严格依法履行任免程序。研究修订了《河东区人大常委会人事任免办法》，在全市人大系统率先开设任前法律考试网上平台，对拟任命人员进行宪法及法律知识考试，促进“关键少数”做尊法学法守法用法的模范。五年来，常委会通过法定程序，依法任免国家机关工作人员422人次，为“一府两院”依法行政、公正司法奠定了坚实的组织基础。

实践表明，做好人大工作必须始终坚持党的领导，坚定不移地在党委领导下开展工作，才能沿着正确的道路奋勇前进。只有始终高擎民主法治的旗帜，保障宪法和法律全面正确实施，才能更好地为改革提供法治依据，为发展提供法治环境，为稳定提供法治保障，不断开创依法治区的新局面！

二、坚持围绕中心，服务全区工作大局，加快推进河东经济发展

发展是永恒的主题。五年来，常委会坚持以经济建设为中心，以落实区委重大决策部署和推动经济转型发展为着力点，始终与区委思想同心，目标同向，工作同力，坚持议大事、突出抓重点，促进全区经济平稳健康发展。

突出中心，助推经济结构转型升级。围绕“五区托一城”发展战略的实施，常委会先后11次对五区发展情况进行视察，全力推进五区建设。围绕推动重大（重点）项目建设进行调研，提出各职能部门要密切配合、协同推进，下大力气抓好“三引一促”和现代产业培植，努力搭建新一轮发展平台，发挥重点项目强有力的支撑带动作用。组织对骨干企业培植、促进企业“二次创业”情况进行视察，提出要找准着力点、选准突破口，创新体制机制，促进合作创新和成果转化。听取审议关于临空经济区建设、加快融入商城国际化工作的专项报告，建议立足河东优势产业，突出区域特色，加快培育壮大航空物流、电子商务等现代服务业，优化经济发展布局。着力推动特色产业发展，对旅游产业发展、农业特色产业带规划、水利工程建设、现代农业社会化服务体系建设等工作组织视察和调研。

完善机制，实现计划财政有效监督。坚持定期听取和审议计划、预决算、审计及查出问题整改报告，支持政府工作，共同应对挑战。贯彻落实新《预算法》，依法加强对财政预决算的审查监督，推行部门预算和“三公”经费预算信息公开，强化政府债务管理监督，推动政府形成以绩效为导向的支出安排机制，提高财

政资金使用效益。五年来，先后对重大（重点）项目建设、重点资金使用、项目资金争取情况、节能降耗等专项工作进行监督，支持融资用于改善农村人居环境，连续两年批准地方政府债务限额调增及区级预算调整方案，保证全区国民经济和社会发展计划顺利实施，确保全区财政收入保持良好的增长势头。常委会高度重视“十三五”规划的编制工作，听取审议了区政府关于“十三五”规划草案的说明，提出了6条修改建议，并在区十八届人大五次会议上依法通过，成为凝聚全区人民智慧、体现全区人民意志的共同行动纲领。

统筹发展，健全城乡基础设施建设。围绕全区“幸福家园”建设五年计划和“美丽乡村”试点工程，常委会多次组织视察，并听取审议专项工作报告，建议在充分考虑和尊重群众意愿的基础上，按照“两区同建”要求，整合各方资金和力量，合力共建“幸福家园”。组织对城区路网重点工程建设、城市公益设施建设、城区供热、全区大交通格局建设、城市管理工作、文明城市创建工作进行专题视察，并对贯彻落实意见情况进行跟踪督查，努力推进城市基础设施功能的不断完善和城市管理服务水平的不断提升，提高城市承载力。组织对土地开发管理、城市建设、水网建设、农业科技创新、现代农业和农村“五通十有”等开展调研，致力推进城乡一体化进程。目前，陶然路、南京路两座沂河大桥顺利通车，中环东线联邦路、北线长春路全线开工，北京东路改建工程全面铺开，城乡基础设施配套更加完善，我区区位优势更加凸显。

实践表明，人大工作要有所作为，必须强化“围绕中心、服务大局，突出重点、讲求实效”的工作理念。只有把党委政府工作的重点、经济社会发展的难点、人民群众关切的热点，作为人大监督工作的切入点，发扬“钉钉子”的精神，精选议题，咬定目标，跟踪监督，持续发力，人大工作才能有的放矢，抓铁有痕，踏石留印！

三、坚持以人为本，重视民生保障改善，增进人民群众获得感和幸福感

民生幸福是发展的最终目的。换届以来，常委会把保障和改善民生摆在更加突出的位置，支持政府回应人民期待，补齐民生“短板”，力促社会和谐稳定，让全区人民生活的更加安全、更加幸福、更有尊严。

凝聚民心，保障群众生活幸福和生命健康。人民群众对美好生活的向往就是我们的奋斗目标。常委会把社会保障体系建设、养老服务体系建设等工作纳入监督议题，听取专项工作报告，提出要全面深化社会保障制度改革，完善城乡社会保障体系，加快形成全方位的养老服务新格局。围绕打好环境保护攻坚战，常委会连续3年听取审议了关于大气污染防治工作、环境保护工作情况的报告，强调要建立健全常态化监管机制和责任追究机制，不辜负群众对“蓝天白云，繁星闪烁”生态河东的期盼。食品药品安全是关乎人民群众身体健康和生命安全的重大民生工程，常委会连续5年对全区食品药品安全监督管理工作进行视察，推动形成人人关注、支持、参与、监督食品药品安全工作的社会共治格局。组织部分驻我市全国和省人大代表，对全区精准扶贫工作进行专题调研，并听取审议专项工作报告，深入推进脱贫措施精准对接，确保完成脱贫攻坚任务。

立足民意，推动解决与群众息息相关的现实问题。教育、文化、卫生是百姓关注的大事，事关人民群众切身利益。常委会连续听取和审议了全区教育优先发展三年规划实施情况的专项工作报告，视察了教育均衡发展和解决“大班额”问题工作开展情况，有效地保障和推动了全区教育优先发展。着力维护公民基本文化权益，听取审议了完善公共文化服务体系、建设文化强区、文化惠民工程建设情况报告，督促完善公共文化服务设施，提升公共文化服务水平，丰富人民群众精神文化生活。对全区完

善公共医疗服务、实施全民健康保障工程进行持续监督，督促把惠民政策落实到位，逐步解决“看病难、看病贵”的问题，使民心工程温暖民心。

畅通民情，切实做好人大信访工作。始终把做好信访工作同全面履行人大监督职能、全力维护社会稳定结合起来，进一步完善信访工作机制。认真落实常委会领导接访制度，加强对重点信访件的协调督办工作，增强了信访办理的实效。五年来，常委会共受理人民群众来信来访 165 件，及时进行转办、督办，妥善处理群访事件，积极化解社会矛盾，维护了人民群众的合法权益，进一步树立了区人大常委会在人民群众心目中的良好形象。

实践表明，人民是人大常委会最坚实的根基。一切为了人民，一切依靠人民，人大工作才有源头活水和坚实基础。只有坚持人民利益至上，带着感情、带着责任，努力为人民群众督大事、解难事、办实事，人大工作才会不忘初心，不负重托，不辱使命！

四、坚持代表主体，强化履职服务保障，发挥代表联系群众作用

人大代表始终是人大工作的主体，是依法履职的主体。常委会深入贯彻落实代表法，积极搭建履职平台，加强同人大代表和人民群众的联系，探索做好代表工作的方式方法，为代表作用的充分发挥创造良好条件。

提高人大代表参与度。制定代表履职守则，建立代表履职档案，将代表参加活动、会议情况记录在册，作为代表履职评价和连选连任提名的重要依据。实行人大代表列席常委会会议制度，届内共邀请列席会议人大代表 126 人次，审议报告时专门安排列席代表发言，调动代表参政议政的积极性和主动性。组织开展视察、调研和执法检查等活动时，均根据活动主题邀请相关领域的人大代表全程参与，最广泛地汇集民意、集中民智，发挥代表联系群众、服务发展的正能量。

创新主题实践活动。开展了“办实事、谋发展、促和谐”代表主题实践活动，创新性地开展了“双联双提升”活动，强化代表履职意识，激发代表履职热情。畅通人大常委会与人大代表的联系，建立人大代表飞信平台。活动中，人大代表积极为选民群众做看得见的实事，或帮贫扶困，或就基层热点问题进行专题调研，或发挥各自职业专长，开展义教、义诊、法律服务、司法调解、义务讲座等公益活动，进一步拉近了代表与广大群众之间的距离，让群众感受到来自身边代表的温暖，树立了人大代表的良好形象。活动开展以来，建立人大代表接待站、人大代表活动室 33 个，组织代表接待活动 760 余次。全体代表忠实履行职责，积极投身经济社会发展的主战场，努力当好人民群众的“代言人”，展示了“一名代表就是一面旗帜”的风采。

加强代表议案建议督办。制定出台了《代表建议、批评和意见办理工作的规定》，实行常委会主任会议成员分工联系督办制度，把工作的着力点放在为群众解决实际问题和推动改进工作上，切实解决“重答复、轻办理”的问题。常委会对承办单位办理工作进行的视察、检查和调研活动，均邀请提出议案建议的代表参加。加大代表议案建议办理工作的监督检查力度，综合运用各种监督方式，促使相关承办单位高质量、高标准地把人大代表所提出的建议办理好，把相关问题解决好，不辜负人民群众的期盼。五年来，共收集会议期间代表议案建议 373 件，闭会期间代表建议 560 件，重点督办 96 件，提高了代表建议办理的答复率、办结率和满意率。滨河东路下穿人行通道的修建，郑旺镇邵家湾年久失修桥梁的重建等诸多人民群众关心的大事小情，都得到了实实在在的解决。

圆满完成换届选举。2016 年是区镇人大换届年，在区委的统一领导下，常委会周密安排，精心组织，严格政治纪律，严格依法办事，严格代表条件，严格责任追究，把握时间节点，

加强对选举全过程的监督，营造风清气正的换届环境，确保了新一届区镇人大代表选举程序的合法性，圆满完成了区镇两级人大代表换届选举工作。

实践表明，只有尊重代表的主体地位，加强对代表的服务管理，规范代表的履职行为，密切与代表的沟通联系，才能切实体现代表来自各行各业、了解实际情况、联系人民群众的巨大优势，才能充分发挥代表反映民意、集中民智、凝聚民心的巨大作用！

五、坚持固本强基，全面加强自身建设，树立地方国家权力机关良好形象

打铁还需自身硬。面对新形势对人大工作和民主法治建设提出的新要求，常委会以强化政治素质，转变工作作风，完善工作机制为重点，不断推动工作科学化、规范化和程序化，着力提高依法履职能力和水平。

扎实开展学习教育，持之以恒抓作风建设。深入开展党的群众路线教育实践活动、“三严三实”专题教育、“两学一做”学习教育，引导党员强化政治意识，加强党性锻炼和道德修养。注重抓好理论学习和法律培训，健全完善议事先学法制度，筑牢依法履职的基础。建立了常委会及机关学习制度，努力构建学习型、研究型、创新型机关。严格贯彻民主集中制原则，强化集体行使职权。严格贯彻落实中央八项规定，坚决反对“四风”，对作风建设常抓不懈。牢固树立“抓党建就是抓关键”的理念，认真贯彻从严治党要求，严格落实“两个责任”，不断加强党的建设，形成了常委会及机关风清气正的良好氛围。

健全完善规章制度，加强履职能力建设。深入贯彻落实加强县乡人大工作会议精神，实行常委会主任专职配备，成立了5个专门委员会，补充了4名人大常委会委员，充实了镇街人大工作的力量。严格执行常委会组成人员纪律规定和常委会组成人员守则等制度，严肃常委会会议纪律，对常委会组成人员出席会议、参与视察、审议发言情况进行通报并存档，规范集体依法行使职权，提高了常委会的议事效率和决策水平。建立了围绕常委会议题的会前视察调研、会中深度审议、会后重点督办机制。制定出台了加强调查研究工作的意见，加强议事决策的前期调研。率先出台了《河东区人大常委会听取和审议专项工作报告的办法》，规范和细化了常委会听取审议“一府两院”专项工作报告的程序，有力地规范了监督工作，促进了政府依法行政和“两院”公正司法。实行相关领域的常委会组成人员围绕议题领衔发言制度，确保发言内容有针对性，增强监督效果。“一府两院”高度重视专项工作报告的审议意见，落实整改纠正力度逐年加大，接受人大监督意识普遍增强。

着力加强机关建设，提高服务保障水平。区委重视人大干部的培养锻炼，把人大干部的培养、选拔和任用纳入干部队伍建设总体规划，换届以来，提拔常委会机关3名正科级干部，1名副科级干部，充实和向外交流10名机关委室负责同志，15名镇街人大负责同志任镇长、街道办事处主任或交流到区直部门任职，激发了区镇人大工作的动力和活力。制定了机关考勤、财务管理、公务接待、公务出差等管理制度，用制度管人管事，管长远立根本，切实提高了机关办文、办会、办事水平，创建效能机关。扎实做好“结亲连心”干部联系和服务群众工作。做好汤河镇后西庄的派驻“第一书记”任职村工作，争取和协调资金315万元，依托该村生态资源优势，发展农家乐、垂钓园等乡村旅游产业，引进加工业项目，改善了村容村貌，增加了村集体和村民个人收入。多次承接市级、区级现场会，得到了人民群众普遍的认可和支持。常委会及机关呈现出立足本职谋事、求真务实干事、精益求精成事的良好局面。

大力整合宣传资源，构建宣传大格局。2016年，出台了《关于进一步加强人大宣传工作的实施意见》，将宣传工作纳入区委宣传工作

大格局，制定了《河东区人大常委会宣传报道考核办法》，严格量化考核。实行常委会领导联系委室，委室联系镇街部门的制度，周调度、月通报，夯实宣传工作的基础。多次邀请省、市人大领导及专家对新闻宣传通讯员进行培训，提升整体写作水平。利用党报党刊、人大系统杂志报刊、信息简报等阵地宣传宪法、人大工作和人大代表风采，激发宣传工作整体活力，2016 年在市级及以上媒体发表稿件 468 篇，与往年相比，数量、质量都有了大幅度的提升，走在了全市人大宣传工作的前列。通过广泛深入的宣传，深化了群众对人民代表大会制度的认识，营造了理解和支持人大依法履职的良好氛围。

注重上下级联系沟通，拓宽学习交流渠道。坚持邀请镇街人大负责人参加常委会重大活动、列席常委会会议，加强对镇街人大工作的联系和指导，推动镇街人大工作的规范化。自觉接受省、市人大常委会的法律监督和工作指导，五年来，省、市人大常委会到河东检查指导工作 35 次，特别是 2016 年，省、市人大常委会到河东进行执法检查、视察、调研 11 次，有力地促进了区人大常委会的工作，展现了区人大常委会乃至河东区在全市、全省的良好形象。密切与兰山、罗庄、蒙阴等兄弟县区人大之间的工作联系，通过加强纵向和横向的交流沟通，取长补短，进一步提升区人大常委会工作水平。

实践表明，只有始终坚持与时俱进、开拓创新、求真务实、敢于担当的理念，切实加强常委会及机关自身建设，全面提升人大工作的科学化水平，才能使人大工作紧扣时代脉搏，永葆生机活力！

各位代表，过去的五年，区十八届人大常委会工作得到了新的发展。成绩的取得，是区委高度重视和坚强领导的结果，是“一府两院”、区直各单位、各镇街园区积极配合和共同努力的结果，是常委会组成人员和机关全体人员尽职尽责、无私奉献的结果，是人大代表、社会各界及全区人民充分信任和大力支持的结果。在此，我谨代表区十八届人大常委会表示衷心的感谢并致以崇高的敬意！

在肯定成绩、总结经验的同时，我们也清醒地认识到，常委会工作与新形势新任务的要求相比，与各位代表和人民群众的期望相比，还存在着差距，主要是：监督工作针对性、实效性还不强，跟踪监督力度还不够；代表活动平台需要进一步拓展和创新；镇街人大工作的加强和改进等课题还需要认真研究；常委会自身建设、人大信息化建设有待加强，工作作风仍需持续改进。这些都需要在以后的工作中认真加以解决。

对今后工作的建议

各位代表，今后五年，是实施“十三五”规划和全面建成小康社会决胜的关键期，也是人大工作乘势而上、奋发有为的重要机遇期。党中央对坚持和完善人民代表大会制度、做好新形势下人大工作提出了新的更高要求，做好新时期的人大工作任重而道远。区十九届人大常委会将在“四个全面”战略布局下，坚持“五位一体”的发展思路，全面推进和落实创新、协调、绿色、开放、共享五大发展理念，按照“走在前列、争先进位”的工作要求，始终坚持党的领导、人民当家做主、依法治国的有机统一，始终坚持围绕中心、服务大局、依法履职，始终坚持求真务实、与时俱进、创新发展。

始终坚持党的领导，在建设大美新临沂美丽河东区中有新作为。在思想上、政治上、行动上，同以习近平同志为核心的党中央保持高度一致，进一步增强“四个意识”特别是核心意识、看齐意识，向核心看齐。区人大常委会在区委的坚强领导下，忠实履行宪法及法律赋予的职责，把区委的意图转变成为全区人民的共同意志，凝聚全区经济社会发展的强大力量。刚刚闭幕的区第十四次党代会提出的“一三五”

总体目标，是区委加快河东发展作出的重大决策，是全面建成小康社会征程中走在前列的战略部署，描绘了我区未来五年的发展蓝图，必将开启我区发展的新篇章。区新一届人大常委会要紧紧围绕这个中心和大局，切实担负起推动区委决策部署贯彻落实的责任，充分发挥人民代表大会制度广泛联系人民群众的优势，最大限度地凝聚全区人民团结奋进、推动发展的智慧和力量。常委会主任会议成员要按照区委“五区”建设“八八”举措的部署，在落实“三个追求”“五个定位”的要求上有所作为，为加快实现建设大美新临沂美丽河东区这个宏伟目标发挥应有的作用。

着力加强监督工作，在履行法定职责上有新成效。常委会坚持把党政所需、人民所盼、法律所赋的各项工作，作为监督的着力点，精选议题，精准发力，强化监督实效。在“八项发展举措”“工业3·80升级”工程、“百小企业提升”“1+7”帮服行动、体系化推进“8+3”民生工程、全域旅游、环境综合治理、电子商务、社会管理等方面听取专项报告，开展视察调研，综合运用法定职权进行重点监督。加大对“一府两院”研究处理审议意见和办理代表建议的跟踪督办力度，选择具有代表性的突出问题持续监督。对区委决定的重大事项，对关系广大人民群众切身利益、社会普遍关注的热点难点问题开展专题询问，探索运用刚性监督手段。

切实改进代表工作，在发挥代表作用上有新提高。加强信息化建设，建立包括人大网站、代表履职服务平台、代表履职评价平台、代表互动交流平台的“一网三平台”。探索完善闭会期间代表履职方式，丰富内容、增强实效，实行代表履职登记制度，提高代表履职积极性，营造全社会尊重代表、支持代表依法履职的良好氛围。扩大代表对常委会工作的参与，健全邀请人大代表和人民群众有序参与监督机制，保障代表和人民群众知情知政。进一步完善代表议案、建议办理机制，提高办理效率和质量，实现代表建议办理工作常态化。切实加强代表履职培训，密切代表与人民群众的联系，使人民的意志更好地通过人民代表大会这一民主渠道得以实现。

大力加强自身建设，在提高履职能力上有新突破。落实全面从严治党责任，严守政治纪律和政治规矩，确保人大工作正确的政治方向。坚持常委会组成人员和机关干部的学习教育制度，组织常委会组成人员学习培训，增强做好人大工作的使命感和责任感，提高常委会组成人员的综合素质和履职能力。研究和创新工作，不断提高思想政治素质，提高依法履职、服务保障能力，构建行为规范、运转高效、依法行政、公正透明、廉洁奉公的人大机关。注重上下级人大之间的交流沟通，做好全国、省、市人大来我区开展工作的服务保障工作。加强对镇街人大工作的指导，建立既适合地方国家权力机关特点又充满活力的工作运行机制，充分发挥人大及其常委会作为国家权力机关的作用。

政府工作报告

——2017年1月20日在河东区第十九届人民代表大会第一次会议上（摘要）

河东区代区长　姚运明

一、过去五年工作回顾

五年来，在市委、市政府和区委的坚强领导下，在区人大、区政协的监督支持下，区政府团结依靠全区人民，主动适应经济发展新常态，大力实施“五区托一城”发展战略，扎实做好稳增长、调结构、促改革、惠民生、守底线各项工作，经济社会发展取得显著成效，为全面建成小康社会奠定坚实基础。

（一）经济实力大幅提升。2016年，预计实现地区生产总值193.8亿元，年均增长8.7%；一般公共预算收入14.03亿元，年均增长17.7%；完成固定资产投资149亿元，年均增长15.6%；社会消费品零售总额140亿元，年均增长21.4%；进出口总额26.8亿元，年均增长5.6%；居民人均可支配收入达到23428元，年均增长8.2%；金融机构存款余额278.3亿元、贷款余额202.1亿元，年均分别增长14.2%和17.3%。招商引资全面发力，累计引进世界500强项目7个、国内500强项目12个，引进过10亿元项目38个，实际到位区外资金300亿元。连续5年开展“重大（重点）项目突破年”活动和“百日会战”攻坚行动，实施省级重点项目4个、市级86个、区级407个，累计完成投资501亿元，连年被授予全市重点项目建设先进县区。全区税收过千万元企业达到32家，其中荣盛富翔、奥德燃气纳税过亿元，正直、华太集团纳税过5000万元。加快推进商事制度改革，全区市场主体达到3.5万户，年均增长28.2%，每千人市场主体数量达到58.6个。创新驱动发展战略加快实施，引进“千人计划”专家和“泰山学者”6名、创新创业团队2个、硕士以上高学历人才279名；高新技术企业从5家增加到14家，引进先进技术成果110项，创建省级以上各类科技创新服务平台13个，全社会研发投入占GDP比重提升到2.3%左右，每万人发明专利拥有量从0.74件提高到1.53件，被列为国家知识产权工程试点区。质量强区战略推进有力，培植中国驰名商标2件、省著名商标15件、省名牌16个、市长质量奖6个，有效注册商标总量达到1.1万件、居全省第九位。

（二）产业结构调整优化。三次产业比例由7.6∶52∶40.4调整到7.2∶45.9∶46.9，首次实现“三二一”产业发展格局。工业经济转型加速。规划建设了56平方千米的经开区北区，主动高点对标临沂经开区；累计完成技改投入299亿元，规模企业发展到242家，23项优质工业产品市场占有率位居全国前三，天同食品在香港主板上市，森诺特在“新三板”挂牌；新能源新材料、高端装备制造、生物医药等战略性新兴产业孕育兴起，高新技术产业产值占规模以上工业产值比重提升到31.6%。服务业发展迅速。新增商贸物流城9个、电商产业园4个、跨境电商21个、金融机构34家，全区市场交易额达到593亿元，电子商务交易额实现150亿元。投资18亿元加快临沂机场改扩建，优质航线扩大到27条，开通国际航线2条，旅客年吞吐量增加到120万人次；临沂火车北站国内、国际货运班列达到4条，规划面积36平方千米的临空经济区纳入全市发展战略。文化旅游蓬勃发展，新建国家A级旅游景区4个，华东野战军纪念馆、龙园、凤凰欢乐大世界、正直汽车主题公园等一批景区建成开放，成功举办5届百里沂河水上运动挑战赛，汤头街道、汤河镇上榜山东省旅游强乡镇，汤泉区获批山东省重点文化产业园区，河东区被命名为山东省体育产业基地，被评为文化强省建设先进县区。现代农业稳步发展。农高区成功创建国家农业科技园区，跻身全国“一城两区百园”50强。培育优质农产品产业园区8个、区域品牌40个、市级以上农业产业化龙头企业58家，实施了小型农田水利重点县、龙园水库、葛沟灌区节水改造等一批重点水利工程，被授予全国农产品加工业示范基地和首批国家级出口农产品质量安全示范区。顺利完成农村产权制度改革集体土地确权工作，圆满完成全省农村合作金融试点改革、全省供销社综合改革任务，区供销社被评为全国百强县级社。

（三）城乡面貌显著变化。中心城区建成区面积由22平方千米扩大到30.5平方千米，全区城镇化率达到59.02%，被列入国家新型城镇化标准化试点区。大交通建设拓展城市发展空间，陶然路、南京路两座跨沂河大桥建成启用，新外环全线贯通，中环东线联邦路、北线长春路全线开工，内环东线温泉路、北线南京路形成城市内环，北京东路改建工程全面铺开，新增城市道路32千米，打通陶然东路、华阳路等8条断头路，长深高速及连接线的建成圆了河东“高速梦”。规划面积12平方千米的东城新区快速推进，高水平开发荣盛富翔、环球阳光城等一批重点商住项目，高标准建设教育学区、市第五人民医院等一批公建配套项目，滨河沿线完成35个村居棚户区改造，征收房屋面积660万平方米、还建面积680万平方米，开工房地产面积470万平方米。城区集中供热从无到有、供热能力达到800万平方米，天然气率先在全市实现“镇镇通”，城区公共自行车系统建成运营。配合市里完成全国文明城市、全国卫生城市创建任务。小城镇建设加快推进，郑旺镇被列入全国重点镇，汤头街道被列入市级优先发展重点镇。美丽乡村建设成效显著，相公街道刘团村入选中国名村影响力300强，新建新型城乡社区39个、美丽村居57个，改善人居环境村居138个，村内道路硬化“户户通”232万平方米，无害化改厕2.9万户，汪塘生态化治理50处，城乡环卫一体化实现全覆盖。生态河东建设走在全市前列，新建污水处理厂5处，实施汤河、祝丘河全流域综合整治，全区空气质量持续改善、从全市后列跃居前三名，出境河流综合达标率达到94%。

（四）民生事业加快发展。体系化推进“8+3”民生工程，每年办成十件民生实事，累计完成民生支出80亿元，年均增长12.8%。全力做好精准扶贫，全区建档立卡贫困人口全部脱贫，摘帽退出15个省定贫困村。建成零工市场，累计新增城镇就业2.7万人，转移农村劳动力就业2.5万人。建设保障性住房2.1万套，城乡医保“并轨”，实现城乡居民社会养老保险、城乡低保和居民医疗保险全覆盖。整合资金16.5亿元，新建、改扩建校舍项目332个，全区中小学全部达到省级规范化办学标准，顺利通过国家义务教育发展基本均衡区验收，历年市政府教育督导考核成绩名列前茅。新建改扩建区人民医院、疾控中心，基本完成镇街卫生院新一轮改造，实现药品“零差率”销售，人均报销比例提高3.9%。新建3处区域性中心敬老院，解决农村17万人饮水安全，文化广场实现行政村全覆盖。民兵预备役建设和国防动员工作走在全省前列，区人武部被评为全省征兵工作先进单位。深化平安河东建设，社会治安、安全生产形势持续稳定，被评为全省社会治安综合治理先进县区、全省信访工作先进单位、全省安全生产先进县区。民族宗教、对台、侨务、妇女儿童、残疾人、工会、青少年、史志、档案、审计、物价、统计、老龄、红十字会等各项事业都取得了长足发展。

（五）政务服务提速增效。全面推进依法治区，加快建设法治政府，实行部门权责清单制度，调整取消行政权力事项60项，全面取消非行政审批事项，初步建立“四清单、一平台”权力运行体系，连续三年被评为依法行政先进县区。建成运行区政务服务中心，建立三级便民服务体系，区级行政审批事项提速50%。高度重视12345市民服务热线办理，累计受理群众诉求12.38万件，诉求办结率100%。认真落实中央八项规定精神，扎实开展党的群众路线教育实践活动、“三严三实”专题教育和“两学一做”学习教育，从严从实整治“四风”，“三公”经费比2011年下降42.6%。自觉接受区人大、区政协和社会各界监督，人大代表建议、政协委员提案办复率、满意率连年达100%。

各位代表，回顾五年，风雨兼程砥砺前行，一路辛勤一路收获，留下许多值得珍藏的美好回忆，留下许多值得回味的奋斗往事，留下许多值得借鉴的典型经验。回顾五年，我们深刻认识到，坚持正确的政治方向，坚决落实中央和省市区委的各项决策部署，牢固树立政治意识、大局意识、核心意识、看齐意识，忠诚履职，扎实尽责，确保立场不移、方向不偏，是我们事业成功的命脉根本；我们深刻认识到，坚持高点定位、超前谋划，保持全局思维和战略定力，一张蓝图绘到底、一个目标干到底，是河东繁荣发展的切实保障；我们深刻认识到，全力以赴促发展，矢志不移谋创新，抢抓机遇、顺势而上，直面矛盾、补齐短板，是我们破解难题的必由之路；我们深刻认识到，倡树以民生为本的发展理念，思之行之为群众，利之惠之在百姓，筑牢我们的执政基础，汇聚强大的发展合力，是我们共谋繁荣的坚强基石。

回顾五年，我们不能忘记，中央和省市对河东发展的殷切关心和大力支持，特别是市委市政府“沿河发展、北上东进”发展战略，拉开了河东发展框架，为河东打造靓丽东部新城奠定了坚实基础；我们不能忘记，河东党员干部团结拼搏、励精图治、忘我工作形成的“敢为人先、能打善战”的强大河东干劲，广大人民群众热爱家乡、建设家乡，对政府各项工作的理解和支持，对城市化进程的包容善待和无私奉献，为河东发展提供了强大的精神支撑；我们不能忘记，人大代表、政协委员及社会各界对政府工作的鼎力支持，积极为河东发展建言献策，广大企业家与河东同发展共命运，激情燃烧创新路，开拓创业写华章，以实际行动为河东发展注入了澎湃动力。

潮平两岸阔，风正一帆悬。在这总结过去继往开来的时刻，我代表区人民政府，向辛勤工作在各条战线上的广大干部群众，向关心支持政府工作的全体人大代表、政协委员，向各民主党派、工商联、无党派人士和人民团体，向离退休老干部、老职工，向投身和关心支持河东经济社会发展的投资客商、企业家和各界朋友，表示衷心的感谢和崇高的敬意！

各位代表，过去的成绩值得肯定，但发展中的矛盾和问题更不能忽视。当前，我区经济总量小，人均占有量偏低，与全面建成小康社会标准差距较大；产业转型升级不快，创新驱动能力不强，缺乏重大产业项目特别是重大工业项目支撑；城市化推进质量不高，城市基础设施欠账较多，小城镇建设发展滞后；公共服务供给不够均衡，民生设施配套总体不足，民生事业还存在薄弱环节；个别政府工作人员缺乏干事创业激情，担当力、执行力仍然不够，政务环境还需改善优化。对此，我们要保持清醒头脑，突出问题导向，采取得力措施，认真加以解决。

二、今后五年的目标任务

新一届政府任期的五年，是全面建成小康社会的决胜阶段，也是我区全面实施“十三五”规划、实现科学跨越发展的关键时期。虽然当前世界经济和全球市场需求依然低迷，但随着新一轮科技革命和产业变革的渐行渐近，有利于我们创造新供给、释放新需求；虽然我国经济下行压力依然较大，但随着五大发展理念、供给侧结构性改革和“一带一路”战略的深入实施，有利于我们适应经济新常态、培育增长新动能；虽然区域发展竞争不断加剧，河东发展还面临很多矛盾和问题，但随着市委市政府“北上东进”发展战略的持续深入推进，特别是刚刚闭幕的区第十四次党代会，描绘了河东未来五年发展的宏伟蓝图，确立了建设大美新临沂美丽河东区的战略目标，有利于我们把握发展新机遇、挖掘增长新潜能。只要我们坚定信心，抢抓机遇，攻坚克难，奋发作为，就一定能够开创河东加速崛起、阔步赶超的新局面！

今后五年的政府工作，要全面贯彻党的十八大和十八届历次全会精神，坚持“五位一体”总体布局和“四个全面”战略布局，坚持五大发展理念，以提高发展质量和效益为中心，以供给侧结构性改革为主线，坚定不移地落实区委“一三五”总体目标，坚定不移地推进区委“八项发展举措”和“八个保障措施”，坚定不移地深入实施“五区托一城”发展战略，发挥优势、补齐短板、打牢基础、创新发展，全力突破产业强区、全力建设美丽城镇、全力提升民生福祉，促进经济平稳健康发展和社会和谐稳定，努力建设令人向往的大美新临沂美丽河东区，奋力在全面建成小康社会新征程中走在前列。

今后五年全区经济社会发展的主要目标是：

——到2018年，基本实现全面小康社会目标，产业转型取得实质性进展，人民生活水平和质量普遍提高，社会治理体系和治理能力现代化实现重大突破。

——到2020年，完成“十三五”规划确定的“一个提前、四个倍增、六个显著提升”的目标任务，经济保持中高速增长，产业结构更加合理，群众幸福感和满意度进一步提升，全域城镇化格局初步形成，综合竞争力明显增强。

——到2021年，新一届政府届满时，全区生产总值达到300亿元，一般公共预算收入达到28亿元、力争突破30亿元，固定资产投资达到300亿元，社会消费品零售总额达到260亿元，居民人均可支配收入达到3.7万元，形成一批新兴支柱产业，群众生活更加殷实，在全市发展格局中的地位得到较大提升。

围绕上述目标，我们将内强外拓、发力赶超，勇创一流、走在前列，全力打造创业新城、和谐新城、生态新城、活力新城、幸福新城，全面实现生产美、生态美、生活美，努力建设大美新临沂美丽河东区。

——全力推进产业升级，加快构建产业强区。实施“振兴河东百千亿发展计划”和“五个二十亿”建设计划，突出招大招强招新、引资引技引智并重，激发社会投资活力，发挥好投资对发展的关键性作用。把工业作为供给侧结构性改革的主战场，以创新驱动为牵引，以高端化、智能化、绿色化为方向，加快推进五金机械、食品加工、家具装饰建材等传统产业转型升级，培植壮大新能源新材料、高端装备制造、生物医药等战略性新兴产业，着力打造一批百亿级产业集群，形成工业创新发展、转型升级、提质增效新格局，力争六大工业产业产值突破千亿元大关。把服务业发展作为新经济成长的主要源泉，发挥“空港”“陆港”优势，大力培育商贸物流、航空服务、总部经济、电子商务、现代金融、健康养老、教育培训、文化体育、楼宇经济和休闲旅游十大现代服务业，加快建设临沂商城国际化“新引擎”；全面突破全域旅游，争创国家全域旅游样板区。把现代农业作为全面实现小康社会目标的重要支撑，深入推进农村一二三产融合发展，加快发展现代农业，打造叫响全国的现代都市农业示范园。继续深化企业改革、行政审批改革、财税改革、金融改革、投融资改革、商事制度改革等，加速形成大众创业万众创新的生动局面。

——全力推进城镇扩容提质，加快建设美丽河东。发挥规划战略引领和刚性控制作用，积极推进“多规合一”，优化城乡空间布局、推进微观空间治理，全面加强重点片区、重要街区、重要节点城市设计，形成全域城镇化格局。以东城新区开发建设为龙头，着力推进城区“北上东进中改南优”，不断完善城市功能配套，提升城市品质；全面对接国内一线城市标准，积极稳妥推进旧城改造，力争完成内环棚户区改造任务，打造与临沂老城区和北城新区交相辉映的靓丽东部新城。全面加快小城镇建设，加快打造一批产业特色鲜明、生态环境优美、多种功能叠加的特色小镇。加快推进美丽乡村标准化建设，实现美丽乡村全覆盖。坚持生态立区、绿色惠民，实施“蓝天、碧水、绿地”环保行动，建成生态宜居河东，让美丽河东成为大美新临沂美之所在，实现河东绿色崛起。

——全力推进民生建设，加快提升群众福祉。坚持以人民为中心的发展思想，持续用力推进民生工程，民生支出占财政支出比重均在80%以上，以建设全市一流的教育、一流的医疗、一流的养老、一流的社区、一流的环境为目标，努力实现基本公共服务优质化、均等化。完善精准扶贫长效机制，培育多元化社会扶贫主体，构建专项扶贫、行业扶贫、社会扶贫等有机结合、互为支撑的大扶贫格局，确保低收入人口实现稳定收入并持续增长。不断深化基础教育改革，实施“名校名师引领工程”，扩大优质教育资源供给，提升教育品质。实施“名院名医带动工程”，加快构建分级诊疗体系，提升基层医疗机构服务能力。推进医养结合，加快建立多层次养老服务网络。推进区域治理体系和治理能力现代化，建成全市平安建设示范区、法治建设先导区和社会治理样板区。

三、2017年的重点工作

各位代表，2017年是新一届政府的开局之年，也是深入贯彻区第十四次党代会精神的落实之年。全区经济社会发展的主要预期目标是：地区生产总值增长9%左右；一般公共预算收入增长10%以上；固定资产投资增长15%以上；社会消费品零售总额增长12%；进出口总额增长6%；居民人均可支配收入增长10%以上；全面完成市政府下达的各项约束性指标。

（一）扎扎实实打牢发展基础。紧盯经济社会发展的重点薄弱环节，统筹谋划、聚力攻坚、集中突破，重点打好三个攻坚战，为今后发展打下坚实基础。

基础设施建设攻坚战。坚持基础设施建设先行，加快推进五项工程。一是五区道路建设工程。全面完成北京东路城市快速通道、中环北线、中环东线、内环东线等市级重点道路工程建设任务。东城新区争取打通新东兴路，贯通堤下路，新建续建长虹街、利源街等9条道路，对人民大街中段、东兴路南段等8条道路进行罩面，同步高标准配套综合管网、景观绿化、亮化提升等；临空经济区和经开区北区全面启动“九横十纵”道路　建设；汤泉区围绕创建国家级旅游度假区和拓展发展空间，推进规划区内20条道路新建改造；农高区启动“一横四纵”路网建设。二是交通路网工程。开工建设206国道改线工程，对227省道进行大修罩面，分批次改造提升程梅路、汤大路、文泗路等7条县道，推进村级路网建设。三是镇街工业园基础提升工程。由区级财政统筹，基本实现“七通一平”，完善功能，拓展空间。四是污水处理工程。改扩建第一污水处理厂，启用第二污水处理厂，新建临空经济区污水处理厂，确保郑旺、汤头污水处理厂正常运行。五是绿满河东工程。争取在全市率先完成环城防护林带建设；城区加快东城绿地建设，加大见土补绿、见缝插绿力度，基本消灭裸露土地；加快城镇及乡村周边、公路沿线、河道沿岸、农田林网绿化改造，全面推进绿化彩化美化工程，全年新增绿化面积350万平方米，城市建成区绿化覆盖率达到40%。

大招引快落地攻坚战。大力开展“三引一

促突破年”活动，通过壮大招商队伍，创新招商路径，策划系列招商活动，改革招商引资考核方式，加大招商引资力度，努力形成拜万家客商、引千企进驻的浓厚氛围。重点加大河东在外经商人员回乡创业、河东本土企业二次创业和国内外强企、高层次人才的招引力度，尽快招引一批大项目好项目，吸引一批高层次高学历人才，引进一批高新适用技术，建设一批创新孵化平台。争取实际利用区外资金130亿元，其中投资过10亿元项目15个，引进世界500强项目2个、国内500强及行业领先项目3个，引进创业创新团队2个、高层次人才100名以上，引进先进适用技术100项以上，新建1家院士工作站，打造5家以上市级创新服务平台。开展“重点项目推进年”活动，健全完善项目储备、推进、调度、考核机制，全力以赴抓好100个重点项目，确保3月份集中开工一批，10月份集中竣工一批，加快培育一批新的增长点。

深化改革创新攻坚战。开展“改革创新深化年”活动，重点创新四项机制。一是创新投融资机制。新成立2家以上投融资平台，通过EPC、PPP、政府购买服务、发行债券等形式，多措并举拓宽融资渠道，全力向政策性银行、商业银行和社会资本融措资金。二是创新产业发展引导机制。设立新型工业、都市农业、现代服务业、旅游产业、“三引一促”和村级经济6个专项发展资金，通过制定政策、加大奖励和扶持力度、投入引导资金等方式，引导企业和高科技人才加大创业创新力度。三是创新财税考核机制。加大对镇街财政收入、招商引资、重点项目推进和固定资产投资的考核力度和奖惩力度，充分调动镇街抓财税、抓招商、抓投资的积极性。四是创新“放管服”机制。深化“放管服”改革，推进简政放权、放管结合、优化服务，制定服务企业措施，全面清理涉企收费，营造良好的营商、安商、富商环境。

（二）全力以赴推进产业强区。坚持产业强区不动摇，全面做足长板、补齐短板，努力让经济总量大起来、产业结构优起来、实体经济强起来。

在全力突破新型工业上狠下功夫。把实体经济摆在优先发展的位置，大力实施“五项工程”，促进要素资源优先向制造业倾斜。一是实施规模企业培植壮大工程。对规模企业实行“3·80升级”分类培育，继续落实百企百项百亿技改计划，引导优质企业二次创业，重点抓好天同食品水果深加工、昆宏工具环保锯片、三丰化工复合添加剂等技改项目，力争完成技改投资90亿元。利用环境保护、安全生产、节能降耗“三个工具”，加大落后产能、僵尸企业治理力度，促进传统产业升级改造、集群发展，争取五金机械、食品加工、家具装饰建材三大产业产值突破400亿元。二是实施新兴产业培育工程。以10万吨高纯石墨深加工、中通科技碳酸甘油酯产业化项目为重点，加快发展新能源新材料产业；以北汽再循环经济产业园、远通霸尔肯汽车整备中心、耀莱航空产业园为重点，加快打造高端装备制造业；以伯克特医、宏欣医药为重点，加快打造生物医药产业，引进高新技术项目10个以上，力争高新技术产业产值占比提高1.5个百分点。三是实施小微企业提升工程。重点支持百家中小企业“专精特新”发展，培育提升行业单项冠军，扩大市场占有率，完成“小升规”30家、“个转企”300户，培育单项冠军企业5家以上，争创中国驰名商标1件、省著名商标2件，新增省名牌、市长质量奖各1个。四是实施园区带动工程。把园区作为发展的主战场，全力突破经开区北区建设，完善园区总体规划，明确功能布局，严格项目准入，推进优质骨干企业入园发展，争取落地3个过10亿元项目，力争工业增加值、税收分别增长16%和12%以上。加快推进镇街工业园建设，重点做大做强汤头旅游产品加工园、郑旺节能环保产业园、相公新材料产业园、凤凰岭五金加工园等“八个特色产业园”，力争新入驻企业40家。制定实施飞地经济政策，形成产业规模优势和集聚效益，全力打造特色园区。五是实施精准服务企业工程。扎实开展部门“1+7”帮服行动，推动生产要素、政策资源、政府服务向实体经济集聚。完善企业家队伍建设机制，突出抓好青年企业家培养，建成一支具有创新精神和创业能力、熟悉国内国际市场、精通企业管理的现代化、国际化企业家队伍。

在全力加快高端服务业发展上狠下功夫。加快培育十大现代服务业，重点打造高端服务业“四个中心”。打造高端商贸物流中心。以临空经济区为平台，加快推进航空货运枢纽工程、公铁联运物流园区、顺丰航空速运分拨中心等项目建设，引进建设申通物流、中邮医药物流、中科曙光智慧物流等项目，集聚一批通用航空、智慧物流、第三方物流服务企业，形成多式联运、包装仓储、加工出口、分拣配送等功能齐全的物流体系，加速融入“一带一路”；编制商城发展规划，壮大升级临沂五金城、钢材物流城、伦达国贸城等7个专业市场，搬迁改造建材、土杂等4个老旧市场，推动商城国际化，力争商贸物流额突破1000亿元。打造金融创新发展中心。规划建设金融集聚区，制定优惠发展政策，鼓励具备条件的民间资本设立中小型银行、小贷公司、融资性担保公司，规范发展股权众筹、私募基金等新业态，启动建设正直保险孵化基地，引进设立金融机构、普惠金融组织10家以上，金融产业增加值增长15%以上。打造电子商务创业中心。在城区实施骨干提升计划，引进专业运营团队，完善配套服务，做大做强一批电商企业，形成产业集群，争创省级电商示范基地；在农村实施遍地开花计划，制定农村电商扶持政策，推进阿里巴巴农村淘宝项目，培训从业人员1000名，每个镇街至少培育1个“电商村”。打造健康养老服务中心。制定扶持政策，加快推进鲁商国际健康城、中日金秋养老养生、八河养老养生等项目建设，推进省煤炭疗养院医养融合发展，建设康养旅游示范基地。同步加快总部经济、楼宇经济、文化体育、教育培训等产业发展步伐，新注册企业100家以上。

在全力调整农业产业结构上狠下功夫。紧扣农业供给侧结构性改革，把农业结构调好调顺调优，加快培育农业农村发展新动能。实施园区带动。按照“整体规划、集中打造、科技引领、三产融合”的思路，优化农高区产业布局，以太平为核心，强力推进“一街三镇”连片开发，建成启用科技研发中心、农业科技成果转化中心和农产品检验检测中心，新招引入园农业高新产业项目5个；加速镇街现代农业示范园建设，每个镇街至少建设1处，重点依托瑞蕈天库菌种研发、瑞泽双孢菇推进河东万亩食用菌产业园建设，依托上海外延蔬菜基地加快都市蔬菜产业园建设。实施新型主体拉动。完善家庭农场、种植大户、农民专业合作社等新型经营主体扶持政策，积极发展多种形式的适度规模经营，建设区农村综合产权流转市场，新增农民专业合作社50家、家庭农场30家，流转土地2万亩，新发展优质农产品基地3万亩。实施一二三产融合推动。加速新“六产”发展步伐，重点发展农产品储运加工营销业、休闲农业、乡村旅游和“互联网+农业”等新业态新模式，加快推进现代农业发展。抓好瑞祥农产品批发市场、供销社规范化肉鸭养殖区建设。实施品牌驱动。启动省级农产品质量安全区创建工作，推进经营规模化、生产标准化、营销品牌化，增加绿色、无公害、有机农产品供给，新增“三品一标”认证5个以上。

在全力推进全域旅游发展上狠下功夫。抓住列入国家级新型城镇化“全域旅游”标准化试点机遇，全力实施“全域旅游创建年”活动，着力把旅游产业培育成支柱产业。坚持全域规划。编制实施全域旅游发展规划，优化资源配置，构建全域布局、全景打造、全员参与、全民共享的全域发展格局。坚持全域开发。制定扶持政策，积极引进社会资本，加快推进鲁商知春湖、沂州古城、“乡村回忆”、中国梦幻城、博物馆小镇等重点旅游项目建设，打造沂河旅游产业隆起带、汤河湿地景观带、沭河田园风光带。充分挖掘红色文化、历史人文、民俗宗教等传统文化资源，改造提升华野诞生地纪念馆，加快开发相公分金台、汤河祝丘故城等文化遗址，促进文化与旅游深度融合。坚持全域创建。以创建国家级旅游度假区为目标，修订完善汤泉区旅游总体规划，提升汤泉区形象标志体系，完善公共服务配套设施，开发特色旅游产品，支持龙园创建AAAA级景区。坚持全域营销。重点推进市旅游集散中心建设，精心设计旅游线路，开辟旅游公交专线，策划系列品牌赛事，面向社会征集旅游广告语，全媒体全网络立体宣传，全力提升美丽河东区知名度，全面融入“好客山东”重点旅游推荐线路。

在全力振兴镇域经济上狠下功夫。制定加快镇域经济发展规划和产业扶持政策，坚持一镇一特色、一镇一产业集群，适当推动生产要素向镇街聚集，推动镇域经济更快发展。加快“一镇三园”建设，每个镇街至少各建1处特色工业园、农业示范园、商贸产业园，促进现有企业“退村进园”，促进农村电商、市场等要素集聚发展，加快培植特色产业和骨干企业。实施“强镇壮村”工程，每个镇街选择3—5个村，在基础设施建设、产业发展等方面给予大力支持，争取年内新发展年收入过10万元的村20个。加快建立镇域经济发展考核机制，完善镇域经济发展评价标准和考核办法，重点落实镇街“三引一促”、园区建设、重点项目以及财源建设等方面的主体责任，激活镇村抓招商的积极性，进一步撬动民间资本市场，增强镇村发展活力。

（三）高点定位打造美丽城镇。抢抓临沂加快建设鲁南苏北区域性中心城市的战略机遇，全力以赴拓空间、强功能、提品质，加快打造靓丽东部新城。

扩容提质中心城区。按照“北上东进中改南优”的发展思路，优化中心城区控规和城市设计，启动实施以北京东路、温泉路为轴线的新城拓展布局。围绕城市发展“北上”，逐步在城市北部布局重大建设项目，加快建设连接汤泉区的生态廊道，实现生态相连，促进景城一体。完成北京东路、温泉路控规和城市设计，实施孙于埠、张官庄、体育中心等七大片区征收，完成房屋征收面积150万平方米，通过以拆带建、拆建并举，带动城市建设重心加速“东进”。加大旧村改造力度，有序推进15个棚户区项目改造，高标准建设范于埠、李庄子等新型社区，推动新城“中改”。优化城区南部功能布局，以凤凰大街为轴打造临空产业集聚区，加快建设城市南部现代产业新城。全力推进市委党校新校区、市体育中心、沂州古城、吾悦广场、天元锦都城、联美现代城、奥正诚园等重大开发项目，提升新城品位和吸纳能力。深化城市精细化管理，推行城市管理综合执法和执法重心下移，建设智慧城市，大力开展违法建设、市容秩序、环境卫生、市政公用、景观广告五项整治，基本完成城市违法建设治理任务。

优化提升特色小镇。按照统一规划、合理布局、因地制宜、综合开发、配套建设的原则，深化优化镇街规划，制定发展扶持政策，推动小城镇建设提档发展。着力推进凤凰岭、相公、太平街道开发建设，用好城乡建设用地增减挂钩、棚户区改造等政策，实施连片开发，促使加速融入主城区。加快汤头驻地开发建设，推进产城融合，打造临沂新市镇。赋予全国重点镇郑旺镇更多区级管理权限，依托交通、平台优势加速崛起。支持八湖、汤河镇发展生态休闲旅游主导的特色产业，抓好汤河佛罗伦萨小镇建设。实施小城镇改貌提升工程，有序推进重点路段街景和住宅区综合整治，提升小城镇区域形象品位。积极鼓励和引导社会资本参与小城镇开发，高标准建设道路、绿化、污水处理、通讯等基础设施，配套完善幼儿园、便民中心、卫生室等服务功能，引导农民在小城镇和农村新型社区就近城镇化。

规范建设美丽乡村。按照山东省美丽乡村建设规范，加快推进美丽乡村标准化建设，继续实施“硬化+改厕”、汪塘生态化治理、便民服务中心建设等改善农村人居环境项目工程，重点打造汤河示范片区、郑旺沿沭河片区、葛沟东北片区、太平都市农业片区、八湖万亩荷塘片区，形成集中连片整治、彰显河东风情、留住乡愁记忆的近郊型乡村休闲旅游目的地；扎实开展乡村文明行动，大力推进移风易俗，倡树文明新风，实现改善农村人居环境项目和美丽乡村“双百”目标。

（四）齐心协力提升民生福祉。坚持守好底线完善社会治理，系统推进办好民生实事，确保“8+3”民生工程得到更大推进，力争全年民生支出突破22亿元。

着力优化公共服务。坚决打赢脱贫攻坚战，健全完善稳定脱贫长效机制，按程序完成剩余15个省定贫困村摘帽退出。落实就业再就业政策，坚持创业带动就业，新增城镇就业4400人，转移农村劳动力就业5000人，城镇登记失业率控制在3.5%以内。提高社会保障水平，扎实开展全民参保登记计划，扩大大病医疗保险受益面，实现参保人员异地就医及时结算，城乡低保标准缩小到1.6∶1。建设教育强区，坚持名校名师引领，启动校长职级制改革，落实“县管校聘”，实行教师绩效工资，全面提高教干教师综合素质；加大教育投入力度，基本解决城镇中小学大班额问题，大力发展普惠制幼儿园。完善医疗保障体系，坚持名院名医带动，探索发展“医联体”模式，加快推进乡村一体化管理，提高基层首诊水平。加强公共文化服务，深入实施文化惠民工程，推进基层文体设施建设，丰富城乡居民生活。完善社会救助体系，做好社会福利、社会慈善、社会养老、优抚安置等工作，支持残疾人事业发展，改善困难群体生活。

不断创新社会治理。以最坚决的态度坚守安全生产红线，以最严格的要求落实安全生产责任，以最严厉的手段深化隐患整改，完善风险分级管控和隐患排查治理两个体系，建设区第二消防站，坚决遏制较大以上事故发生。全面向大气污染宣战，向黑臭水体宣战，向畜禽养殖污染宣战，落实“河长制”和水环境生态补偿制度，推进污染治理设施第三方运营，强化镇街空气质量监测数据考核运用，坚决打赢大气和水污染防治攻坚战。深化平安河东建设，全面实施“雪亮工程”，加强农村治安防控，严打“黄赌毒”、涉黑涉恶、网络诈骗等违法犯罪行为，推进“法治信访”“阳光信访”，坚决维护发展稳定的良好局面。严格执行人口计划生育政策，做好出生人口监测，综合治理出生人口性别比。切实加强金融生态环境建设，防范金融风险。

重点办好十大实事。

1. 改善办学条件，新建、改扩建中小学校7处，提升40处中小学校办学条件，新增普惠制幼儿园学位3500个。

2. 提高基层卫生服务水平，改扩建区妇幼保健计生服务中心和相公、凤凰岭、郑旺、八湖、刘店子基层卫生院，新建村标准化卫生室128处。

3. 加强创新创业服务，新建省级创业孵化基地、人力资源产业园各1处。

4. 改善农村人居环境，完成137千米村级公路网化，硬化户户通200万平方米，无害化改厕2万户，生态化治理汪塘30个，建设美丽乡村100个。

5. 保障农村饮水安全，新建葛沟水厂，铺设供水管网98千米，实施并完成56个村饮水安全巩固提升工程。

6. 保障食品安全，建立镇街快速检测实验室8个，实现学校食堂季度检查覆盖率100%。

7. 改善养老服务，新建农村幸福院6处，推动3处区域中心敬老院管理提升，医养融合床位达到750张。

8. 完善城区集中供暖，新增供热面积100万平方米。

9. 改善流域环境，完成李公河西支黑臭水体治理。

10. 丰富居民文体生活，完成120个村居全民健身设施配置，为群众送戏400场、电影3200场。

（五）坚定不移加强政府自身建设。全面实现区第十四次党代会确定的目标任务，新一届政府使命光荣、责任重大。我们将牢记为民、务实、清廉的宗旨，践行忠诚、干净、担当的要求，不断提高驾驭经济、推进改革、服务群众的能力，建设人民满意的政府。

我们要勤于学习敢于创新。把学习作为习惯，建立政府集体学习制度，全面加强对先进理论、先进理念、先进经验的学习，不断解放思想、拓宽视野、开阔思路，全力提升决策水平、执政能力和精神境界。发扬“敢为人先、能打善战”的河东干劲，运用改革的手段、市场的理念、创新的办法，难题面前敢于开拓，矛盾面前敢于作为，风险面前敢于负责，破除土地、资金、人才等要素瓶颈，破解城乡、经济、民生发展难题，勇于担当改革发展重任。强化正面激励，完善容错纠错机制，旗帜鲜明地为敢抓敢管、敢闯敢试的干部撑腰鼓劲。

我们要扑下身子苦干实干。始终保持群众感情、工作热情和创业激情，大力弘扬求真务实之风，多为群众办实事、做好事、解难事，讲真话、出实招、求实效，不务虚功、不干虚事、不慕虚名，一步一个脚印，上不愧党，下不愧民。把马上就办、办就办好作为工作准则，创新队伍管理机制，下决心向“浮、拖、软”宣战，出硬招向“庸、懒、散”开刀，坚决整治不作为、慢作为、乱作为行为。把夙兴夜寐、激情工作作为常态，大力推行“一线工作法”，勤奋理事、激情干事、努力成事，坚决杜绝大而化之的“空洞行政”。

我们要科学行政依法办事。坚持把法治作为一种基本的思维方式和工作方式，严格依照法定权限和程序行使权力、履行职责，将政府活动全面纳入法治轨道。完善重大决策咨询、论证、听证等制度，坚持重大行政决策集体讨论决定，不断提高政府决策的科学化、民主化、法治化水平。自觉接受人大及其常委会法律监督、工作监督，主动接受政协民主监督，高质量完成人大建议、政协提案办理工作。加大政务公开力度，完善例行发布、应急发布、政策解读等机制，提升网络传播能力。

我们要从严治政管好自己。始终把纪律和规矩挺在前面，全面落实从严治党主体责任，带头严格遵守党章党纪党规，慎独、慎微、慎言、慎行，政治上讲忠诚、组织上讲服从、行动上讲纪律，做到遵守纪律没有特权、执行纪律没有例外。尤其要恪守政治纪律、政治规矩，牢固树立“四个意识”，自觉服从区委领导，坚决把区委各项决策部署落实到位。严格贯彻执行中央八项规定精神，驰而不息纠治“四风”，严控“三公”经费支出。加强行政监察和审计监督，强化权力运行制约监督，严厉查处破坏发展环境、侵害群众利益等行为。强化重点领域、重点环节、重点部位和关键岗位的廉政风险防控，对各类违纪违法案件零容忍、严惩治，确保干部清正、政府清廉、政治清明。

政协工作报告

2017年1月19日在中国人民政治协商会议第十五届临沂市河东区委员会第一次会议上（摘要）

区政协主席　李延杰

过去五年工作回顾

第十四届区政协任期的五年，是区委、区政府团结带领全区人民适应新常态、应对新考验、探索新路径、取得新成就的五年。五年来，在中共河东区委的坚强领导下，区政协常委会紧紧围绕全区中心工作，牢牢把握团结、民主两大主题，充分依靠全体政协委员，认真履行政治协商、民主监督、参政议政三大职能，为深入实施“五区托一城”发展战略、建设繁荣宜居幸福新河东做出了积极贡献。

一、加强思想理论建设，坚定政治方向

常委会始终把加强思想理论建设作为首要政治任务，结合党的群众路线教育实践活动、“三严三实”专题教育、“两学一做”学习教育的深入开展，强化思想理论武装，扎实筑牢思想政治基础。

（一）深入学习贯彻党的理论，增强政治定力。贯彻落实中共十八大、十八届三中四中五中六中全会精神和习近平总书记系列重要讲话精神，深入把握中共中央治国理政新思想新理念新战略，不断增强中国特色社会主义道路自信、理论自信、制度自信、文化自信，牢固树立“四个”意识特别是核心意识、看齐意识。认真学习贯彻“准则”“条例”，自觉加强政治修养，强化纪律约束，始终在思想上、政治上、行动上与以习近平同志为核心的中共中央保持高度一致。

（二）深入学习上级重大决策部署，凝聚发展共识。贯彻落实中央和省、市、区委一系列重大决策部署，强化大局观念，准确把握新常态新任务对政协工作提出的新要求，始终保持与区委同心、同向、同力，紧紧围绕全区中心工作谋划工作思路，确定工作重点，通过政协履职平台，使党的主张和意志成为社会各界的广泛共识和自觉行动，确保了党的决策部署在政协工作中得到全面贯彻落实。

（三）深入学习政协统战知识，提升履职能力。贯彻落实中央和省、市、区委关于政协和统战工作的新论断新部署新要求，系统开展理论和业务知识学习，提升了机关干部和政协委员的理论素养和履职能力。本届以来，共召开有学习任务的常委会议15次，党组会议、主席会议、理论中心组集中学习24次，班子成员参加省政协组织的业务培训6次，开展委员轮训5次，参与学习的委员和干部达1200余人次。

二、围绕中心大局，增强履职成效

区政协常委会始终围绕区委中心工作，自觉把政协履职放到全区大局中谋划定位，顺势而为，同步推进，当好区委、区政府的参谋和助手。

（一）紧扣重大决策部署献计出力。主动与区委决策部署对接，区委中心工作推进到哪里，政协工作就跟进到哪里。围绕“五区”建设建言献策。区第十三次党代会作出“五区托一城”发展战略重大决策后，区政协党组及时组织学习研究，制定相应履职计划，进行了一系列调

研视察协商活动，并列入每年工作重点，推动形成了高起点谋划、高标准实施、高速度推进的良好局面，“五区”载体平台功能日臻完善，成为全区经济工作的主战场、产业发展的主平台。为推进东城新区建设，组织常委会议集中协商，提出了规划先行、明确定位、合力推进等建议，助推东城新区纳入全市战略部署和工作重点，成为与临沂北城新区交相辉映的东部新城；从高新技术示范、农业规模经营、特色产业培育等方面，对农高区建设进行系列调研协商，提出了许多切实可行的意见建议，促进临沂农高区成功创建国家农业科技园区；以开发现状、存在问题等为切入点，对省级汤泉旅游度假区进行系统调研，形成了《以“泉”为“魂”构建与主城区相融合的国家级旅游度假区》调研报告，得到市、区主要领导的批示，并迅速得到采纳，提升了汤泉区的规划格局和建设档次，加快了开发建设步伐，使汤泉区顺利获批山东省重点文化产业园区；从规划思路、发展重点、空间布局、要素聚集等方面，对临空经济区进行深度调研，提出了许多发展建议和方案，有力推动了国际航班、货机航线、顺丰物流等一大批项目的成功落地；配合临沂经济开发区北区建设，组织委员调研论证，视察推动，北区发展框架全面拉开，工业聚集的效应初步显现。围绕推进重点建设添砖加瓦。区政协领导班子成员牢固树立大局观念，在做好本职工作的同时，响应区委统一部署，积极作为，创新工作，参与了汤泉区、东城新区、教育学区、省级示范镇、汤河综合整治、北京东路提升改造、“三引一促”、扶贫攻坚等重大工程、重点项目、重要工作。机关各委室参与了全区水污染防治及“迎淮”考核、城乡环卫一体化督导、文明城市创建、“第一书记”“结亲连心”等工作。

（二）围绕改革发展重点工作协商建言。通过全委会议整体协商。每次全委会议均以大会发言、小组讨论和联组讨论等形式，紧扣区委、区政府每年的工作重点，分别就县域经济突破、城乡基础设施建设、商城国际化、全域旅游发展、生态河东建设、“8+3”系统民生工程实施、依法治区和“十三五规划”制定与实施等进行充分协商，及时提出建设性意见和建议，为区委、区政府及有关部门的决策提供了重要参考和依据。五年来，通过历次全委会议，共征集大会交流材料82篇、提案478件，共有14名委员在大会上作了专题发言。通过常委会议专题协商。常委会议是政协全委会议闭会期间进行政治协商的主要形式之一。主要针对各阶段全区中心工作、重点工作，进行协商议政。区委、区政府做出“铁腕治污”重大部署后，区政协把大气污染防治作为重点督办事项，组织委员专题视察，召开常委会议广泛协商，多渠道建言献策。全区精准扶贫脱贫攻坚战打响后，区政协积极响应，多次组织调研和协商活动，专门听取全区扶贫工作情况汇报，对落实“七个全覆盖”“9+1”脱贫措施等进行议政建言。针对全域旅游发展，开展常委会专项视察调研，提出了进一步在规划上做足文章、在开发建设上加大力度等建议。届内，共召开25次常委会议，分别就健全完善社会保障体系、加强和创新社会管理、迎淮考核和环卫一体化等68项重要议题进行协商，提出一系列针对性、指导性强的意见和建议。通过专委会议专业协商。发挥专委会的专业和智力优势，认真开展专业协商活动。围绕碧水蓝天工程、农村生产生活用水安全、企业“二次创业”等议题，开展专题协商15次；就职业教育与职业中专建设、平安河东建设、医院医疗服务能力提升等议题，开展对口协商26次；为推进生态河东建设、食品安全监管、卫生事业发展等工作，开展界别协商25次；为推进群众关心的交通安全整治、文化惠民工程、大气污染防治等工作，开展重点提案办理协商14次。五年来，共形成调研协商报告或建议案80个，提出意见建议426条。其中《全区职业教育与职业中专建设调研报告》《平安河东建设调研报告》《全区电子商务发展调研报告》等15篇，被区委、区政府主要领导重点批示，并安排有关部门进行落实。

（三）针对焦点热点问题开展民主监督。加强提案督办。每年召开提案交办会议，对提案办理作出部署。把提案办理纳入全区科学发展综合考核，会同区委、区政府有关部门督办提案，落实“提”“办”双方的协商、面复工作，定期开展提案办理“回头看”活动。组织有关委员到区教体局、文广新局，河东交警大队、交通分局等部门单位，分别召开提案办理面复协商会，现场征求委员意见建议，提高了提案办理的质量和效率。届内，审查立案的454件提案，办结率达100%，委员满意率达98%以上。搞好委员视察。坚持把委员视察作为民主监督的重要形式。聚焦“五区”建设，开展了系列专项视察活动；为推进全区重点项目建设，组织开展了“强镇富民”工程、北京东路改造提升、汤河综合整治等专题视察；还根据区委部署，开展了夏季、秋季秸秆禁烧和综合利用专项视察。五年来，共组织政协委员2200余人次，开展视察活动180余次，提出意见建议760余条，有力地促进了有关工作的科学发展和相关问题的有效解决。创新监督形式。改革民主监督员选派办法，由聘任改为派任，推动民主监督工作更加规范有序。五年来，共选派137名委员担任民主监督员或特邀监督员，参与社会监督845人次，参加了省检察院司法体制改革座谈，鲁南高铁日照至临沂段建设、临沂机场改扩建等重大工程的社会稳定风险评估，省政府义务教育均衡发展督导问卷调查，法院庭审旁听等民主监督活动，为促进部门作风转变，推进依法治区发挥了积极作用。

三、关注民生改善，促进社会和谐

五年来，区政协常委会始终将民生建设作为履职的出发点和落脚点，常抓不懈，久久为功。重点围绕就业、教育、医疗、住房、饮水、供暖等民生工程，通过调研视察、撰写提案、报送社情民意信息等手段，促进了一系列民生问题的解决。

（一）加强资政建言，促进民生工程建设。配合“8+3”系统民生工程实施，组织开展专题调研视察，提出扩大社会养老覆盖面、提高改善民生普惠性、增强民生工程延续性等建议，区政府积极采纳，持续加大对民生事业的投入、提高城乡低保补助标准，全区广大群众有了更多的获得感和幸福感。配合区委、区政府《教育优先发展三年规划》及再提升工程的实施，组织开展了以“关注教育优先发展三年规划实施访百校，关注贫苦学生助千人”为主题的首个“界别活动周”活动，就大力发展学前教育、中小学大班额治理、职业教育等专题，开展调研视察、协商咨政，推动形成了全区上下重视支持教育的浓厚氛围。五年来，工作成效显著，学校办学条件基本达到省级规范化标准，顺利通过国家义务教育发展基本均衡县区验收。配合养老服务体系建设，召开常委会专题协商，形成了完善我区养老服务体系的建议案，并通过经常性视察，推动了养老服务体系的落实与完善。配合《全民健康保障工程三年规划》的实施，从加强公共卫生和基本医疗服务、专业技术人员配备、食品安全等方面，开展了多层次、多领域、多形式的调研视察和协商活动，促进了全民健康保障工程的顺利实施。

（二）扩大信息收集，反映社情民意。社情民意是民生问题的“晴雨表”。区政协始终把征集编报社情民意信息作为解决民生问题的重要抓手。五年来，共收集、编报社情民意信息380篇，被全国、省、市采用52篇，区政协编发77期，报送区大班子领导参阅。其中，《关于大力发展观光农业的建议》《关于实施全员人口信息管理系统的建议》《创新金融扶贫机制助推精准扶贫》等23篇，分别被全国政协和省政协评为优秀社情民意信息，《关于完善我市公共场所母婴室建设的建议》《关于延长部分公交线路至区政务大厅的建议》等9篇得到市、区领导批示，很快得到落实。区政协连年被评为省、市反映社情民意信息工作先进单位。

（三）拓展社会服务，热心公益民生。区政协领导班子成员带头进村入企，主动协调解决有关村居、企业和弱势群体的实际问题。广大政协委员各展所能，出资、出力、出技术，积极投身公益事业，真心实意为群众办实事、解难题。五年来，联合有关部门单位开展送医送药、扶贫救灾、助学帮困等社会服务716次，累计捐款捐物1590万元，帮扶困难群众1531户，提供就业岗位1020个，帮助解决生产生活难题1135个。发动各民主党派开展多种形式的公益活动，民革“中山书屋”“民盟书屋”、民建“爱心厨房”、民进“爱心助梦行动”、农工党义诊送药、九三学社“脑康（护脑）工程”等服务品牌产生了很好的社会影响。区政协机关和委员企业共同发起的“互联网+爱——捐助患病女孩武宇”公益活动，现场捐款7.9万元，帮助脑积水患者武宇战胜了病魔，使一个不幸的家庭重归幸福，得到新闻媒体和社会各界的一致好评。

四、发挥自身优势，扩大社会影响

区政协注重发挥大团结、大联合的组织优势，服务大局，宣传鼓劲，团结联谊，扩大影响。

（一）积极开展奉献社会活动。充分利用政协人才荟萃、智力密集的优势，主动抓好“三引一促”工作。区政协领导班子成员带头，机关干部积极参与，先后签约项目31个、累计总投资近20亿元，引进各类高层次专业人才12名。各位委员也都结合自身专长，八仙过海，各显神通。五年来，全区政协委员共引进投资项目85个，争取技改项目61个，累计总投资35.6亿元，引进先进技术39项、各类高层次专业人才57名。全体政协委员还利用自身影响，积极参与矛盾调处，协助党委政府做好化纠纷、解疙瘩工作，为维护社会稳定、营造和谐发展环境作出了积极贡献。深化“结亲连心”活动，全体机关干部与908户群众结亲，帮助142个困难家庭解决实际问题277个。选派3批5名机关干部担任“第一书记”，帮助任职村协调扶贫资金468万元，集中实施产业园区建设、道路硬化、改厕、社区服务中心建设“四项工程”，帮助31个贫困户脱贫。

（二）努力做好文史工作。举办了“同心同行·河东区政协2012年履职情况图片展”。举办了纪念建区二十周年书画展，邀请各级领导、书画名家（人士）275人，征集书画作品335幅，编纂了《风从东来——纪念建区二十周年书画作品集》；出版了30余万字的《二十春秋铸辉煌》文集，记录了建区20年来取得的丰硕成就。编纂了《十四届区政协五年工作掠影》，讲述了政协五年履职故事。选送本区优秀书画作品98幅，先后参加了省、市政协举办的书画联展。协助省、市政协完成了《山东区域文化通览》《山东抗战史》《天南地北山东人》等史料征集工作，存史资政，团结育人。提出并落实《关于开发佛教旅游和管鲍分金文化的建议》《关于葛沟文化遗址和古迹开发保护的建议》，协助有关部门，推动了释佛寺扩建和管仲文化旅游区建设，启动了齐鲁分疆文化园和普明禅院恢复重建工作，促进了我区历史文化资源的开发和传承。

（三）认真抓好信息宣传。五年来，先后在《人民政协报》《联合日报》《春秋》等新闻媒体，发表稿件220余篇，唱响了“河东好声音”，扩大了河东区的美誉度。编发《政协简报》169期，及时反映报道了区政协的重要活动。2016年，选送2名优秀委员，参加了省政协组织开展的“履职为民、奉献齐鲁——感动你的政协委员故事”展播点赞活动，引起了社会各界的广泛关注和赞誉，在宣传优秀委员事迹的同时，也提高了河东区的知名度。

（四）扩大对外联谊交流。不断加强与各级政协的联络联谊。五年来，先后接待了全国政协港澳台侨委员会副主任杨衍银，全国政协书画室副主任、中国书协理事赵学敏，省政协原主席陆懋增，原副主席王宗廉，副主席王乃静、郭爱玲等上级领导19批240多人次；接待了广东河源市政协、安徽亳州市政协、东营市政协、高密市政协、泗水县政协等友好单位领导131批1420多人次；赴徐州云龙区、青岛黄岛区、蒙阴县、莒南县等多地考察学习交流政协工作。并与日照市岚山区、沂水县等周边县区政协，保持经常性联系和沟通。通过一系列联谊交友活动，扩大了“朋友圈”，传播了正能量。

五、加强自身建设，提高工作水平

“打铁还需自身硬”。区政协坚持严字当头，实字托底，建好、带好、管好政协委员和机关干部“两支队伍”，强素质，树形象，不断提升工作科学化水平。

（一）加强委员队伍建设。在学习培训上，坚持把学习政治理论和政协业务知识相结合、集中培训与外出考察交流相结合，增强委员的理论素养，提高了“四种能力”。在日常管理上，制定了《委员管理办法》，对全委会议、常委会议等进行认真考核，严格会风会纪管理；加强对专委会、界别活动组、镇街联络室履职活动的考评，每年分两次对委员履职情况进行认真考勤，结果向委员及其所在单位通报。健全委员履职档案，推行委员去留的动态管理机制。对履职不到位的委员进行约谈、通报或劝辞，对违法违纪的委员给予撤职。届内，共通报委员20名，约谈委员12名、常委1名，撤销委员5名、常委2名。在评价激励上，制定优秀委员、优秀提案、先进界别活动组等评选办法，对优秀委员和先进界别活动组进行隆重表彰，增强了委员的荣誉感和责任感。全区涌现出许多事迹突出的优秀委员，如无偿捐献造血干细胞、挽救一名陌生白血病患者生命的侯翠，30多年默默无闻潜心培育水稻良种的王永平等。五年来，共评选表彰优秀委员61人次、优秀提案35件、优秀社情民意信息37篇、先进室组19个次、承办提案先进单位20个次。在活动形式上，区政协常委会在全市率先创新开展了“界别活动月”活动，每年一个主题，年年有特色。界别活动月开展以来，共组织调研视察186次，提交提案线索139件、社情民意信息237篇，提出意见建议322条，开展科技、卫生、文化等社会服务活动143场次，捐款捐物计188万元。该活动先后得到市政协徐涛主席和区委主要领导的重要批示，并在全市政协工作经验交流会议上作了典型介绍。

（二）加强机关建设。围绕“五型机关”建设，抓好机关干部教育和管理，强化思想认识，狠抓执行落实，建立了区政协机关常态化学习制度，激励他们勤学习、勇担当、善创新，不断提升执行能力和服务水平。加强作风建设，制定了联系委员、岗位目标管理、考勤考核、改进文风会风、后勤服务等10多项制度，实现了机关工作有规可依、有章可循。根据《区政协年度工作要点》制定《月度重点工作任务清单》，确保任务到岗，责任到人，机关规范化管理水平进一步提升。

（三）加强组织建设。创新界别分组，按照跨界设置和地域重组原则，划分了18个委员学习活动小组，建立了组长负责、专委会服务、政协班子成员联系指导的机制。配备4名专委会专职主任，发挥专委会的组织、专业和联络优势，加强与党政有关部门的沟通联系，提高了专委会履职能力。积极开展政协专委会和民主党派联合调研，着力加大党派提案、大会发言等工作力度，扩大与党外人士的联络，重视发挥无党派人士作用，提高了合作共事能力。按照“有牌子、有人员、有场所、有经费、有制度、有活动”的要求，抓好镇街委员联络室建设，选强配齐了干部队伍，在围绕中心工作献计出力中发挥了积极作用。

各位委员，同志们，过去五年所取得的成绩，是中共河东区委坚强领导，全体政协委员共同努力的结果，是市政协正确指导，区人大、区政府、区纪委、区人武部，以及历届区政协老领导、老同志关心支持的结果，是各民主党派、工商联、各人民团体和各界人士积极参与、共同努力的结果。在此，我谨代表第十四届区政协常委会，向为全区政协事业做出积极贡献的广大政协委员，向所有关心、支持政协工作的各级领导、各界人士，表示崇高的敬意和衷心的感谢！

过去五年工作的主要经验和体会

各位委员，同志们，五年来的工作历历在目，需要认真回顾，五年来的经验和体会弥足珍贵，更需要认真总结。

第一，党的领导和支持，是做好政协工作的根本保证。中国共产党是中国特色社会主义事业的坚强领导核心，人民政协之所以能够在68年的风雨历程中创造卓越功勋，根本原因在于始终毫不动摇坚持中国共产党的领导。五年来，区委始终把政协工作纳入全区工作大局，在政治上加强领导，制度上不断完善，组织上全力保障，环境上持续优化，为政协履行职能提供了有力支持。只有坚持中国共产党的领导，人民政协事业才有可靠的政治保证，才能始终沿着正确的方向前进。

第二，围绕中心、服务大局，是做好政协工作的基本原则。政治性是人民政协的首要属性。只有保持绝对忠诚于中国共产党的政治品格，牢固树立大局意识和核心意识，围绕中心，维护中心，与党委政府同频共振，才能在大是大非面前头脑清醒，才能在履职尽责中发挥更大的作用，体现更大的价值。

第三，以人为本、履职为民，是做好政协工作的出发点和落脚点。实现好、维护好最广大人民的根本利益，是人民政协固有属性的体现，也是履行职能的应有之义。只有坚持以人为本、履职为民，始终保持与人民群众的血肉联系，才能不忘初心，牢记宗旨，才能永葆人民政协事业的生机与活力。

第四，团结民主、凝心聚力，是做好政协工作的重要保障。维护社会和谐是人民政协的重要职责。只有牢牢把握团结、民主两大主题，求同存异，体谅包容，肝胆相照，荣辱与共，才能促进党派关系、民族关系、宗教关系、阶层关系和谐，才能维护社会稳定。

第五，与时俱进、开拓创新，是做好政协工作的不竭动力。习近平同志指出，创新是引领发展的第一动力，必须把创新摆在国家发展全局的核心位置。政协工作只有坚持在继承中发展、在发展中创新、在创新中前进，才能跟上时代步伐，始终保持旺盛的生命力。

各位委员，同志们，在总结成绩的同时，我们也清醒地看到，第十四届区政协常委会的工作还存在一些问题和不足：委员提案和反映社情民意信息的质量需要进一步提高，委员参加会议、参与活动的积极性需要进一步加强，镇街委员联络室和界别活动组独立开展活动的机制和保障需要进一步健全，政协机关服务委员履职的质量和水平需要进一步提高，等等。针对这些问题，区政协常委会前期已进行了广泛调研和深入思考。在今后的工作中，新一届政协常委会一定会正视不足，积极作为，开拓奋进，把人民政协事业继续推向前进。

今后五年的工作建议

各位委员，同志们，今后五年，是全面建成小康社会的决胜阶段，是实现第一个百年奋斗目标的冲刺时期。刚刚闭幕的区第十四次党代会提出了新目标，描绘了新蓝图。面对新形势、新任务，新一届政协常委会要牢固树立新发展理念，在中共河东区委的坚强领导下，认真履职尽责，深入调查研究，有效协商议政，多进诤言，多谋良策，多出实招，努力寻求全区各界意愿和要求的最大公约数，画出民心民愿的最大同心圆，广泛凝聚大美新临沂美丽河东区建设的正能量。为此，向第十五届区政协常委会提出以下建议：

一、围绕一个中心，为加快河东科学发展积极作为

紧紧围绕全区工作中心，按照区委提出的目标任务和工作部署开展履职活动。通过多种形式，组织引导政协各参加单位和广大政协委员，深入学习贯彻区第十四次党代会精神，强化认识，深化理解，切实把思想和行动统一到区委重大决策部署上来，围绕“一三五”总体目标、“五区托一城”发展战略、“八项发展举措”和“八个保障举措”，谋划工作思路，确定协商议政重点，制定履职计划。引导委员运用多种履职形式，做好建言献策和助推工作。特别是在改革发展一线的委员，要先行一步，努力作为。根据区委安排部署，区政协领导班子成员参与“五区”建设指挥部、八个专线领导小组、八个专门工作委员会的工作，要按照区委要求，积极作为，创新工作，把更多的智慧和力量汇聚到事关全区改革发展稳定的重大工程、重点项目和重点工作中。

二、突出两大主题，为促进社会和谐凝心聚力

新一届政协要继续围绕团结、民主两大主题，凝聚力量，广集智慧，努力做好凝聚共识、促进和谐的工作。

（一）更加重视团结联络。必须始终着眼团结，不断增进团结，努力扩大团结。加强沟通和联络，进一步扩大团结面、增强包容性，利用提案、调研、视察等多种形式，更好地反映各界群众的意愿，密切与各界群众的联系，积极协助区委、区政府，多做协调关系、疏通思想的工作，多做化解矛盾、凝聚人心的事情，团结一切可以团结的力量，调动一切可以调动的积极因素，发挥政协优势，大力倡树“敢为人先、能打善战”的河东干劲，为我区的经济社会发展汇聚力量。

（二）更加重视民主和谐。要充分发扬民主，鼓励委员多提批评和建议，促进各方面意见的讨论交流，鼓励各党派、界别坦率务实地交换意见，坦诚相待，有效防止浮躁和极端情绪。区政协党组向区委提出的重要建议，要充分听取广大政协委员的意见，并和党外人士平等协商，政协的一切重要活动都要在充分协商后，依章程、按程序实施。

三、强化三项职能，为服务全区发展大局履职尽责

（一）努力提高政治协商质量。扎实推进中国共产党领导的多党合作和政治协商制度建设，积极开展人民政协协商民主实践，充分利用全委会议、常委会议、主席会议等协商形式，创新专题协商、界别协商、对口协商、提案办理协商等平台，科学确定协商议题，有效规范协商程序，不断提高协商质量。尊重和保障各民主党派和无党派人士的民主权利，支持他们参与区委区政府重大决策、重要部署、重要举措的协商议政。加强与民主党派开展联合调研视察，提高党派提案和社情民意信息的质量。

（二）不断加大民主监督力度。进一步完善民主监督机制，针对区委区政府重大改革举措的推进、重要政策的执行、重大项目和重点民生工程的实施，以及人民群众普遍关注的热点问题，以批评和建议的方式进行经常性的民主监督。创新委员视察方式，确保听到真话，看到实情。加大提案督办力度，确保件件有着落，事事有回音。做好社情民意信息征集上报，强化调度考核。增加民主监督员派任数量，进一步提升监督效果。

（三）切实增强参政议政实效。进一步强化中心意识和全局观念，坚持抓大事、议难题、献良策，不断提高协商的水平和效果。围绕大美新临沂美丽河东区“一个目标”，生产美、生态美、生活美“三个追求”，和创业新城、和谐新城、生态新城、活力新城、幸福新城“五个定位”，为推进“振兴河东百千亿发展计划”“五个二十亿”基础建设工程、“人才强区”战略、全域旅游建设、“十大现代服务业振兴计划”、供给侧结构性改革、“镇街园区提升计划”等重大工程、重点项目和重要工作，采取会议、调研、视察等履职形式，提出前瞻性强、指导性强的

意见建议，提高参政议政实效。

四、发挥四个作用，为提升履职能力夯实基础

（一）进一步发挥常委会的领导作用。加强新一届常委会自身建设，明确工作定位，认真履行职能，做到尽职不越位，帮忙不添乱，切实不表面。强化规矩意识，加强制度建设，坚持平等议事，求同存异，兼容并包的原则，注重营造广开言路、集思广益、和衷共济的氛围。切实担负起领导责任，充分发挥每位常委的表率作用，调动各方面的积极性，团结带领政协各参加单位和广大政协委员同心同向，议政建言，努力开创政协工作新局面。

（二）进一步发挥专委会及镇街委员联络室的基础作用。把专委会作为推进政协工作的重要抓手，努力探索发挥专委会基础作用的新途径。进一步强化专委会建设，加强专委会与党委政府对口部门的联系，搞好调研、视察、提案、社情民意等工作。按照“六有”要求，加强对镇街委员联络室建设，搞好指导和服务，鼓励镇街委员联络室大胆履职，创新工作。

（三）进一步发挥委员的主体作用。作为政协委员，无论是中共党员还是非中共党员，都应不忘初心、不忘根本、不忘组织，自觉加强对法律法规的学习，自觉遵守政协章程，服从政协决议，自觉践行社会主义核心价值观，加强政治修养，强化纪律约束，在社会各界群众中做好示范。换届后，要认真组织新任委员的学习培训，提高委员素质能力和履职水平，做到懂政协、会协商、善议政。坚决杜绝“挂名委员”和“花瓶委员”，要建立委员网络管理平台，动态管理考核委员履职情况。在委员中积极开展提一件高质量的提案、反映一条有价值的社情民意信息、向党委政府或职能部门提一条好建议、引进一个好项目、为社会办一件实事的“五个一”活动。充分发挥委员的主体作用，当好表率，做一个有责任、有担当、守纪律、讲规矩的合格政协委员。

（四）进一步发挥政协机关的服务作用。深入学习贯彻习近平总书记系列重要讲话精神及重大会议部署，增强“四个意识”，坚持不懈反“四风”、转作风，把贯彻《准则》《条例》作为机关干部的自觉行动，提高服务能力，把政协机关建成文明规范、温馨和谐的“委员之家”。成立委员企业家联谊会，团结非公有制经济人士特别是年轻一代，助推企业转型升级和“二次创业”。挖掘我区丰富历史文化资源，收集民间歌谣、传说、乡村故事等，编辑出版《凤凰乡音》丛书。组织本土作家走基层，深入生产和建设一线，看项目察民生感变化；组织知名书画家看项目活动，深入重点项目和民生工程现场写生作画。宣传好典型，反映新变化，唱响主旋律，弘扬正能量，不断扩大大美新临沂美丽河东区的知名度和美誉度。

大事记

DaShiJi

2016年大事记

1月

6日 市委书记、市人大常委会主任林峰海率全市转方式调结构现场交流会与会领导到河东区现场观摩。

13日 全省检察机关检务督察工作座谈会暨督察信息化建设观摩会在河东区召开，区检察院研发创新的“网络督察平台”在全省检察机关推广。

25日 全国供销总社监事会副主任王韩民在省供销社党委副书记、监事会主任史进，市委常委、副市长尹长友陪同下到河东区检查指导供销社综合改革试点情况。

27日 河东区在2015年全市组织的文明城市测评工作中位列各县区综合成绩第一名。

2月

2日 省委第十巡视组组长赵锦锋、副组长李彦军向河东区委书记王晓军反馈专项巡视情况。临沂市委常委、纪委书记刘兴明出席反馈会并就落实巡视反馈意见提出要求，王晓军主持会议并作表态发言。

17日 河东区第十七届民间秧歌汇演在临沂国际花木城举行，来自各镇街园区的21支民间秧歌队参加演出。

3月

2日 德州市粮食局局长刘文元率考察团一行到河东区参观考察粮食执法工作。

4日 国家审计署济南办事处审计组到河东区审计农村饮水安全工作。

△ 德州市文广新局局长杨杰一行到河东区观摩基层公共文化服务体系建设情况。

5日 团省委专项调研组在团省委机关党委专职副书记李宾带领下到河东区调研青年社会组织建设、精准扶贫工作。

5—7日 区政协第十四届五次会议召开。会上，选举王文辉、朱孔欣、闫正彩、高广印为区政协常务委员。

6—8日 河东区第十八届人大五次会议召开。大会选举吴汉林为区第十八届人民代表大会常务委员会主任，选举石庆暄、冯自忠、司元章、洪善良为区第十八届人民代表大会常务委员会委员。

9日 省经信委督导组在省化工协会行业管理处副处长迟鹏带领下到河东区督导检查安全生产工作。

21日 市委书记、市人大常委会主任林峰海，市政协主席徐涛，市人大常委会党组书记、第一副主任杜德昌，市委副书记张宏伟等市级班子领导到位于河东区的临沂龙园休闲度假农庄参加义务植树造林活动。

23日 国家水利部景区办处长董青带队到河东区检查指导水利风景区建设。

24日 省委党校常务副校长徐闻一行到河东区开展党校调研工作。

△ 省民政厅基层政权和社区建设处处长蒋德生带领调研组到河东区调研。

28—29日 省人民检察院检察长吴鹏飞一行到河东区视察。

29日 河北省沧州市南皮县委书记赵亮带领党政考察团到河东区参观考察。

4月

11日 滨州市委常委、副市长赵庆平率滨州市考察团到河东区参观考察刘店子为农服务中心工作。

13日 济南市委老干部局副巡视员亢文带领慰问组，到河东区走访慰问异地安置离休干部。

△ 晋城市委政法委常务副书记、市综治办主任粟强一行到河东区参观学习综治中心建设工作。

△ 省发改委重大项目稽察特派员、市政府副秘书长牛英杰率省选派“一圈一带”挂职干部到河东区调研。

13—14日 省人大常委会副主任于建成带领省人大大气污染执法检查组到河东区，就《大气污染防治法》的贯彻落实情况进行检查。

15日 省司法厅党委副书记、副厅长马灵喜到河东区调研基层司法行政工作。

21日 交通运输部公路科学研究院副院长何勇率公路安全生命防护工程设计方案审查会评审专家组到河东区检查沂河路河东段示范项目建设情况。

△ 市委副书记、市长张术平到河东区视察中心城区基础设施及重点项目建设情况。

22日 省委常委、常务副省长孙伟到河东区调研重点项目建设工作和教育发展情况。市委书记、市人大常委会主任林峰海，省政府办公厅副主任姜文艺，省住建厅厅长王玉志，省发改委副主任崔建海，省教育厅总督学孟庆旭，省财政厅副厅长窦玉明、省政府研究室副主任苟成富，市委常委、常务副市长左沛廷，市委常委、秘书长李沂明，区委书记王晓军，区委副书记、区长赵晓晖等陪同调研。

30日 临沂经喀什至巴基斯坦瓜达尔港“临沂号”国际货运班列开行仪式在河东区胶新铁路临沂北站货场举行。市委书记、市人大常委会主任林峰海宣布“临沂号”国际货运班列开行，并与市委副书记、市长张术平为国际货运班列揭牌。

5月

1日 凌晨16分，山东观唐盛世旅游开发有限公司观唐大酒店为山东鲁泰鞋业有限公司开具一张旅店业增值税发票，编号为“02013299”，成为河东区营改增试点工作全面推开后的第一张“营改增”发票。

6日 滨州市博兴县考察团到河东区考察文化产业发展建设情况。

9日 民进山东省委副主席兼秘书长、省政协常委郭永军一行到河东区调研民办基础教育发展情况。

11日 省台办副主任曹晓武一行在市台办主任解红日等陪同下，到河东区调研对台工作情况。

12日 省委原副书记、省人大常委会原副主任马仲才到河东区视察。

13日 河东区脱水行业协会成立大会在八湖镇举行。

15日 泰国国家石油中国工厂启用仪式在河东区汤头街道举行。泰国国家石油高级执行副总裁奥塔鹏，泰国驻青岛总领事馆副总领事万贺怡，泰国国家石油润滑油部总裁布兰宁，临沂市副市长李朝晖出席，区委书记王晓军致辞，区委副书记、区长赵晓晖主持。山东汇华进出口有限公司总经理王顺学出席仪式。

17日 省发改委党组成员、副主任崔建海率省政府学校建设安全工作专项督导组，对河东区解决城镇“大班额”“全面改薄”及幼儿园等学校建设安全工作进行督查。

18日 2016年中医药产业工商战略合作峰会在河东区翔宇豪生大酒店举行。省政协副主席、工商联主席王乃静，市政协副主席、工商联主席王晓嫚，全国工商联医药商会副会长、秘书长王之光出席。

24日 全市旅游工作座谈会在河东区召开。市委副书记、市长张术平主持会议并强调，要紧紧围绕“国家全域旅游示范区”创建目标，突出规划引领、项目支撑、创新驱动，加快形成全域旅游发展合力，推动全市旅游业转型升级、提质增效。座谈会前，张术平带队先后到河东区龙园、奥华温泉、立晨农庄、凤凰欢乐大世界、沂州古城和华东野战军纪念馆等项目现场就全域旅游发展情况进行专题调研。

25 日 省民政厅调研组到河东区调研养老服务产业发展情况。

28 日 临沂中心城区首个投资过百亿元的综合文化旅游项目——沂州古城举行开工仪式。

31 日 全国人大农业与农村委员会副主任委员、省政府原省长李春亭在市政协主席徐涛陪同下到河东区视察经济社会发展情况。

6 月

1 日 中央综治办调研组到河东区调研综治中心实体化建设工作。

6 日 烟台市关工委主任荣凤刚一行到河东区参观考察青少年党史国史教育工作。

7 日 全省社会公共服务综合信息平台建设现场会与会领导到河东区参观。

12—17 日 德国眼科专家哈德·皮尔霍恩博士到河东区坐诊眼科，并与该区医务工作者开展学术交流以及眼科前沿课题讲座活动。

17 日—19 日 河东区举行“高层次人才河东行”活动。包括 18 名国家“千人计划”专家、3 名外国专家在内的 40 余位专家教授进行考察、交流、座谈。

21 日 省财政厅党组成员、省农发办主任王晶一行到河东区调研。

△ 河东区组织区级领导班子成员集体到临沭县“刘少奇在山东纪念馆”开展“两学一做”党性教育。

24 日 省政府原副省长、省政协原副主席王裕晏到河东区视察。

△ 东营市政协副秘书长、办公室主任孙乐春率机关党员 30 余人，到河东区华东野战军纪念馆进行党性教育现场教学活动。

27 日 区委书记王晓军到九曲店社区走访慰问建国前老党员和生活困难党员，送去慰问品和问候。

28 日 省信访局督查专员刘强率督导组到河东区督导信访积案化解工作。

△ 甘肃省综治工作考察团在省综治办综合处处长王彪带领下到河东区参观考察综治中心建设情况。

△ 纪念临沂市老干部书画研究会成立 30 周年，“立晨杯”全市老年书画大赛获奖作品展在河东区立晨农庄举行。

30 日 全区庆祝中国共产党成立 95 周年暨基层党建工作推进会议召开。区委书记王晓军讲话，区委副书记、区长赵晓晖主持。

△ “七一”前夕，区委副书记、区长赵晓晖到工业园区走访慰问建国前老党员和生活困难党员。

是月 2016 年高考河东区创历史新高。体育高水平运动员考生诸葛祥钦以专业测试第一名、文化成绩超出录取线 72 分的优势，被北京大学提前录取；王璐瑶通过复旦大学腾飞计划，被复旦大学提前录取；6 名考生通过飞行学院的体检和体能测试，文化成绩均超录取分数线；296 名考生过一本分数线，同比增长 65%；1041 名考生超过二本分数线。

7 月

1 日 河东区组织收听收看庆祝中国共产党成立 95 周年大会。

5 日 省人大常委会委员、城环委主任委员杨焕彩率省人大全省保障性安居工程视察组到河东区视察保障性安居工程建设情况。

7 日 区级党政班子成员向区纪委全委会述廉述责会议召开。会上，姚运明等 11 名区级党政班子成员分别作述廉述责报告并接受区纪委委员质询。区纪委委员对述廉述责对象进行投票测评。

15日 区委书记王晓军率全区部分领导干部集体到临沭县开展“两学一做”党性教育。

18日 河东区庆祝建党95周年暨“颂歌献给党”广场艺术节在区政务大厦西广场闭幕。艺术节历时16天，以“激情盛夏，唱响河东，共筑中国梦”为主题，着眼“文化强区”建设，立足群众文化生活满意度提升，按照“政府搭台，剧团唱戏，群众受益”的原则，共有各镇街16支剧团参与17场演出，演职人员750余人，演出节目201个，现场观众累计40000余人次，是建区以来持续时间最长、参与人数最多、节目内容最丰富的一次大型文化活动。

19日 山东临沂河东农村商业银行股份有限公司成立大会召开。山东临沂河东农村商业银行是在原河东农村合作银行的基础上新发起成立的股份制商业银行，下辖39个营业网点。

20日 河东区阿里巴巴“农村淘宝”项目启动仪式举行。

21日 省公安厅巡视员任建军到河东区视察指导公安工作。

25日 2016年度单位主要负责人向区纪委全会述廉述责会议召开，区委常委、纪委书记吴岩出席会议并讲话。

27日 副省长、公安厅厅长孙立成到河东区视察公安工作。

30日 中国残联扶贫办主任、教育就业部巡视员王建军率队到河东区调研“梦想小镇”，即残疾人“千企万人就业行动”专项工作。

31日 市委书记、市人大常委会主任林峰海，市委副书记、市长张术平，市政协主席徐涛，市人大常委会党组书记、第一副主任杜德昌，市委副书记张宏伟率全市转方式调结构现场交流会与会领导到最后一站河东区现场观摩，视察项目建设情况。

8月

6日 中共河东区委十三届十二次全体（扩大）会议召开。会议学习贯彻市委第十二届十一次全体（扩大）会议精神，传达全市转方式调结构现场观摩情况，分析了当前面临的发展形势，研究部署河东区下半年的工作，审议区委工作规则，动员全区上下深入贯彻五大发展理念，坚定信心，提振精神，攻坚克难、继续前进，打好转方式调结构这场主动仗，确保完成全年目标任务。

△ 四川省达州市政府考察团到河东区参观考察。

10日 省发改委调研组到河东区调研现代农业发展情况。

12日 省科技文献共享服务平台河东工作站揭牌仪式暨应用培训会在河东区举行。省情报院党委书记、院长刘显福，区领导赵晓晖等出席仪式。

△ 省安全生产检查组到河东区检查安全生产工作。

16日 安丘市党政考察团在安丘市委常委、常务副市长张振城带领下到河东区参观考察旅游服务业发展情况。

26日 外交部原部长、中国公共外交协会会长、中国人民外交学会名誉会长李肇星到河东区调研。

△ 省政府督导组到河东区督导安全生产工作。

27日 中国长城收藏文化研究会考察团到河东区参观文化产业发展情况。

△ “瑞健特杯”第五届中国（临沂·河东）百里沂河水上运动挑战赛在河东区开幕。全国政协教科文卫体委员会副主任、中国奥委会副主席、国家体育总局原副局长段世杰，省体育训练中心主任李伟成，市政府副市长赵爱华，市政协副主席王晓嫚，北京体育大学社会

体育系主任张健，区委书记王晓军，区委副书记、区长赵晓晖，区委常委、办公室主任王宁等出席开幕式。

31 日　中央电视台七套《乡村大世界》栏目组走进河东策划座谈会召开。《乡村大世界》执行总导演、策划部主任荆玉霞，《乡村大世界》公益事业部主任、选题部主任董振礼，区委常委李鲁，副区长褚冰出席会议。

9 月

3 日　山东省副省长张务锋一行到河东区调研非物质文化遗产工作。

5 日　区政务服务中心不动产登记窗口开始受理不动产登记业务。是日上午，河东区惠民早餐有限公司的负责人时淼从区政府副区长郭飞跃手中接过了全区首本不动产权证书。

6 日　省安监局副局长罗新军率省安监局督查组到河东区督导化工行业两个体系建设工作。

7 日　安徽省铜陵市人大考察团在市人大常委会副主任何刚明带领下，到河东区参观考察农村抗震设防工作。

8 日　市委副书记、市长张术平到河东区视察特殊教育发展情况。

9 日　全区庆祝第三十二个教师节暨表彰大会召开。

12 日　全市第十六届广场艺术节“移风易俗”专场文艺演出在河东区举行。

13 日　“山东省工业电商百县行”河东区专场活动举行。

21 日　市委副书记、市长张术平到河东区视察市区城建和交通重点项目推进情况。

23 日　《河东文化大系》编写启动工作会议召开。《河东文化大系》系下设卷，共分十卷。分别为《历史文化卷》《史志卷》《历史人物卷》《文物遗址卷》《红色文化卷》《工商业卷》《汤泉卷》《民俗卷》《非物质文化遗产卷》《地理与地名卷》。

24 日　韩国京畿道军浦市市长金润周率代表团一行 25 人到山东省煤炭临沂温泉疗养院参观考察。

27 日　市人大常委会副主任刘淑秀带领市人大常委会视察组到河东区对城建、交通重点项目建设进展情况进行视察。

28 日　全区环保突出问题治理攻坚动员大会召开。

30 日　全国“烈士纪念日”前夕，区级班子领导走访慰问全区部分烈士遗属，向他们送去党和政府的关怀，共同重温先烈的历史功绩和不朽精神。

10 月

11 日　省政协常委、科教文卫体委员会主任张洪涛率调研组到河东区，就“切实解决因病致贫群体的脱贫问题”进行专题调研。

16 日　全市 2016 世界粮食日、全国爱粮节粮宣传周暨粮食减损增效进农村活动在河东区八湖镇举行。

20 日　省住房与城乡建设厅副厅长耿庆海一行到河东区调研城市建设工作。

△　市委常委、副市长尹长友率全市优质农产品基地品牌建设现场观摩交流会与会领导来河东区观摩。

△　连接北城新区和河东区东城新区的南京路沂河大桥正式通车。该桥横贯东西，为飞雁式异形拱桥。西起滨河西路，东至滨河东路，是南京路向东延伸跨越沂河的重要过河通道。大桥双向 6 车道，宽 44.1 米，全长 1.023 千米，由主桥、水中段引桥、岸上段引桥组成，东西两岸各设有立交桥，促进北城新区与东城新区实现“一桥连通、双城一体”。

22 日　省妇幼保健院与区妇幼保健院建立合作医院签约暨启动仪式在区妇幼保健院一楼大厅举行。

25 日　全市植树造林现场观摩会与会领导到河东区参观。

27日 中组部党员教育和干部测评中心主任、全国基层办副主任陈燕楠到河东区调研党员教育培训和远程教育工作。

28日 全市散煤清洁化治理工作现场会在河东区召开。

30日 中央电视台七套《乡村大世界》栏目组以“千年汤泉·五金之都”为主题走进河东，在太平街道立晨农庄正式进行现场录制。

31日 市委副书记张宏伟率全市美丽乡村建设暨节水农业和水肥一体化现场会与会领导到河东区观摩。

11月

4日 省人大常委会研究室主任李去刚率省直新闻媒体到河东区开展调研采访活动。

8日 河东区组织收看学习中央宣讲团成员、中宣部常务副部长黄坤明在济南作的党的十八届六中全会精神报告会。

△ 深圳市盐田区关工委主任林电雄一行到河东区调研关爱青少年工作。

9日 国地资源部济南督察局局长张璞一行到河东区开展全天候不实耕地闲置土地图斑核查工作。

10日 全市“中华优秀传统文化及国学经典教育实验实施项目”工作推进会暨国学经典教育现场会在河东区召开。

△ 日本守口门真友好协会理事长原正和一行到河东区考察投资环境。

11日 省供销社党组成员、理事会副主任许广民率省供销社综合改革试点验收组到河东区验收区供销社综合改革试点和新型农村合作金融试点推进工作。

15日 市委常委、副市长尹长友率全市冬春农田水利基本建设暨冬季森林防火现场会与会人员到河东区观摩。

19日 中国农业发展银行调研组在省农发行副行长张艳娟陪同下到河东区调研。

23日 中国人民大学农业与农村发展学院教授孔祥智带领评估组到河东区对供销社综合改革试点进行第三方评估。省供销社党组书记、理事会主任侯成君陪同。

12月

1日 全市农机合作社建设现场观摩会与会人员到河东区现场观摩，总结交流农机合作社建设经验。

4日 全市国家宪法日暨全国法制宣传日活动在河东区举行。

10日 全区领导干部会议召开，市委常委、组织部长姜仕礼出席，宣布省委、市委关于河东区领导干部调整的决定。省委批准：隽新阳任中共河东区委书记；王晓军不再担任中共河东区委书记职务。市委决定：隽新阳任中共河东区委委员、常委、区委党校校长；王晓军不再担任中共河东区委常委、委员、区委党校校长职务；赵晓晖不再担任中共河东区委副书记、常委、委员职务。

11日 中华全国供销合作总社党组书记、理事会主任王侠到河东区调研供销社综合改革试点工作。副省长赵润田，省政府副秘书长张积军，省供销社党组书记、理事会主任侯成君陪同调研。

14日 满洲里市考察团在市委副书记、市长许爱莲带领下到河东区考察商贸物流工作。

18日 中共河东区委十三届十三次全体（扩大）会议召开。出席会议的有，区委委员24人，区委候补委员6人。不是区委委员、候补委员的区级相关领导，区纪律检查委员会委员和有关方面负责人，区第十三次党代会部分基层代表、部分退休县级干部列席会议。会议由区委常委会主持。全会学习贯彻党的十八届六中全会、省委十届十五次全会和市委十二届十三次全会精神，听取区委书记隽新阳受区委常委会委托作的工作报告，审议通过《中共临沂市河东区委关于深入学习贯彻党的十八届六中全会精神的意见》和《关于召开中国共产党临沂市河东区第十四次代表大会的决议》，决定中国共产党临沂市河东区第十四次代表大会于 2017 年 1 月召开。

△ 全市基层党建年度观摩会与会人员到河东区观摩。

△ 2016 年中国五金经销商发展论坛在河东区举行。

28 日 省总工会副主席冯庆禄带队到河东区为困难企业和困难职工送温暖。

综　述

Zong Shu

历史文化

【概况】 河东有着悠久的历史和灿烂的文化，是东夷文化的发源地之一。以发现于凤凰岭而命名的“凤凰岭文化”，距今约 1 万～ 2 万年，是山东省发现的距今万年前的第一个史前考古学文化遗址，填补了山东省上古人类社会发展史空白，也首次确立了沂蒙文化的早期文化类型。春秋时期，域内建有祝丘邑；西汉时，设有即丘县；东汉为即丘侯国，以后建制区划屡经变迁，1994 年 12 月，设立河东区。河东区文物古迹众多，已查明的各类文物古迹 269 余处（不包含临沂经济开发区），其中全国重点文物保护单位 1 处，省级文物保护单位 6 处，市级文物保护单位 7 处，区级文物保护单位 43 处。影响较大的文化古迹有泉上屯遗址、青峰岭遗址、凤凰岭遗址、大范庄遗址、祝丘城遗址、小皇山墓群等。

【凤凰岭遗址】 位于河东区凤凰岭街道王家黑墩村东凤凰岭上。遗址原为南北走向高岭。1982 年 5 月因兖石铁路的修建而发掘，2013 年被公布为省级文物保护单位。共清理战国至汉代墓葬 88 座，出土文物有鼎、盆、罐等。最大的墓葬为东周墓，面积近 100 平方米，出土珍贵器物编钟一套计 9 件、鼎 7 件、矛 14 把、戈 9 把、弓 4 张、簇镞 1 宗等。在凤凰岭遗址中同时还出土了数千件细石器，并发现了多处用火遗迹。凤凰岭细石器在山东省乃首次发现，代表一个历史时期的单独文化，存在于距今约 1 万～ 2 万年前的细石器时期。这一发现，填补了全省上古人类社会发展史空白，被考古界称为“凤凰岭文化”。

【青峰岭遗址】 位于河东区朝阳街道田庄村北，遗址为冲积而成的梭形高地，南北长约 1150 米，东西长约 500 米，属细石器时代遗址。1982 年 12 月被发现，1992 年 6 月被公布为省级文物保护单位。青峰岭遗址是山东地区继凤凰岭遗址发现之后的第二处大型细石器时代遗址，也是发现文化遗迹、遗物较多，且保存较好的一处遗址。

【泉上屯遗址】 位于河东区汤头街道泉上屯村东，为一处高岭，南北长约 1500 米，东西长约 750 米，属细石器商周、汉代遗址。该遗址于 1982 年发现，1992 年 6 月被公布为省级文物保护单位。它的文化年代距今约在 1 万～ 1.6 万年之间。泉上屯遗址是细石器时代屈指可数的重要遗址，它的发现填补了山东地区史前考古旧石器时代向新石器时代过渡的考古空白，衔接了新、旧石器时代的考古缺环，使山东史前考古序列的建立变为现实。

【大范庄遗址】 位于河东区相公街道大范庄村西，遗址南北长 350 米，东西长 300 米，原呈馒头状土丘，后夷平。1973 年、1977 年对其进行了大规模发掘，共清理新石器时代墓葬 26 座，出土文物 768 件，其中包括名扬世界的蛋壳陶约 30 件，它们是龙山文化黑陶中的精品，器形规整，器物光亮漆黑，造型优美，是古陶中的瑰宝。出土的蛋壳陶有 2 件被北京故宫博物院收藏，5 件被山东省博物馆收藏。大范庄遗址既属于大汶口文化晚期文化，又具有山东龙山文化早期文化的特点，对研究山东新石器时期文化的发展有重要价值。

【祝丘城遗址（祝丘故城）】 位于河东区汤河镇故县村。据《左传》记载，鲁桓公五年（公元前 707 年），鲁国在此建邑，是今临沂市三区内最早的城邑。现地上存有高台一处，东西长 200 米，高 4 米，土层内有新石器时代至春秋、汉代的各种陶片，对考察古代沂蒙地区的历史文化积淀与变迁具有极高的价值。

【小皇山墓群】 位于河东区九曲街道巩村村西，为低矮的南北向丘岭，并有一处遗址，上始于5000年前新石器时代的大汶口文化、龙山文化，下至商周、汉、清时期，东西长约300米，南北长约400米，总面积约12万平方米，文化堆积厚达30～150厘米。2005年2—3月，为配合临沂滨河东路工程建设施工，对明代沂州卫指挥使李刚家族墓地进行了抢救性发掘，共清理墓葬15座，其中汉代墓葬8座、明代墓葬6座、清代墓葬1座，出土陶器、瓷器、砚台、金器、银器及明代沂州卫指挥使墓志等重要文物50余件。小皇山墓群文化堆积厚，延续时间长，墓葬分布广、数量多、密度大，是临沂难得的一处历史文物古迹，不但对研究临沂的历史文化，也为山东墓葬的葬制、葬俗等考古学的研究提供了实物证据。

【新四军军部暨华东军区华东野战军诞生地旧址】 此旧址坐落在河东区驻地北6千米处的九曲街道军部街1号（前河湾村），是新四军最后一个军部驻地，是华东军区、华东野战军诞生地，是华东野战军从胜利走向胜利的起点。1946年6月至1947年1月，新四军军部兼山东军区机关驻扎于临沂前河湾村，陈毅、粟裕、张云逸、邓子恢、谭震林、张鼎丞等老一辈无产阶级革命家都曾在此战斗和生活过，先后指挥了宿北战役、鲁南战役、白塔埠战役和临沂南线阻击战，制定了莱芜战役的作战计划和策略，形成了孟良崮战役的战术思想。1947年1月，山东野战军、华中野战军和山东军区主力部队在前河湾村整编为华东野战军，山东军区与华中军区合并为华东军区。华东野战军的战斗足迹遍及山东、江苏、安徽、浙江、福建、上海等八省市，进行了孟良崮战役、淮海战役、渡江战役等重要战役，为创建新中国和巩固新生人民政权做出了重要贡献。2004年旧址被列为沂蒙精神教育基地，确定为全市红色旅游专线重要景点之一；2005年11月被命名为山东省爱国主义教育基地；2006年12月被公布为省级重点文物保护单位；2009年4月被命名为山东省关心下一代教育基地；2009年5月被公布为全国爱国主义教育示范基地；2013年5月被公布为全国重点文物保护单位。

建置沿革

【历史沿革】 河东区历史悠久，早在1万～2万年前，先民就已在这片土地上繁衍生息，创造文明，至今留有凤凰岭遗址、汤头泉上屯遗址、朝阳青峰岭遗址等。新石器时代的重要文化遗址相公大范庄遗址，出土了大量的蛋壳陶，是龙山文化黑陶中的精品。春秋时期属鲁国，鲁桓公五年（前707年）建祝丘邑，邑址在今汤河镇故县村北。秦朝属琅琊郡。西汉置即丘县（治所前祝丘邑），属东海郡。东汉改属琅琊郡，25—220年为即丘侯国。北魏永安二年（529年），在即丘治所设北徐州，辖东泰山郡、琅琊郡。北徐州辖境相当于今天的临沂三区和费县、平邑、苍山、蒙阴及新泰市部分区域。隋初属徐州刺史部；隋开皇十六年（596年），从即丘县域内另置临沂县，治所设于原北徐州州所（今汤河镇故县村）；隋大业元年（605年），并即丘县入临沂县。唐五代时期属河南道沂州（琅琊郡）临沂县。宋代属东京东路沂州临沂县。元代属益都路沂州临沂县。明至清初，以州代县，属沂州。清雍正十二年（1734年）至1913年属沂州府兰山县。1913年属济宁道临沂县，1925年属琅琊道临沂县，1928年属山东临沂县。1936年2月属山东省第三行政区临沂县。革命根据地时期到1958年属临沂县，1958—1963年属县级临沂市。1963—1983年属临沂县。1983年9月至1994年属县级临沂市。1994年12月，县级临沂市撤销，在其原辖区域分设3个县级行政区，河东区为其一，属地级临沂市。

【位置面积】 河东区位于山东省东南部，临沂市东部。东与莒南县、临沭县毗连，南靠郯城县，西隔沂河与兰山区相望，北邻沂南县。地跨北纬34°35′～35°20′，东经118°22′～118°40′，总面积613.39平方千米。河东区地理位置优越，是鲁南苏北的交通枢纽。东临日照、岚山、连云港三大港口，辖区内飞机场与全国各主要城市通航；兖石铁路横穿东西，胶新铁路纵贯南北，205、206、327国道和342省道纵横交错，交通便利。

环境资源

【地质地貌】 河东区地处山东三大平原之一——临郯苍平原，境内地势平坦，相对高度较小，北部为低矮丘陵区，中南部为沂沭河冲积平原，标高58～130米。

【河流】 境内水系发育呈脉状分布。主要有沂河、沭河、汤河、李公河4条河流，均属淮河流域沂沭泗水系，流向自北向南。

沂河主源发源于沂源、蒙阴、新泰交界处的老松山北麓，流经沂源、沂水、沂南、兰山、河东、罗庄、苍山、郯城等县区，南流入江苏省境内后注入黄海，全长570千米，境内流长52.45千米，最大流量每秒15400立方米（1957年）。

沭河原名沭水，俗称茅河。发源于沂水县北部沂山南麓，流经沂水、莒县、河东、临沭、郯城等县区，至江苏省境内流入黄海，境内流长42.5千米，最大流量每秒7290立方米（1974年）。

汤河发源于沂南县阳坡乡左泉庄村北两山丘之间，流经汤头有温泉汇入，因水温增高而得名，又名温水河。汤河支流流经汤头、八湖、郑旺、汤河等镇（街道）注入沭河，境内流长41.25千米，最大流量每秒987立方米。

李公河为沂河东岸支流。明万历五年（1577年）由沂州知府李蕚组织民众开挖，疏浚原洼地排水沟而成，时称新添河，后为纪念李蕚改称李公河。今源于九曲街道，流经相公、凤凰岭、芝麻墩等街道，注入沂河，境内流长26.25千米。

【气候】 全区属暖温带季风区半湿润大陆性气候，气温适宜，四季分明，光照充足，雨量充沛，雨热同季，无霜期长。年均降水量800毫米，历年平均气温13.1℃，无霜期平均202天。

【土壤】 全区土壤以水稻土为主，主要有水稻土、潮土、砂姜黑土、棕壤土4种土类。水稻土较广，河东大部分乡镇街道都有水稻土，潮土主要分布在沂沭河两岸，砂姜黑土主要分布在凤凰岭街道和朝阳街道西部，棕壤土主要分布在八湖镇的长红岭。

【土地资源】 截至2016年底，全区耕地有40429.57公顷，林地13400公顷；盛产小麦、水稻、玉米、花生、果蔬等，是高产、优质、高效农业示范基地。

【水资源】 全区水资源丰富，水质优良。多年平均地表水资源量2.28亿立方米，地下水资源量1.74亿立方米，水资源总量2.78亿立方米，人均占有水资源量541立方米。

【矿产资源】 河东区地处沂沭断裂带，地质条件复杂，矿产资源分布具有明显的区域性。已发现的矿产资源有14种，其中金属矿产2种（金、铜），非金属矿产12种，大部分系复合共生矿床，地热产地1处，汤头温泉为高温水泉，是全国著名的疗养温泉。

【旅游资源】 河东区是我国重要温泉旅游胜地，汤头温泉因其有水温高、流量大、水质优、疗效好、历史文化底蕴丰富等特点，素有“神水”“神汤”之称。汤头温泉水质特优，含38种化学成份和气体元素，主要有钠、钾、钙、镁、铁、铜等，具有较高的医疗和养生价值。“野馆汤泉”列为“琅琊八景”之一。汤泉、汤河、汤山、汤头四位一体，天下无二。河东是东夷文明的重要发祥地，凤凰岭细石器文化遗址、大范庄蛋壳陶、汤河祝邱城遗址闻名遐迩；前河湾村是新四军最后一个军部，也是华东军区、华东野战军诞生地；河东还是古商文化的发祥地，春秋时期“管鲍分金”的故事就发生在相公街道驻地，至今还留有“分金台”遗址。九曲街道独树头崔家大院是明清民国时期临沂最大的五金生产流通基地，现在的临沂批发城前身是这里。河东高效生态农业发达，万亩荷塘，“市花”海棠园，八湖草莓、葡萄久负盛名，各类农家乐、乡村游方兴未艾。

人口民族

【人口】 2016年末，河东区总人口为59.54万人，其中城镇人口为28.35万人；人口出生率为19.58‰，死亡率为3.02‰，自然增长率为16.56‰。

【民族】 截至2016年底，河东区共有苗、回、蒙等18个少数民族，共362人。其中汤头街道葛沟前村为回族聚居村，共有回族18户，计56人，其他少数民族多为婚嫁到河东，主要分布在九曲、太平等镇（街道），其中城区有少数民族餐饮店10家，其就业少数民族人员有50余人，人员多来自其他县区。

国民经济和社会发展

【概况】 2016年，全区实现生产总值为186.14亿元，其中，第一产业增加值为12.46亿元，第二产业增加值为87.83亿元，第三产业增加值为85.85亿元，三次产业比例为6.7∶47.2∶46.1，全社会固定资产投资为152亿元，公共财政预算收入为14.03亿元。

【农业】 2016年，农林牧渔业实现总产值23.09亿元，粮食总产量为25.74万吨，棉花总产量为67.87吨，油料总产量为1.48万吨，水果总产量为1.17万吨，蔬菜总产量为16.3万吨，肉类总产量为2.15万吨，禽蛋总产量为1.09万吨，奶类总产量为0.24万吨，新增造林面积333.33公顷，全区农机总动力为35.45万千瓦。

【工业和建筑业】 2016年，实现工业增加值增长5.1%，规模以上（年主营业务收入2000万元以上）工业企业242家，实现总产值485.1亿元，实现主营业务收入432.5亿元，实现利税18亿元，实现利润13.2亿元，全区资质三级及以上建筑企业22家，完成建筑业总产值10.1亿元。

【建设 环保】 2016年末，全区城镇化率为59.91%。城区人均道路面积为12.9平方米，人均绿地面积为18.6平方米，建成区绿化覆盖率为42.1%，自来水普及率为89%，燃气普及率为92%，集中供热普及率为43.7%，村镇建设投资10.8亿元，建成污水处理厂5座，城市污水集中处理率达到95.1%，城市空气质量良好率达到63.3%。

【交通　邮电】 2016年末，区内国道省道通车里程为96.97千米；区内农村公路通车里程为745.26千米；联通公司电信业务总量为0.79亿元，固定电话用户为1.6万户，移动电话用户为12.46万户，互联网用户为3.52万户；移动公司电信业务总量为1.9亿元，移动电话用户为35万户；电信公司固定电话用户为0.44万户，移动电话用户为3.91万户，互联网用户为2.27万户。

【贸易　旅游】 2016年，全区实现社会消费品零售总额148.5亿元，实现进出口总额27.2亿元，新批利用外资项目1个，实际到账外资1617万美元；全年接待国内外游客650万人次，实现旅游总收入45亿元。

【教科文卫体】 2016年，全区有中等职业、技工学校4所，在校生5053人；普通高中2所，在校生8017人；初中11所，在校生1.5万人；小学73所，在校生5.41万人；特殊教育学校1所，在校生398人。共取得市（地）级及以上各类重要科技成果10项。专利申请量85件，授权专利20件。有公共图书馆1所，文化馆(站)1个，农村文化大院113个。广播、电视人口综合覆盖率均为100%。有卫生机构345个，其中医院、卫生院9个，社区卫生服务中心2个，妇幼保健院（站）1个，疾病预防控制中心1个。各类卫生机构共有床位3392张，卫生技术人员2623人，其中执业医师及执业助理医师1244人，注册护士1282人。新增群众体育健身活动场地18万平方米。全年参加市级及以上体育比赛共获奖牌85枚。

【社会生活】 2016年，全区居民人均可支配收入为23128元；全区企业职工基本医疗保险、机关事业单位养老保险、城镇职工基本医疗保险、失业保险、工伤保险、生育保险参保人数分别达到61183人、31981人、14608人、36940人、18620人；居民基本养老保险参保人数306916人，居民基本医疗保险参保人数499002人；全区城乡最低生活保障救助15374人；收养性社会福利单位9个，收养10人，社会福利企业4个，安置残疾人员189人。

行政区划

1994年12月，国务院批准临沂撤地建市，原县级临沂市新置三区，河东区是其一。区名以方位命名，因区境在沂河之东而得名。区境的大体形状是南北长叶形。建区时，区内辖10镇2乡，475个行政村。2004年5月，省政府批准设九曲街道、太平街道、汤头街道、相公街道、凤凰岭街道、芝麻墩街道、梅家埠街道。2004年10月，芝麻墩、梅家埠两街道划交临沂市经济技术开发区管辖。2008年9月，重沟镇划交临沂市经济技术开发区管辖。2011年1月，沂南县葛沟镇划入河东区管理；11月，葛沟镇撤销，并入汤头街道，2011年2月，刘店子乡划入八湖镇。截至2016年底，河东区共有九曲、凤凰岭、相公、太平、汤头5个街道，汤河、郑旺、八湖3个镇。有省级温泉旅游度假区、工业园区（临空经济区）、农高区各1处。

政党·政务

ZhengDang ZhengWu

中国共产党河东区委员会

区委领导成员

书　记：王晓军（2016 年 11 月离职）
　　　　隽新阳（2016 年 11 月任职）
副书记：赵晓晖（2016 年 11 月离职）
　　　　姚运明
　　　　纪　军（女，2016 年 12 月任职）
常　委：王晓军（2016 年 11 月离职）
　　　　隽新阳（2016 年 11 月任职）
　　　　赵晓晖（2016 年 11 月离职）
　　　　姚运明
　　　　纪　军（女，2016 年 12 月任职）
　　　　吴汉林（2016 年 1 月离职）
　　　　吴　岩（女，2016 年 12 月离职）
　　　　杨荣涛（2016 年 6 月离职）
　　　　徐立峰
　　　　王经远（2016 年 6 月任职）
　　　　王　宁（2016 年 12 月离职）
　　　　李　鲁
　　　　于广威（2016 年 6 月任职）
　　　　吕凤龙（2016 年 12 月任职）
　　　　丁　映

区委工作综述

【概况】 2016 年，河东区围绕建设“大美新”临沂的部署要求，深入实施“五区托一城”发展战略，统筹做好稳增长、调结构、促改革、惠民生、守底线等各项工作，实现了“十三五”良好开局。全区主要经济指标稳步提升，全年实现一般公共预算收入 14.03 亿元，增长 11.9%；实现地方生产总值 186.14 亿元，增长 6.5%；社会消费品零售总额 148.5 亿元，增长 11.1%；城乡居民人均可支配收入达到 23128 元，增长 7.6%。

【党建工作】 结合“两学一做”教育，确定“一个主题教育展、三项活动”的实践特色，完成党员集中党性教育 2.5 万人次，区委理论中心组被评为全省先进县级党委中心组。推进区镇换届工作，干部队伍结构得到进一步优化。制定《区域化党建双带动“2351”工程三年规划》，实施基层组织建设“双百”工程，基层党组织战斗堡垒作用持续增强。全面落实从严治党，坚持把纪律和规矩挺在前面，严格落实党委主体责任、纪委监督责任，党风廉政建设和反腐败斗争深入推进，全年办理责任追究案件 13 起，给予党政纪处分 22 人。

【“五区”建设】 东城新区开发建设纳入全市战略部署和工作重点，与北城新区交相辉映的滨河“城市天际线”正加快形成；临沂农高区成功创建国家农业科技园区，成为全市第三个国家级产业园区；临沂汤泉旅游度假区是全市第一家省级旅游度假区，被评为“山东省重点文化产业园区”，积极申报国家级旅游度假区；临沂临空经济区建设成效初显，临沂机场三期扩建进展顺利，临沂经喀什至巴基斯坦瓜达尔港“临沂号”国际货运班列开行，顺丰物流、跨境电商等一大批项目成功落户运营。

【现代产业】 以供给侧结构性改革为主线，坚持实施新型产业培育、现代服务业提速、传统产业提升战略，产业结构逐步优化，三大产业占比优化为 6.5 ∶ 46.4 ∶ 47.1，实现了由“二三一”结构转为“三二一”结构的历史性转变。推进“腾笼换鸟”工程和“新天地”计划，倒逼传统企业转型升级，加快培植新兴产业。

坚持做大石墨烯产业，东昀石墨等一批项目投产运营，将吸引聚拢10个石墨烯产业项目，建立完整的产业链，打造千亿级石墨烯产业园区。五金机械、食品加工等传统产业提档升级，新能源新材料、高端装备制造、新医药健康等新型产业快速发展。临沂国际商贸城特色商贸区加快建设，全区商城实现市场交易额达593.3亿元，增长15.2%，完成电子商务交易额150亿元，增长50%。引进了投资过百亿元的沂州古城等项目，龙园、立晨生态园、凤凰欢乐大世界等一批景区建成开放。

【项目建设】 全年开工建设重大（重点）项目72个，累计完成投资170亿元，1个省级重点、30个市级重点项目全部开工建设。全年引建项目127个，到位区外资金110亿元，其中引进世界500强项目5个，过10亿元项目17个。泰国PTT项目一期顺利投产，成为全市“三引一促”大会后第一个当年引进、当年开工、当年投产的世界500强项目。引进“千人计划”专家、“泰山学者”等高层次人才6名，引进先进技术、成果53项，新增注册商标2343件，有效注册商标总量位居全市第2位，商标持有量成为全省10个过5000件的县区之一。

【城乡建设】 落实临沂城市发展“以河为轴、北上东拓”的规划原则，强化新型城镇化的基础和支撑，加快建设与北城新区相对应的临沂东城新区，2016年11月被确定为国家级新型城镇化“全域旅游”标准化试点区。城区开发加速推进，引进环球阳光城、豪森国际广场、翔宇豪生等一批城市综合体，商业配套显著提升。引进市委党校新校区、临沂体校、市第五人民医院等项目，城市品质功能进一步优化。坚持产业强镇、富民兴镇，形成了“一镇一主业”的特色发展模式，全国重点镇郑旺镇获批省级环保产业园。深入推进“幸福家园”建设五年计划，建成36个新型农村社区，开工建设29处社区综合服务中心，被评为全省城乡环卫一体化全覆盖区，120个村居完成“户户通”硬化路，省级三年改厕任务一年基本完成，美丽乡村建设迈上新台阶。落实“七个全覆盖”“9+1”扶贫措施，加快“产业项目、社区综合服务中心、美丽乡村”三个快落地，在全市率先实现建档立卡贫困人口全部脱贫，15个省定贫困村摘帽退出。

【民生建设】 推进“8+3”民生工程，全年用于民生方面的支出达到18.5亿元、增长18.2%，占财政总支出的80%。统筹推进教育优先发展再提升和义务教育学校“全面改薄”工程，全区中小学硬件设施达到省级办学标准，缓解“大班额”问题。加快提升区镇村三位一体的医疗体系，全民健康保障工程加快推进，全区90%村卫生室基本达到省标准化要求。低保实现了动态管理下的应保尽保，城乡居民养老保险、特困人员养老实现全覆盖。举办央视《乡村大世界》河东行活动。

撰稿：钟　海　李天骄

审核：伦志宏

重要会议

【区委全体（扩大）会议】 2016年1月14日，召开区委十三届十一次全体（扩大）会议，会议由区委常委会主持，区委书记王晓军讲话。区委委员31人、候补委员5人出席会议，不是区委委员、候补委员的区级领导班子成员，区纪委委员和有关方面负责人列席了会议。会议深入学习贯彻党的十八届五中全会和省委十届十三次全体会议、市委十二届十次全体会议精神；听取和讨论了王晓军受区委常委会委托作的工作报告；审议通过《中共临沂市河东区委关于制定河东区国民经济和社会发展第十三个五年规划的建议》；王晓军就《建议（讨论稿）》向全委会作了说明。会议号召，全区各级党组织和广大党员干部要更加紧密地团结在以习近平为总书记的党中央周围，把思想和行动统一到中央和省、市、区委决策部署上来，抢抓机遇、勇于担当，真抓实干、开拓创新，为全面建成小康社会，圆满完成“十三五”规划目标任务，全面建设繁荣宜居幸福的新河东而努力奋斗。

2016年8月6日，召开区委十三届十二次全体（扩大）会议，会议由区委常委会主持，区委书记王晓军，区委副书记、区长赵晓晖分别讲话。区委委员32人、候补区委委员4人出席会议。区级相关领导，区纪委委员，各镇街、园区、区直部门单位和上级驻河东单位主要负责人列席会议。会议深入贯彻落实市委十二届十一次全体（扩大）会议精神；总结全区转方式调结构现场观摩情况，分析当前面临的发展形势，研究部署下半年的工作；通过《中国共产党临沂市河东区委员会工作规则》。

2016年12月18日，召开区委十三届十三次全体（扩大）会议，会议由区委常委会主持，区委书记隽新阳讲话。区委委员24人、候补区委委员6人出席会议，不是区委委员、候补委员的区级有关领导，区纪律检查委员会委员和有关方面负责人，区第十三次党代会部分基层代表、部分退休县级干部列席会议。全会深入学习贯彻党的十八届六中全会、省委十届十五次全会和市委十二届十三次全会精神；听取了隽新阳受区委常委会委托作的工作报告；审议通过《中共临沂市河东区委关于深入学习贯彻党的十八届六中全会精神的意见》和《关于召开中国共产党临沂市河东区第十四次代表大会的决议》。会议决定，中国共产党临沂市河东区第十四次代表大会于2017年1月召开。

【区委常委会议】 2月1日，区委书记、区人大常委会主任王晓军主持召开区委第58次常委会会议，会议传达学习了市纪委十二届七次全会、全市组织部长会议精神，研究了贯彻意见。听取了全区2015年度落实党风廉政建设责任制检查考核情况汇报。

2月4日，区委书记、区人大常委会主任王晓军主持召开区委第59次常委会会议，研究部署省委第十巡视组对河东区巡视情况反馈意见整改工作和全区安全生产大排查快整治严执法行动工作。

2月28日，区委书记、区人大常委会主任王晓军主持召开区委第60次常委会会议，讨论区政府拟提请区十八届人大五次会议审议的政府工作报告和审查的临沂市河东区国民经济和社会发展第十三个五年规划纲要草案稿。

3月29日，区委书记王晓军主持召开区委第61次常委会会议，集体学习毛泽东《党委会的工作方法》。

5月9日，区委书记王晓军主持召开区委第62次常委会会议，会议传达学习了省委常委、常务副省长孙伟到临沂及河东调研时的讲话精神。听取了全市大气污染防治座谈会会议精神汇报及贯彻落实意见。

5月21日，区委书记王晓军主持召开区委第63次常委会会议，听取全市干部监督工作暨换届风气监督工作专题部署会议和全市党校工作会议精神汇报，研究贯彻落实意见。

6月27日，区委书记王晓军主持召开区委第66次常委会会议，听取落实“主体责任”两个专题汇报会工作方案、进一步落实党委（党组）意识形态工作责任制的实施意见，以及整治和查处侵害群众利益不正之风和腐败问题专项活动推进会、庆祝建党95周年暨基层党建工作推进会议筹备情况汇报，研究落实意见。

7月12日，区委书记王晓军主持召开区委第68次常委会会议，集体学习习近平总书记在庆祝中国共产党成立95周年大会上的重要讲话，听取区纪委关于区级党政班子成员向区纪委全委会述廉述责情况汇报。

9 月 18 日，区委书记王晓军主持召开区委第 71 次常委会会议，集体学习《中共中央关于辽宁拉票贿选案查处情况及其教训警示的通报》，研究讨论《中共河东区委关于认真做好镇领导班子换届工作的通知》。

11 月 22 日，区委书记王晓军主持召开区委第 77 次常委会会议，听取人大换届工作、脱贫攻坚工作情况汇报，以及全省、全市国家档案行政执法检查整改落实工作暨县区档案馆建设推进会议、省市党委巡察工作文件精神汇报，研究贯彻落实意见。

12 月 7 日，区委书记王晓军主持召开区委第 80 次常委会会议，听取区委十三届十三次全体会议筹备情况及《区委常委会工作报告（讨论稿）》起草情况、《中共临沂市河东区委关于深入学习贯彻党的十八届六中全会精神的意见（讨论稿）》起草情况、关于筹备召开区第十四次党代会有关问题的汇报，安排部署近期工作，并集体观看了辽宁拉票贿选案警示教育片。

12 月 30 日，区委书记隽新阳主持召开区委第 84 次常委会会议，听取关于《河东区“爱心河东·情暖万家”送温暖活动实施方案》、2016 年度镇街园区和区直部门落实全面从严治党主体责任检查考核建议方案，以及中央、省、市三级党代会党代表推选工作情况的汇报，研究贯彻落实意见。

撰稿：钟 海 冯善常

审核：伦志宏

中共河东区委 2016 年度重要文件选目

文 号	文件名称
临东发〔2016〕1 号	中共河东区委 河东区人民政府 关于做好 2016 年全区农村工作的意见
临东发〔2016〕2 号	中共河东区委 河东区人民政府 关于印发《2016 年工作要点》的通知
临东发〔2016〕3 号	中共河东区委 关于制定河东区国民经济和社会发展第十三个五年规划的建议
临东发〔2016〕4 号	中共河东区委 河东区人民政府 印发《关于全面打好扶贫攻坚战的实施方案》的通知
临东发〔2016〕5 号	中共河东区委 关于选派第三批机关干部到村任职第一书记的意见
临东发〔2016〕6 号	中共河东区委 关于印发《2016 年度区委党风廉政建设主体责任重点任务分工意见》的通知
临东发〔2016〕7 号	中共河东区委 河东区人民政府 关于深化全区供销合作社综合改革的实施意见
临东发〔2016〕8 号	中共河东区委 关于加强和改进新形势下党校工作的实施意见
临东发〔2016〕9 号	中共河东区委 关于印发《中国共产党临沂市河东区委员会工作规则》的通知
临东发〔2016〕10 号	中共河东区委 河东区人民政府 关于在企业二次创业中进一步深化改革完善现代企业制度的意见
临东发〔2016〕11 号	中共河东区委 关于加强和改进基层党建工作的意见
临东发〔2016〕12 号	中共河东区委 关于认真做好镇领导班子换届工作的通知
临东发〔2016〕13 号	中共河东区委 转发《中共河东区人大常委会党组关于做好全区区镇两级人民代表大会换届选举工作的意见》的通知
临东发〔2016〕14 号	中共河东区委 关于印发《河东区区域化党建双带动“2351”工程三年规划（2016—2018 年）》的通知

续表

文 号	文件名称
临东发〔2016〕15号	中共河东区委 关于认真学习宣传贯彻党的十八届六中全会精神的通知
临东发〔2016〕16号	中共河东区委 关于印发《中共河东区委巡察工作实施办法》的通知
临东发〔2016〕17号	中共河东区委　河东区人民政府 关于印发《2016年度镇街园区科学发展综合考核办法》的通知
临东发〔2016〕18号	中共河东区委　河东区人民政府 关于印发《2016年度部门单位科学发展综合考核办法》的通知
临东发〔2016〕20号	中共河东区委 关于深入学习贯彻党的十八届六中全会精神的意见
临东发〔2016〕21号	中共河东区委　河东区人民政府 转发《区委宣传部、区司法局关于在全区公民中开展法治宣传教育的第七个五年规划（2016—2020年）》的通知
临东发〔2016〕22号	中共河东区委　河东区人民政府 关于印发《河东区法治政府建设实施意见（2016—2020年）》的通知
临东委〔2016〕1号	中共河东区委　河东区人民政府 关于表彰2015年度全区科学发展先进镇街园区和先进单位的通报
临东委〔2016〕2号	中共河东区委　河东区人民政府 关于命名表彰2015年度文明单位、文明村镇和文明社区的通报
临东委〔2016〕24号	中共河东区委 关于2016年上半年党风廉政建设主体责任落实情况的报告
临东委〔2016〕30号	中共河东区委 关于调整区委常委工作分工的通知
临东委〔2016〕34号	中共河东区委 关于贯彻落实市委林峰海书记重要批示精神的报告
临东委〔2016〕48号	中共河东区委 关于2016年度落实党风廉政建设责任制工作的报告

撰稿：李天骄

审核：伦志宏

区委办公室工作

区委办公室领导成员

区委办公室

主　　任：王　宁（2016年12月离职）
　　　　　于广威（2016年12月任职）

常务副主任：张东升（2016年12月离职）

副 主 任：顾文勋
　　　　　刘志村（2016年5月离职）
　　　　　陈宏伟（2016年3月任职）
　　　　　李　亮（2016年5月任职）
　　　　　庄志诚

机要局

局　　长：赵国庆（2016年12月离职）

副 局 长：刘玉磊

副主任科员：何兆营

保密办（局）

主 任（局 长）：王振树

副主任（副局长）：王久强

维稳办

主 任：李　亮（2016年5月离职）
　　　　徐洪波（2016年12月任职）

※督查考核办公室

主 任：袁田玉

※ 区委区政府接待办公室

主　任：（缺职）

【机构设置】 中共河东区委办公室是区委综合办事机构，办公室内设综合科、信息科、政策研究室、督查科、秘书科、行政科6个科室和中共临沂市河东区委机要局、中共临沂市河东区委保密委员会办公室、河东区维护社会稳定办公室3个正科级行政单位；辖区委农村工作领导小组办公室1个正科级事业单位，区委督查考核办公室、区委区政府接待办公室2个副科级事业单位，区委台湾工作办公室1个参照公务员法管理的正科级事业单位；管理区委党史研究室1个区委直属的参照公务员法管理的正科级单位。与区委全面深化改革领导小组办公室一个机构，两块牌子。截至2016年底共有工作人员36人。

【文字综合工作】 2016年，起草区委区政府《工作要点》、河东区十三五规划建议等综合文件9份，区委全会、全区经济工作会议等各类会议活动文稿215篇，总字数126万字，在全市党办系统2016年度考核中（对口市委办综合一室），以满分的成绩获得全市第1名。

【调查研究工作】 围绕区委中心工作，深入基层一线，开展调查研究，密切跟踪中央和省、市、区委重要决策、决定贯彻执行情况，做好先进典型经验的总结与推广。完成市委政研室安排的各项工作任务，与相关科室共同完成区委有关重要文件、文稿等材料的起草工作。2016年，在《调查与研究》《临沂工作》《动态与资料》等省市级刊物上发表文章10余篇。

【信息工作】 围绕区委中心工作，按照“第一手情况、第一道研判、第一时间报送”的工作目标，为各级领导科学决策、研究指导工作提供有价值的信息，发挥了参谋助手作用。完善信息工作重点联系制度，确定38个信息调研工作重点联系单位，各部门单位明确1～2名专兼职信息员，组织召开公文写作培训1次。2016年，向省委办公厅、市委办公室上报信息791篇，编发《河东信息》46期，被上级信息部门采用242篇。

【督查工作】 按照统筹兼顾、突出重点的工作要求，紧紧围绕全区经济社会发展总目标，把“三引一促”“五区”建设、重点项目建设等工作作为督查工作的重点，通过跟踪督查，催进度找问题，确保中心工作和重点工作顺利推进。每年组织全市科学发展现场观摩会和全区科学发展现场观摩会筹备工作，开展对镇街园区、区直部门的工作评议和综合考核。做好上级领导机关及区委领导的批示件办理工作，做到事事有回音、件件有着落。2016年，立项督办71件，编发督查通报、专报61期，承办上级领导和区委领导批示事项197项。

【文书工作】 规范公文处理、印章管理、会务等各项工作，加强对上级来文特别是涉密文件的管理，规范办文程序，确保高效运转；严格会议审批制度，实行全程规范化运作，进一步提高会议质量和效果。2016年，组织各类会议、活动150余次，共办理上级来文464件，其中纸质文件338件，协同办公系统电子公文120余件。

【机要工作】 坚持以“两个确保”为目标，围绕中心，服务大局，切实履行各项职能，进一步提高密码通信使用和管理水平。保障到位，密码通信环境不断改善。严格安全保密和日常检查制度，定期保养维护UPS电源。内强素质，队伍建设更上一层楼。组织学习，增强保密意识，加强交流培训，提高机要干部保密素质。严抓管理，全力做好电报传输办理工作。做好党的十八届六中全会期间的服务保障工作，突出抓好应急密码通信演练，严格商用密码管理，定期维护全省商用密码安全公文传输系统，确保安全畅通。

【保密工作】 加强保密知识的学习宣传。组织各级各部门各涉密单位学习习近平总书记保密工作重要讲话和中央关于加强和改进保密工作决策部署文件的学习和贯彻落实活动，将保密教育纳入各级理论学习中心组学习内容。拟定“十三五”时期保密事业发展规划。抓好保密工作“三大管理”。继续推进定密管理，建立解密审查监督机制；加强网络保密管理，开展涉密网络审批工作，规范网络密级确定、规划建设、运维保障、信息管理；在涉密人员管理上，开展涉密人员分类确定和保密审查，按照“以岗定人”原则确定涉密岗位、涉密等级和涉密人员，按照“先审后用、严格把关”的原则，对涉密岗位工作人员进行保密审查。加大保密检查力度。将日常监督和专项检查、定期与不定期检查相结合，严格管理。年内全区无失泄密事件发生。

【维稳工作】 改进工作方式，化被动为主动，积极做好约谈、说服教育工作，通过主动约访、上门走访等形式主动约谈各类重点群体人员共计80余人次。协调落实重点群体的解困政策，帮助生活困难的人员想办法、找出路，成功化解部分重点信访人员的矛盾。做好社会稳定风险评估工作，将稳评工作纳入党委政府议事日程，压实各相关单位稳评工作的权责。建立区级稳评专家库，为稳评工作的开展提供强有力的智力支持。全年报备稳评项目22个，并对4个项目的稳评进行跟踪指导，没有一项在实施后引发规模性群体事件。

【行政后勤工作】 严格按照中央、省、市有关要求，本着“热情周到、有利公务、节俭得体、杜绝浪费、突出特色”的原则做好公务接待工作。全年接待上级及兄弟县区考察团50余次。进一步落实区内重要来宾第一时间向区委主要领导汇报制度，认真填写《重要来宾报告单》，及时制定具体活动安排和接待方案。全年接待副厅级以上重要来宾70余人次。在办公用品采购过程中，本着质优价廉、货比三家的原则，厉行节约，最大限度地降低成本。建立物品领取管理台账工作制度，进一步理顺工作流程，做到所有物品入库有登记，领取有记录，每件物品追溯到人。

撰稿：李天骄　王苗苗

审核：高志勇

组织工作

组织部领导成员

组织部

部　　长：杨荣涛（2016年6月离职）

　　　　　王经远（2016年6月任职）

常务副部长：王洪慧（2016年12月离职）

副 部 长：褚言强

组织员办公室

主　　任：（缺职）

副 主 任：（缺职）

副主任科员：李学超

党员教育中心

主　任：李东民

副主任：史运涛

　　　　任祖成

人才工作办公室

主　任：（缺职）

副主任：蒋圣国

【机构设置】 组织部机关共有8个科室，分别是办公室、研究室、组织一科、组织二科、干部科、干部综合科（调配科）、干部监督科和干教人才科。辖3个正科级单位，分别是组织员办公室、党员教育中心、人才工作办公室。另辖区委非公有制经济组织和社会组织工作委员会（简称区委“两新”组织工委）办公室，与组织科合署办公。组织部共有干部职工15人。

【干部队伍建设】 衔接关于法检和纪检工作体制改革的需要，调整纪检和法检干部28人。落实上级关于加强人大、政协工作的意见，为人大、政协专门委员会选配主任委员、主任8名。体现注重基层导向，在镇街园区提拔重用科级干部118人。按照新修订的《党政领导干部选拔任用工作条例》《市管干部选拔任用工作流程》有关要求，结合实际制定《区管干部选拔任用工作流程》。全力做好区乡换届调研分析、“三类人员”考选、换届考察等各项换届工作。完成党代会及“两会”选举工作。

【“两学一做”学习教育】 2016年4月28日启动，全区19个党（工）委、1012个党支部，共计25313名党员参与到学习教育中。突出实践特色，建立“两学一做”主题教育展室，开展基层党建专题调研、“百日抄党章抄系列讲话”和“两做两争”三项活动。组织开展集中学习10822次，开展专题讨论3156次，支部查摆并整改问题总数6975条，党员查摆并整改问题总数66989条，开展党性教育1105次，参与党员27982人次，各级领导干部讲党课1694场次。

【干部监督工作】 聚焦严肃换届纪律、干部日常监督和干部选拔任用过程监督等重点工作，把握大局、从严从实、精准施策。区镇领导班子换届期间，先后组织188人观看“一片一书”，对164人进行培训、354人进行谈心谈话。对区质监局等11个单位进行任中审计，对干部调整期间涉及的22个需要离任审计的单位党政主要负责人进行离任审计。组织49名省、市管理干部、17名副县级后备干部报告个人有关事项。规范出国手续审查，共办理领导干部因公出国（境）6批次8人次，因私出国（境）6人次。

【干部教育工作】 全年举办各类主体班次10个，培训学员2600余人次，依托北京大学等高校举办组工干部专业化能力提升专题培训班等重点专题班次3个，培训学员232余人次。举办河东凤凰讲坛3期。为中央和省市各类培训班选调学员127人次。组织全区1187名干部进行在线学习，并完成规定学时。

【人才队伍建设】 制定印发《2016年全区人才工作目标责任制考核办法》《河东区“三引一促”招才引智考核办法》《河东区事业单位高学历人才管理暂行办法》《关于开展河东籍在外人才“心系桑梓·共谋发展”回乡行动的通知》等文件，大力推进人才队伍建设。引进A类创新创业领军人才7名，B类带资金、带技术、带项目的创新创业人才93名，C类硕士以上高学历人才206名；“十万人才回乡行动”联系在外人才5512人。举办首届“高层次人才河东行”活动，包括18名国家“千人计划”专家、3名外国专家等40余位专家教授等高层次人才参会，引进中国科学院上海有机所田伟生教授（实施医药中间体甾体双稀产业化项目）、国家“千人计划”专家王飞博士（实施特殊医学用途营养食品研发生产项目）及江苏“双创人才”邱小龙、浙江“千人计划”专家崔勇等高端创新人才。筹资300万元，建立“河东区科技创业孵化中心”，入驻“千人计划”专家项目4家，其他人才项目3家。新创建市级企业技术中心3家、申报省级人才平台载体2家。

【基层组织建设】 完善党组织书记抓党建述职工作机制，创新实施镇街（园区）党（工）委抓党建书记项目，着力压实党建工作责任。开展“双强双促”暨后进村集中整治活动，集中整顿后进村 20 个。开展“两新”组织党建“三抓一促”活动，实施星级管理评定，党组织覆盖率分别达到 98.7%、98%，相关经验做法被《山东参考》刊登。开展“党员队伍规范化建设年”活动，销号三年以上不发展党员村 27 个，全区新发展党员 270 名。推进城市街道、社区区域化党建工作，新建党群服务中心 6 个、城市社区 11 个，九曲街道独树头佳园社区“五化模式”典型做法入选省委组织部年鉴。开展第一书记“三亮三评”活动，对 45 个重点村实行“七个全覆盖”，实现村均增收 7.5 万元，相关经验做法在《山东组工调研信息》刊发。基层党建考核在全市位列第四名，获党建工作“二等奖”。

【党员教育工作】 以镇街党校和村级站点为主阵地，采取专家授课、座谈交流、观看影片等方式，在农村、城市社区党员中开展集中培训工作，共举办培训班 33 期，培训学员 16796 名。实施农村党员干部“素质能力提升”工程，抓好农村“两委”成员专科学历教育工作，全区有 52 名学员成功报名并通过入学考试。联合区有线电视台创办《河东先锋》党建电视栏目，集中宣传全区党建工作，拍摄制作课件 10 余部。

2016 年度河东区党的基层组织数量情况和换届情况统计表

截止时间：2016 年 12 月 31 日

项目	总数		党委	总支部	支部	项目	总数		党委	总支部	支部
党的基层组织数	1	1210	43	120	1047	事业单位	9	118	4	2	112
任期届满	2	240	10	5	225	机关	10	135	9	9	117
本年换届	3	240	10	5	225	中央一级	11				
城市街道	4	620	17	67	536	省（区、市）一级	12				
乡镇	5	306	7	41	258	市（地、州、盟）一级	13				
企业 国有经济控制	6	5			5	县（市、区、旗）一级	14	88	4	9	75
企业 集体经济控制	7	53	1	1	51	其他	15	620	27	107	486
企业 非公有经济控制	8	279	2	1	276						

补充资料：1. 党组 43 个，其中：县（市、区、旗）一级机关 34 个。2. 中央和各级地方党委派出工委 11 个，其中：县（市、区、旗）委派出工委 11 个。3. 国务院和地方政府工作部门中有基层党组织 72 个，其中：党委 1 个、总支部 8 个、支部 63 个。4. 建制村中有党组织 472 个，其中：党委 3 个、总支部 83 个、支部 386 个。5. 农民专业合作社 17 个，共有党组织 5 个，其中：支部 5 个。

2016年度河东区党员基本情况统计表

截止时间：2016年12月31日

项目			总数	预备党员	女	少数民族	台湾省籍	年龄									
								30岁及以下	31至35岁	36至40岁	41至45岁	46至50岁	51至55岁	56至60岁	61至65岁	66至70岁	71岁及以上
总计		1	25557	286	3938	16		3373	2332	2382	2869	2538	2322	1965	2269	2173	3334
一、在岗职工		2	7226	155	1869	10		1131	1174	1245	1477	984	810	405			
公有制单位	合计	3	5635	95	1550	4		801	919	1015	1208	730	629	333			
	党政机关工作人员	4	1129	21	261	2		184	182	165	215	153	141	89			
	事业单位管理人员	5	868	7	213			101	163	147	200	119	79	59			
	事业单位专业技术人员	6	2495	48	798			363	430	503	544	282	262	111			
	企业管理人员	7	134	2	26			10	10	17	34	21	27	15			
	企业专业技术人员	8	83	1	23			10	9	17	12	22	9	4			
	工勤技能人员	9	926	16	229	2		133	125	166	203	133	111	55			
	农民工	10															
非公有制单位	合计	11	1591	60	319	6		330	255	230	269	254	181	72			
	企业管理人员	12	318	10	47	2		49	52	40	45	68	49	15			
	企业专业技术人员	13	420	23	100			140	69	58	62	49	33	9			
	民办非企业单位管理人员	14	7		1				2	1	3	1					
	民办非企业单位专业技术人员	15	58	4	32	2		11	11	19	12	3	2				
	工勤技能人员	16	788	23	139	2		130	121	112	147	133	97	48			
	农民工	17	13		1	1		3	2	2	1	2	2	1			
二、农牧渔民		18	16349	120	1735	5		1722	1083	1090	1347	1499	1460	1407	1805	1855	3081
	外出务工经商人员	19															
三、军人武警		20															
四、学生		21															
五、离退休人员		22	1099		113	1							8	113	429	306	243
六、其他		23	883	11	221			520	75	47	45	55	44	40	35	12	10

补充资料：1. 企事业、民办非企业单位党员中担任高级专业技术职务的110名，其中女性87名，35岁及以下的1名；担任中级专业技术职务的463名，其中女性94名，35岁及以下的10名；担任初级专业技术职务的750名，其中女性253名，35岁及以下的228名。2. 中央驻地方单位的机关干部中党员74名，省驻地方单位的机关干部中党员49名。

撰稿：赵万里

审核：刘振峰

宣传工作

宣传部领导成员

宣传部

部　　长：李　鲁
常务副部长：孙成仁（2016 年 5 月任职）
副 部 长：王丰松（2016 年 5 月离职）
张鹏峰（2016 年 5 月离职）
李宝生
尹　梅（女）

文明办

主　　任：王丰松（2016 年 5 月离职）
主任科员：杨　龙

文　联

主　　席：张　升
副 主 席：管清刚
副主任科员：张　林（2016 年 12 月任职）

新闻宣传中心（外宣办）

主　任：（缺职）
副主任：夏洪雷
徐　康

文产办

主　任：李宝生
副主任：孙士卿
付欢欢（女）

※ 互联网信息办公室

常务副主任：丁　华

※ 社科联

主　席：于运美（女）

【机构设置】 截至 2016 年底，区委宣传部下设办公室、宣传教育科、理论教育科、企业宣传科 4 个科室；辖区文明办 1 个正科级行政单位，区文联 1 个参照公务员法管理的正科级事业单位，区新闻宣传中心、区文化产业发展办公室 2 个正科级事业单位，区社科联、区互联网信息办公室 2 个副科级事业单位。共有工作人员 35 名。

【理论教育】 2016 年，共组织集中学习 12 次、专题研讨 4 次，区委中心组被评为省级先进县级党委中心组。组建河东区学习贯彻党的十八届六中全会精神宣讲团，分赴各镇街园区、部门单位宣讲 23 场次。

【新闻宣传】 2016 年，策划“十三五开局看河东”“全域旅游河东行”、脱贫攻坚、“两学一做”等一系列专题栏目，围绕市委市政府、区委区政府中心工作，开展宣传报道活动，全年在市级以上报刊、网站等各类媒体累计发稿量突破 8000 篇（条），在临沂日报头版头条发稿连年居于各县区前列；区有线广播电视台在临沂广播台、电视台《临沂新闻》共发稿件 710 条，被省电视台《新闻联播》采用素材 41 条，中央台采用素材 3 条，向上发稿数量在全市县区排名位于前列。区委宣传部被评为“大众日报先进报道集体”“临沂日报先进报道集体”，区有线广播电视台获评“2016 年度山东电视宣传先进集体”“山东广播宣传先进集体”。

【文明创建】 2016 年，在城镇开展文明社区、文明单位等创评活动，河东区成功争创省级文明单位 22 家、省级文明村镇 5 个、省级文明社区 4 个、市级文明单位 36 家、市级文明村镇 10 个、市级文明社区 7 个、区级文明村镇 136 个，实现全区覆盖率 72%。在农村开展乡村文明行动，以移风易俗工作为抓手，建立移风易俗联席会议制度，制定下发《关于加强农村红白理事会建设进一步促进移风易俗的实施意见》，发放各类宣传材料 30 余万份，全区各村居红白理事会调整、村规民约制度上墙等工作实现全覆盖。

【文化建设】 2016 年，全区共建成基层文化广场 365 个，行政村覆盖率达到 100%，自然村覆盖率达到 80%，面积均在 500 平方米以上；抓骨干，建文艺剧团，按照“一镇一团、一团一品”的目标开展庄户剧团培植打造工程，先后培植了凤凰岭大店子柳琴剧团、九曲张庄票友剧团等 14 支庄户剧团，剧团全部实现“有设备、有人员、有节目”;抓演出，建精神家园，按照“政府购买、市场运作、院团演出、农民受惠”的总体思路,组织实施了“一年一村一场戏”工程；抓配送，建文化场所，分批次、分区域实施了广场舞音响器材、锣鼓家什、图书、电脑等公益文化器材配送工作，为全区 30 个省定贫困村配送了锣鼓家什 30 宗，棋牌桌椅 120 套，总价值 20 万余元，实现文化器材贫困村全覆盖；抓活动，建群众性文化品牌，组织举办民间秧歌汇演、广场舞大赛、庄户剧团文艺展演等活动，组织 14 支放映队伍年放映电影 3000 场次。

【创城工作】 2016 年，作为临沂市全国文明城市创建主城区之一，按照市委市政府部署，开展“城市功能、市容管理、交通秩序、发展环境、市民素质、创建氛围”六大提升行动，文明城市创建各项工作得到推进，在全市对各县区的文明城市创建测评中，河东成绩保持前列，完成了河东区在临沂文明城市创建中的迎查任务。

【文联社联工作】 庄户剧团创作柳琴小戏《调解员与三婆媳》、歌曲《我的家乡新河东》、表演唱《六个婆婆夸儿媳》等 10 余个节目，其中《调解员与三婆媳》获沂蒙文艺奖三等奖。摄影家协会会员赴汤河镇开展“沂州海棠”专题摄影采风活动；书法家协会举办庆祝建党 95 周年暨红军长征胜利 80 周年书画展。加强社科普及与研究工作，《最是银杏香飘时—教育信息化试点之路》《区域推进中小学教育科研均衡发展的实践与研究》两项成果分别获得临沂市社会科学研究成果二等奖、三等奖，《春秋故城祝丘》一书获得临沂市优秀社科普及读物三等奖。

【文化产业】 2016 年，以“特色文产”为抓手，筛选 14 家文化产业项目申请，纳入到上级低息贷款企业名单目录，其中 3 家文化产业项目申报全省重点文化企业项目库。参加第六届山东省文化产业博览交易会，河东区沂州古城项目入选全省重点推介文化产业项目，并代表临沂市现场签约；配合第十四届书圣文化节举行“书圣故里书法温泉养生之旅”宣传推介活动；邀请央视七套《乡村大世界》栏目组走进河东，以“千年汤泉·五金之都”为主题，拍摄了一期反映河东区文化旅游及特色产业发展的节目，并在央视七套播出。

【网络监管】 加强对新媒体的管理工作，在全区开展微信公众号备案工作，共备案 70 余个微信公众账号。为提高全区党员干部的舆情应对能力，邀请人民网舆情专家前来授课，举办河东“凤凰讲坛”暨新媒体创新发展与网络舆情管理高层报告会。

撰稿：朱小明

审核：孙成仁

统战工作

统战部领导成员

部　　长： 杨荣涛（2016 年 6 月离职）
王经远（2016 年 6 月至 12 月）
李　鲁（2016 年 12 月任职）

常务副部长： 朱孔欣（2016 年 5 月离职）
李丽娜（女，2016 年 5 月任职）

副 部 长： 黄闽鲁
张友刚
袁清富（2016 年 3 月辞职）

【机构设置】 区委统战部内设办公室（加挂党派科牌子）、民族宗教科2个职能科室，2016年8月，根据河东区机构编制委员会《关于进一步加强侨联组织建设的通知》要求，撤销下设的侨联工作办公室，设立归国华侨联合会，为使用行政编制的群团机关，机构规格为正科级。截至2016年底，区委统战部实有在职人员7人。

【概况】 截至2016年底，河东区有民进、民建、民盟、民革、农工、九三学社、致公党7个民主党派，除致公党外，其他6个民主党派均已在河东区成立总支或支部，共有党派成员123人。截至2016年底，全区共有副科级以上党外干部29人，其中，党外副县级4人，党外正科级6人，党外副科级19人。

【党外干部和党外知识分子工作】 2016年，提拔重用1名党外干部（副科级）任部门正职，对4名党外干部进行平级交流，提拔2名党外干部任乡镇副镇长。投入5万元制作党外人士信息管理软件，已分类录入党外人士信息300余条。建成党外代表人士锻炼基地2处，举办培训班1期，培训党外干部及代表人士60余名。从民主党派、无党派人士中聘请8人为特约审计监督员和特约审计检察员。开展招才引智工作，引进B类创业人才1名、B类创新人才1名、C类人才3名，完成全年任务。动员全区统一战线成员投身脱贫攻坚战，组织开展“同心扶贫·携手小康”集中活动月行动、“同心·千村万户创业帮扶工程”和“白内障脱盲精准扶贫手术”活动。组织开展九三学社河东支社脑康(护脑）大型诊疗活动，17名脑卒中患者已治愈，8名脑瘫患者正在治疗，为患者节省费用19余万元；成立九三学社河东支社“育才基金”，动员12家企业捐献助教爱心款60万元；组织民建河东支部投入3万余元捐建“爱心厨房”1处。组织开展“白内障脱盲精准扶贫手术走进河东”活动，免费为20000余名群众进行义诊，免费对327名白内障患者进行救治，为患者节省费用170余万元。

【基层统战工作】 开展“抓基层打基础”品牌创建活动，围绕社区统战和社会组织统战等重点工作，打造有影响、见实效、能持久的基层统战工作品牌。实行社区统战工作网格化管理制度，按照有场所、有人员、有制度、有活动、有档案的“五有”标准，在每个镇街至少打造1处社区统战工作示范点。联合区司法局、法律服务分会建立“同心·法律服务中心”，为公众提供公证、法律服务、法律援助、人民调解等服务。

【宣传教育及信息调研工作】 邀请市委统战部、区委宣传部及报社的专职人员对全区统战信息员进行系统的知识培训学习，按照《中共河东区委统战部信息调研宣传工作考核办法》要求，明确信息报送重点、报送原则，建立信息联络员制度。在全区统战工作重点村庄、街道设立专门的信息联络人，掌握动态，及时报送。截至2016年底，报送统战理论宣传“四新工程”调研文章2篇；向市级以上统战信息杂志报送文章信息30余篇，在《山东统战简报》刊登信息2篇，在《临沂统战简报》刊登信息10余篇，在《临沂日报》刊登信息1篇；在《今日河东》区报开设统战专版，每月刊发1—2期，每期一版，有效宣传河东统战工作经验做法。

撰稿：贾翠娟

审核：许建华

民族宗教工作

民族宗教局领导成员

局　　长：张友刚
副 局 长：许建华（回族）
　　　　　王乐玲（女）
副主任科员：王小康

【机构设置】 区民宗局与区委统战部合署办公，区委统战部（民宗局）下设办公室（加挂党派科牌子）、民族宗教科2个科室，从事民族宗教工作的人员共有3名。

【概况】 截至2016年底，区内有苗、回、蒙等18个少数民族，总计362人。其中汤头街道葛沟前村为回族聚居村，共有回族18户56人，其他少数民族多为婚嫁到河东，主要分布在九曲、太平等镇街，其中城区有少数民族餐饮店10家，就业少数民族人员50余人，多来自其它县区；全区信教群众约53000人，其中佛教10000人、道教2000人、伊斯兰教80人、天主教6000人、基督教35000人；全区正式登记的宗教活动场所47个，其中佛教寺庙1个，天主教教堂3个、固定处所1个，基督教堂13个、固定处所28个，道教固定处所1个；全区宗教教职人员17人，其中已认定备案14人、尚未认定备案3人。已认定备案的教职人员中，佛教比丘3人，天主教主教司铎1人，基督教牧师6人、长老4人；区级宗教团体4个，分别为：佛教协会、天主教爱国会、基督教三自爱国会、基督教协会；宗教界人士担任区政协委员6人，占区政协委员总数的2.5%。

【民族工作】 做好少数民族扶贫工作，按照标准和程序，逐村、逐户、逐人进行核查落实。依托全区扶贫平台制定帮扶措施。9月，在全区开展民族团结进步宣传月活动，通过媒体宣传、户外宣传和宣讲学习等方式，宣传民族政策，营造和谐团结舆论氛围。做好各项针对少数民族的惠民政策，年初完成了对穆斯林农户和城市贫困户牛羊肉补贴的发放，5月，完成对少数民族中考加分的审定工作，10月，进一步对穆斯林群众进行调研摸底，掌握全区穆斯林群众实际生活情况。

每年定期举办区、乡、村三级基层民族宗教管理干部培训班，7月，召开全区统战委员座谈会，座谈会上就民族宗教工作对统战委员进行全面的教育培训，确保其知道自己的职责、知道如何正确履行职责。

【宗教工作】 年初制定团体领导班子学习计划，每季度组织一次专题教育，提升政治素质和领导能力。9月底，严密完成佛教团体的换届工作。

借助以“规范”为主题和谐宗教活动场所创建活动的开展，在全区47处宗教活动场所深入开展规范管理活动，以“两规范、两提高”专题活动为切入点，进一步深化管理能力。突出扶贫重点，做好民族宗教领域的扶贫攻坚工作。将脱贫攻坚作为单位“一把手工程”，成立精准扶贫工作小组，由局长任组长，进一步加强对精准扶贫的组织协调和督促指导。要求各宗教团体深入调查，摸清底数，筛选出10户重点帮扶信教群众贫困户。区佛教协会、基督教两会积极响应号召，组织广大信众开展扶贫活动，全年向全区260余名贫困群众捐资捐物累计8万余元。6月，在全区开展宗教政策法规学习月活动，召开动员大会，把学习月活动当作深入贯彻全国宗教工作会议精神的实际行动，利用开会、印发宣传单、挂横幅、黑板动漫宣传等方法宣传民族宗教法规政策，共发放宣传单3000余份。推进宗教基础信息数据库建设。做好宗教教职人员的认定备案和主要教职任职备案工作，及时将全区依法登记的宗教活动场所和已备案的宗教教职人员基本信息纳入“山东省宗教活动场所及教职人员查询平台”管理范围。深化宗教事务行政审批制度改革，明确职责权限，完善行政权力清单、责任清单，推进行政审批标准化。建立健全事中事后监管制度，提升管理和服务水平。贯彻落实《宗教事务条例》，对执法队伍规范管理。会同地方公安，打击私设聚会点、乱建滥塑、非法传教及境外宗教渗透等非法活动，维护全区宗教界稳定局面。

撰稿：贾翠娟
审核：张友刚

对台工作

台办领导成员

主　任：朱　超（2016 年 5 月离职）
副主任：黄元磊

【概况】 河东区委台湾工作办公室、河东区政府台湾事务办公室（简称区台办）为一个机构，两块牌子，为正科级参照公务员法管理事业单位。主要职责为贯彻执行党中央、国务院及上级对台工作方针政策，处理涉台事务等。

【涉台宣传工作】 利用区委党校、新闻中心、电视台、网站等阵地，宣传上级对台工作新方针、新政策及区台办参与的交流活动，在坚持“和平统一、一国两制”基本方针前提下，努力争取台湾民心，做好台湾青少年工作，应对对台工作的新形势、新变化。

【服务台商台胞工作】 按照《中华人民共和国台湾同胞投资保护法》规定，严格保护台商台胞的合法权益，营造良好的台商投资环境，妥善处理山东中绿资源有限公司股东绿电公司撤资事宜，会同有关职能部门，开展“平安台企”创建活动。2016 年，结合开展的“台资企业走访季”活动，帮助解决问题 20 余件。春节期间，走访慰问太平街道台胞徐发孔。

【对台经济贸易】 贯彻执行上级对台工作方针政策，调整对台经贸合作和交流交往方式。8 月 11 日—12 日，金鼎投资控股集团董事会主席陈国通等一行 5 人到河东进行投资考察。2016 年，共接待到河东区探亲、旅游、考察的台湾同胞 50 人次。

撰稿：黄元磊
审核：高存义

区直机关党务工作

区委区直机关工委领导成员

书　记：王广跃（2016 年 5 月离职）
　　　　王丰松（2016 年 5 月任职）
副书记：于金田
　　　　徐金路

【机构设置】 中共河东区委区直机关工作委员会负责区直机关企事业单位党的工作。内设办公室、组织宣传科、群工科 3 个职能科室，2016 年底在职在编人员 5 人。

【概况】 区直机关党工委直属管理的机关党组织为 83 个，其中党委（机关）7 个，总支 9 个，直属支部 67 个，区直机关党员共有 3120 人。主要担负对区直机关基层党组织党建工作进行研究和指导，提出加强和改进机关党的建设的意见和建议；对区直机关基层党组织请示的有关问题作出决定、批复或者答复等职能。

【党员教育管理】 7月，开展“两学一做”学习教育主题展馆现场教学活动，全区2683名党员利用8天时间，分48个批次，到区“两学一做”学习教育主题展馆参观学习。7月28日，联合区委组织部等单位举办“学党章党规、学系列讲话、做合格党员”知识竞赛。

【基层组织建设】 引导区直机关党组织开展学习型党和服务型党组织创建，3月，召开区直机关2016年度党务工作者培训会，共有96名党务工作者参加培训。4月，联合区委组织部、区委党校举办区直机关2016年度党组织书记异地培训班，共计60名基层党组织书记到张家港干部教育学院进行了为期6天的培训。8月，工委在前期对区直机关党员情况进行摸底的基础上，根据上级党委要求完成了区直机关2643名党员基本信息采集工作，设置党员信息档案柜，对区直机关83个单位的党员基本信息资料进行存档管理。

撰稿：王庆奎

审核：王丰松

党校工作

党校领导成员

党委书记、常务副校长：刘　博（2016年12月离职）
李嵘光（2016年12月任职）

党委委员、副校长：曹文栋（2016年5月离职）
崔贺之

※ 办公室

主　　任：刘庆功

※ 教务处

主　　任：刘亚男（女）

※ 教研室

主　　任：孙　方

※ 信息中心

主　　任：高冠军

※ 总务处

主　　任：王科栋

※ 业教处

主　　任：王　娟（女）

【机构设置】 中共河东区委党校共有6个处室，分别是办公室、教务处、教研室、信息中心、总务处、业教处，共有干部职工24人。

【概况】 4月26日，在临沂市党校工作会议上，河东区委作典型发言；4月28日，在全省党校系统业务指导会议上，河东区委党校作为两个特邀县区代表之一作典型发言；12月16日，在全省党校系统科研工作会议暨新型智库建设工作座谈会上作典型发言；中央党校副校长赵长茂、王东京分别为河东区委党校组织编写的《书写党校的春天》《创新引领发展》作序；省委党校常务副校长徐闻、市委副书记张宏伟到河东区委党校视察调研，并给予充分肯定；中央党校组织编写的党校发展文献《春潮》收录河东区委党校典型经验；中央党校《党校工作通讯》2016年第2期、第6期专题推介河东区委党校发展经验；上海市委党校第三分校、张家港市委党校、寿光市委党校、赤峰市委党校、高青县委党校、博山区委党校、海阳市委党校等10余所党校到河东区交流学习。5月27日，河东区党校工作会议召开，审议出台了《中共河东区委关于加强和改进新形势下党校工作的实施意见》。

【教学工作】 2016年，举办全区村（社区）党组织书记轮训班、全区科级干部十八届五中全会精神轮训班、全区公文写作培训班、区直机关党组织书记（张家港）培训班等10个班次16期，培训学员2100余人，并积极承接外来培训班次25个，受训学员2200余人。同时，以“精准扶贫”“两学一做”等为主题，邀请了国务院扶贫办政策法规司司长、新闻发言人、国务院扶贫开发领导小组专家咨询委员会秘书长苏国霞等专家领导到河东区授课，“凤凰讲坛”“河东大讲堂”取得了良好效果。围绕党章、习近平总书记系列重要讲话、十八届五中全会、“两学一做”、十八届六中全会等主题，深入全区部门、镇街、园区宣讲100余场，实现了河东区基层党员的全覆盖。2016年，河东区委党校继续优化完善“党校网站、凤凰在线、微咨学苑、手机微训”4个平台，2016年网站更新图文信息122条，凤凰在线更新视频42个，微咨学苑、手机微训分别推送116期、24期。

【科研工作】 提升《河东咨政参阅》和《河东咨政呈阅》办刊水平，2016年共编辑《河东咨政参阅》24期、《河东咨政呈阅》10期，先后有《河东区农村社区综合服务中心建设及运行情况调查报告》《推进河东区创业孵化基地建设发展研究》等8篇调研报告被区委区政府主要领导签批，发挥了党校智库作用。做好课题研究工作，完成《苏北地区实现跨越赶超对我市经济社会发展的启示》等8项市社科联课题和《新常态下基层干部工作状态问题研究》等3项市委党校课题。组织编写完成《书写党校的春天》和《创新引领发展》两本书，得到了中央党校的充分肯定，中央党校副校长赵长茂、王东京分别作序，中央党校出版社出版。

撰稿：唐桂敏

审核：刘庆功

党史工作

党史研究室领导成员

主　任：（缺职）

副主任：鲍　静（女）

伦志宏（女）

冯利国

【概况】 区委党史研究室是党委序列的参照公务员法管理的正科级事业单位，下设办公室、业务科、宣教科3个内部科室，有工作人员5人。党史研究室主要负责全区党史资料的征集、编纂、研究和宣传教育，组织参与重要纪念活动，承担“存史、资政、育人”的任务。

【党史资料编研】 对《中国共产党临沂市河东区历史大事记（2005年7月至2015年6月）》的初稿进行后期审核，完成样本的印刷工作；面向社会征集个人存留的党史资料，共征集纸质资料15件，实物资料53件、图片资料23件、音像资料1件；完成《山东省红色旅游指南》河东部分的相关资料收集整理上报工作；完成《改革开放实录（临沂卷）》河东专题的选题、组稿工作。

【党史遗址保护】 参与新四军军部旧址暨华东军区、华东野战军诞生地纪念馆的后续资料搜集工作，为纪念馆建设提供完备的党史资料支持。做好临沂市第一批重点抗日战争遗址——临沂保卫战遗址的保护工作。

【党史宣传和纪念活动】 充分发挥党史以史为鉴、资政育人的作用，继续开展“党史进校园、党史进机关、党史进图书馆”等宣传教育活动，向中小学校、机关单位及区图书馆赠送近百册党史资料。

撰稿：王　东

审核：高志勇

老干部工作

老干部局领导成员

局　　长：王洪慧（2016 年 12 月离职）

主任科员：林凡金

※ 老年体协办公室

主　　任：李庆春

※ 老干部活动中心（老年大学）

主任（校长）：李　桦

【机构设置】 截至 2016 年底，河东区委老干部局下辖区老年体协办公室、区关工委办公室、区老干部活动中心（老年大学）3 个事业单位。局机关下设 1 个职能科室。

【概况】 2016 年，区委老干部局被市委老干部局评为全市离退休干部信息统计工作先进单位，1 人被评为全市离退休干部信息统计工作先进个人，1 篇调研报告获得全市老干部工作部门优秀调研报告二等奖。

【离退休干部政治待遇】 坚持定期情况通报制度。1 月、9 月，召开两次全区老干部通报会，组织老干部参观全区重点项目，通报全区经济社会发展情况。坚持走访慰问老干部制度，每年七一、春节等重大节日期间，组织对全区老干部及遗属进行走访慰问。完善离退休干部阅文制度。设立阅览室、阅文室，定期更新文件，保证离退休干部能及时了解各级相关政策文件，关注市、区动态。坚持学习日制度，各镇街、区直各部门（单位）每月确定 1 天作为学习日，每年为全区老干部订阅《老干部之家》《中国火炬》《关爱》等报刊、杂志 600 余份。

【离退休干部生活待遇】 继续完善离休干部的“三个机制”，坚持以人为本，全面落实离休干部的“两个待遇”。全区离休干部均纳入社会养老保险统筹，离休费按月足额发放，全部参加社会医疗保险，医药费按规定据实报销，确保“两费”和政策规定的生活待遇的落实。充分利用电话、短信、发放“明白纸”等渠道，利用广播电视、报刊、网络等媒体形式，向老干部进行各项政策的宣传。每年组织老干部进行健康查体，建立老干部健康档案。

【离退休干部组织网络建设】 区直、镇街设立“老干部集中活动日”，提升服务水平，把老干部活动中心作为文体娱乐的场所，定期通过语音群呼系统，组织老干部开展集中健身活动，加强老干部之间的联系和友谊；九曲、汤头街道采取“党员点菜，支部买单”模式开展活动，注重为老干部解决最关心、最直接、最切实利益问题，入围全省离退休干部党组织“优秀活动日”评选。推进离退休干部网上党支部工作。5 月，举办全区离退休干部党支部网络管理员培训班，指导各离退休干部党支部在“老干部之家”网落户，开展学习、交流、发贴等活动，引导鼓励离退休干部参与老干部之家网站各项活动，让老干部感受思想政治工作的新形态、新乐趣、新效果。

【老年文体娱乐活动】 举办河东“夕阳美”大讲堂，举办健康养生、中医理疗等专题知识讲座，全区 1000 余名老年人参加。4 月，承办市老年体协市直单位门球选拔赛，组队参加全市老年人门球比赛，获得第二名。6 月，承办全市老年人气排球教练员、裁判员培训班。组织老干部参加全市太极拳、太极推手、多功能健身球操教练员等培训班，提高老年活动骨干的业务水平。10 月 18—20 日，承办全市第九届老年人乒乓球比赛，来自全市各县区、市直部门的 16 支代表队的 150 多名老年人乒乓球爱好者参加比赛，河东区 2 个参赛代表队分别获得团体二、三名。区老年大学坚持多元化教学，在丰富学习内容、改革教学方法、加强师资力量上取得新突破。丰富学习内容方面，在原有书法、绘画班基础上，根据老干部学习兴趣，新开设二胡初级、中级班等班次，在校学员达到200余人。加强师资力量方面，着重选聘一些热爱老年教育事业、教学经验丰富、有奉献精神的教师来校任教。邀请市书法家协会、市美术家协会专家学者担任教师，进一步提高教师水平。成立老年门球、书法、乒乓球、象棋、武术、摄影6个老年社团组织，成员达400余人，能够依托单位和社区的活动场所自主开展活动。

【关工委工作】 建立健全“五老”（老战士，老教师、老党员，老模范、老专家）队伍。根据“五老”行业划分，在全区范围内开展“五老”人员统计工作，登记在册“五老”人员有450人。推动中小学厨房建设。3月份开展了中小学厨房建设督导调研活动，通过实地调研，进一步推动中小学厨房规范化、标准化建设工作。做好青少年弱势群体关爱工作。1月底通过开展沂蒙关爱行动，为50名贫困学生家庭发放慰问金5万元。3月份开展走进贫困残疾人家庭活动，为4名残疾人送去了轮椅以及2万元慰问金。

撰稿：郑　涛

审核：林凡金

党的群众路线教育基地工作

党的群众路线教育基地工作办公室领导成员

主　任（馆　长）：王文辉（2016年5月离职）

李东祺（2016年5月任职）

副主任（副馆长）：张　珍（女）

【机构设置】 河东区党的群众路线教育基地工作办公室（华东野战军总部旧址暨新四军军部旧址纪念馆）是河东区红色教育基地管理的主要机构，主要承接青少年爱国主义教育、群众性的革命传统教育、党校教学、干部培训等任务。下设综合科、资源开发科、教学培训科、展陈管理科4个科室，共有15人，其中正式在编人员10人，借调人员4名，临时用工人员1人。

【概况】 区基地办位于河东区九曲街道军部街1号，是新四军最后一个军部驻地，是华东军区、华东野战军诞生地。为全国爱国主义教育示范基地、全国重点文物保护单位、山东省关心下一代教育基地、山东省科普教育基地、临沂市廉政、党员、国防、社科普教育基地、临沂十大红色旅游景点。内含新四军军部旧址纪念馆、华东野战军纪念馆、“两学一做”主题展馆、旧址保护区、旧居保护区和将帅雕塑区。

【教学培训】 2016年4月始，区基地办与区党校联合举办社区支部书记现场教学培训活动60余场次，承接临沂市委党校现场教学培训活动

华东野战军纪念馆

5月17日，上海松江区干部培训班学员到华东野战军纪念馆进行党性教育

40余场次，累计培训人员4万余人；2016年6月始，承接河东区“两学一做”党性教育现场教学培训120余场次，承接外县市现场教学培训90余场次，累计培训人员达8万余人次。

【文物保护】 2016年3月，对馆藏文物进行整理入档工作；6月，引进有文物管理经验的物业管理机构，对文物本体和馆藏文物实行规范化管理。

【展览陈列】 2016年6月，“两学一做”主题教育展馆布展完成，对外开放，承接教学活动；截至2016年底，共有新四军军部旧址纪念馆、华东野战军总部旧址纪念馆、“两学一做”主题教育展馆3个展馆和陈毅旧居、张云逸旧居、刘瑞龙旧居3处旧居对外开放。

【免费开放】 2016年，本着规范化提升，内涵式发展，高标准、严要求，做好免费开放工作。2016年接待参观群众40万余人次，其中未成年观众12万余人次，团体参观1500余次。

撰稿：王统习

审核：李东祺

群工信访工作

群工部领导成员

部　　长：刘志村（2016年5月离职）
　　　　　李　亮（2016年5月任职）
副 部 长：王明秀
　　　　　邵长珍（女）
　　　　　王春燕（女，2016年12月离职）

信访局领导成员

党组书记：刘志村（2016年5月离职）
　　　　　李　亮（2016年5月任职）
党组成员：王明秀
　　　　　邵长珍（女）
　　　　　王春燕（女，2016年12月离职）
局　　长：刘志村（2016年5月离职）
　　　　　李　亮（2016年5月任职）
副 局 长：王明秀
　　　　　邵长珍（女）
　　　　　王春燕（女，2016年12月离职）
主任科员：王春燕（女，2016年12月任职）
副主任科员：赵清志
　　　　　丰丙仕（2016年12月任职）

※信访事项复查办公室

主　　任：张　剑

【机构设置】 1995年8月，河东区成立中共河东区委、河东区人民政府信访局，为正科级行政单位，内设办公室、来访接待科、来信办理科3个科室。2008年7月，更名为区政府信访局，加挂区委群众工作部的牌子，设宣传教育室（办公室）、交流谈心室（接访科）、社情民意室（办信科）、效能监察室、职能服务室5个科室。根据《中共河东区委、河东区人民政府信访局职能配置、内设机构和人员编制规定》（临东办发〔2003〕35号）和《关于落实精简编制压缩编制任务的通知》（临东编〔2014〕14号），区信访局设机关行政编制9人，配备局长1名，副局长3名；根据《关于设立区政府信访事项复查办公室的批复》（临东编〔2009〕8号）和《关于区政府信访事项复查办公室升格的批复》（临东编〔2010〕9号），设立区政府信访事项复查办公室，并升格为副科级事业单位，隶属区信访局，设事业编制5人。截至2016年12月，共有行政编制9人，事业编制4人。

【概况】 中共河东区委群众工作部（河东区人民政府信访局）是主管全区信访工作的职能部门，由区委、区政府共同管理。河东区信访局的主要职责是：贯彻落实上级党委政府关于信访工作的方针、政策和法规，处理人民来信、接待人民来访；承办各级党委政府交办的信访事项；对紧急信访事项进行查办或协调处理；向有关镇街、工业园区和区直部门转办、立案交办和督促检查来信来访情况，审查处理结果并搞好反馈；综合分析信访形势，综合编发有关情况和资料；具有对镇街、工业园区和区直部门因信访工作被动，实行一票否决和责任追究的建议权；指导各镇街、工业园区和区直部门的信访工作；承办区委、区政府和区委办公室、区政府办公室交办的其他事项。2016年度，被省委、省政府评为全省信访工作先进集体。

【解决群众诉求】 解决群众合理诉求，维护群众合法权益，着力打造“阳光信访、责任信访、法治信访”。阳光信访畅通群众诉求渠道。以推行“网上信访”为重点，不断完善网上信访信息系统，引导群众从传统的信访模式变为网络信访，让群众足不出户就能反映问题，并实时查询办理进度，实现了信访事项的办理过程和结果可查询、可跟踪、可督办、可评价，把参与权、表达权和监督权交给群众，提高了信访工作的透明度和群众满意度。责任信访压实责任取信于民。强化有关部门依法履责的职能，压实属地责任和有权处理机关责任，层层签订信访工作责任书，全面落实“一岗双责”，领导干部公开接访、主动下访，面对面接待群众，确保矛盾纠纷化解在源头，有效降低了信访存量。法治信访引导群众依法反映诉求。有序推进法定途径分类处理信访诉求，积极落实诉访分离，对通过司法途径可以解决的信访诉求，积极引入司法渠道解决，确保群众合理合法诉求依照法律规定和程序得到合理合法解决。

【领导干部公开预约接访】 2016年7月，根据市信访局要求，重新调整区级领导接访工作安排，固定每月1日为区委书记接访日、每月2日为区长接访日，周一为区委常委接访日，实行接访领导“AB角”补位制度。各镇街园区对领导接访工作进行重新调整，实现“领导抓、抓领导”“一级做给一级看、一级带着一级干”工作格局。2016年度，各级领导共接待群众来访512起648人次，其中区委、区政府主要领导接待群众来访32起64人次。

【重点案件集中整治】 2月，按照市信访局《关于开展化解信访积案集中攻坚活动工作方案》的要求，对市信访局交办的77起信访积案，全部列入重点案件集中整治，逐案制定化解措施，落实包案领导、责任单位和化解时限。7月29日，区联席办下发《关于开展2016年度第二轮化解信访积案集中攻坚活动的工作方案》，对全区上访老户、进京非访、首批市交办未化解积案及新增积案再次进行全面排查梳理，对排查出的60起积案进行集中交办。对信访积案集中攻坚活动进行专项考核，每月一调度，半月一通报，考核成绩纳入信访工作年度考核。截至12月底，市信访局交办第一批积案77起化解70起，化解率90.91%；市信访局全部交办案件125起，化解95起，化解率76%；区二轮交办积案60起，化解43起，化解率72%。

【初信初访办理】 高度重视信访事项办理群众满意度评价，并纳入工作重点，组织信访专职人员进行专题培训3次。

【信访法规宣传教育】 把《信访条例》《山东省信访条例》等法规文件列入信访系统普法学习宣传的重点，提高全区信访干部依法按政策解决信访问题的能力和水平。把中共中央办公厅、国务院办公室厅印发的《关于创新群众工作方法解决信访突出问题的意见》《关于依法处理涉法涉诉信访问题的意见》等法规、规章和重要规范性文件作为年度普法宣传的重要内容，加强日常信访法治宣传，发挥广播、电视、报纸等传统媒体的作用，利用群众诉求接待服务大厅的电子显示屏、制作信访动漫宣传片进行循环播放等形式，运用微信、客户端等新媒体，提升法治宣传效果。将2016年12月作为《山东省信访条例》宣传月，在全区范围内集中开展《山东省信访条例》实施一周年系列宣传活动。与区委党校联合举办全区信访干部素质能力提升培训班，组织全区部分信访系统干部集中学习培训；把12月30日定为集中宣传日，统一组织宣传车，设立宣传站，广泛宣传；建立宣传一条街，在各镇街、工业园区、村（社区）利用宣传栏、政务公开栏、黑板报、明白纸等有针对性地搞好宣传，规范信访行为，维护信访秩序，形成健康的信访舆论导向。

撰稿：蒋友梅

审核：刘　璐

河东区人民代表大会常务委员会

人大常委会领导成员

主　　任：王晓军（2016年3月离职）
　　　　　吴汉林（2016年3月任职）

副 主 任：张廷强（2016年3月离职）
　　　　　盖慧涵（女）
　　　　　刘思勤
　　　　　张庆启
　　　　　李兴国
　　　　　赵　杰
　　　　　梅深修（2016年12离职）

委　　员：朱建忠
　　　　　司元章（2016年3月任职）
　　　　　石庆暄（2016年3月任职）
　　　　　洪善良（2016年3月任职）
　　　　　冯自忠（2016年3月任职）
　　　　　王洪慧（2016年12月离职）
　　　　　艾茂洁（女）
　　　　　叶　军
　　　　　马从根
　　　　　王文升
　　　　　邵长学
　　　　　郭俊岭
　　　　　朱绍龙
　　　　　赵洪义
　　　　　陈际现
　　　　　王培鹤
　　　　　张忠琴（女）
　　　　　刘洪强
　　　　　李传军
　　　　　楼天汝
　　　　　殷志勇
　　　　　王洪鹏
　　　　　林　健
　　　　　刘习之

河东区人大常委会党组

书　　记：王晓军（2016年3月离职）

张廷强（2016 年 3 月离职）
吴汉林（2016 年 3 月任职）
副 书 记：刘思勤
成　　员：张庆启
李兴国
赵　杰
梅深修（2016 年 12 月离职）
朱建忠（2016 年 12 月离职）
赵国庆（2016 年 12 月任职）

人大专门委员会领导成员

财政经济委员会
主任委员：司元章（2016 年 3 月任职）
教育科学文化卫生委员会
主任委员：石庆暄（2016 年 3 月任职）
城乡建设与环境资源保护委员会
主任委员：洪善良（2016 年 3 月任职）
农业与农村委员会
主任委员：冯自忠（2016 年 3 月任职）

人大工作机构领导成员

办公室
主　　任：朱建忠（2016 年 12 月离职）
赵国庆（2016 年 12 月任职）
主任科员：王立才
研究室
主　　任：高宗凯
人事代表工作室
主　　任：庄建中
法制委
主　　任：王建军
财经委
主　　任：郭兰刚（2016 年 6 月任职）
教科文卫民宗侨委
主　　任：朱万锋
副主任科员：李振娟（女）
城建环保委
主　　任：孟凡华
主任科员：崔荣磊（女）
农经委
主　　任：缪桂祥
预算委
主　　任：洪连金（2016 年 6 月任职）

【机构设置】 2016 年，区人大常委会下设“三室六委”，包括办公室、人事代表工作室、法制委员会、教育科学文化卫生民族宗教侨务委员会、城乡建设环境保护委员会、财政经济委员会、农村经济委员会、研究室、预算工作委员会 9 个工作机构。2016 年区人大常委会机关有干部职工 34 人。

【区十八届人大五次会议】 会议于 2016 年 3 月 6 至 8 日召开。与会人员 341 名，其中本届代表 255 名，列席人员 86 名。会议听取和审议区人民政府工作报告；审查、批准河东区国民经济和社会发展第十三个五年规划纲要；审查、批准河东区 2015 年国民经济和社会发展计划执行情况的报告与 2016 年计划；审查河东区 2015 年预算执行情况的报告和 2016 年预算草案，批准河东区 2015 年预算执行情况的报告和 2016 年区级预算；听取和审议区人大常委会工作报告；听取和审议区人民法院工作报告；听取和审议区人民检察院工作报告；审议《河东区第十八届人民代表大会第五次会议关于设立河东区第十八届人民代表大会专门委员会的决定（草案）》；通过河东区第十八届人民代表大会专门委员会组成人员的人选；其他事项。会议于 2016 年 3 月 8 日选举吴汉林为河东区第十八届人民代表大会常务委员会主任；选举石庆暄、冯自忠、司元章、洪善良 4 人为河东区第十八届人民代表大会常委委员会委员。会议决定：接受王晓军辞去河东区第十八届人民代表大会常务委员会主任职务的请求。

【区人大常委会会议】 2016 年召开区人大常委会会议 8 次，全年共听取审议“一府两院”22 项工作报告。

第三十一次会议于2016年1月11日召开。会议审议人事任免事项：经投票表决，选举李磊、谭运举为临沂市第十八届人民代表大会代表；会议决定：接受曹德玉、张成虎等2人辞去临沂市第十八届人民代表大会代表职务。

第三十二次会议于2016年3月1日召开。会议听取审议关于变更河东区第十八届人民代表大会第五次会议召开时间及建议议程的议案；听取审议代表资格审查报告（草案）；讨论河东区人大常委会工作报告（审议稿）；听取区政府关于《河东区国民经济和社会发展第十三个五年规划纲要（草案）》的说明，审查“十三五”规划纲要（草案）；审议河东区第十八届人民代表大会第五次会议各项建议名单；审议表决关于接受有关人员辞职请求的决定：会议决定接受张廷强辞去河东区第十八届人民代表大会常务委员会副主任职务的请求，决定接受吴汉林辞去河东区人民政府副区长职务的请求，决定接受管佃如辞去河东区人民政府副区长职务的请求；其他事项。

第三十三次会议于2016年3月17日召开。会议审议区人大常委会2016年工作要点（草案）；听取审议区政府关于河东农村合作银行与山东省金融资产管理股份有限公司合作批量处置不良贷款的报告，并作出决定；其他事项。

第三十四次会议于2016年4月29日召开。会议听取审议区政府关于全区安全生产工作情况的报告；听取审议区人民法院关于行政审判工作情况的报告；听取审议区人民检察院关于刑罚执行监督工作情况的报告；人事任免：根据河东区人民政府区长赵晓晖的提请，决定任命贾海亮为临沂市河东区人民政府副区长（挂职）；书面提交：关于全区安全生产“一法一条例”的执法检查报告；关于区人民法院行政审判工作情况的调研报告；关于区人民检察院刑罚执行监督工作情况的调研报告；其他事项。

第三十五次会议于2016年6月29日召开。会议听取审议区政府关于全区重点项目建设工作情况的报告；听取审议区政府关于全区“幸福家园”建设暨改善农村人居环境项目建设工作情况的报告；听取审议区政府关于全区环境保护工作情况的报告；听取审议区政府关于全区行政执法人员法律素质和执法能力提升工作情况的报告；听取审议区政府关于全区文化惠民工程工作情况的报告；审议《河东区人大常委会人事任免办法》；审议《代表建议、批评和意见办理工作的规定》；初审《河东区人大常委会听取和审议专项工作报告暂行办法》（讨论稿）；人事任免事项：根据河东区人民政府区长赵晓晖的提请，决定任命于广威为区人民政府副区长、郭飞跃为区人民政府副区长、牛树超为区人民政府副区长。根据河东区人大常委会主任会议的提请，决定任命郭兰刚为河东区人大常委会财政经济委员会主任、洪连金为河东区人大常委会预算工作委员会主任，彭文来为河东区九曲街道人大工作办公室主任；王开运为河东区凤凰岭街道人大工作办公室主任，孙成伟为河东区相公街道人大工作办公室主任，史兰坤为河东区汤头街道人大工作办公室主任。决定免去：张明的河东区九曲街道人大工作办公室主任职务，袁国堂的河东区凤凰岭街道人大工作办公室主任职务，冯自强的河东区相公街道人大工作办公室主任职务，王守堂的河东区汤头街道人大工作办公室主任职务。根据河东区人民政府区长赵晓晖的提请，决定任命：刘志村为河东区司法局局长，高纪涛为河东区农业局局长，李善湘为河东区卫生和计划生育局局长，李汉仁为河东区安全生产监督管理局局长，季夫军为河东区工商行政管理局局长。决定免去：许珂的河东区司法局局长职务，冯自忠的河东区农业局局长职务，闫正彩的河东区卫生和计划生育局局长职务，司元章的河东区安全生产监督管理局局长职务。根据河东区人民检察院检察长苏波的提请，免去：王英连的区人民检察院检察员职务，宋树奎的区人民检察院检察员职务。会议决定：接受管继斗辞去河东区人民政府副区长职务的请求。

第三十六次会议于2016年8月30日召开。会议听取审议区政府关于全区旅游业发展工作情况的报告；听取审议区政府关于全区新兴产业培植工作情况的报告；听取审议区政府关于河东区2016年上半年国民经济和社会发展计划执行情况的报告；听取审议区政府关于河东区2015年财政决算和2016年上半年预算执行情况的报告，审查2015年区级财政决算草案并作出决议；听取审议区政府关于河东区2015年度区级预算执行和其他财政收支情况的审计工作报告；审议《河东区人大常委会听取和审议专项工作报告暂行办法（草案）》；人事免职事项：根据河东区人民检察院检察长苏波的提请，免去颜全民的区人民检察院检察员职务；其他事项。

第三十七次会议于2016年11月10日召开。会议听取审议河东区人大常委会关于2016年区、镇两级人大换届选举工作的决定（草案）；听取审议河东区人大常委会关于2016年区、镇两级人大换届选举工作的意见（草案）；审议河东区区、镇选举委员会组成人员名单（草案）；听取审议区政府关于全区“六五”普法、依法治区情况和“七五”普法规划的报告，并对“七五”普法作出决议；审议《河东区2016—2020年依法治区规划（草案）》并作出决议；听取审议区政府关于全区解决城镇普通中小学大班额问题工作情况的报告；听取审议区政府关于全区扶贫脱贫攻坚工作情况的报告；听取审议区政府关于全区大交通格局建设工作情况的报告；人事任免事项；书面提交：关于检查全区贯彻落实《中华人民共和国食品安全法》情况的报告；全民健康保障工程实施情况调研报告；河东区人大城环委关于全区农村环境污染情况的调研报告；关于汤河国家湿地公园建设的调研报告；人事任免事项：根据河东区人民检察院检察长苏波的提请，决定任命李晓雨为临沂市河东区人民检察院检察员。免去杨文龙的临沂市河东区人民检察院检察员职务。

第三十八次会议于2016年12月20日召开。会议听取审议河东区人民政府关于将政府购买服务支出纳入中长期财政预算的报告；听取审议河东区人民政府关于2016年河东区地方政府债务限额调整及区本级预算调整方案的报告；人事任免事项：根据河东区人民政府区长赵晓晖的提请，决定任命姚运明为区政府副区长，密长诚为区政府副区长。根据河东区人大常委会主任会议的提请，决定任命赵国庆为区人大常委会办公室主任，许立春为太平街道人大工作办公室主任。决定免去朱建忠的区人大常委会办公室主任职务，张瑜的太平街道人大工作办公室主任职务。根据河东区人民政府区长赵晓晖的提请，决定任命吴世强为区政府办公室主任，诸葛夫杰为区教育体育局局长，上官平为区民政局局长，李善湘为区财政局局长，赵海明为区人力资源和社会保障局局长，王洪慧为区水务局局长，高秀飞为区卫生和计划生育局局长。决定免去吴世强的区水务局局长职务，丁永信的区教育体育局局长职务，冯正新的区民政局局长职务，乔继沧的区财政局局长职务，上官平的区人力资源和社会保障局局长职务，李善湘的区卫生和计划生育局局长职务，谭卫东的区住房和城乡建设局局长职务。根据临沂市河东区人大常委会主任会议的提请，决定：姚运明为临沂市河东区人民政府代理区长。会议决定：接受赵晓晖辞去临沂市河东区人民政府区长职务的请求。

【人事任免】 全年依法任免地方国家机关工作人员49人次，其中任命28人次，免职21人次，接受辞职7人。2016年11月15日，河东区第十九届人民代表大会代表选举工作全面展开；12月26日，全区116个选区按照无记名投票、差额选举、直接选举的原则进行了代表选举工作，共依法选出257名河东区第十九届人民代表大会代表。

【视察、执法检查和调研】 2016年区人大常委

11 月 15 日，全区人大换届选举工作会议召开

会共组织开展 15 次视察、调研和执法检查活动，作出 22 项决议、决定和审议意见。组织对区法院行政审判工作、区检察院刑罚执行监督工作情况进行调研。依法对全区贯彻实施安全生产“一法一条例”、《中华人民共和国食品安全法》情况进行执法检查，推动法治政府建设，确保法定职责必须为、法无授权不可为。围绕“五区托一城”发展战略的实施，常委会先后对全区重大（重点）项目建设、新兴产业培植、中心城区城建及交通重点项目建设、文化惠民工程、解决城镇普通中小学大班额问题和全民健康保障工程三年规划工作、旅游业发展、秸秆禁烧、环境保护与大气污染治理 8 项工作开展情况进行集中视察。常委会于 7 月、9 月分别组织驻临沂市全国和省人大代表、区人大代表对全区精准扶贫工作进行调研和视察，推进脱贫措施精准对接，确保完成脱贫攻坚任务。组织省、市级媒体对河东美丽乡村建设、现代农业社会化服务体系建设、全区财税等工作情况进行调研。

【议案、建议、批评和意见办理】 区人大常委会实行主任分工联系督办制度，加大代表议案建议办理工作的监督检查力度，综合运用各种监督方式，促使相关承办单位高质量、高标准地把人大代表所提出的建议办理好。区十八届人大五次会议及闭会期间，代表共提出建议、批评和意见 69 件。

撰稿：彭志芹

审核：王立才

河东区人民政府

区政府领导成员

党组书记：赵晓晖（2016 年 12 月离职）
姚运明（2016 年 12 月任职）

党组副书记：吴汉林（2016 年 3 月离职）
徐立峰 （2016 年 6 月任职）

党组成员：于广威（2016 年 6 月任职）
管佃如（2016 年 3 月离职）
管继斗（2016 年 6 月离职）
李英国
密长诚（2016 年 12 月任职）
郭飞跃（2016 年 6 月任职）
牛树超（2016 年 6 月任职）
董明山
李贵堂（2016 年 6 月离职）
吴世强（2016 年 12 月任职）

区长：赵晓晖（2016 年 12 月离职）
姚运明（2016 年 12 月任代区长）

副区长：吴汉林（2016 年 3 月离职）
徐立峰
于广威（2016 年 6 月任职）

管佃如（2016年3月离职）
管继斗（2016年6月离职）
褚　冰（女）
李英国
密长诚（2016年12月任职）
郭飞跃（2016年6月任职）
牛树超（2016年6月任职）

政府工作综述

【经济建设】 2016年，实现地区生产总值186.14亿元，增长6.5%；一般公共预算收入14亿元，增长11.9%；完成固定资产投资152亿元，下降7.6%；社会消费品零售总额148.5亿元，增长11.1%；进出口总额27.2亿元，增长11.3%；居民人均可支配收入达到23128元，增长7.6%。三次产业比例调整为6.7∶47.2∶46.1，第三产业增加值85.85亿元，增长8.2%。全区税收过千万元企业达到32家，其中荣盛富翔、奥德燃气纳税过亿元，正直、华太集团纳税过5000万元。培植中国驰名商标2件、省著名商标15件、省名牌16个、市长质量奖6个，有效注册商标总量达到1.1万件，居全省第九位。完成技改投入40.3亿元，规模企业发展到242家，23项优质工业产品市场占有率位居全国前三，高新技术产业产值占规模以上工业产值比重提升到31.6%。新增商贸物流城9个、电商产业园4个、跨境电商21个、金融机构34家，全区市场交易额达到593亿元，电子商务交易额实现152.6亿元。投资18亿元加快临沂机场改扩建，优质航线扩大到27条，开通国际航线2条，旅客年吞吐量增加到120万人次；临沂火车北站国内、国际货运班列达到4条，规划面积36平方千米的临空经济区纳入全市发展战略。

【城乡建设】 2016年，全区城镇化率达到59.91%。中心城区建成区面积达到30.5平方千米，被列入国家新型城镇化标准化试点区。陶然路、南京路两座跨沂河大桥建成启用，新外环全线贯通，中环东线联邦路、北线长春路全线开工，内环东线温泉路、北线南京路形成城市内环，北京东路改建工程全面铺开，新增城市道路32千米。规划面积12平方千米的东城新区快速推进，滨河沿线完成35个村居棚户区改造，达到征收房屋面积660万平方米、还建面积680万平方米，开工房地产面积470万平方米。新建改善人居环境村居138个，村内道路硬化“户户通”232万平方米，无害化改厕2.9万户，汪塘生态化治理50处，相公街道刘团村入选中国名村影响力300强。新建污水处理厂5处，实施汤河、祝丘河全流域综合整治，全区空气质量持续改善，出境河流综合达标率达到94%。

【民生事业】 2016年，民生支出20.48亿元，占财政总支出的79.99%。新增城镇就业0.58万人，转移农村劳动力就业0.5万人。精准扶贫摘帽退出15个省定贫困村，全区建档立卡贫困人口全部脱贫。建设保障性住房2.1万套，城乡医保“并轨”，实现城乡居民社会养老保险、城乡低保和居民医疗保险全覆盖。整合资金16.5亿元，新建、改扩建校舍项目332个，顺利通过国家义务教育发展基本均衡区验收。新建改扩建区人民医院、疾控中心，实现药品“零差率”销售，人均报销比例提高3.9%。新建3处区域性中心敬老院，解决农村17万人饮水安全，文化广场实现行政村全覆盖。民兵预备役建设和国防动员工作走在全省前列，区人武部被评为全省征兵工作先进单位。社会治安、安全生产形势持续稳定，被评为全省社会治安综合治理先进县区、全省信访工作先进单位、全省安全生产先进县区。

【政府自身建设】 2016年，实行部门权责清单制度，调整取消行政权力事项60项，全面取消非行政审批事项，初步建立“四清单、一平台”权力运行体系，连续三年被评为依法行政先进县区。“12345”市民服务热线累计受理群众诉求12.38万件，诉求办结率100%。落实中央八项规定精神，开展党的群众路线教育实践活动、“三严三实”专题教育和“两学一做”学习教育，从严从实整治“四风”。自觉接受区人大、区政协和社会各界监督，人大代表建议、政协委员提案办复率、满意率连年达100%。

撰稿：王　昊

审核：王丁文　程英杰

区政府常务会议

2016年1月15日，区长赵晓晖在区行政中心三楼东会议室主持召开区政府第三十五次常务会议，审议《2015年财政预算执行情况和2016年财政预算（草案）》《2015年国民经济和社会发展计划执行情况与2016年计划（草案）》，听取并讨论2016年政府工作报告起草情况。

2016年2月1日，区长赵晓晖在区行政中心三楼东会议室主持召开区政府第三十六次常务会议，听取关于河东区国民经济和社会发展第十三个五年规划纲要（草案）编制情况，2016年一般公共预算及融资工作情况，2016年全区基础设施建设项目，全区交通工程和汤河综合治理情况，给予财政局、国税局、地税分局记集体三等功，中昇信息服务中心招商引资情况的汇报。会议就2016年春节期间食品安全、安全生产、社会稳定等方面的工作进行安排部署。

2016年3月11日，区长赵晓晖在区行政中心三楼东会议室主持召开区政府第三十七次常务会议，讨论汤河河道综合整治及生态修复工程实施方案和2016年度全区道路交通安全设施建设规划情况，听取九曲街道2012—2014年拆迁补偿资金收支管理情况专项审计报告和组建临沂河东供销资产运营管理有限公司的汇报，研究引进部分优秀师范类毕业生、加强禁毒工作和非法抱养儿童落户有关工作。

2016年5月11日，区长赵晓晖在区行政中心三楼东会议室主持召开区政府第三十八次常务会议，听取全市依法行政“五五”规划总结暨政府法制工作会议精神和全区行政复议工作情况及规范化建设方案、全区2016年卫片执法监督检查情况的汇报，研究部署“平安行·你我他”行动“一站一室”“两员”建设和凤凰岭交警中队建设、全区协同办公系统应用工作，审议河东区财政性资金存放与金融机构信贷投放挂钩考核办法。会议就安全生产工作进行安排部署。

2016年6月20日，区长赵晓晖在区行政中心三楼东会议室主持召开区政府第三十九次常务会议，讨论区政府领导成员工作分工问题。

2016年7月15日，区长赵晓晖在区行政中心三楼东会议室主持召开区政府第四十次常务会议，学习研讨习近平总书记在庆祝中国共产党成立95周年大会上的讲话，听取2016年全区公路交通项目建设、公务用车制度改革、阿里巴巴农村淘宝项目和盛康门业土地资产处置等工作开展情况的汇报，研究总部企业优惠政策兑现意见和中昇大厦土地资产处置意见。会议就当前工作效率和全区安全生产、环境保护、“12345”市民服务热线、全市转方式调结构现场观摩会筹备等重点工作进行了安排部署。

2016年7月27日，区长赵晓晖在区行政中心三楼东会议室主持召开区政府第四十一次常务会议，听取关于北京东路改造工程拆迁进展情况、全区防汛工作情况的汇报。

2016年9月30日，区长赵晓晖在区行政中心三楼东会议室主持召开区政府第四十二次常务会议，听取关于全区环保突出问题治理、水域环境综合整治、居民取暖用煤清洁化推广、安全生产工作、交警中队营房建设和给予有关人员政纪处分的汇报，讨论进一步理顺市区金融保险业收入分享体制调整精神及贯彻意见、河东区小额扶贫信贷工作实施方案和2017年度全区城建重点项目，研究部署对引进的医药产业“千人计划”专家进行扶持、成立河东区旅游基础设施投资开发有限公司等有关工作。会议就国庆假期期间的安全生产、环境保护、信访维稳等工作进行了安排部署。

2016年10月21日，区长赵晓晖在区行政中心三楼东会议室主持召开区政府第四十三次常务会议，听取河东区行政执法监督办法和严格公正文明执法意见、桃园地块二期开发、九曲店地块土地成本测算、在全区开展农村应急广播“村村响”建设工作等有关情况的汇报，讨论研究临沂第二十四中学东校区合作办学问题。

2016年11月25日，区长赵晓晖在区行政中心三楼东会议室主持召开区政府第四十四次常务会议，听取关于实施河东区人民医院老年公寓PPP项目、申请在河东华阳物流设立大连交易所交割库、河东区2016年科技发展计划安排意见、全区新型城镇化标准化“全域旅游”标准体系建设情况的汇报，集体学习《十八届六中全会公报》《关于新形势下党内政治生活的若干准则》《中国共产党党内监督条例》。会议就当前财税收入、信访稳定、安全生产、环境保护、党风廉政建设等方面的工作进行了安排部署。

2016年12月21日，代区长姚运明在区行政中心三楼东会议室主持召开区政府第四十五次常务会议，讨论区政府领导成员工作分工问题。

撰稿：刘敦锋

审核：王丁文　程英杰

河东区人民政府2016年度重要文件选目

文　号	文件名称
临东政发〔2016〕1号	关于进一步做好新形势下就业创业工作的意见
临东政发〔2016〕2号	关于认真学习临沂市人民政府采取有力措施打好安全生产翻身仗意见的通知
临东政发〔2016〕3号	关于调整部分区级行政权力事项的通知
临东政发〔2016〕4号	关于解决河东城区电力客户接入受限问题缓解供电形势紧张局面的复函
临东政发〔2016〕5号	关于同意解除武洁行政记过处分的批复
临东政发〔2016〕6号	关于给予区财政局、河东区国税局、河东地税分局记集体三等功的通报
临东政发〔2016〕7号	关于进一步加强税收保障工作的意见
临东政发〔2016〕8号	关于关停汤河镇官岭冷藏厂年屠宰300万只肉兔项目的通知
临东政发〔2016〕9号	关于表彰2015年全区金融工作先进单位的通报
临东政发〔2016〕10号	关于印发河东区国民经济和社会发展第十三个五年规划纲要的通知
临东政发〔2016〕11号	关于同意调整沂河路行政等级的批复

续表

文　号	文件名称
临东政发〔2016〕12 号	关于 2016 年第一批取消区级行政审批事项和承接省市政府下放行政审批事项的通知
临东政发〔2016〕13 号	关于公布清理规范部分区直部门（单位）行政审批中介服务收费项目有关事项的通知
临东政发〔2016〕14 号	关于同意给予蒋有省开除处分的批复
临东政发〔2016〕15 号	关于加快 2016 年度服务业发展的意见
临东政发〔2016〕16 号	关于表彰全区依法行政工作先进集体和先进个人的通报
临东政发〔2016〕17 号	关于同意设立河东环保产业示范园区的批复
临东政发〔2016〕18 号	关于批准河东环保产业示范园区规划的批复
临东政发〔2016〕19 号	关于批准河东环保产业示范园区建设范围内村庄搬迁计划的批复
临东政发〔2016〕20 号	关于调整区政府领导成员工作分工的通知
临东政发〔2016〕21 号	关于同意临沂市客运有限责任公司成立临沂翔飞校车服务有限公司从事校车运营服务的批复
临东政发〔2016〕22 号	关于关停临沂市广发资源综合利用有限公司报废汽车回收拆解项目的通知
临东政发〔2016〕23 号	关于临沂市河东区汤河河道综合整治及生态修复工程 PPP 项目实施方案的批复
临东政发〔2016〕24 号	关于同意河东区孟祥建“5·2”在建钢结构库房一般建筑坍塌事故调查报告的批复
临东政发〔2016〕25 号	关于同意给予王景瑞开除处分的批复
临东政发〔2016〕26 号	关于同意确认河东凤凰水业有限公司等 37 家单位为县级治安保卫重点单位的批复
临东政发〔2016〕27 号	关于 2016 年第二批调整取消区级行政权力事项和承接市政府下放行政权力事项的通知
临东政发〔2016〕28 号	关于临沂市中通进出口贸易有限公司新建年精制 5 万吨粗苯项目停产整治的通知
临东政发〔2016〕29 号	关于开展第三次农业普查的通知
临东政发〔2016〕30 号	关于同意给予张学信行政警告处分的批复
临东政发〔2016〕31 号	关于同意给予王春雷行政警告处分的批复
临东政发〔2016〕32 号	关于同意给予任善兵行政警告处分的批复
临东政发〔2016〕33 号	关于全面建立困难残疾人生活补贴和重度残疾人护理补贴制度的实施意见
临东政发〔2016〕34 号	关于同意临沂市河东区林地保护利用（2010—2020 年）修编规划的批复
临东政发〔2016〕35 号	关于对九曲街道赵庄苗圃园实施停电的通知
临东政发〔2016〕36 号	关于印发《河东区行政执法监督办法》的通知
临东政发〔2016〕37 号	关于严格规范公正文明执法的意见
临东政发〔2016〕38 号	关于临沂启阳化工有限公司年产 3 万吨甲醛、2 万吨甲缩醛生产项目停产整治的通知

续表

文 号	文件名称
临东政发〔2016〕39 号	关于临沂市中通进出口贸易有限公司新建年精制 5 万吨粗苯项目停产整治的通知
临东政发〔2016〕40 号	关于临沂天诺皮草制品有限公司动物皮毛深加工及裘革服装制品项目停止建设的通知
临东政发〔2016〕41 号	关于公布滑店子古坊遗址为区级文物保护单位的通知
临东政发〔2016〕42 号	关于同意给予杨自松开除处分的批复
临东政发〔2016〕43 号	关于公布区政府领导成员工作分工的通知
临东政发〔2016〕44 号	关于公布区级行政执法主体的公告
临东政发〔2016〕45 号	关于印发河东区全民健身实施计划（2016—2020 年）的通知
临东政发〔2016〕46 号	关于印发《河东区妇女发展“十三五”规划》和《河东区儿童发展“十三五”规划》的通知
临东政发〔2016〕47 号	关于同意成立临沂市河东区沭河石拉渊拦河闸除险加固工程建设管理处的批复

河东区人民政府办公室 2016 年度重要文件选目

文 号	文件名称
临东政办发〔2016〕1 号	关于印发河东区 12345 市民服务热线考核内容和评分标准的通知
临东政办发〔2016〕2 号	关于建立河东区化工产业转型升级工作联席会议制度的通知
临东政办发〔2016〕3 号	关于印发《河东区实施就业优先战略行动方案》的通知
临东政办发〔2016〕4 号	关于对义务教育均衡发展各学校内部配套设备、塑胶运动场地项目 2015 年应付资金进行结算的通知
临东政办发〔2016〕5 号	关于印发河东区中心城区三轮车调查摸底工作方案的通知
临东政办发〔2016〕6 号	关于加强安全环保节能管理加快化工产业转型升级的意见
临东政办发〔2016〕7 号	关于印发 2016 年全区应急管理工作要点的通知
临东政办发〔2016〕8 号	关于印发河东区全民健身器材管理暂行办法的通知
临东政办发〔2016〕9 号	关于做好镇村历史文化展示室建设工作的通知
临东政办发〔2016〕10 号	关于建立秸秆禁烧与综合利用工作长效机制的意见
临东政办发〔2016〕11 号	关于成立全区棚户区改造、农村集中住房及临空区整体城镇化项目手续办理工作领导小组的通知
临东政办发〔2016〕12 号	关于印发河东区 2016 年土地矿产卫片执法监督检查工作方案的通知
临东政办发〔2016〕13 号	关于印发《河东区政府采购管理暂行办法》的通知
临东政办发〔2016〕14 号	关于进一步加强“12345”市民服务热线工作的通知

续表

文　号	文件名称
临东政办发〔2016〕16号	关于明确有关部门单位环境保护监督管理职责的通知
临东政办发〔2016〕17号	关于做好2016年无偿献血工作的通知
临东政办发〔2016〕18号	关于建立年度全区1%人口抽样调查制度的通知
临东政办发〔2016〕19号	关于进一步加强老龄宣传工作的通知
临东政办发〔2016〕20号	关于印发2016年《政府工作报告》重点工作任务分解方案的通知
临东政办发〔2016〕21号	关于加强人大代表建议和政协提案办理工作的通知
临东政办发〔2016〕22号	关于印发全区2016年度金融支持地方经济发展考核办法的通知
临东政办发〔2016〕23号	关于调整全区道路交通安全综合治理委员会成员的通知
临东政办发〔2016〕24号	关于成立“5·2”安全事故调查组的通知
临东政办发〔2016〕25号	关于印发河东区地方史志事业发展规划纲要（2016—2020年）的通知
临东政办发〔2016〕26号	关于印发2016年区政府规范性文件制定计划的通知
临东政办发〔2016〕27号	转发区经信局等部门关于开展全区成品油生产经营企业专项整治行动方案的通知
临东政办发〔2016〕28号	关于建立河东区成品油监管联席会议的通知
临东政办发〔2016〕29号	关于印发河东区2016年秸秆禁烧与综合利用工作实施方案的通知
临东政办发〔2016〕30号	关于印发河东区2016年度秸秆禁烧与综合利用工作考核奖惩办法的通知
临东政办发〔2016〕31号	关于印发河东区土地征收补偿安置实施方案的通知
临东政办发〔2016〕32号	关于印发2016年全区依法行政暨法治政府建设工作要点的通知
临东政办发〔2016〕33号	关于印发河东区人民政府重大行政决策合法性审查办法的通知
临东政办发〔2016〕34号	关于印发《河东区涉税信息采集使用管理暂行办法》的通知
临东政办发〔2016〕35号	关于印发《2016年度全区统一组织审计（调查）项目计划》的通知
临东政办发〔2016〕36号	关于印发《河东区土地征收补偿及拆迁安置工作跟踪审计办法》的通知
临东政办发〔2016〕37号	关于印发河东区安全生产大排查快整治严执法行动考核办法（试行）的通知
临东政办发〔2016〕38号	关于印发2016年全区夏季消防检查实施方案的通知
临东政办发〔2016〕39号	关于印发河东区2016年食品安全重点工作安排的通知
临东政办发〔2016〕40号	关于印发河东区财政性资金存放与金融机构信贷投放挂钩考核办法的通知
临东政办发〔2016〕41号	关于公布河东区幼儿园登记注册名单的通知
临东政办发〔2016〕42号	关于印发河东区居民基本养老保险待遇领取资格认证及管理办法的通知

续表

文　号	文件名称
临东政办发〔2016〕43 号	关于印发《河东区通往主要旅游景区道路沿线综合整治方案》的通知
临东政办发〔2016〕44 号	关于印发河东区阿里巴巴“农村淘宝”项目实施方案的通知
临东政办发〔2016〕45 号	关于印发河东区互联网金融风险专项整治工作实施方案的通知
临东政办发〔2016〕46 号	关于印发河东区餐厨废弃物管理工作实施方案的通知
临东政办发〔2016〕47 号	关于印发河东区畜禽养殖污染专项整治实施方案的通知
临东政办发〔2016〕48 号	关于印发《2016 年河东区政务公开工作要点》的通知
临东政办发〔2016〕49 号	关于印发河东区推进基层综合性文化服务中心建设实施方案的通知
临东政办发〔2016〕50 号	关于印发河东区 2016 年基层农技推广体系改革与建设补助项目实施方案的通知
临东政办发〔2016〕51 号	关于下达“十三五”前三年度镇街耕地保护责任目标的通知
临东政办发〔2016〕52 号	关于印发 2016 年河东区新型职业农民培育实施方案的通知
临东政办发〔2016〕53 号	关于印发河东区散煤清洁化治理工作方案的通知
临东政办发〔2016〕54 号	关于印发河东区居民取暖用煤清洁化推广工作实施方案的通知
临东政办发〔2016〕55 号	关于成立河东区深化企业改革工作领导小组的通知
临东政办发〔2016〕56 号	关于成立河东区加快重点项目建设和服务业发展工作推进组的通知
临东政办发〔2016〕57 号	关于印发 2016 年推进简政放权放管结合优化服务转变政府职能工作方案的通知
临东政办发〔2016〕58 号	关于印发河东区申报全省村级公路网化示范县活动实施方案的通知
临东政办发〔2016〕59 号	关于印发河东区村级公路网化资金筹集方案的通知
临东政办发〔2016〕60 号	关于印发河东区毛皮动物胴体专项整治工作方案的通知
临东政办发〔2016〕61 号	关于印发河东区毛皮动物胴体专项整治工作考核奖惩办法的通知
临东政办发〔2016〕62 号	关于选聘区政府行政复议员的通知
临东政办发〔2016〕63 号	关于印发河东区《乡村教师支持计划（2016—2020 年）》实施细则的通知
临东政办发〔2016〕64 号	关于进一步加强中小学教师队伍建设的有关意见
临东政办发〔2016〕65 号	关于在全区开展提升 12345 市民服务热线回访满意率活动的通知
临东政办发〔2016〕66 号	关于印发河东区参加临沂市第六届运动会奖励办法的通知
临东政办发〔2016〕67 号	关于进一步加强安全生产监管执法工作的意见
临东政办发〔2016〕68 号	关于印发全区 2016 年冬春火灾防控工作方案的通知
临东政办发〔2016〕69 号	关于印发《2016 年全区消防安全宣传月活动实施方案》的通知

续表

文　号	文件名称
临东政办发〔2016〕70 号	关于落实“双告知”制度做好市场主体登记注册信息查询认领工作的通知
临东政办发〔2016〕71 号	选派“第一书记”到汤河镇大程子河两年任职规划和 2016 年度工作计划
临东政办发〔2016〕72 号	关于印发河东区农村应急广播“村村响”工程实施方案的通知
临东政办发〔2016〕73 号	关于印发河东区重污染天气应急预案的通知
临东政办发〔2016〕74 号	关于印发河东区 2017 年度居民基本养老、医疗保险费征缴工作实施方案的通知
临东政办发〔2016〕75 号	关于印发河东区小额扶贫信贷工作实施方案的通知
临东政办发〔2016〕76 号	关于印发河东区小额扶贫信贷富民农户贷评级授信管理办法的通知
临东政办发〔2016〕77 号	关于印发河东区小额扶贫信贷风险补偿金管理办法的通知
临东政办发〔2016〕78 号	关于印发河东区扶贫小额信贷富民生产贷评级授信管理办法的通知
临东政办发〔2016〕79 号	关于印发河东区小额扶贫信贷贴息资金管理办法的通知
临东政办发〔2016〕80 号	关于成立河东区农业水价综合改革领导小组的通知
临东政办发〔2016〕81 号	关于成立河东区农村土地承包仲裁委员会的通知
临东政办发〔2016〕82 号	关于做好政务服务平台建设应用的通知
临东政办发〔2016〕83 号	关于公布河东区政务服务中心进驻事项的通知
临东政办发〔2016〕84 号	关于河东区 12345 市民服务热线一周受理情况的通报
临东政办发〔2016〕85 号	关于核定 2017 年度小麦种植面积的通知
临东政办发〔2016〕86 号	关于印发河东区审计局主要职责内设机构和人员编制规定的通知
临东政办发〔2016〕87 号	关于河东区 12345 市民服务热线 11 月份受理情况的通报
临东政办发〔2016〕88 号	关于全区 11 月份 12345 市民服务热线诉求办理情况的通报
临东政办发〔2016〕89 号	关于对全区经济运行情况调度推进会议确定事项进行立项督查的通知
临东政办发〔2016〕90 号	关于印发《2016 年度河东区应急管理工作考核办法》的通知
临东政办发〔2016〕91 号	关于印发《区政府领导同志工作补位制度》的通知
临东政办发〔2016〕92 号	关于印发《河东区建设项目区域化评估评审工作实施方案》的通知
临东政办发〔2016〕93 号	关于印发河东区全面排查整治制售“地条钢”等违法违规行为专项行动实施方案的通知
临东政办发〔2016〕94 号	关于加强动物无害化处理工作的意见
临东政办发〔2016〕95 号	关于印发《河东区农村集中式饮用水水源地保护区划定方案》的通知

撰稿：肖　华

审核：王丁文

区政府办公室工作

区政府办公室领导成员

党组书记：李贵堂（2016 年 6 月离职）
　　　　　吴世强（2016 年 12 月任职）
党组成员：刘富同（2016 年 12 月离职）
　　　　　张维兵（2016 年 5 月离职）
　　　　　张永民
　　　　　贺连献（2016 年 5 月任职）
　　　　　高　源
　　　　　张　弢
主　　任：李贵堂（2016 年 6 月离职）
　　　　　吴世强（2016 年 12 月任职）
副 主 任：张维兵（2016 年 5 月离职）
　　　　　贺连献（2016 年 5 月任职）
　　　　　高　源

政府应急管理办公室

主　　任：张维兵（2016 年 5 月离职）
　　　　　贺连献（2016 年 5 月任职）
副 主 任：刘凤江

镇域经济发展办公室

主　　任：张凤楼
副 主 任：黄江水
　　　　　王帅光

※ 督查室

主　　任：张　弢

※ 电子政务办公室（政府信息公开工作办公室）

主　　任：于运前

【机构设置】 区政府办公室内设秘书一科、秘书二科、秘书三科、研究室、信息科、机要文书科、行政科、人事科、老干科、车队、工会、妇工委、党支部、团支部 12 个科（部）室，辖区政府应急管理办公室 1 个正科级行政单位，区地方史志办公室、区镇域经济发展办公室 2 个正科级事业单位，区政府督查室、区电子政务办公室（区政府信息公开工作办公室）2 个副科级事业单位，区市民服务热线工作办公室 1 个股级事业单位。截至 2016 年底，共有在编人员 56 名。

【综合文秘】 全年起草、修改、审核领导讲话稿、政府文件、工作汇报、会议纪要和区《政府工作报告》等文字材料累计 1100 余份，实现了以文辅政的目的。机要文件办理及时、到位，全年办理上级来文 2953 件，区内发文 358 件，没有误事、误时、失密现象发生。全年组织协调召开各种工作会、协调会、调度会、专题会、常务会 190 余次，参与承办区“两会”和以区政府名义召开的各类会议，获得区政府领导肯定和部门、单位好评。

【政务督查工作】 开展政务督查，全年高质量办理市政协委员提案 2 件、区人大代表建议 69 件，对各级领导的批示件及时转送和督办，对“重点项目、三引一促、二次创业、大气污染防治”等市级重点工作和“汤河流域综合整治、美丽乡村建设、城区集中供暖、城市道路”等区级重点工作以及“8+3 民生工程”立项督查，对区政府常务会议等重要会议确定事项、《政府工作报告》重要目标任务及时分解立项，实行定期督查，保障政令畅通和区政府各项决策的全面落实。

【信息工作】 强化政务信息编发和上报工作，全年编发《河东信息》45 期，上报政务信息 420 余篇，其中 85 篇被市政府办公室使用，6 篇被省厅、国办采用。向《临沂文秘》投写稿件，刊登办公室工作经验类等文章 11 篇，投稿数量和质量均居全市县区前列。

【调研工作】 做好全市政府系统专项调研课题推进工作，完成《构建“双创”平台、凝聚发展动能》《河东区电子商务发展情况调研报告》

2篇调研报告，均在《决策参考》上刊登；围绕全区经济社会发展重点，撰写、整理调查报告以及署名文章10篇，其中有7篇在《临沂经济》《政务参阅》《党校校刊》上刊登。

【后勤保障工作】 坚持对领导服务和对机关工作服务的统筹兼顾、合理安排，对重要会议和活动的后勤服务，提前介入、主动靠上，保障区政府及办公室的高效协调运转。做好接待工作，落实中央八项规定有关要求，做到热情周到、勤俭节约、及时高效，树立了河东区行政服务的良好形象。参与全区公务用车制度改革，严格规范公务用车管理，无公车私用现象发生。加强文印耗材管理，实行纸张领取登记制度，明确专人统计、发放和订购，最大限度减少浪费。

【应急管理】 开展安全生产、防震、消防、食品安全、防汛等防灾救灾综合实战演练，全年组织"教育行业重特大安全事故应急救援预案演练"等专项应急预案演练9次。举办"减灾日""消防日""安全月"等活动，结合"5·12"防灾减灾日，通过报纸、电视、广播、微信等媒体宣传应急减灾知识3次，印制《河东区应急知识宣传手册》1000册，免费发放。开展风险隐患排查，对民爆企业、人员密集场所、危险化学品、烟花爆竹、特种设备、食品安全、道路交通等重点行业领域进行拉网式检查，摸清底子，登记造册，建立档案。加强应急队伍建设，依托公安消防大队、人武部民兵组建综合应急救援队伍，在各镇街、园区成立以民兵预备役人员为主的应急救援分队，各预案牵头部门成立专业应急救援队伍，区综合救援队伍达到11支1535人。

【政务信息公开、电子政务】 通过区政府网站审核发布政府公开信息2860条，其中政务要闻和视频857条、镇街部门快讯927条、通知公告254条、政府公文91件、重点领域公开事项信息731条，发布政务微信、微博信息480条；依法据实答复群众递交的政府信息公开申请10件，应对依申请公开行政复议4件、行政诉讼2件，申请告知结果均获维持。按照政府网站普查要求，加强政务公开平台建设管理，严格对照普查标准关停并转镇街和部门网站，加强区政府门户网站内容保障，在历次政府网站普查、季度抽查中均未丢分。

【市民服务热线】 探索创新"12345"市民服务热线工作方法，实行工单办理领导签批制度，清除"中梗阻"，工单全部落实到位；对市民满意率低、办理效率差的单位，抽调其专职人员"以干代训"，直到满意率和办理率提高后再返回原单位，承办人员的业务能力得到提高；对于信访问题和不合理诉求，对承办单位出具信访记录和问题情况说明进行调查核实后上报市热线办，并在回复工单中进行说明，解决好"最后一公里"问题，全年累计受理群众诉求4.48万件，诉求办结率100%，群众满意度进一步提高。

撰稿：程英杰　王颖　赵振昊　宋琦伟

审核：吴世强

机关事务管理

机关事务管理局领导成员

党组书记：刘富同

党组成员：郑佃锋

　　　　　马允杰

局　　长：刘富同

副 局 长：郑佃锋

　　　　　马允杰

【机构设置】 2016年8月，根据区编委《关于河东区区直机关行政事务管理局更名的批复》

（临东编〔2016〕16）的要求，“临沂市河东区区直机关行政事务管理局”更名为“临沂市河东区机关事务管理局”，更名后的编制、经费形式及领导职数等保持不变，通过更名，重新明确了区机关事务管理局的主要职责，特别是明确了区机关事务管理局在全区层面上负责机关房产、公务用车、公务接待和公共机构节能等管理工作。2016 年底，共有在编干部职工 21 人，临时工 12 人，其中专业技术人员 1 人。

【概况】 做好办公用房、公务用车、公务接待清理整顿、公共机构节能、机关水电暖和房产维修维护、园林绿化、保洁、安全保卫、会场服务等工作。获 2016 年“山东省‘十二五’公共机构节约能源资源工作先进集体”称号，2016 年底被临沂市机关事务管理局评为全市机关事务系统先进单位。

【办公用房管理】 重点做好全区机关办公用房台账管理，及时更新补充数据。按照区统一部署，通过清退收回对外出租的办公用房及合理调配单位办公场所的方式，解决了区爱卫会、区扶贫办等单位无办公场所的问题，为区委组织部、区纪委、区经信局、区科技局等单位增加和调剂了办公用房，实现了全区办公用房调配更加科学、合理、高效的目标。抓好单位职工住宅物业服务社会化改革和区级周转房管理制度的建立健全工作，联合相关部门出台《关于推进区直单位职工住宅物业服务社会化的意见》《河东区区级领导周转房管理办法》等。

【公务用车管理】 2016 年，区事管局参与制定公车改革总体方案、全区党政机关实施方案及相关配套政策，制定《河东区区直机关应急用车使用规范（试行）》和《临沂市河东区公务用车集中管理办法（试行）》《关于对公务用车改革参改人员乘坐区机关通勤车进行收费的通知》等管理制度。对保留的 54 辆应急机要车辆和 2 辆调研用车，通过公开招标与临沂正直集团合作，成立全区公务用车改革过渡性车辆服务中心，全区车改后的公务用车基本实现社会化、服务化运营，初步确立公务用车用前审批、用时监督、用后支付的流程制度，建立集卫星定位管理、调试管理、车辆管理、人员管理于一体的公务用车信息化集中管理平台，实现了车改后公务用车规范化、便捷化、保障化。车改后封存取消的车辆，经过严格的招标等手续，于 2016 年 8 月，委托临沂万丰拍卖公司顺利拍卖出首批 96 辆公车，无一流拍，总成交价 3214500 元，起拍总价 1975100 元，溢价率 62.75%，2016 年底，全区公车拍卖已基本完成。

【公务接待管理】 利用前期区组织的专项督查时机，到各镇街、区直各单位了解公务接待工作的基本情况，针对公务接待账务处理不规范、执行公务接待管理办法不到位的问题，提出了指导性的整改意见。

【水电冷暖维护管理】 2016 年 3 月，对职工宿舍老化自来水管道进行更换改造，实行一户一表，彻底解决了老化管道跑冒滴漏的问题。

【园林绿化】 2016 年，为区人社局办公大楼建设腾出建设用地，就近移栽各类绿化苗木 7333.33 平方米。在不增加园林管理经费支出的前提下，区行政中心园林绿化做到修剪及时、养护及时。

【安全保卫】 区事管局承担区行政中心、区政务大厦、区综治中心的安全保卫工作，其中，区行政中心由河东区公安分局巡警大队派驻 15 名保安队员具体负责；区政务大厦、区综治中心由临沂市庆华物业管理公司分别安排 18 名、7 名保安队员负责安保工作。区行管局加强对以上安保人员的管理，明确工作职责，提高责任意识，对重要设备、配电室、消防系统、电梯等每日巡查，发现隐患做好登记并及时排除。2016年，组织开展2次全区机关消防安全演练；加强对外来人员登记管理，外来人员进入办公楼联系工作，一律办理登记手续；做好上访人员的劝阻和疏导工作，维护机关办公区域的正常工作秩序。

【食堂管理】 加强对餐厅承包单位临沂沂通酒店管理公司的监督管理，采取提升就餐环境、丰富饭菜花样，降低就餐价格等多种方式，改善了机关食堂的就餐环境和干部职工的就餐条件，提高了接待能力。

【车辆管理】 加强车辆管理工作，实行定点、定卡、专人加油制度，车辆维修保养实行审批定点制度，对车辆加油、维保情况每月公示。三辆机关交通车在全年安全运行，保障机关人员上下班的基础上，2016年，累计为区委、区政府等单位提供156车次的出车任务，为河东区机关单位对外交流、会务、学习等提供了有力的交通保障。

【财务管理】 严格按照财政预算程序协调资金，保障了2016年办公大楼物业维修、空调机组维保运行、电梯维保、区行政中心集中供暖等重点工作的完成。

【会议服务】 做好会前准备，保证会议质量，使用会场召开会议的，必须经区委、区政府同意，凭会议审批单安排会场。2016年，提供会务服务332次。

【公共机构节能】 贯彻《节约能源法》和《山东省公共机构节能管理办法》，健全公共机构节能工作管理体系，6月，开展公共机构节能宣传周活动，投入3万余元印制相关宣传品，发动志愿者到机关食堂、社区、超市开展节能减排宣传。公共机构节能科会同有关部门组织开展能耗监测、统计、公布工作。根据河东区的实际情况，建立完善节约资源的计量、记录报告、车辆维修、油耗月通报等管理制度，定期公布资源消耗情况。

撰稿：郑洪印

审核：林凡金

政府法制

法制办领导成员

党组书记：潘增智

党组成员：刘　勇（2016年12月任职）
林凡卿
朱兴杰

主　　任：潘增智

副 主 任：刘　勇（正科级，2016年12月任职）
林凡卿
朱兴杰

副主任科员：张志华

※行政执法监督局

局　　长：尹云富

【机构设置】 河东区人民政府法制办公室为区政府工作部门，内设综合科、执法管理科、法规科、复议应诉科4个职能科室，下设区法制服务中心1个正股级事业单位。2016年9月，设立区行政执法监督局，为区政府法制办内设机构，规格为副科级。截至2016年底，共有在编人员12人。

【概况】 推进科学民主依法决策、深化执法监督体制机制改革、提升行政复议应诉水平等重点工作，服务改革发展大局。2016年2月，河东区被授予"全省依法行政先进集体"称号；3月，被授予"全市依法行政先进集体"称号。

【领导学法】 按照领导干部学法制度要求，结合全区经济社会发展形势，围绕政府工作的重点和难点，精心安排学法内容，通过政府常务会议专题学习的方式，组织学习《山东省行政执法监督条例》《中共中央、国务院法治政府建设实施纲要（2015—2020年）》《国务院关于进一步加强行政复议工作规范化建设的实施意见》。2016年5月，组织召开全区依法行政培训动员会议，在全区范围内开展依法行政系列培训活动，年内组织培训5期，培训836余人次；10月，印发《河东区政府工作人员宪法及公共法律知识读本》和《题库》，共计2500套（5000册），供区政府工作人员、行政执法人员学习使用，并赠阅区委、区人大、区政协领导、有关委室，各镇街（园区）党（工）委班子成员。

【政府规范性文件管理】 全面推行计划编制、“四级连审”“三统一”、备案审查和定期清理制度，实现规范性文件监管全覆盖。2016年，审查规范性文件7件、涉法性文件21件，形成审查意见60余条。印发的政府规范性文件全部经过统一登记、统一编号和统一公布，并及时向区人大、市政府备案；为进一步发挥政府法律顾问的职能作用和社会资源优势，建立法律顾问考核评价体系，对法律顾问实行日常考核与任期考核。

【行政执法监督】 2016年，经市编委批复，设立行政执法监督局，为区政府法制办内设机构，规格为副科级，配备局长1名；开展全区行政执法主体资格清理和审核公告工作，经清理，依法确认区级行政执法主体75个，其中具有法定行政执法权的行政机关29个，法律法规授权的具有行政执法权的组织16个，区级行政执法部门派出机构30个；开展行政执法人员清理工作，经清理，保留行政执法人员1316人，其中419人持部委制发行政执法证件；调取16个行政执法部门31宗行政执法案卷集中评查，对评查出的五大类76项问题，以通报形式反馈至各行政执法单位，并进行跟踪整改。

【规范政府合同行为】 办理各类涉法事务，针对全区经济社会发展中涉及国企改革、经济决策、招商引资等各项重大决策、重点项目建设、重要经济合同等提供法律服务。2016年，审查区政府作为主体签订的各类民事、行政合同18件，提出法律性建议40余条。

【行政复议应诉工作】 建立集接待、受理、审理、听证、归档为一体的行政复议综合办公场所，并增配办公设备，满足复议工作办公、办案需求；在“集中受理、集中审查、集中决定、集中执行”的行政复议案件四集中审理模式的基础上，制定出台《行政复议工作制度》《行政复议听证暂行办法》《行政复议案件档案管理办法》等文件，对行政复议立案、审理、听证、决定、归档等各项工作进行规范，进一步细化、统一各工作环节的程序。截至2016年底，办理行政复议案件57件，维持15件，撤销11件，责令履行12件，驳回申请13件，撤回终止3件，未补正放弃申请1件，正在审理1件，不予受理1件。办理行政应诉45件，一审33件，胜诉13件、正在审理20件；二审12件，胜诉3件，正在审理9件。

【法制宣传】 2016年，被省政府法制办确定为全省依法行政直报点；4月，印发《关于加强政府法制信息工作的通知》，对法制信息报送的内容、质量、数量等内容进行了规定，年内在省、市、区等门户网站及法制网刊登各类法制信息100余篇（件）；编发《法治学习》简报8期。

撰稿：王　瑾

审核：潘增智

行政审批和公共服务

区政务服务中心管理办公室领导成员

主　　任：杨翠忠（2016 年 5 月离职）
　　　　　张维兵（2016 年 5 月任职）
副 主 任：王鹏飞
　　　　　孙家春
副主任科员：王家芹（女，2016 年 12 月任职）

【机构设置】区政务服务中心管理办公室为区政府派出机构，规格为正科级，行政编制 5 名，内设综合科、考核督查科 2 个科室。下设区政务服务中心 1 个副科级财政拨款事业单位，挂区农村产权交易中心牌子，事业编制 10 名，内设协调督办科、代办服务科、信息技术科 3 个科室。截至 2016 年底，共有工作人员 15 人，在编在岗 12 人，"三支一扶"满期工作人员 2 名，临时聘用人员 1 名。

【概况】河东区政务服务中心位于河东区滨河东路与中昇大街交汇处环球阳光城二、三、四楼，是全区办理行政审批和公共服务事项的集中办公场所，办公面积 5200 平方米。其中，三楼为便民服务、企业注册办理区，四楼为行政审批办理区。主要负责制定和实施政务服务中心各项管理制度并进行监督检查；对纳入政务服务中心管理的行政审批和公共服务事项的办理进行组织协调、监督管理和指导服务；对农村产权交易活动进行指导、协调、监督和管理；对进驻政务服务中心的中介服务机构进行监督管理；对进驻窗口工作人员进行管理培训和日常考核；负责"网上政务大厅"的运行管理等职能。2016 年被评为"全市政务服务信息宣传工作先进单位""全市档案工作先进集体""全区政务服务工作先进单位""区级文明单位""全区五四红旗团支部（总支）"。

【便民服务平台】中心通过推进多系统融合，创新中心监管模式，将评价投诉系统、视频监察系统、行政审批网络系统和不定时巡查等监管措施有机融合，建立起了管理与监察于一体的政务服务监管平台。坚持问题导向，强化日常监督检查，发现问题及时指出，立即整改。实行"一天四检查、一周一通报、一月一评比、一季一表彰"的督查机制，制定"十不准、十必须"工作规范。2016 年办理各类政务服务事项 17.9 万件。拓展开发实体大厅新功能。根据政务服务工作新形势新变化，及时调整办事大厅窗口布局。设立国地税联合办税服务厅，方便纳税人办理业务，实现进一个门办两家事。按照不动产登记改革工作要求，设立不动产登记窗口，9 月 5 日正式运行，颁发河东区

9 月 5 日，区政务服务中心不动产登记窗口开始受理不动产登记业务。河东区惠民早餐有限公司负责人从区政府副区长郭飞跃手中接过全区首本不动产权证书

首本不动产权证书。在原有信用信息、审批事项、公共服务事项等信息查询基础上，在办税服务厅内配备了定额发票自助领取终端，为全区6000余户纳税人提供自助领票业务。按照“统一规范、整合资源、就近服务”以及“能进必进、应进必进”原则，全区8个镇街全部建成便民服务中心，设置服务窗口和进驻事项。全区镇街便民服务平台建设形成便民服务中心、公共资源交易中心、农村产权交易服务中心三位一体的建设服务内容，涌现出汤河镇西洽沟社区、九曲街道独树头佳园社区便民服务室等建设标准高、运行质量好的便民服务设施建设典型。

【政务服务平台】 制定《河东区政务服务平台建设工作实施方案》，成立河东区政务服务平台建设工作协调小组。9月5日在全市率先启用了政务服务平台。2016年通过平台共办理审批事项1058件。

撰稿：马元强

审核：张维兵

机构编制工作

机构编制委员会办公室领导成员

主　　任：李　群

副 主 任：尤作磊

副主任科员：徐海艳（女，2016年5月任职）

事业单位登记管理局

局　长：尤作磊

副局长：朱崇好

【机构设置】 2010年5月5日，根据市委、市政府批准的《河东区人民政府机构改革方案》（办字〔2009〕170号）和《中共河东区委河东区人民政府关于河东区人民政府机构改革的实施意见》（临东发〔2010〕18号），原与区人事局合署办公的区机构编制委员会办公室单独设置，承担机构编制委员会的日常工作。河东区机构编制委员会办公室既是区委工作部门，也是区政府工作部门，列入党委序列。内设综合科、行政科、事业科、监督检查科（挂编制许可计划管理科牌子）、电子政务管理科（挂区机构编制实名制管理办公室牌子）5个科室，下设区事业单位登记管理局1个正科级参照公务员法管理事业单位、区政府行政审批制度改革办公室1个副科级行政单位。截至2016年底，有行政事业编制14名，有工作人员11人。

【概况】 2016年，区编办在推进综合行政执法体制改革、事业单位改革和重点领域体制改革，严格控制和优化配置机构编制资源，被区委、区政府授予“社会治安综合治理先进单位”“结亲连心先进单位”“全区文明单位”等称号。

【行政管理体制和机构改革】 根据省委省政府《关于推进综合行政执法体制改革的指导意见》（鲁办发〔2015〕54号）文件要求，对全区拥有行政处罚权或可采取相应行政强制措施的28个部门（单位）以及14支专门执法队伍摸底调查，摸清了执法情况、编制情况、行政部门主要职责、行政处罚权等基本情况，初步拟定全区综合行政执法体制改革方案；根据省市要求，印发《关于加强乡村安全生产、建设工程质量安全、环境保护、道路交通安全监管工作的通知》，在各镇街（园区）健全安全生产、建设工作质量安全、环境保护、道路交通安全监管工作机构。组建扶贫开发、社区矫正等工作机构，调整区纪委机关（监察局）内设机构，实现机构、职责、人员“三个调整到位”，调整后区纪委80%的内设机构直接从事执纪监督工作，执纪监督机构人员编制占到机关总数的69.2%。根据《河东区人民政府职能转变和机构改革的实施方案》和《区编委关于组建区农业综合执法大队的通知》，会同人社、财政部门完成区农业综合执法大队人员划转工作。

【机构编制管理】 强化人员入口管理，严禁超编进人，做好2016年度用编进人计划的分配使用和2017年度用编进人计划申报工作，按照上级批复的用编计划，突出重点，解决好教育系统“大班额”问题；加强镇街安全生产、建设工程质量安全、环境保护以及医疗卫生等一线人员力量；解决好人才队伍结构不合理问题，调剂出13名事业计划用来满足重点领域引进高层次人才的需求。

截至2016年10月，完成全部事业单位的中文域名新注册工作和128个机关事业单位域名续费工作，网站挂标率达到100%。配合做好全区机关事业单位“吃空饷”专项整治工作。9月底迎接省级的控编减编工作专项检查，得到省、市编办好评。设立河东区城市建设发展中心，加快推进东城新区城市建设进程；成立河东区凤凰实验学校，缓解中小学“大班额”问题；调整招商、人社、农业、供销社等单位的有关机构编制事项，为全区招商引资、居民医疗保险、农业执法、供销体制改革等工作提供机构编制保障。

【事业单位改革】 完成事业单位分类批复工作，印发《河东区编委关于规范事业单位经费来源有关问题的通知》，规范全区事业单位经费来源。有211个单位经费来源不需调整，3个单位顺向调整，18个单位逆向调整；根据省、市关于集中清理“僵尸”事业单位工作的有关要求，开展集中清理自查工作，通过对照清理范围和清理内容，全区不存在副科级以上“僵尸”事业单位。将区妇幼保健院纳入事业单位法人治理结构试点范围，督促主管部门制定了工作方案，组建理事会，召开理事会会议，通过事业单位章程。根据省编办、省人社厅《关于公立医院人员控制总量备案有关事项的通知》及市编办要求，会同区卫计主管部门按照公立医院类型特点、床位数、以及其他综合因素，确定区妇幼保健院人员控制总量为253名。按照市编办、市教育局、市财政局联合下发的《关于核定全市中小学教职工编制的通知》（临编办〔2016〕38号）文件要求，开展中小学教职工编制核定工作，共核定4570名教职工编制。

【事业单位监督管理】 按照《关于印发＜河东区2015年度事业单位绩效考核工作实施方案＞的通知》规定，考核共纳入考核单位125个，2016年2月召开事考委成员会议，确定考核等次，共确定考核A级单位22个。按照省、市统一部署安排，2015年事业单位法人年度报告公示合格单位149家，新设立登记4家，变更登记21家，共174家单位申领了新版事业单位法人证书。7月底全部完成党政群机关统一社会信用代码赋码工作，共换发54张统一社会信用代码证。

【行政审批制度改革】 印发河东区《2016年推进简政放权放管结合优化服务转变政府职能工作方案》，明确各项改革任务分工和时间进度。分别于2016年1月、5月、9月动态调整区级行政权力事项和行政审批中介服务收费项目。河东区不再保留非行政许可事项，共保留区级行政许可事项148项，区级权力清单共计2779项，行政审批中介服务收费事项涉及8个部门，共计14项。推行“双随机、一公开”监管。组织协调区直各相关部门落实工作责任，建立市场主体名录库和行政执法检查人员名录库并实行动态管理，建立随机抽取检查对象、随机选派执法检查人员的“双随机”抽查机制，确定随机抽查事项237项。

撰稿：刘国辉

审核：尤作磊

旅游工作

旅游局（外侨办）领导成员

党组书记：尤洪景

党组成员：张林振（2016 年 12 月任职）
徐文庄
王永庆

局　长（主　任）：尤洪景

副局长（副主任）：张林振（正科级，2016 年 12 月任职）
徐文庄
王永庆

副主任科员：刘淑军（女）

【机构设置】 2004 年 5 月，河东区成立旅游局（区政府外事侨务办公室），一个机构，两块牌子，为正科级事业单位，下设办公室、市场开发科、规划发展科、监督管理科、外事侨务科 5 个职能科室。机关事业编制 10 名，参照公务员法管理，截至 2016 年底有干部职工 11 人。

【概况】 2016 年，区旅游局以建设著名的区域性旅游目的地中心城市为引领，深化旅游综合改革，推进旅游项目建设，加大旅游品牌推广，创新旅游营销方式，强化旅游行业管理，推动旅游产业转型升级、完善功能、提质增效。2016 年，全区预计接待游客 650 万人次，实现旅游总收入 45 亿元。

【旅游景区开发】 聘请南京中陆必得旅游规划设计研究院编制《汤泉区休闲旅游公共服务体系规划》，完成龙园、立晨、正直盆景园旅游景区专项提升规划。汤头街道（汤头古镇）和汤河镇（海棠小镇）被列入市级旅游特色镇，汤河镇旦彰街村（沂州海棠园）、汤头街道白塔街村（林下古庙街）和八湖镇窦岭村（岭上莲海）被列入市级旅游特色村，规划编制工作已经启动。临沂市旅游集散中心落户河东，占地 8 万平方米，计划总投资 5.6 亿元，已完成项目立项，手续报省发改、旅游部门，争取列入国家专项基金扶持项目；立晨农庄开业，为市民提供了一个原生态的旅游度假目的地；投资 10 亿元的临沂凤凰欢乐大世界项目正式开业，项目全部建成后将是临沂地区最大规模的水陆两栖游乐园。海棠博物馆小镇项目在临沂（北京）招商引资洽谈会上成功签约。加快建设汤河国家级湿地公园、温泉博物馆小镇项目，投资 1800 万元的龙园红妆馆开馆，临沂皇家博物馆举行开工奠基仪式。临沂汤泉省级旅游度假区争创国家级旅游度假区，按照制定的实施方案和责任分工，查漏补缺，加快创建步伐。都市休闲游乐城、万福农庄分别被评为国家 AAA 级、AA 级景区。汤河镇上榜山东省旅游强乡镇，旦彰街村、窦岭村、白塔街社区创建为山东省旅游特色村，立晨农庄被评为山东省农业旅游示范点，龙园采摘园等 3 家单位被评为山东省精品采摘园，龙园桃园居等 7 家农家乐分别被评为四星级、三星级好客人家农家乐。

【旅游市场营销】 2016 年策划、举办一系列品牌赛事和节庆活动。龙园休闲度假农庄推出大型古装婚嫁实景演出“十里红妆”“绣球招亲”等特色活动；临沂国际影视城连续 10 年举办新春庙会。举办河东全域旅游推介会，配合市旅游局组织沂蒙踏青赏花之旅活动。组织“三百”（百家旅行社、百家婚纱摄影公司、百家媒体）、“三走进”（河东旅游进学校、进社区、进超市）营销活动。

【旅游行业管理】 年初做好《河东区旅游行业 2016 年度安全生产工作目标管理责任书》《消防安全工作目标责任书》签订工作，加强元旦、春节、清明节、五一、十一等节前旅游安全检查，开展旅游行业“大走访、大排查、大化解、大整治”专项工作及汛期安全生产隐患排查工作，开展“安全生产月”活动。联合工商局、物价局等部门，针对旅游企业违法经营、虚假宣传广告、零负团费、强迫消费、欺行霸市以及导游接待服务质量等进行联合执法检查，对星级饭店接待服务质量明察暗访，对旅行社一日游、团队接待现场检查，对旅行社内部管理、分支机构管理抽查检查。处理游客的投诉，全年受理旅游投诉办结率100%。

【旅游标准化工作】 推进旅游企业标准化建设，宣传贯彻《旅游星级饭店划分与评定》《旅游餐馆等级划分与评定》《旅行社质量等级划分与评定》等旅游行业国家标准和地方标准。加快规划建设滨河东路沿线停车场、旅游厕所等项目，新建或改造三星级水平的旅游厕所30座。出台《河东区通往主要旅游景区道路沿线综合整治方案》，集中整治通往临沂汤泉旅游度假区、观唐温泉、龙园旅游景区道路红线外100米范围内的环境面貌，提高旅游道路的畅通性。

【旅游景区选介】

立晨农庄　位于山东省临沂市河东区太平都市农业示范区，西临滨河东路，隔路与沂河相望，东临国道206线，距离河东城区约11千米，用地面积约44万平方米，项目总投资5亿元，整体定位于有机特色美食、商务会议、木屋农庄度假、木文化艺术展馆、自助蔬菜种植、儿童游乐牧场、有机水产养殖、创意农业等多个功能分区，采用“园”“庄”同步的营建方式，建设成为具有浓郁乡土气息、地域文化色彩和休闲生活意境的复合型“农旅文”高端生态农业科技示范园区。

凤凰欢乐大世界　是由华晋炜业游乐投资集团投资经营的主题游乐公园，项目占地17.33万平方米，项目总投资4.5亿元，陆地项目主要有山东首家悬挂式过山车、山东最高最大摩天轮、极速风车、时髦飞人、太空梭、凤凰影院等三十余项国内顶尖游乐设施；水上乐园主要有山东大喇叭、海浪池、彩虹滑梯等10余项国内领先的水上游乐设施。为临沂市人民打造一个以家庭自驾娱乐为核心，集生态休闲、娱乐表演、餐饮购物于一体的大型主题乐园。

奥正假日农夫　由奥德集团与正直集团强强联合、投资打造的全生态智能农场，总占地82万平方米，包含两个项目，分别是智能温室和生态采摘园。智能温室建筑面积5万平方米，是山东省单体面积最大的单体联动智能温室。园内规划城市农业、自然学校、果蔬工厂、花卉工厂、花园餐厅、全食超市6个主题区。旨在打造“休闲旅游、科普教育、亲子互动、健康美食、农业交流”于一体的“农业版迪士尼乐园”。城市农业颠覆传统农业模式，将植物栽植于管道中、墙壁上，打造不靠阳光不靠土，无菌无虫蓬勃生长的植物天堂；自然学校设置豆腐工坊、纺织工坊、烘焙教室、陶艺手绘等互动式项目，并打造全长350米的3D时光隧道；果蔬工厂、花卉工厂可供游客零距离观赏；花园餐厅、全食超市为游客提供天然、健康、有机的绿色食品。智能温室附近建有19.6万平方米生态采摘园，种植蓝莓、火龙果、西红柿、草莓等多种果蔬，是目前山东省单体面积最大、采摘项目最多的采摘园。

万福农庄　位于滨河沿岸。农庄内设有大、中、小型会议室10余间，可同时接待3000人会议、1500人用餐、500人住宿，适合公司企业、个人团体、教育机构等各个行业的使用。农庄一期占18.67万平方米，是山东省AA旅游景区、河东区农业项目龙头企业、河东区青少年校外综合实践活动基地、山东省新型职业农民培育基地。园区设有大型停车场4个，可同时停放400余辆车。二期计划扩建53.33万平方米土地，建设青少年教育基地，土地扩建已完成，后续建设工作准备在2017年完善。停车场东南侧设立公共洗手间1处，游客中心设在停车场正北方向，可同时接待1000人次，室内设有休息区、用餐区及住宿区。

【外事侨务】 年初印发《关于报送2016年度县处级人员因公出访计划的通知》，坚持因事定人、人事相符的原则，统筹安排、科学制定年度因公临时出国（境）计划，严格控制团组数量和规模。认真开展因公出国（境）报批报签工作，严格遵守有关制度和规定，重点加强对出访单位和团组的任务审核，坚决制止无实际内容的出访，确保全区各项因公出访任务顺利完成。加强证照管理工作，团组回国后及时收缴护照、通行证等证件并上交上级。2016年共办理因公出国（境）报批报签5批11人次。积极开展为侨服务工作，春节前夕，走访慰问了全区10名归侨侨眷，为他们送去政府部门的关怀和慰问。

撰稿：刘海涛

审核：尤洪景

史志工作

史志办领导成员

主　任：张永民

副主任：王丁文

刘楠楠（女）

【机构设置】 河东区地方史志办公室为正科级财政拨款事业单位，隶属于河东区政府办公室。截至2016年底，内设综合科、方志馆2个科室，核定编制7人。

【概况】 河东区地方史志办公室的主要职责是制定全区地方史志工作规划及规范标准，并组织实施；负责区级志书的编纂和旧志整理工作；对区直部门承编的各类专业志进行业务指导，并负责审稿验收；负责区政府主办的《河东年鉴》的编辑出版工作；负责区情资料的收集、整理、研究，为各级部门提供区情咨询服务；编写地情教育丛书等工作。

【"三全"工作】 按照国务院和省、市《地方志事业发展规划纲要（2016—2020）》要求，到2018年要完成"三全目标"即市、县区全面完成第二轮修志任务；市、县区综合年鉴编纂实现优质化、全覆盖；市、县区方志馆全面建成达标。二轮修志稳步推进，《河东区志》组稿材料基本收集完成，正在进行整理、补充和完善。年鉴编修继续进行，5月，《河东年鉴2013—2014》初稿编修完成，年底出版印刷。方志馆提升步伐加快，2016年方志馆新增面积120余平方米，总面积达到180平方米，馆藏图书达到200余种，计2600套。

【区情网站】 河东区情网（http：//qq.hedong.gov.cn/）根据河东区政府门户网站统一要求进行第三次改版升级，3月，第三版河东区情网正式运行。网站开设工作动态、河东要闻、文献参考、河东视频、方志馆、地方特产、河东风采、人文遗产、美丽河东等10余个栏目，全年更新信息600余条。

【省市供稿】 保质保量及时完成省、市级出版物的供稿任务。由区政府办公室下发通知，所有材料由供稿单位负责人审核并盖章，史志办派出专业人员指导整理。年内完成《山东年鉴》《山东史志年鉴》《临沂年鉴》等3个出版材料的撰稿任务，字数近万字。

【村志编修】 区史志办利用全区编修区志的时机，在全区范围内广泛宣传，鼓励部门、村镇编修志书。10月，河东区第一部村志—《九曲店志》评议稿印刷，12月份召开专家评审会。

撰稿：刘楠楠

审核：祁桂菊

中国人民政治协商会议河东区委员会

政协领导成员

党 组 书 记：李延杰
党组副书记：肖树贵
党 组 成 员：许贵鸣
李西宝
韩庆林（2016年5月离职）
曹文栋（2016年5月任职）
主　　席：李延杰
副 主 席：肖树贵
李宗芬（女）
许贵鸣
张炳才
李西宝
赵秋云（女，2016年6月离职）
秘 书 长：韩庆林（2016年5月离职）
曹文栋（2016年5月任职）

政协专门委员会领导成员

科教文卫体委员会
主　　任：闫正彩（2016年2月任职）
文史资料委员会
主　　任：王文辉（2016年2月任职）
社会联络委员会
主　　任：朱孔欣（2016年2月任职）
人口资源环境委员会
主　　任：高广印（2016年2月任职）

政协工作机构领导成员

办公室
主　　任：韩庆林（2016年5月离职）
曹文栋（2016年5月任职）
副 主 任：岳振国
教科文卫体委员会办公室
主　　任：朱文飞
提案委员会办公室
主　　任：陈继贞
副主任科员：周峻峰（2016年5月任职）
文史资料委员会办公室
主　　任：曹　健
主任科员：刘守华
经济委员会办公室
主　　任：王士波
社会联络委员会办公室
主　　任：张宝贵
委员活动工作室
主　　任：王文花（女）
副 主 任：赵鹏成

人口资源环境委员会办公室
主　　任：许　珂（回族，2016年5月任职）

【机构设置】 区政协设主席1名，副主席5名（其中驻会副主席3名、兼职副主席2名），秘书长1名。主席主持区政协全面工作，副主席、秘书长协助主席分管某方面工作。党组设书记1名，副书记1名，党组成员3名。区政协主席兼任党组书记，一名副主席兼任党组副书记。区政协设教科文卫体委员会、社会联络委员会、文史资料委员会、人口资源环境委员会4个专门委员会。区政协机关设区政协办公室、委员活动工作室、提案委员会办公室、科教文卫体委员会办公室、文史资料委员会办公室、经济委员会办公室、社会联络委员会办公室、人口资源环境委员会办公室、8个职能委室，均为正科级行政单位；设1个老干部活动室，为股级事业单位。区政协设立党总支部，下设机关党支部和老干部党支部。2016年底，机关在职干部职工28人。

【概况】 1995年4月，区政协成立，5月区政协党组成立。区政协围绕区委区政府中心工作，履行“政治协商、民主监督、参政议政”三大职能，开展调研视察、民主监督，围绕重大部署建言协商，主动参与一线工作。

【政协第十四届临沂市河东区委员会】 第五次全委会议 2016年3月5—7日在河东区政务大厦三楼第一会议室举行。该届委员230人出席会议。会议听取并审议李延杰所作的政协第十四届临沂市河东区委员会常务委员会工作报告、李宗芬所作的关于区政协十四届四次会议以来提案工作情况的报告，举行大会发言，表彰区政协十四届三次会议以来优秀政协委员、先进政协工作室、优秀政协提案和承办政协提案工作先进单位；列席区十八届人大五次会议，听取并讨论区政府工作报告及其他有关报告。通过刘世宝因工作调动辞去十四届区政协副主席职务的决定，通过谢玉华因交通肇事违法撤销十四届区政协常委职务的决定；选举王文辉、朱孔欣、闫正彩、高广印为政协十四届临沂市河东区委员会常委；通过关于区政协十四届五次会议提案审查情况的报告、区政协十四届五次会议决议；李延杰作总结讲话。

【政协第十四届常委会议】 第二十一次常委会议 第一次会议于2016年3月6日在临沂宾馆（经济开发区店）召开。区政协主席李延杰主持会议，副主席肖树贵、李宗芬、许贵鸣、张炳才、李西宝、赵秋云，秘书长、办公室主任韩庆林，区政协常委出席会议。会议听取区委常委、组织部长、统战部长杨荣涛有关人事安排事项的说明；审议通过有关人事事项；协商提出选举十四届区政协常务委员候选人酝酿名单（草案）；协商提出区政协十四届五次会议选举办法（草案）；协商提出区政协十四届五次会议监票人建议名单（草案）。第二次会议于3月7日在临沂宾馆（经济开发区店）召开。区政协主席李延杰主持会议，副主席肖树贵、李宗芬、许贵鸣、张炳才、李西宝、赵秋云，秘书长、办公室主任韩庆林，区政协常委出席会议。会议听取各组主持人汇报分组讨论审议情况；审议通过提交大会的选举事项；审议通过区政协十四届五次会议提案审查情况的报告（草案）；审议通过区政协十四届五次会议决议（草案）。会议由区政协副主席肖树贵主持。

第二十二次常委会议 2016年3月24日在区行政中心一楼东会议室召开。区政协主席李延杰出席会议并讲话，区政协副主席李宗芬、许贵鸣、张炳才、李西宝，秘书长、办公室主任韩庆林，区政协常委出席会议。李延杰、李宗芬分别主持第一、二阶段会议。部分政协委员，各镇街政协工作室主任（分工联系政协工作的负责人），区政协机关委室主任列席会议。会议书面传达学习全国、省、市政协全会精神；审议通过《政协临沂市河东区委员会2016年工作要点》；审议通过有关人事事项。

第二十三次常委会议 2016年8月30日在区行政中心一楼东会议室召开。区政协主席李延杰出席会议并讲话，副主席肖树贵、李宗芬、许贵鸣、张炳才、李西宝，区政协党组成员、办公室主任曹文栋，区政协常委出席会议，李延杰、肖树贵分别主持第一阶段、第二阶段会议。驻区部分省、市政协委员，部分区政协委员，各镇街政协工作室主任（分工联系政协工作的负责人），区政协机关委室主任列席会议。会议听取区委常委、区政府常务副区长徐立峰关于全区上半年经济社会发展情况的通报；听取区扶贫办副主任陈际忠关于全区扶贫工作情况的汇报；听取区委统战部常务副部长李丽娜关于人事事项的说明；分组讨论上半年经济社会发展情况通报、全区扶贫工作情况汇报及有关人事事项；审议通过有关人事事项；区政协主席李延杰作总结讲话。

第二十四次常委会议 2016年11月17日在区行政中心二楼区政协会议室召开。区政协主席李延杰出席会议并讲话，副主席肖树贵、李宗芬、许贵鸣、李西宝，党组成员、办公室主任曹文栋，区政协常委出席会议，部分区政协委员，各镇街政协工作室主任（分工联系政协工作的负责人），区政协机关委室主任列席会议。肖树贵主持会议。会前与会人员视察了临沂墨锋新材料科技有限公司、北京东路提升改造工程、山东东昀石墨科技有限公司项目现场；会议由区政协副主席许贵鸣传达学习中共十八届六中全会精神；区科技局局长郭善贵作关于全区石墨烯产业发展情况的汇报；与会常委、委员进行了深入讨论交流，对全区石墨烯产业发展和重点项目建设进行了集中协商议政；区政协主席李延杰作总结讲话。

【视察和调研工作】 2016年开展全区扶贫工作调研和电子商务发展调研、全区基层文化建设专题调研和夏季秸秆禁烧专题视察协商议政、加快转型升级发展、推动企业“二次创业”专题协商、全区科普基地建设组织界别协商，开展秋季秸秆禁烧及综合利用工作和宗教工作视察调研活动，平安建设“雪亮工程”推进调研等，为推进全区经济社会发展建言献策。

【争先创优活动】 2016年，在“中国体彩杯”临沂市政协系统第二届乒乓球邀请赛中，获得体育道德风尚奖、全区“招才引智”工作先进单位三等奖、全区“三引一促”工作先进单位二等奖，被评为全区招商引资先进单位、全区三八红旗集体。

【文史和联谊工作】 组织区内10名书画名家的10件优秀作品，参加市政协组织的政协系统书画展；组织编纂了《十四届区政协五年工作掠影》，以图片形式记述了区政协五年履职情况。接待、协助上级政协视察调研13批120人次，接待外地政协学习考察交流9批150人次；组织外地学习交流2次；向上级和外地政协发送文史资料60余册。

【提案工作】 2016年立案98件，交由34个部门（单位）办理。定期调度提案办理情况，对重点提案的督办及时予以指导或专题督办，推进广泛多层面的提案办理协商新格局，继续探索和优化提案打包办理。提案承办单位重视提案办理工作，积极采纳提案建议，委员对提案办理满意和基本满意率为98%。

撰稿：刘守华　岳振国　孙　婷　许金磊
审核：曹文栋

纪律检查监察工作

纪委（监察局）领导成员

书　　记：吴　岩（女，2016年12月离职）
吕凤龙（2016年12月任职）
常务副书记：尤作锦
副 书 记：张丽丽（女）
常　　委：孙　涛
王玉荣（女）
王兴华（2016年12月离职）
吴艾国

监察局

局　　长：尤作锦
副 局 长：张　强（2016年12月任职）
张　楠（女，2016年5月任职）
正科级纪律检查员：王西文（2016年5月任职）
副科级纪律检查员：宋莹琛（女，2016年5月任职）

※办公室

主　　任：吴艾国（兼）

※组织部

部　　长：张　楠（女，2016年5月任职）

※宣传部

部　　长：李　琦（女，2016年5月任职）

※信访室

主　　任：高冠华（2016年5月至12月）
赵庆佰（2016年12月任职）

※案件监督管理室

主　　任：王玉荣（女，兼，2016年5月任职）

※ 党风政风监督室

主　　任：孙涛（兼，2016 年 5 月任职）

※ 第一纪检监察室

主　　任：张健（2016 年 5 月任职）

※ 第二纪检监察室

主　　任：高冠华（2016 年 12 月任职）

※ 第三纪检监察室

主　　任：周雷（2016 年 5 月任职）

※ 案件审理室

主　　任：林文临（2016 年 5 月任职）

廉政教育中心

主　　任：孙涛（兼，2016 年 5 月任职）

副 主 任：赵春龙（2016 年 5 月任职）

　　　　　徐同金（2016 年 5 月任职）

派驻第一纪检组、监察室

书记、主任：王　建

派驻第二纪检组、监察室

书记、主任：吴世玲（女）

派驻第三纪检组、监察室

书记、主任：张　敏（女，2016 年 5 月任职）

派驻第四纪检组、监察室

书记、主任：张俊松

派驻第五纪检组、监察室

书记、主任：杜连翔

派驻第六纪检组、监察室

书记、主任：刘　伟

驻相公纪工委、监察分局

书记、局长：孟令银

驻汤头纪工委、监察分局

书记、局长：孙福祥

驻郑旺纪工委、监察分局

书记、局长：郭希存

【机构设置】 2016 年 4 月，区纪委（监察局）进行第二次内设机构调整。整合党风政风监督室、执法和效能监督室，设立党风政风监督室；撤销干部室，设立组织部；撤销宣传教育室，设立宣传部；设立案件监督管理室。按照职能相近、利于工作的原则，将研究工作的相关职能归并到办公室，法规工作的相关职能归并到审理室，纪检监察干部监督室的职能归并到组织部。调整后，区纪委监察局机关内设机构数和领导职数保持不变。按照市纪委规范直属事业单位的有关要求，将区人民政府纠正行业不正之风办公室更名为区纪委廉政教育中心，将其原有职能归并到区纪委党风政风监督室。更名后，其经费形式、编制及领导等保持不变。调整后，区纪委（监察局）机关设办公室、组织部、宣传部、党风政风监督室、信访室（挂区国家行政机关工作人员违法违纪举报中心牌子）、案件监督管理室、第一纪检监察室、第二纪检监察室、第三纪检监察室、案件审理室（挂案件申诉复查室牌子）10 个副科级行政职能部室，辖区纪委廉政教育中心 1 个正科级事业单位。截至 2016 年底，共有干部职工 69 名，其中在编人员 63 名，临时用工人员 6 名。

【区纪委全体会议】 2016 年 2 月 4 日，中共河东区纪委召开十三届八次全体会议，学习贯彻十八届中央纪委六次全会、省纪委十届七次全会和市纪委十二届七次全会精神，全面总结 2015 年全区纪律检查工作，安排部署 2016 年任务。区委书记、区人大常委会主任王晓军出席会议并讲话。区委副书记、区长赵晓晖主持会议。区委常委、纪委书记吴岩代表区纪委常委会作工作报告。区级领导班子成员，区法院院长、检察院检察长，其他副县级以上领导；区纪委委员，各镇街党（工）委书记，不是纪委委员的镇街纪（工）委书记，河东工业园区分管负责人，区直各部门及上级驻河东各单位主要负责人、纪检组长（纪委书记），区纪委监察局副科以上干部参加会议。

【落实监督责任】 加强对中央和省、市、区委重大决策部署贯彻落实情况的监督检查，制定下发《关于对全区部分重点领域监管工作加强监督检查的实施方案》，开展了对旧村拆迁、北京东路改造提升、汤河湿地治理等全区重点工作的抽查复核，维护政令畅通。严格落实中央“九严禁”纪律要求，制定全区严肃换届纪律“十严禁”；严把党风廉政意见回复关，协助有关部门完成7批1125人的党风廉政意见回复。会同组织部门加强换届风气监督巡回督导，建立违反换届纪律问题快速核查机制，坚决纠正选人用人上的不正之风。区级党政班子成员带头向区纪委全委会述责述廉，并同分管联系镇街和部门82名主要负责人开展履责谈话。区纪委常委、各派驻纪检组书记同镇街主要负责人、区直部门单位班子成员419人开展廉政谈话。组织5个镇街、10个区直部门主要负责人向区纪委全委会述责述廉，对9个镇街园区和23个区直部门落实“两个责任”情况进行电视访谈，与8个职能部门签订《履行监管职能责任书》。落实主体责任“双报告”、日常督导、半年调度、年终检查考核等制度，由区委常委带队对镇街园区、区直部门单位2016年度落实全面从严治党主体责任情况进行检查考核，层层传递压力，推动责任制落实。严格执行问责条例，对落实责任制不到位，管辖范围内党员干部疏于管理出现违纪问题，贯彻落实上级决策部署措施不力、造成工作被动的，追究直接责任人责任，追究党组织责任和领导责任。全年办理责任追究案件13起，给予党政纪处分22人。

【监督检查】 全年组织明察暗访37次，对暗访发现的区工商局工作人员在执法检查过程中收受管理服务对象礼品问题严肃查处，给予当事人党纪处分，并对单位负责人进行了问责。深化和改进派驻巡察，完成对5个镇街、37个区直部门的巡察，巡察情况向区委“五人小组”作专题汇报，及时移交处理问题线索，给予党纪处分2人。针对全区发现的共性问题，责成人社、财政、事管等部门，开展落实中央八项规定精神执行财经纪律情况专项检查，发现问题74个，责成相关部门举一反三、全面整改，建章立制、堵塞漏洞。坚决查纠侵害群众利益不正之风和腐败问题。区级班子成员牵头成立了11个专项整治小组，突出重点人员、重点岗位、重点领域，对土地征收、“三资”管理、惠农补贴、扶贫救济等方面侵害群众利益的问题以及吃拿卡要、欺压群众等行为，坚决依规依纪处理。在区级媒体开设“一把手谈专项整治”专栏，对镇街和职能部门主要负责人进行电视访谈，夯实专项整治主体责任。区纪委对2013年以来受理的信访举报进行大起底，并筛选32个问题线索，重点督察督办。通过建立台账、集中交办、直查督办、销号管理等措施，化解了一批群众关注的热点难点问题。按照“越往后执纪越严”的要求，把违反中央八项规定精神行为列入纪律审查重点，对顶风违纪的严查快处、动辄则咎、公开曝光，保持高压态势。2016年查处违反中央八项规定精神问题23个，处理61人，其中给予党政纪处分22人，先后13次通报曝光了25起典型案例，形成有力震慑。

【执纪审查】 改进执纪审查方式，建立健全函询、诫勉谈话等制度，让“咬耳扯袖”“红脸出汗”成为常态，2016年，区纪委共函询谈话党员干部27人。开展涉纪涉腐信访件办理“清仓见底”行动，推行双向承诺和处置结果公开制度，对问题线索实行归口管理、集中排查、跟踪督办，区纪委全年受理信访反映286件，全部予以分类处置。河东区被评为“全省无越级集体访创建工作先进单位”。2016年全区纪检监察机关立案156件，给予党政纪处分183人。把省委巡视组巡视交办的问题线索作为重点，优先安排、调查和处理，对省委巡视反馈的4个问题进行了调查，给予党纪处分7人。发挥反腐败协调小组作用，集中清理涉案党员和国家工作人员，对司法机关移交的112名涉案人员落实了党政纪处分。全区检察机关立查贪污贿赂、渎职侵权等职务犯罪案件16件16人；全区法院系统共审结贪污贿赂、渎职侵权案件14件14人。

【宣传教育】 坚持正确政治方向和宣传导向，以党报党刊为主阵地，在办好网站、微博、推送廉政短信等传统形式宣传教育的基础上，放大“河东清风”微信公众号宣传效应，拍摄8集廉洁公益广告，叫响“河东清风”品牌。推进廉政教育进党校，举办9期廉政辅导培训班，培训党员干部900余人。加强网络舆情正面引导工作，以正能量占领宣传阵地。选取各级查处的86个“四风”方面典型案例，编印《讲规矩守纪律＜四风监督哨＞案例选编》；选取近年查处的侵害群众利益和违反换届纪律的19个典型案例，编印第5期《警钟》教育专刊，用身边事教育身边人，让党员干部受警醒、知敬畏、明底线。组织党员干部学习贯彻新修订的《廉洁自律准则》《纪律处分条例》《问责条例》等党内法规，通过专家辅导、巡回宣讲、知识竞赛、德廉知识测试等方式，在全区党员干部中营造守纪律、讲规矩的氛围。

【自身建设】 深入推进体制机制改革，落实镇街纪委书记、副书记，区纪委派驻纪检组组长、副组长，区管国有企业纪委书记、副书记三个提名考察办法，建立镇街纪委书记、副书记后备干部人才库。结合换届工作，配强镇街纪委领导班子，优化结构，增强活力。加大纪检监察干部交流力度，全年有4名镇街纪委书记、14名机关干部得到提拔重用。按照“5+X”模式对内设机构和直属事业单位进行调整，人员力量向执纪监督一线倾斜，区委给予支持，为区纪委增加行政编制12个、办公用房10间，执纪机构人员编制占行政编制的69%。制定《中共河东区委巡察工作实施办法》，明确指导思想、巡察范围、工作方式和权限程序；设立区委巡察机构，配强人员力量，健全工作机制，为开展巡察工作打下基础。以“两学一做”学习教育为抓手，持之以恒抓好纪检监察机关自身建设。坚持“严管即是厚爱”的理念，严格内部监督管理，对发现的干部苗头性问题，由分管领导及时进行谈话提醒。进一步加大业务培训力度，举办全区纪检监察干部业务培训班，实行工作周调度通报、每周五例会学习制度，切实提高履职能力和水平。

撰稿：范建萍

审核：吴艾国

社会团体

SheHuiTuanTi

总工会

总工会领导成员

党组书记：洪善良（2016年5月离职）
　　　　　高秀飞（2016年5月至12月）
　　　　　朱建忠（2016年12月任职）
党组成员：张从岩
　　　　　李晓玲（女）
　　　　　马宝华
主　　席：刘思勤
常务副主席：洪善良（2016年5月离职）
　　　　　高秀飞（2016年5月至12月）
　　　　　朱建忠（2016年12月任职）
副主席：张从岩（正科级）
　　　　　李晓玲（女）
副主任科员：马宝华

【机构设置】 区总工会内设办公室、女职工部（挂区女职工委员会牌子）、组织宣传教育部、生产保护部（挂保障工作部牌子）、民主管理部（挂法律工作部牌子）5个部室，编制5名；下设区职工服务中心1个股级事业单位，编制2名。截至2016年底，有干部职工10人。

【基层工会建设】 全区已建立基层工会组织922家，入会会员5万人，其中新增工会22家、新增会员1500人，基层工会组建率和职工入会率均达到98%以上。为九个镇街、园区总工会共拨款60多万元，用于开展"职工之家"建设，为每个镇街（园区）配备一台打印机和电脑。在零工市场投入50多万元建立河东区职工服务中心，设立农民工夜校和心理咨询服务室，并为农民工配备图书室、棋牌室、篮球、乒乓球、羽毛球等场地和器材等设施，建设高标准职工电子阅览室。

【职工权益维护】 2月，投入资金30万元开展"冬送温暖"活动，走访慰问困难职工240名。5月，开展"帮扶送教育"活动，筹措资金12万元，资助困难职工子女128名。5月，筹资10万元为230余名先模人物在河东区人民医院进行免费健康查体。6月，开展"夏送清凉"活动，将2500斤绿豆、1000多条毛巾和2000多包茶叶等防暑降温用品送到环卫工人手中。9月，筹资8万多元开展"金秋助学"活动，解决30名贫困职工子女上大学问题。10月，筹资3万元，组织40名一线职工到青岛海西疗养院疗休。12月，筹资40万元开展"送温暖"活动，区总工会通过银行转账方式为230名困难职工发放慰问金。

【工会文化建设】 抓好文化阵地建设。5月12日，举办第十一届职工乒乓球比赛。9月，在奥正农业观光园举办职工自行车骑行大赛，11月，举办太极拳培训和河东区职工3人组篮球比赛。关爱农民工精神文化生活，为全区农民工建设高标准市级职工书屋和免费电子阅览室。

【自身建设】 专题研究部署党风廉政建设工作，与各科室签订《党风廉政建设目标责任书》，明确党风廉政建设的工作目标和任务，把党风廉政建设任务分解细化到各科室，落实到人，形成一级抓一级、层层抓落实的工作格局；健全由党组书记为组长，其它班子成员为副组长，科室负责人为成员的党风廉政建设工作领导小组。坚持一把手负总责，做到党风廉政建设重要工作亲自部署、重大问题亲自过问、重点环节亲自协调、重要案件亲自督办，切实担负全面领导责任，同时，班子成员按分工，切实落实"一岗双责"，抓好职责范围内的党风廉政建设工作。

撰稿：刘智通
审核：王乐通

共青团河东区委

共青团河东区委领导成员

书　记：焦　婧（女，2016 年 12 月离职）

副书记：诸葛绪林

王廷金

【机构设置】 中国共产主义青年团临沂市河东区委员会成立于 1995 年 5 月。截至 2016 年底，内设办公室、组织宣传部、工农青年部、学校少年部、社区和维护青少年权益部（挂区希望办公室牌子）5 个部室，下设河东区青年创业就业指导中心 1 个事业单位；共有干部职工 5 人。郑旺、八湖、汤河 3 镇，九曲、太平、相公、凤凰岭、汤头 5 街道以及河东工业园区均设有专职团委书记。

【概况】 共青团河东区委的主要职责是对全区青少年社团组织进行指导和管理；贯彻执行党和政府有关共青团、青少年工作的方针和政策；参与制定全区青少年事业发展规划；完成区委、区政府和团市委部署的以青年为主体的各项任务；负责全区团组织建设；负责向党组织推荐输送优秀青年干部。

【组织建设】 落实"党建带团建、团建抓创新"工作机制，开展"两新"组织团建、镇街组织格局创新，镇街实体化大团委建设和区域化团建等重点工作。创新开展"互联网 VRMO"团建模式，推进互联网团建在全区开展，吸引全区互联网企业和网络青年加入到互联网团组织中。2016 年区粮食局团支部被评为全省五四红旗团支部。以农村电商为载体抓牢村级团组织建设。助力农村青年创业就业，以"农村淘宝"服务站为载体，招募和吸纳青年返乡就业创业，通过河东区电商创业学校和创众空间基地，提升青年就业创业水平。完善村级青年代办点建设，将"村淘"合伙人全部纳入青年代办员队伍，为村民提供水、电、通信费，网上采购、农产品代卖等服务。引导村级公益活动，以村级服务站为平台，建立团支部或青年联合组织，将优秀合伙人纳入共青团组织管理，引导开展各类公益活动。

8 月 31 日，河东区阿里巴巴"农村淘宝"合伙人招募会暨千县万村"百万英才"项目启动仪式举行

【青少年思想道德教育】 围绕"五四"青年节、"七一"建党节等重要节日，开展"手抄团章 60 天""手抄党章 100 天"等系列活动。组织部分团干部到河东区党性教育基地、临沭县《刘少奇在山东纪念馆》开展"两学一做"党性教育学习。利用"山青学堂"学习平台，组织团干部参加专题学习 14 期。以开展"两学一做"学习教育为契机，整治团干

部作风，探索吸引和凝聚青年的有效方式，号召团干部在共青团岗位上奉献青春，勤奋工作。依托新媒体技术，开展团员意识教育。推广“三礼三仪”沂蒙开蒙礼等特色品牌，教育引导青少年知礼仪、守诚信。利用五四青年节、六一儿童节、开学季等重要时间节点，开展“我为核心价值观代言”“核心价值观记心中”“沂蒙最美青年”“向上向善好青年评选”等主题活动，面向青少年集中宣传社会主义核心价值观。继续开展“沂蒙精神代代传”“传承沂蒙魂·永远跟党走”等主题教育活动，灌输和培养青少年知家乡、爱家乡的朴素感情。开展“红领巾相约中国梦，关注十三五创造新生活”主题活动、“城乡少年手拉手，结对帮扶筑和谐”开学第一课等活动。5月6日，临沂第十实验小学作为全市共青团工作现场点迎接临沂市人大调研组视察指导。

【维护青少年合法权益】 开展“共青团与人大代表、政协委员面对面”活动，反映青少年的呼声，从源头上维护青少年合法权益。2016年，创新打造“法制星期三·关注校园凌辱·维护青少年合法权益”项目，联合区检察院未检科、公安分局、区法院、区司法局、区教体局等单位选派法制教育专员，每周三到学校就青少年及未成年人相关问题进行宣讲；建立常规化预防青少年违法犯罪法制教育模式，全区以“零犯罪学校”创建工作为抓手，注重发挥法制副校长作用，共开展法制副校长培训班23期400场次，进行法制报告68场次；推进重点青少年群体服务管理试点工作，针对五类重点青少年群体，以镇街为基本统计单位，采取集中排查的方式，摸清全区重点青少年群体的底数，完成全区重点青少年群体信息台帐的建立工作，构建青少年维权的组织化工作体系。探索“青年之声”建设，实现团组织对青年的直接联系、直接引导和直接服务。截至2016年底，“青年之声—河东”专家数已达1931人，组织开展线下活动项目15个，覆盖青年1000余人。

【青年就业创业】 选树青年创业典型，推荐张瑞峰、周建功、董婷婷等河东籍创业青年参加临沂市青年创业奖评选；选树、培养5名带领农民群众增收致富的优秀农村青年典型；遴选3名农村致富带头人、标兵参与全市农村青年致富带头人评选，选树全国青年电商联盟成员、山东省农村青年电商带头人等青年创业典型21人。推广共青团青春扶贫项目。选树培养山东创众空间国际电子商务产业园“闪耀青春，助力扶贫”行动、九曲街道李庄子社区低息扶贫专项基金、河东区沂州木瓜种植专业合作社和凯迪家庭农场4个青春扶贫项目，为有创业意向的农村贫困青年搭建创业平台，引导农村青年致富带头人、青年创业导师与贫困青少年结成创业伙伴，帮助农村青年电商转型升级，引领更多农村贫困青年依托当地农副特产品通过网上创业实现脱贫。联合区级金融机构，探索建立团区委牵头、职能部门支持、金融手段灵活多样的“1+1+X”型的青年创业金融服务平台模式，为当地有就业创业意向的青年提供如创业咨询、青年电商贷款、理财服务等创业服务，打造河东偏远地区青年创新创业链式服务体系。整合各类资源，以推广阿里巴巴“农村淘宝”项目为突破口，启动实施“农村青年电商工程”，引导青年扎根农村，助推农村电子商务产业发展。围绕推动农村青年创新创业工作精神，联合阿里巴巴“农村淘宝”项目工作组在各镇街（园区）进行“村淘合伙人”推荐选拔。

【青年文明行动】 组织开展“青春绿色行动·扮靓美丽河东”青少年植树系列活动，累计植树5万余棵，造林面积达40万平方米。举行绿色教育入校园活动，通过开展“小手拉大手，共建碧水蓝天”“低碳生活，有你有我”“环保达人比拼”“环保金点子征集”等系列环保实践活动，引导青少年树立爱绿植绿护绿意识、生态环保意识和节约节俭意识。向外主动与临沂平安户外、临沂追风骑行团、挑战者车队、东夷单车部落等社会团体进行对接，筹划“低碳减霾，绿动沂蒙”等绿色实践活动。按照“六有”标准，继续开展“美丽乡村青年志愿服务示范片区”建设。3月21日，在河东区都市农业体验区举行“山东省生态文明示范教育基地”授牌仪式。

【希望工程·助学助困行动】 开展“希望小书包”“圆梦行动”“希望小学”“七彩小屋”等捐助活动，拓宽希望工程筹资渠道。推进希望小学软实力提升项目，服务农村学校发展需求。选派刘店子保洁希望小学2名教师、10名学生参加中国青少年发展基金会组织的培训班，促进希望小学师资水平提升。开展“留守儿童暑期体验城市”活动。组织40余名留守儿童、农村贫困儿童参观临沂市博物馆、科技馆。做好华杰仁爱助学金资助工作，1月11日，团区委在临沂二十四中举行“华杰仁爱助学金”发放仪式，为10名贫困学生每人捐助2000元。2016年向山东奥德燃气、山东齐商村镇银行、姜玉坤眼镜等多家爱心企业募捐爱心基金58万余元，资助50名高考新生圆梦大学，帮扶资助贫困中小学生72人。

撰稿：邵姣竹

审核：诸葛绪林

妇女联合会

妇联领导成员

党组书记：王沂琳（女）

党组成员：董宜雯（女）

主　　席：王沂琳（女）

副 主 席：董宜雯（女）

副主任科员：姜保保（女）

【机构设置】 河东区妇女联合会内设办公室、组宣部、维权部、研究室、发展部5个部室。截至2016年底，有工作人员6人，其中主席1人，副主席1人，副主任科员1人，全区有妇女组织489个，其中，乡镇、街道妇联9个，社区妇代会189个。

【概况】 河东区妇女联合会是全区各界妇女联合起来的社会群众团体，是党和政府联系妇女群众的桥梁和纽带。主要职能是团结、带领全区妇女投身三个文明建设，促进经济发展和社会全面进步；教育、引导广大妇女，增强自尊、自信、自立、自强的精神，全面提高妇女素质，促进妇女人才成长；代表妇女参与社会事务的民主管理、民主监督，参与有关妇女儿童发展规划的制定，维护妇女儿童合法权益；为妇女儿童服务；加强与社会各界的联系，协调，推动社会各界为妇女儿童办实事、办好事，推进妇女事业的发展；承担区委、区政府和上级妇联交办的相关任务。

【妇女参与经济建设】 区妇联与市妇联联合开展“春风送岗”大型招聘会，共组织80名有转移就业意愿的妇女劳动者和200名有创业就业意向的妇女前来咨询。与人社部门联系，邀请当地各大型企业以及适合妇女岗位的单位参加招聘，搭建平台，为当地妇女提供更多的就业机会。依托沂蒙大姐家政服务就业中心，打造河东区巾帼再就业服务中心，通过三项举措为企业及下岗失业妇女搭建桥梁、提供服务。通过调查了解家政企业的用工需求和下岗失业妇女就业意向，以招聘会的形式为双方搭建交流平台；举办“专家进中心”活动，邀请就业创业政策和法律维权专家为中心业户及职工提供政策法律咨询讲座服务；开展巾帼品牌创建活动，以“巾帼文明岗”创建活动为抓手，深化家政业户和女职工岗位建功的激情，推进工作创新。为帮助广大农村妇女掌握计算机基础技能，提高她们通过网络获取知识、就业创业的能力，培养有文化、懂技术、会经营、高素质的新型农村妇女，区妇联在3月底和4月初开展农村妇女“网上行”基础技能培训，共组织365名妇女参加培训。在全区9个镇街组织开展“沂蒙大姐”家政服务培训，培训内容包括面点、按摩、月嫂技能、护理等特色培训项目，截至2016年底，共有近2000名失业妇女获得免费培训机会。

【妇女儿童发展纲要实施】 颁布《河东区妇女、儿童发展十三五规划》《2016年河东区综治办、区妇联、民政局、司法局关于推进“平安家庭”创建工作的实施意见》，出台6件实事。依据《为妇女儿童做6件实事》的部署，新建、改扩建公办幼儿园36所，其中学校幼儿园31所，社区幼儿园5所。全区公办幼儿园和普惠性民办幼儿园数、在园幼儿数分别占到总数的80%以上，学前三年幼儿入园率达到90%以上；把发展“沂蒙大姐”居家创业就业项目作为促进妇女创业就业的主渠道，通过教育培训、基地示范、孵化服务等，鼓励妇女发展家庭手工业、商业贸易、家庭服务业、农家乐旅游、特色种养殖业等适合居家创业就业项目。安置就业260人，认定扶持4处创业就业基地。

【妇女参与文明建设】 持续开展寻找最美家庭活动，每月初妇联寻找评选10个最美家庭，在年底集中表彰。举行弘扬家庭美德、践行核心价值观征文活动。有400多个家庭参与该活动。以“弘扬家庭美德，共创美好人生”为主题开展“家”字系列活动。率先启动“寻找最美家庭”活动，向全区上万家庭发出倡议，征集家训、家风和家庭故事，通过《今日河东》等主流媒体发布信息，10个家庭和个人获得区级荣誉称号。发挥妇联“红娘”作用，服务大龄单身青年，打造“微浪漫”微信交友平台，为单身青年提供交友联谊的平台。

【妇女儿童合法权益维护】 以法院巾帼妇女服务团、检察院巾帼妇女服务团、女律师志愿者为基础，招募并组建一支由专业法律工作者组成的公益性服务队伍。年内组织普法维权讲座10场。利用12338维权热线为妇女提供专业化、个性化的维权服务50余例，有26位妇女得到反家暴的法律援助，20人得到免费伤情鉴定服务。加强妇女信访代（协）理工作规范化建设和妇女信访代（协）理员队伍建设，接待妇女来电来访37余次，代理信访案件24件，息访率99%。设立特邀调解员，建立志愿者队伍，培养了一批巾帼平安志愿者队伍，成为基层平安建设的主力军。开展“两癌”筛查活动，建立“妇儿关爱”救助机制。针对贫困家庭患有“乳腺癌、宫颈癌”疾病的妇女，建立救助机制。推动河东区“两癌”免费筛查工作的开展，受益妇女30486万名。与上级妇联联合开展面向贫困家庭“两癌”妇女的专项救助，与卫计局联合出台实施方案，由上级妇联提供专项救助资金，每年开展摸底调查，并为22名受助妇女提供总计22万元的救助金。建立绿色通道，对困境妇女提供临时帮扶救助，有68人得到救助，有167人查出异常转诊检查。开展针对单亲母亲、困难家庭、空巢老人帮扶慰问活动。春节、“三八”妇女节期间，街道开展巾帼帮扶活动，志愿者通过入户交流，志愿服务等形式为弱势困难群体提供服务，区妇联慰问了12户特困家庭妇女、近200名贫困母亲和10位困难退休妇女主任，共送去近30万的慰问金。

【少年儿童工作】 搭建“互联网+家庭教育”平台。依托“父母学堂”，开展“筑梦童年，家庭成长”——家庭教育百场公益讲座“进社区、进机关、进学校、进企业”活动，通过活动宣传科学教育理念和方法，帮助家长解决在教育子女中遇到的实际问题，优化儿童成长环境，让更多家庭受益。多种渠道关爱流动留守儿童。春节期间走访150多名困境儿童并为他们送去过冬蚕丝被；“六一”儿童节期间，街道妇联走访看望14户家庭困难的儿童，组织春蕾儿童、孤儿、留守儿童及困境儿童参加“六一”儿童节活动；暑期组织贫困儿童开展假期活动；“十一”国庆节期间，救助40名镇街的50多名困境儿童，每人送去300至1000元不等的救助金。全年采取各种形式共救助困境儿童1000余人次。

【阵地建设】 完成阵地服务建设。依托上级妇联系统资源，投资10万元完成汤河镇洽沟社区省级妇女儿童家园的建设，投资5万元完成中兴社区和小程子河区级妇女之家的建设，完成独树头社区妇女儿童家园家暴庇护所、山东创众空间国际电子商务产业园妇女之家建设。完成对基层妇代会的改建工程，全区189个妇代会完成改建工作。

撰稿：李曼笛

审核：王沂琳

科学技术协会

科协领导成员

党组书记：王成斌

党组成员：李井熙

主　　席：王成斌

副 主 席：李井熙

主任科员：孟凡森

副主任科员：刘从国（2016年5月任职）

【机构设置】 1995年5月，河东区科学技术协会成立，下设办公室、科普部、学会部、组宣部4个职能科室，共有干部职工4人。1996年，成立河东区科技咨询服务中心，为股级事业单位。1997年，成立河东区家用电器维修人员培训管理领导小组办公室。1998年12月，区科协与区科委合署办公，组建新科委，挂区科协牌子。2002年5月，区科协与区科技局分开，独立办公。2016年12月，区科协在编在岗干部职工7人，大学以上学历4人。

【概况】 2016年12月，河东区科学技术协会（简称河东区科协）所属科技团体（协会）有九曲、凤凰岭、汤河、相公、八湖、郑旺、汤头、太平、工业园区9个镇（街）科协，三丰化工、宏艺科技2个企业科协及农产品产业协会、沂州木瓜种植协会、绿化苗木协会、焊接技术协会、营养健康行业协会、区科普志愿者协会、区老科技工作者协会、区反邪教协会等，人员有7000余人。

【基础设施建设】 截至2016年底，河东区有科普广场1处（河东区滨河科普广场），科普示范基地18处，社区科普宣传栏100余处，科普示范社区12处。建有社区科普馆4个，“科学•关爱•和谐示范乡镇（街道）、社区”6个，省级科普教育基地2个，市级科普教育基地3个，区级科普教育基地10个。

【贯彻实施《全民科学素质行动计划纲要》】 充实全民科学素质领导小组，制定年度工作要点，将该项工作纳入全区及镇（街）年度目标责任考核体系，加强日常调研督导考核。2016年，通过与有关部门合作，整合优势科普资源，围绕环境保护、食品安全、实用技术推广等热门科普主题，开展“科技活动周”“全国科普日”活动、“食品安全知识”“老年人食品安全”宣传、“消防安全”“埃博拉病毒预防宣传”等各类科普展览和群众性的科普宣传活动。

【青少年科普】 河东区青少年科技教育活动由区科协、区教育局具体承办。2016年底，全区各镇（街）中小学校建立科技辅导员队伍20个，下设科技活动兴趣小组230个，辅导员230名。青少年科技活动以课外活动的形式开展，中学每周1节课，小学每周2节课，列入教学计划，纳入教学课程。河东区实验小学创建为省级科普示范学校，河东区实验小学、九曲中学被命名为省级地震科普示范学校，河东区益民中学被命名为市级地震科普示范学校。

【科普惠农示范工程】 临沂郑旺大宋酱菜协会被评为全国科普惠农兴村先进单位。

【学会、协会工作】 截至2016年底，区科协共发展农技协32个，会员计8000多人。每年推荐评选优秀学术论文（学术成果）参加全市自然科学优秀学术论文(学术成果)评选。2016年，全区有6篇（个）优秀学术论文（成果）获得市级以上奖励。

撰稿：张　娜

审核：庄建中

工商业联合会

工商联领导成员

党 组 书 记：黄闽鲁

党 组 成 员：刘洪春

万洪岭

左安轮

主　　　席：王文升

副　主　席：黄闽鲁

刘洪春

万洪岭

左安轮

主 任 科 员：宋　宁（女）

副主任科员：丰丙奇

【机构设置】 河东区工商联是在区委、区政府领导下具有统战性、经济性、民间性的群众团体和民间商会，承担着引导非公经济健康发展和非公经济人士健康成长的职能。内设办公室、经济联络科和会员宣传科3个职能科室，2016年底，设主席1名，副主席16名（其中驻会副主席4名），常委31名，执委47名。有在职在编人员10人，其中行政编制6人，事业人员4人。

【概况】 河东区工商联主要职责是宣传和贯彻党的路线、方针、政策，促进中央、省、市、区各项政策部署在非公经济组织的贯彻落实；指导和协调全区非公经济组织党建工作；促进非公经济组织健康发展和非公经济人士健康成长。2016年，区工商联被山东省工商联授予“临沂市五好县级工商联”称号。

【制度建设】 实行会员活动小组制度。编印《会员活动小组名单》，通过企业互访、调研视察、考察学习、访贫问苦等多种形式，不断增强工商联的凝聚力和影响力。实行主席轮值制度。凡不驻会的主席、副主席每人担任轮值主席1个月，明确其工作职责和任务，以充分发挥每位主席、副主席、常委、执委的作用。实行“双联”制度，即实行主席副主席联系常委执委、常委执委联系会员制度。实行年终考核制度，制定《基层商会工作考核办法》，完善基层商会的考核激励机制。抓好机关制度建设。2016年底，区工商联机关废除制度5项，修改完善制度6项，新制定制度10项。

【服务经济】 通过帮助河东（山东）皮毛商会开展“以会招商”的形式，争取省外资金2000万元，续建河东区皮毛交易市场，乔家庄皮毛市场将成为江北最大的皮毛交易市场。3月，推荐全区7家民营企业参与“山东三项评选”

活动，其中华太电池有限公司、天一液压有限公司被评为“山东创新型民营企业”。2016年，获评全省“五好”商会2家，全市“五好”商会3家，全市先进工作者2名，全市优秀商会会长2名。区工商联被省工商联评为“先进工作单位”。

【对外联络】 2016年5—6月，组织区直属五金产业工贸城商会、河东（山东）皮毛商会相关人员和部分会员企业法人代表到浙江温州、宁波等地学习考察。2016年9月，组织机关干部到兰山、费县工商联学习。

【宣传培训】 通过报刊、杂志、网络等宣传全区工商联会员企业科学发展及参与社会公益事业等方面的先进事迹。2016年4月，组织全区25家民营企业负责人参加“2016年全市民营企业投融资与管理”培训班。推荐18家会员企业申报山东省和临沂市“民营企业50强”“民营企业公益之星”“创新型民营企业”三项评比表彰活动。推荐出全市非公经济组织先进基层党组织2个、优秀共产党员3名。

【光彩事业工作】 5月，组织成立全区“百企精准扶贫联盟”，动员工商联基层商会100家优质爱心企业，结对帮扶全区45个贫困村。开展各类培训20场次，提供就业岗位1500个。在“百企精准扶贫”启动仪式上，市工商联捐赠精准扶贫启动资金20万元。在工商联系统开展十大“同德共愿爱心行动”，即扶危济困、科技下乡、倾力助残、捐资助学、惠民增富、产业带动、就业帮扶、培训提高、基础设施建设、光彩事业“沂蒙行”活动。11月，市工商联家具商会到河东区举办“爱心助学”现场捐赠活动，为汤河中学捐赠价值20万元学生桌椅。2016年，组织机关干部集中走访汤河镇东李湖村群众255户，帮扶困难群众10户。5月，组织领导干部走访慰问凤凰岭街道东李埠村残困户孙合欢家庭。走访综治联系点汤头街道陈庄子村，结合村庄综治建设实情，制定帮扶方案。

撰稿：周龙云

审核：刘金河

残疾人联合会

残联领导成员

党组书记：高广印（2016年5月离职）
　　　　　王广跃（2016年5月任职）
党组成员：王　静（女）
　　　　　王慧敏（女）
理 事 长：盖慧涵（女）
副理事长：高广印（2016年5月离职）
　　　　　王广跃（2016年5月任职）
　　　　　王　静（女）
　　　　　王慧敏（女）
副主任科员：刘林林

【机构设置】 1995年8月，区残疾人联合会成立，为正科级事业单位，隶属区民政局。2004年4月，区残联从民政局分设。2007年12月，被批准为参照公务员管理单位。2009年6月，机构内设6个部室，即组联部、维权部、教就部、康复部、宣文部、办公室。2013年11月，成立区残疾人劳动就业服务中心，为股级财政拨款事业单位，编制2名，隶属区残联。2014年6月，经编制部门核定区残联编制数为11人。截至2016年12月31日，区残联共有干部职工14人。

【基层组织建设】 区残联按照“五部一室”规范化建设，全区8个镇（街） 和1工业园区成立镇（街）、园区残联，配备理事长1名、残疾人专职干事1名；全区350个村均成立了残疾人协会，配备了残协主席。全年为1065名残疾人办理残疾人证，为30名行动不便的残疾人提供上门办证服务。组织镇（街）残联理事长和残疾人专职干事对214名重度残疾人复审，确保级别准确、群众满意。继续开展志愿助残活动，为全市文明城市创建贡献力量，积极创建市级文明单位。为全区10名残疾人专职干事缴纳住房公积金。

【康复工作】 区残联开展残疾儿童抢救性康复救助活动，受益儿童100名，在国家、省、市级救助的基础上，对剩余有康复需求的残疾儿童全部兜底纳入区级救助，第一时间将区级救助匹配资金20.46万元拨付给相关康复机构，确保残疾儿童及时享受康复救助。免费开展贫困白内障患者手术260例，实现白内障治疗无障碍，每例手术匹配资金1400元。为150名精神病患者提供住院和服药救助，为5名听力残疾人适配助听器，为15名聋儿申请免费耳蜗植入。自筹资金为400名残疾人发放辅助器具，根据残疾人动态更新数据库，为有康复需求的残疾人提供康复服务。

【教育就业扶贫工作】 对户籍是河东区的小学至研究生阶段的残疾学生，每年给予1000～3000元的助学金，2016年，受益学生140名，为15名残疾儿童送教上门，每名儿童补助资金3000元。举办多期残疾人刮痧按摩培训班，有30名残疾人参加。组织部分残疾人参加省残联和市残联组织的电子商务等培训班，为13名取得职业资格证书的残疾人发放500～1000元奖励金。残疾人通过培训掌握了一技之能，走向了就业和创业的道路，其中典型代表为“轮椅女孩”王颖发挥“梦想小镇”的“互联网+”作用，为27户残疾人家庭提供居家托养服务，为3处残疾人托养院和1处日间照料中心及就业扶贫基地和自主创业人员提供全方位信息综合服务。7月30日，中国残联扶贫办主任、教育就业部巡视员王建军率队到河东区“梦想小镇”就残疾人“千企万人就业行动”专项工作进行调研。全区有4233名残疾人享受民政低保并领取了困难残疾人生活补贴，有2873名残疾人领取了护理补贴，通过各类残疾人托养服务寄宿制机构、日间照料机构，为65名16～59周岁的智力、精神和重度肢体残疾人提供托养服务，1192名残疾人免交基础养老保险金，481名残疾人提前5年领取养老金，提高残疾人意外伤害保障水平，为辖区内10642名0～80周岁持证残疾人购买残疾人意外伤害保险，为每名残疾人投入保费35元，残疾人最高可获得36800元的保障。申报4处市级优秀扶贫基地，新增2处扶贫基地，开展残疾人危房改造20户。

【维权工作】 全年办理“12345”事项71件，办结率和满意率为100%，为112名残疾人发放燃油补贴，为40户残疾人家庭进行无障碍改造。

【宣传及文体活动】 区残联在春节和助残日期间走访慰问残疾人家庭362户，累计投入资金30多万元。组织92家区直部门和残疾家庭结对帮扶，通过制定长期的帮扶措施，帮助残疾人解决医疗、康复、就学、就业等方面的问题，累计投入资金10多万元。走访慰问河东天使特教学校、河东尚善残疾人托养院和河东爱心养护院，共送去慰问金7.5万元和辅助器具100件。组织参加全市残疾人事业好新闻评选活动，选送作品6件。在国家、省、市各级媒体，发表新闻信息200多篇。培育残疾人自强模范典型，河东区职业中专残疾学生毛得宇被评为临沂市“最美青少年”。合计向参加往届残疾人运动会的12名优秀运动员发放奖金2.23万元。

撰稿：王　伟

审核：盖慧涵

法治·军事

FaZhi JunShi

政法委与综治

政法委领导成员

书　　记：姚运明（2016 年 12 月离职）
　　　　　蒋飞鸿（2016 年 12 月任职）
常务副书记：邵长宇
副 书 记：何建方
　　　　　巩娟娟（女）

综治办

主　　任：何建方

【机构设置】 1995 年 2 月，区委政法委（挂区社会治安综合治理委员会办公室牌子）成立，内设办公室、信息调研、执法监督 3 个科室。2002 年机构改革，保留区委政法委（区综治办与其合署）。2011 年 6 月，区见义勇为工作办公室设立，为财政全额拨款正股级事业单位。2012 年 3 月，区社会治安综合治理委员会办公室更名为区社会管理综合治理委员会办公室，2016 年 5 月，更名为区社会治安综合治理委员会办公室。2016 年，政法委设书记 1 人，常务副书记 1 人，副书记 2 人，主任科员 2 人，工作人员 6 人。综治办设主任 1 人（政法委副书记兼）。2016 年底，共有干部职工 12 人。

【概况】 全区政法综治部门把中央、省、市委各级政法综治工作会议的安排部署作为工作的首要任务，以不断增强人民群众安全感和满意度为目标，推进基层基础建设、治安防控体系建设、社会矛盾排查化解等工作。全区刑事警情同比下降 26.23%，治安警情同比下降 8.15%，可防性案件同比下降 38.06%，没有发生造成重大影响的刑事案件、治安灾害事故；河东区被省委、省政府评为“社会治安综合治理先进县区”。

【打击犯罪】 突出打击主业，开展打击“盗抢骗”犯罪、“打侵财、扫毒害”攻坚行动、打击电信网络诈骗犯罪集中攻坚行动、“打四黑除四害”等专项行动，抓获各类违法犯罪嫌疑人 1470 名，破获各类刑事案件 1021 起，其中刑事拘留 675 人，逮捕 236 人，移送起诉 549 起；查处各类行政案件 593 起，行政处罚 795 人，其中行政拘留 756 人。“打四黑除四害”百日会战战果位居全市前列；“打侵财、扫毒害”攻坚行动名列全市第六名。

【治安防范】 构建立体化治安防控体系。全面推进综治“雪亮工程”建设，投资 600 余万元，推动以视频监控联网应用为核心的区、镇街、村三级综治信息平台建设和实体化综治中心建设。199 个综治信息平台建设初步完成，建成率和联网率位居全市前列。在全市组织的三次现场观摩评议中，河东区先后取得第三名、第二名和第六名的成绩。组建 540 人的专职巡防队，全面实行区域巡防、无缝巡防、联村联防。落实镇街（园区）干部带班巡查制度，建立干部带班表，每天由一名副科级干部带班巡查，村居社区发挥两委干部和党员带头作用，每天由 1 名以上党员干部值班带班，组织村级巡防队伍开展值班巡逻工作，控制和减少可防性案件的发生。各镇街（园区）综治办、公安派出所印发社会治安防范宣传品，组建平安建设宣传车队，走街串户进行宣传，提升群众的知晓率和参与率。录制治安防范宣传知识录音，在重点时段用平安大喇叭循环播放。

【综合治理】 组织开展联系帮扶活动，全区 58 个综治委成员单位结对帮扶 58 个治安后进村，落实帮扶资金 30 余万元。开展安全生产大排查、快整治、严执法行动，落实企业主体责任、部门监管责任和属地管理责任，预防和减少各类安全生产事故发生。强化道路交通管控和重点车辆管理，强化危险品安全管理。开展寄递物流行业清理整顿专项行动，依法惩处寄递物流行业中实施的违法犯罪。加强科技护路建设，铁路护路房和沿线视频监控系统初步建成。排查整改铁路沿线重点区段和突出治安问题 4 件，依法防范打击涉路涉线违法犯罪行为 3 起 5 人次，组织开展铁路护路联防工作集中宣传活动 3 次，辖区未发生重大涉路案（事）件。在镇街（园区）建立见义勇为工作站。奖励基金规模扩大至 200 余万元。落实见义勇为表彰奖励、医疗救助、抚恤安置等工作制度，共发放表彰奖励、慰问金等 20 万元，涌现出深井救人的王凤玉、勇救落水的哥的王克玉等一批见义勇为先进个人（群体）。

【矛盾化解】 有针对性地组织开展征地拆迁、劳动关系、医患关系、交通事故、环境保护等重点领域，涉师、涉军、涉企等重点人员的矛盾纠纷集中排查化解活动，集中化解重点矛盾隐患。共排查出矛盾纠纷 188 件，化解各类矛盾纠纷 154 件，化解率为 82%，重点人员及重点群体稳控率为 100%。全年全区各级调解组织共排查各类矛盾纠纷 2108 件，调处成功 2104 件，调处成功率达到 99%。落实涉法涉诉信访依法终结制度，发放司法救助资金 50 万元，对 24 起案件当事人进行了救助。健全重大决策社会稳定风险评估机制，扩大稳定风险评估工作适用范围，充实“河东区重大决策社会稳定风险评估专家库”，对涉及群众切身利益的重要决策、重要改革、重点项目，全部纳入评估范围，从源头减少矛盾发生。开展对河东外环路、空港物流园等基础设施建设和全区重点民生项目的社会稳定风险评估工作。

【社会治理】 推进区、镇街（园区）、村庄（社区）三级综治平台实体化、规范化建设及运行。落实《关于进一步规范机关、事业、企业单位综治组织建设的实施意见》，实现了机关、单位、企业综治组织的全覆盖。推进村庄社区网格化管理。全区划分为 9 个镇街级网格、65 个片区网格、189 个村级网格、3274 个基础网格，搭建区、镇街网格化工作领导小组，设立办公室，建立“镇街—片区—村—基础网格”四级网格体系，投资 30 余万元搭建河东区网格化管理信息系统，实现区、镇、村三级联通，网格化管理基础信息采集率为 100%，系统录入率为 15%。组建 3620 人的专兼职网格管理人员队伍，工资待遇及办公经费全部纳入财政预算，实现党建、群众、综治、计生、社保、服务“六进网格”。进一步加强对互联网虚拟社会的管理，建立网上综合防控体系和网上虚拟社区警务制度，加强无线上网场所管控工作，设立 145 处检测点，建立网安同步上案、情报预警等工作机制。2016 年前三季度，网安实验室共采集手机 242 部，采集手机信息 160 余万条，协助配合办理案件 95 起。

【信息宣传】 宣传政法综治、信访维稳战线先进典型和见义勇为英模人物，放大团结有序、和谐稳定的社会正能量。加大信息采编传报力度，编发《政法工作》简报 32 期，被省市各级转发 12 篇。

【队伍建设】 开展“四无”“三零”创建活动、“双十佳”评选活动，全区政法部门、政法干警 “四无”“三零”创建达标率为 100%。开展案件评查活动，区各政法部门互查案件 14 起，未发现错案、重大瑕疵案。政法队伍未出现重大违法违纪现象。政法各部门的群众满意度成绩在全市范围内位居前列。

【责任落实】 制定《2016 年社会治安综合治理和平安河东建设责任分解》，将综治维稳和平安建设的任务指标，量化分解，落实到镇街、部门单位。制定《2016 年社会治安综合治理和平安河东建设目标责任考核办法》，对各镇街、各单位综治维稳、平安建设工作开展情况，每半年组织一次综合检查，同时不定期组织暗访检查，全年组织综合检查2次，暗访检查4次，专项工作督导6次。落实社会治安综合治理奖惩制，有190个镇街（园区）单位、村庄（社区）275名个人受到省、市、区表彰奖励；因发生干部职工违法犯罪或者多起可防性案件等问题，有6家单位被警告，有3家单位被黄牌警告，有9个村庄（社区）被一票否决；因工作被动落后，有1个镇街被通报批评。

撰稿：孙士刚

审核：何建方

公 安

公安分局领导成员

党委书记：韩永青

党委副书记：高发忠

党委委员：张伟速

孙建亭

刘思波

王明华（挂职）

孙 伟

于长杰

张明文

纪委书记：孙 伟

局长：韩永青

政委：高发忠

副局长：张伟速

孙建亭

刘思波

王明华（挂职）

【机构设置】 截至2016年底，河东公安分局内设指挥中心、政工监督室、纪委督察大队、警务保障室、法制大队、国保大队、经侦大队、治安大队、刑侦大队、特巡警大队、网安大队、禁毒大队、食药环侦大队、拘留所14个机构，辖九曲、桃源路、温泉路、工业园区、汤头、葛沟、八湖、刘店子、太平、郑旺、相公、凤凰岭、汤河13个派出所，有民警242人，工勤人员7人。

【概况】 2016年，河东公安分局围绕“安全稳定、人民满意”的工作目标，在队伍建设、立体防控、打击主业、公安科技、法治公安、基层基础、人民满意方面开展工作。在省厅组织的群众安全感和满意度测评中取得全市第二名，被市委、市政府表彰为“人民满意政法单位”。在多项专项行动考评中，成绩位居全市前列。7月27日，副省长、公安厅长孙立成到该局视察指导工作，对该局工作给予肯定。年内，被市公安局表彰为“全市优秀公安局”。

【维护稳定】 依法处置各类因土地拆迁、医患纠纷、非正常死亡等引发的群体性事件23起，依法处理违法人员38名，完成重要活动安保任务26次。完善律师参与化解和代理涉法涉诉信访案件工作，按时核查办结中央巡视组、省委巡视组交办案件35起27件，年内接待来访229起335人次，信访总量连续两年下降。及时核查处置各类涉稳、涉恐线索，维护全区治安大局稳定。

【严打整治】 全区刑事案件下降15.59%，可防性案件下降8.9%。开展打击“盗抢骗”犯罪、“打侵财、扫毒害”攻坚行动、打击电信网络诈骗犯罪集中攻坚等专项行动，严打各类违法犯罪活动，年内共刑事拘留各类违法犯罪嫌疑人799人，逮捕287人，移送起诉736起；查处各类行政案件779起，行政处罚1072人，其中行政拘留982人。成功破获5起命案，实现了命案全破。

【规范执法】 以推行执法办案闭环管理系统为契机，推进受立案制度改革，建立警情、案件源头管控和监督管理新机制，实现警情案件的规范流转和受立案工作的全流程控制。开展案件评查，加强执法培训，解决突出问题，严守执法安全，全市公安机关执法办案闭环管理系统推广应用暨改革完善受立案制度工作会议在该局召开，在市局执法质量考评中获得第二名，被省厅评为“全省公安机关执法示范单位”。

【基础建设】 投资1500万元，启动天网五期工程建设，在重点路口、路段规划设立43个治安卡口，27处电子警察，安装高清摄像头57个。投资50万元，建立快速检验实验室，配备多套食品安全检测设备，提高了打击食药环侦犯罪的能力。为一线单位配备价值300余万元的一体化信息采集仪、执法记录仪及一批技术装备，为全局巡逻车辆安装了北斗定位系统。2016年10月15日，新拘留所建设完成，通过省厅验收并投入启用。拘留所投资1700余万元，占地2万平方米，建筑面积3413平方米，共设拘室19间，按标准设置办公区、拘留区、接待区、办案区、生活区。

撰稿：米玉荣

审核：韩永青

交　警

交警大队领导成员

大 队 长：张　磊

教 导 员：付　伟

副大队长：胡顺华

　　　　　鞠　晓

　　　　　刘　涛

主任科员：宋炳泉

【机构设置】 截至2016年12月，设综合科、装备财务科、宣传科3个科室，交通秩序管理中队、交通事故处理中队（交通肇事犯罪侦查中队），凤凰岭中队、城区二中队、特勤中队、汤头中队、相公中队、滨河中队、城北中队、郑旺中队10个中队。共有在编在职民警76人。

【概况】 截至2016年12月，负责两条国道（G205、G206）、两条省道（S342、S227）总里程82.8千米，县乡公路总里程103.82千米的道路交通管理工作。

【业务建设】 加大对社会单位责任落实情况的追究，明确工作任务和目标，完善基层网络的体系建设，推进全区“两站两员一室”建设，加强农村道路交通管理力度，全区“平安行、你我他”行动工作在全市位居前列。突出农村地区违法行为和城区三轮车的治理，每天组织执法小分队到农村地区开展专项治理，查处各类交通违法行为16.8万余起，行政拘留130多人。借助创文明城之机，加大对三轮车、机动车乱停乱放的治理，优化城区通行环境。综合运用多种手段，加大交通逃逸案件侦破力度，全年侦破交通肇事逃逸案件65件，侦破率达100%。查处酒后驾驶568起，醉驾186起，毒驾5起，校车严重超员危险驾驶案件8起，刑事拘留194人。排查交通安全隐患13处，整改13处，整改率达100%，加强对重点车、重点人的管理，先后约谈“两客一危”重点企业12家，并责令限期对所属隐患整改。在东兴路、北京东路新增红绿灯2套、卡口式闯红灯电子警察44套，改造原有电子警察4套，挪移2套，新增高清监控12套，施划标线27170平方米，更换京式护栏16.4千米及新增部分小标识牌。

【服务经济发展】 在城区滨河东路与凤凰大街、人民大街、东夷大街交汇处推行可变车道，在东兴路与金雀山东路、人民大街、北京东路实行直行待行区，皇山路、凤仪街、中昇街等交通隔离护栏全覆盖。开展“三问三清”精准扶贫、“结亲连心”走访活动，到郑旺镇东张岭村、贾家宅、邱官庄、杨家郑旺、八湖镇张圪墩村等村面对面帮扶，并利用帮扶之机走访客货运运输企业、中小学校、国省道沿线村庄，听取群众对公安交通管理的意见和建议。走访村庄、社区 36 个，结对帮扶困难家庭 12 户，解决群众救助 29 起，化解矛盾纠纷 26 起，收集交通管理各类意见建议 12 条。

撰稿：张洪树

审核：张　磊

检　察

检察院领导成员

党 组 书 记：苏　波

党组副书记：朱孔清

党 组 成 员：贾海江

尹　慧（女）

范自果

范建丽（女）

刘德海

赵　伟

检　察　长：苏　波

副 检 察 长：朱孔清（2016 年 5 月任职）

贾海江

尹　慧（女）

范自果

纪 检 组 长：朱孔清（2016 年 5 月离职）

范建丽（女，2016 年 5 月任职）

政治处主任：范建丽（女，2016 年 5 离职）

反渎职侵权局局长：刘德海

反贪污贿赂局局长：赵　伟

【机构设置】 截至 2016 年度，河东区人民检察院有 20 个内设机构，分别是办公室、政治处（下设宣传教育科、人事科）、侦查监督科、公诉科、反贪污贿赂局（下设侦查一科、侦查二科、综合科）、反渎职侵权局（下设侦查一科、侦查二科、综合科）、刑事执行检察局、民事行政检察科、控告申诉科（与举报中心、刑事赔偿办公室、群众诉求服务中心一个机构四块牌子）、职务犯罪预防科、检察技术科、司法警察大队、行政装备科、行政监察科、案件管理中心、检务督察办公室、机关党委、未成年人刑事检察办公室、法律政策研究室、网络信息管理中心。下设 4 个派驻机构，即派驻临沂经济技术开发区检察室、派驻郑旺检察室、派驻九曲检察室、派驻汤头检察室。有在职检察干警 95 名，其中研究生学历的 7 人，本科学历的 85 人。党组成员 8 人，副科级以上干部 27 名。

【概况】 2016 年 1 月 13 日，山东省检察机关检务督察工作座谈会暨督察信息化建设观摩会在河东区检察院召开，河东区检察院研发创新的“网络督察平台”在全省检察机关推广。2 月，河东区检察院撰写的《在全市畜牧领域预防讲稿》在全省检察机关优秀预防警示教育讲稿评选中获一等奖，是临沂市检察机关唯一获得一等奖的讲稿。获省“城乡妇女岗位建功先进集体”“平安临沂建设先进单位”等表彰。

【刑事检察】 全年受理审查逮捕案件 303 件 367 人，其中批准逮捕 225 件 262 人；受理审查起诉 605 件 737 人，其中提起公诉 565 件 682 人。立案监督 2 件，提请市院抗诉 5 件，追诉 21 人，受理刑事申诉案件 11 件。从严打击暴力犯罪、涉毒犯罪和团伙性犯罪，批捕寻衅滋事、“两抢一盗”、涉毒等严重刑事案件 88 人。贯彻宽严相济的刑事政策，对 34 名初犯、偶犯、未成年人犯等轻微犯罪人员作出不捕不诉决定，促成刑事和解 56 件。

1月13日，全省检察机关检务督察工作座谈会暨督察信息化建设观摩会在区检察院召开

【反贪污贿赂、反渎职侵权】 全年保持惩治腐败犯罪的高压态势，立查职务犯罪案件16件16人，其中贪污贿赂案13件13人、渎职侵权案3件3人，大案3件，涉及正科级干部1人，国家机关工作人员10人，司法领域7人，惠农扶贫领域1人。在“小官贪腐”专项侦查活动中，立查临沂市交警支队车辆管理所工作人员系列贿赂案件9件9人，在全市自侦工作推进会上做经验介绍。

【刑事执行检察】 强化刑罚执行监督，纠正监管、社区矫正活动违法10人次，批捕重新犯罪嫌疑人9人，起诉重新犯罪10人，对21名在押犯罪嫌疑人进行羁押必要性审查，发出意见函被办案部门采纳。

【控告申诉检察】 依托检察门户网站、检察微信等联系群众的信息化平台，开展律师参与化解和代理涉法涉诉信访案件工作，妥善处理信访255件、热线电话30余个，化解涉检矛盾纠纷10件。加大刑事救助力度，研发国家司法救助网上平台，实行救助网上申请、网上审批、网上查询、网上公示。该平台已在全市上线运行，受理案件11件，经审查发放救助金4万元，并在全省涉法涉诉信访改革工作推进会上作书面交流。

【民事行政检察】 全年办理诉讼违法调查案件2件，监督民事、行政生效判决及执行案件10件，监督行政机关不当履行职责案件10件。

【技术检察】 新录入侦查信息库信息源10类，完善信息源2类，运用侦查信息查询平台查询信息80余条。对同录中心推门录、照明远程控制功能进行升级改造。将特约检察员纳入“365社会监督圈”，发布微博378条、微信76期304篇。

【警务工作】 全年出警614人次，其中，执行看管出警13人次，执行传唤出警2人次，送达法律文书出警2人次，处置突发事件出警12人次，执行押送、提解出警93人次，保护公诉人出庭出警3人次，协助控申部门检察宣告活动出警3人次，维护群众来访场所安全出警486人次，完成办案工作区警戒任务327次。全年完成上级调警任务8次，共计21天，出警58人次。

【案件管理中心】 开展“案件质量整顿月”活动，组织案件质量评查8次，评查案件500余件，集中整治司法不规范问题10个。坚持以公开促公正，邀请人民监督员、特邀检察员参与执法检查5次，对1起拟作撤案处理案件进行了监督评议。公开案件程序性信息1475条，法律文书公开121件，接待辩护人、诉讼代理人170余人次。

【派驻检察室】 推进检察室标准化、规范化建设，派驻汤头、九曲检察室被省院评为一级检察室。对辖区乡镇扶贫资金发放、使用跟进监督 13 次，办理轻微刑事案件 24 件，提供职务犯罪线索 3 件，接待群众来访 80 余人，开展预防宣传和警示教育 14 场次，走访农户、村居等 142 人次。

撰稿：李亚平

审核：苏　波

法　院

区法院领导成员

党 组 书 记：李淑贞（女）

党组副书记：左振山

房孝军

党 组 成 员：刘长波

刘洪洲

魏荣伟

陈德长

院　　　长：李淑贞（女）

副　院　长：左振山

房孝军

刘长波

刘洪洲

孟祥芬（女）

纪 检 组 长：魏荣伟

政治处主任：陈德长

【机构设置】 河东区人民法院成立于 1995 年，设有机关党委、办公室、政治处（内设组织人事科、教育培训科、老干科）、立案庭、刑事审判一庭、刑事审判二庭、民事审判一庭、民事审判二庭、民事审判三庭、行政审判庭、审判监督庭、执行局（内设执行一庭、执行二庭、执行三庭、技术室）、监察室、工会、政策研究室、审判管理办公室、法警大队、信访办公室、九曲法庭、相公法庭、汤头法庭、郑旺法庭、诉讼服务中心（正科级事业单位）。12 月 28 日，相公法庭新建审判楼举行揭牌仪式。截至 2016 年底，共有在职干警 128 名。

【概况】 2016 年，河东区人民法院依法受理各类案件 9346 件，审（执）结 10090 件。被省精神文明建设委员会授予"2016 年度省级文明单位"称号，被省妇联授予"幸福进家活动示范单位"称号，被中共临沂市委、市政府授予"平安临沂建设先进单位"称号，被临沂市中级人民法院授予集体嘉奖，被中共河东区委、区政府授予"全区'六五'普法依法治理工作先进集体""信访工作先进单位"等称号。

【刑事审判】 共审结各类刑事案件 662 件 796 人。探索轻微刑事案件快速办理机制，轻微刑事案件办理周期平均缩短 5.6 天。审理未成年人犯罪案件 32 件，与社区、学校、妇联、团委以及司法行政部门密切配合，做好未成年人犯罪矫正工作。12 月 7 日，公开审理被告人李委涉嫌容留吸毒案，并邀请 49 名中学生观摩庭审，发挥典型案件的教育警示作用。

【民商事审判】 全年审结各类民商事案件 5250 件。探索小额民商事案件速裁机制，对涉及民生的婚姻家庭、交通事故、劳动争议、土地承包等案件，坚持"调解优先、调判结合"。对涉及农民工、下岗职工、残疾人员及妇女、儿童、老人的案件，坚持快立、快审、快结。主动适应经济发展新常态，妥善审理招商引资、生产经营、项目投资、资产重组等类型案件，为重点项目、民营企业、小微企业等各类经济实体清障解难，努力营造公平竞争的市场环境。开展"僵尸企业"集中司法处置活动，依法稳妥处置涉"僵尸企业"案件 15 起。

【行政审判】 全年审结各类行政案件 83 件。对

12 月 7 日，组织部分中学生现场观摩庭审

关系到人民群众重大切身利益以及社会影响大、极易引发群体性事件的案件谨慎处理，推动建立多元化纠纷解决机制，实现调解、仲裁、行政裁决、行政复议、诉讼等有机衔接、相互协调，形成化解行政争议的社会合力。推动建立行政机关负责人出庭应诉制度，促进提升领导干部的法治思维和依法行政意识，行政机关负责人平均出庭应诉率为 93%。就行政执法存在的突出问题向行政机关提出司法建议 12 条。专题向区人大报告近五年行政审判工作情况。

【审判监督】 严把再审案件立案关，对符合再审条件的案件进行认真复查。2016 年依法审结上级法院指定再审和本院审委会决定再审的案件 12 件。同时做好当事人的服判息诉工作，有效避免重复申诉和上访。

【立案和信访】 改革诉讼服务模式，将诉讼服务中心职能“下沉”至基层法庭。继续推行“四心工作法”。加强司法救助工作，共缓减免诉讼费 19.5 万元。利用远程信访接待室，与上级法院互联互通接访 6 人次，降低了群众信访成本。坚持院领导集中接访制度，每月中旬第 1 个周五为“院领导集中接访日”。全年妥善处理各类信访案件 168 件 182 人次，越级上访、重复上访、缠诉缠访现象减少。

【执行工作】 全年执结各类案件 3197 件，执行标的 1.9 亿元。构建执行工作大格局，将 4 处法庭的执行和行政庭的非诉执行收归执行局，同时充实执行队伍。探索建立执行团队化工作模式，配备专人负责网络执行查控，实际执结率同比提升 23%。开展执行款清理工作，经过梳理、核对，共发放执行款 420 笔，涉及金额 4900 余万元。强化执行威慑机制，充分发挥公布失信被执行人名单、“限高令”、媒体曝光等制度作用，通过电视台、网站、报纸等公布失信被执行人 1687 名，督促被执行人履行义务。

【管理和改革】 深化裁判文书公开、执行信息公开和审判流程公开三大平台建设。利用“法院开放日”“12·4 宪法日”等活动，邀请人大代表、政协委员、社区群众等到法院参观交流。继续在河东电视台播出《庭审现场》栏目 11 期。通过法院外网、公告栏、电子显示屏、官方微博等载体，报道法院重大活动、典型工作经验做法，发布官方微博 216 条。继续推行院庭长办案制度。加强审判流程管理和审判质量管理，依托审判业务管理系统对案件进行节点控制、动态管理，全程监控立案、分案、审理、执行、归档、卷宗移送等环节，并实行黄牌警示、红牌问责，杜绝随意延长审限；开展积案专项清理活动，长期未结案件基本清理完毕。通过考试、考核，并经省法官、检察官遴选委员会遴选确定 40 名员额法官。建立政务督查制度，每周由院领导带队，不定时、不定次对全院干警工作纪律和卫生情况进行检查并通报。7 月，完成公车改革，制定实施《车辆管理使用暂行规定》，处置车辆25台，车辆各项费用同比减少67%。

【队伍建设】 组织全体党员前往区“两学一做”学习教育主题展馆和华东野战军纪念馆开展现场教学，接受党性教育，感悟革命传统。开展“精准扶贫”活动以及干部直接联系和服务群众工作，全院干警与117户贫困户结对帮扶，与4260户14910名群众结亲连心，到农村慰问帮扶困境人群，为汤头街道前篆注村筹措资金7万元修建540米排水渠。邀请山东行政学院教授邱丽莉作“阳光心态”专题讲座。与浙江大学联合举办业务提升培训班。组织开展干警联欢会，制作原创MV《法官情书》。开通中国知网浏览平台，开展各类业务培训、庭审观摩和工作座谈会，承担中院重大调研课题《孙子兵法艺术与执行技巧》，并顺利通过验收。组织开展“廉洁司法大家谈”活动，组织学习新颁布的《关于新形势下党内政治生活的若干准则》和《中国共产党党内监督条例》。邀请河东区纪委区直派驻第四纪检组书记作专题讲座。定期编发廉政短信62条，进行廉政谈话提醒117人次。

撰稿：苗　杰

审稿：李淑贞

司法行政

司法局领导成员

党组书记： 许　珂（回族，2016年5月离职）
刘志村（2016年5月任职）

党组成员： 高礼强
史继国

局　　长： 许　珂（回族，2016年5月离职）
刘志村（2016年5月任职）

副 局 长： 高礼强（正科级）
周峻峰（2016年5月离职）
史继国
褚　惠（女，2016年5月任职）

副主任科员： 卢克厚

※ 公证处

主　　任： 史继国

【机构设置】 2016年底，区司法局内设办公室、法制宣传科、基层工作科、社区矫正帮教科4个科室，有工作人员15人；直属公证处1个副科级事业单位，工作人员9人；法律援助中心、法律服务所2个股级事业单位，分别有工作人员6人、7人。

【概况】 按照“突出重点、扩大亮点、整体提升”的思路，推进“三项重点工作”先后被市委、市政府评为平安临沂建设先进单位，被区委、区政府评为信访、防范和处理邪教工作先进单位。

【法制创区与普法工作】 12月4日，组织50家单位260余人，在九曲街道滨河新苑小区开展了“12·4”国家宪法日暨全国法制宣传日宣传活动，制作宣传条幅40幅、宣传展板150个，发放宣传资料1.2万册，提供法律咨询1000余人次，受教育群众达8000余人。建设约1000平方米的和美苑法治广场，广场设有大型电子屏、普法宣传栏、法治报亭、趣味草坪标语牌等法治宣传设施。制定《关于建立法官、检察官、行政执法人员、律师等以案释法制度的实施方案》，并通过《庭审现场》《法治在线》等电视专栏、《援来有你》微博微电影开展以案释法活动。制定《关于落实国家机关“谁执法谁普法”工作责任制的意见》，明确各部门职责，形成齐抓共管的大普法工作格局。

【人民调解工作】 巩固“三调联动”机制，扩大“多调对接”的覆盖范围，建立交调、医调、公调等专业调委会。全区共建立各类调委会314个。

在全区范围内开展拉网式排查调处活动，做到不漏项、不漏事、不漏人。全面落实化解处置措施，依托各级调解组织在基层和内部予以调处化解。2016 年全区各级调解组织共排查各类矛盾纠纷 2188 件，调处成功 2184 件，调处成功率为 99%。

【社区矫正与安置帮教工作】 2016 年接收社区服刑人员 424 人，警告 46 人次，治安处罚 2 人，提请收监 2 人，开展判处实刑未执行活动，在全区摸排，清理判处实刑未执行刑罚案件 6 起，办理审前社会调查评估案 135 件。接收刑满释放人员 45 人，解除社区矫正 423 名，全部转入安置帮教，并逐人建立档案，落实帮教措施，落实一人一档一卷，安置率、帮教率均为 100%。

【法律援助工作】 创新工作模式，进行案前、案中、案后回访，提高法律援助服务质量，加强法律援助质量监管；创新宣传方式，拍摄“援来有你”法律援助微电影，多渠道播放微电影，覆盖 3 万余人次，提升法律援助社会知晓度；创建完善未成年人、残疾人、老年人、农民工等 6 个法律援助服务工作站，开设法律援助律师大讲堂，推进法律援助工作跨越式发展。2016 年，办理法律援助案件 326 件，接受咨询 14640 人次，开展法律援助专题宣传 12 次，为当事人挽回各类损失 3600 余万元，收到感谢电话、信件 140 余人次，获赠感谢锦旗 9 面。

【律师工作】 2016 年，河东区共有律师事务所 7 家，其中合伙所 2 家，个人所 5 家，执业律师 43 人。全区各律师事务所和执业律师为全市 88 家企事业单位担任法律顾问，共代理刑事诉讼案件 209 件，代理民事诉讼案件 415 件，办理法律援助案件 41 件，解答法律询问 2017 人次，实现业务收入 310 万。

【公证工作】 开展“公证管理规范年”活动，规范公证质量建设、服务形象建设、内部管理制度、业务发展结构、公证员队伍建设。规范公证业务申请、受理、审查、审批、出证、立卷归档等内部质量控制环节，建立健全执业档案制度、重大案件及时报告制度、投诉案件处理制度以及公证处内部质量管理制度等。加强服务窗口建设，张贴公示服务指南、办证流程、收费标准、监督电话等内容。鼓励公证员、公证员助理提升学历层次和专业技能，派员参加第二届山东省青年公证讲坛，开展“公证服务老年人”专题月宣传活动。拓展业务，联合临商银行河东中心支行开展经济类公证业务座谈会。完善硬件设施，引入可跨区域办证的 B/S 构架办证服务系统。2016 年，公证处累计办证 5308 余件，其中民事类 207 余件，经济类 5101 余件。

撰稿：刘宗云
审核：刘志村

军　事

人武部领导成员

部　长：吕超强
政　委：丁　映
副部长：武光伟

【机构设置】 河东区人民武装部全称为“中国人民解放军山东省临沂市河东区人民武装部”，正团级单位。编配部长、政委、副部长各 1 人，内设军事科、政工科、后勤科 3 个科室；下设河东区民兵训练基地 1 个（副科级事业单位），编配主任 1 人，职工 3 人;辖区有 12 个乡镇（街道）武装部和 1 个企业武装部。

【政治工作】 紧贴部队改革实际，开展“坚定改革强军意志、投身改革强军实践”主题活动，强化官兵投身国防动员事业的坚定性自觉性。推进以“国动文化”为核心的强军文化建设，贯彻传承红色基因《实施纲要》，打造富有沂蒙特色的“国动文化”。利用“老区文化”教育熏陶官兵，发挥好以文育人作用，树立富有沂蒙特色的国动文化品牌和导向。集中宣扬被评为“优秀博士兵标兵”的孟召江、受到习主席接见的武警猎鹰突击队“优秀特战员”王道斌、全军首支赴苏丹维和步兵营女子步兵班被评为“优秀士官”的陈东、被表彰为“感动铁军十大人物”的陈运霖等先进典型，形成了独具特色的文化品牌。

【后勤保障】 筹划民兵训练基地建设工作，解决河东区民兵训练无场地问题，提升组训和保障能力。加大训练经费使用监管力度，加强重点演训活动的经费、物资器材保障，最大限度地满足训练需求。

【基层建设】 做好新修订《预防犯罪工作条例》的落实，以防范重大安全问题、特别是政治性问题为重点，突出抓好人、车、枪、弹、密、财的管理，做好防间保密、涉军舆情、信访维权工作。开展“学法规、用法规、守法规”和创建法制军营活动，依法规制度宣讲，用条令条例考核、安全竞赛等多种形式，强化条令法规的执行力，维护军队严明的纪律和军人良好形象。

【国防力量建设】 加强国防动员实战化建设，推进国防动员综合信息系统建设，4—6月，完成现役部队预编预备役人员、退伍军人服预备役、军地专业对口人员信息登记统计，完善国防动员潜力数据库和方案预案库。按照编组合理、制度完善、活动落实的要求，全区调整组建基干民兵营11个，基干民兵分队36个，共编基干民兵2494人。依据《山东省基层武装部规范化建设要则》，制定下发《关于组织基层武装部规范化建设达标验收的实施意见》，进一步优化组织结构，保证了基层建设的正确方向。本着适度实用原则，按照常态运行要求，针对基层民兵组织建设特点，继续把工作重心向基层延伸，组织全区基层武装部“三室一库”和民兵连“部、室、家”建设达标，所有单位达到了细则规定的标准。严格征兵工作程序和标准，完成上级赋予的征兵工作任务。4月，部署开展兵役登记工作，提高网上登记报名质效。将7月作为征兵重点宣传月，把征兵工作的新政策及时传达给广大适龄青年。结合全区基层武装部长任职时间短、缺乏征兵工作经验的实际，利用3天时间，对口组织业务培训。严格按规定设置征兵体检站。围绕提高兵员质量核心，抓好网报关、年龄关、学历关、体检关和政治考核关，全面运行定兵辅助决策系统。落实“五公开”“五公布”制度，畅通群众监督渠道，加大公开公示力度，实现无责任退兵目标。区人武部被省政府、省军区评为“征兵工作”先进单位。

撰稿：张学信

审核：吕超强

消　防

消防大队领导成员

党委书记：赵成福（2016年12月离职）
党委副书记：姜自富
党委成员：宋　丹
孟　晋
张　哲（2016年12月离职）
政治教导员：赵成福（2016年12月离职）
大队长：姜自富
副大队长：宋　丹
中队政治指导员：孟　晋
大队参谋：张　哲（2016年12月离职）

【机构设置】 临沂市公安消防支队河东区大队，属于副团职单位，位于河东区人民大街中段，下设1个中队，属于一级普通消防站。

【概况】 与各镇、街道、工业园区、区直有关部门签订《2016年度消防工作目标责任书》。各镇街和相关行业主管部门对照工作目标，按照“管行业必须管安全、管业务必须管安全、管生产经营必须管安全”的工作要求，逐项落实责任和措施。区消防安委会定期对镇街、部门消防工作进行督导检查，形成了政府领导、部门履职、全民参与、公安消防部门依法监督的局面。

【社会消防监督】 2016年，大队抽查消防设计备案工程25个，抽查竣工验收备案工程25个，公众聚集场所营业前消防安全检查8个，检查单位、场所1673家，发现火灾隐患和违法行为961处，督促整改火灾隐患和违法行为897处，送达《责令改正通知书》789份，送达《行政处罚决定书》149份，下发《临时查封决定书》41份，责令“三停”单位36家，罚款129.2万元，行政拘留8人。结合消防宣传“七进”活动，组织开展消防安全知识宣传活动200余次，开设消防知识培训班300余期，发放各类消防宣传资料8万余份，利用微博、微信、短信等新型媒介推送消防知识5万余条。

【抢险救援】 2016年，参与灭火救援任务807次，抢救被困人员459人，成功处置了“5·2”坍塌事故等灭火救援任务，保护财产价值近亿元，参与大型执勤活动20余次，接受群众赠送锦旗34面。完成“千年汤泉·五金之都”为主题的《乡村大世界·走进河东》、“中国梦·梦之蓝”之夜——2016华语巨星临沂演唱会、河东区庆祝建党95周年暨“颂歌献给党”广场艺术节文艺演出、元宵节灯会等活动的执勤保卫工作，以及“两节”“两会”“五一”“十一”、G20杭州峰会等重大活动的消防安全保卫任务。被省公安厅评为“全省公安机关执法示范单位”，被市消防支队评为“全市公安消防部队信息调研工作先进大队”，被区政府授予“二O一六年度全区履行安全生产职能工作先进单位”称号，被区文明办授予“二O一六年度志愿服务工作先进集体”称号，4人受到省级表彰，14人受到市级表彰。

【后勤建设】 大队现有消防执勤车6辆，其中多功能抢险救援车1辆，24米登高车1辆，泡沫水罐车1辆，城市主战车1辆，15吨水罐消防车1辆，8吨水罐消防车1辆，总载水量38吨，泡沫4吨。执勤车辆除配备有泡沫灭火剂、通讯工具以及水枪、水带、个人防护装备等常规器材外，还配备了液压破拆工具、夜间照明工具、水上救援工具等一批特种装具，承担着全区的灭火救援、抢险救灾和社会救助等任务。

撰稿：朱海伦

审核：王静刚

经济管理

Jing Ji Guan Li

发展与改革

发改局领导成员

党组书记：宋文生
党组成员：刘金河
管桂国
李汉仁（2016 年 5 月离职）
袁国堂（2016 年 5 月任职）
徐　峰
局　　长：宋文生
副 局 长：刘金河
管桂国
李汉仁（2016 年 5 月离职）
袁国堂（2016 年 5 月任职）
主任科员：吕庆义

服务业流通发展局
局　　长：刘金河
副 局 长：徐　峰
陆德军

医药卫生体制改革办公室
主　　任：管桂国
副 主 任：韩学辉
宿东慧（女）

重点项目管理办公室
主　　任：李汉仁（2016 年 5 月离职）
袁国堂（2016 年 5 月任职）
副 主 任：卢世龙
邢　璐

【机构设置】 截至 2016 年底，河东区发展和改革局下设办公室、综合科、投资科、社会科（加挂农村科）、工业科（加挂能交科、地环科）5 个职能科室；辖区重点项目管理办公室（正科级）、区服务业流通发展局（正科级）、区医药卫生体制改革办公室（正科级）、区经济协作办公室（正股级）4 个事业单位，有工作人员 26 人。

【概况】 河东区发展和改革局是综合研究拟定全区经济和社会发展战略、规划和政策，进行总量平衡、结构调整，指导全区经济体制改革的职能部门。区发改局贯彻“五区托一城”发展战略，落实“一一三五四”的工作思路，按照“走在前列、争先进位”的工作要求，围绕重点项目建设、服务业发展、对上资金争取、投资项目审批等开展工作。

【国民经济综合及发展规划】 2016 年全区实现地区生产总值 186.14 亿元，增长 6.5%。实现社会消费品零售总额 148.5 亿元，增长 11.1%。实现公共财政预算收入 14 亿元，增长 11.9%。全区居民人均可支配收入 23218 元，增长 7.6%。

【固定资产投资暨重点项目建设】 继续开展“重大（重点）项目突破年”活动和项目建设“百日会战”，确定区级重大（重点）项目 80 个，鲁商国际健康城被列为 2016 年省级重点建设项目；20 个项目被列为市级重点建设项目。开工建设重大（重点）项目 72 个，累计完成投资 175 亿元。省级重点项目临沂鲁商国际健康城完成投资 3.7 亿元，市级重点项目全部开工建设，累计完成投资 75.8 亿元，省、市级重点建设项目开工率和投资完成率均位居全市前列。

【工业与基础产业】 全区规模以上工业增加值增长 5.1%，规模以上工业总产值 485.1 亿元，下降 8.9%。实现主营业务收入 432.5 亿元，实现利税 18 亿元，分别下降 17.5%、29.1%。产值过亿元企业 96 家，完成产值 420.9 亿元，下降 1.4%；全年主营业务收入过亿元企业 92 家，利税过千万元企业 51 家。

【社会民生】 实施“8+3”民生工程，增加用于民生方面的支出。开展精准扶贫工作，全区建档立卡贫困人口全部实现脱贫，15个省定贫困村全部摘帽。实现城镇新增就业5362人，农村劳动力转移就业15110人，城镇登记失业率控制在3.0%以内。新建、改扩建学校、幼儿园20处，全区中小学硬件设施达到省级办学标准。实施基层文体广场建设提升工程，实现贫困村文化器材全覆盖、行政村文体广场全覆盖。提升医疗卫生服务能力，推进妇幼保健院公立医院改革，改造提升、扩建镇街卫生院4处，90%的村卫生室达到省级规范化标准。

【国民经济动员】 完善国民经济动员管理机构，健全组织制度，明确动员责任。开展国民经济动员潜力调查，在历年调查的基础上，加大工作力度，全面了解掌握全区各企事业单位基本情况和生产情况，把符合条件的各企事业单位纳入调查范围，做到不漏报。

【服务业发展】 2016年，全区实现服务业增加值85.9亿元，服务业增加值占GDP比重达到46.1%，完成社会消费品零售总额148.5亿元。全区市场交易额、电子商务交易额分别达到593亿元和150亿元。国投华阳公铁联运物流园区开通“临新欧”“临满欧”等4条货运班列，助推临沂加速融入“一带一路”。奥华温泉、立晨生态园、凤凰欢乐世界等一批景区建成开放，接待游客650万人次。完成农村合作银行改革，全区金融机构发展到46家，金融机构存款余额278.3亿元，贷款余额202.1亿元。

【行政审批】 2016年立项项目138个，项目总投资192亿元。其中备案远通汽车整备中心、临沂机电设备市场、光伏发电等项目115个，项目总投资130.5亿元；核准铠宇机械公租房、山东奥德燃气有限公司公租房建设等项目11个，项目总投资30亿元；批复河东区改善农村人居环境、凤凰岭卫生院药房楼影像楼等项目12个，项目总投资31亿元。

【“两型”社会建设】 落实《河东区建设国家生态文明先行示范区工作方案》确定的重点建设任务，推进绿色发展、循环发展、低碳发展，推进两型社会建设和生态文明建设工作深入。优化国土空间开发格局、强化资源节约集约利用，加强“生态产业”“土地生态”“林生态”“水生态”“大气生态”系统建设。继续开展两型示范单位创建和两型家庭创建活动，加大生态文明和两型社会理念宣传普及，强化对党政干部生态文明建设的培训力度。

【医改工作】 继续深化医药卫生体制改革，巩固完善镇村药物零差率销售，开展新农合大病保险工作，加强公共卫生服务均等化。改造提升、扩建镇（街）卫生院4处，90%的村卫生室达到省级规范化标准。

撰稿：庞艳梅

审核：邵泽宇　刘中举

国土资源管理

国土资源局河东分局领导成员

党组书记： 张　震（2016年5月离职）
高绍伟（2016年5月任职）

党组成员： 丁清平
颜盛春
李　磊
方新发
李保华

纪检组长： 李　磊

局　　长：（缺职）

副 局 长： 颜盛春

临沂市国土资源局执法监察支队河东大队

大 队 长：丁清平
副大队长：方新发

临沂市国土资源局地价评估事务所

纪 检 员：李保华

【机构设置】 临沂市国土资源局河东分局设23个股室、2个站、9个国土资源所。23个股室为办公室、信息中心、财务室、工会、机关党委、规划股、耕保股、地籍管理股、土地利用股、批后监管股、土地征收股、矿产资源管理股、地质勘察股、测绘与地理信息办公室、法规宣教股、纪检监察室、综合室、执法督查室、查处一室、查处二室、档案室、信访股、机关服务中心；2个站为土地勘察规划站、民房用地管理站；9个国土资源所为九曲国土资源所、太平国土资源所、汤头国土资源所、相公国土资源所、八湖国土资源所、郑旺国土资源所、汤河国土资源所、凤凰岭国土资源所、工业园国土资源所。

【概况】 2016年，国土分局以保障科学发展为目标开展各项工作。先后被评为“省级文明单位”“全市‘第一书记’表现突出的派出单位”“全区发展河东先进单位”“全区招商引资工作先进单位”“全区‘三引一促’工作先进单位”“全区重大（重点）项目建设先进单位”“全区履行信访工作职能先进单位”“全区安全生产工作先进单位”“平安河东建设先进单位”等称号，被推荐为全区“六五”普法依法治理工作先进单位。河东区被市政府表彰为“国土资源节约集约先进县区”，河东区委、区政府对河东分局在节约集约工作中的优异表现予以通报表扬。国土分局1个国土资源所创建为“市级文明单位”，9个国土资源所全部创建为“区级文明单位”。

【土地资源管理】 清理闲置和低效用地102.27万平方米，建设标准化厂房14.2万平方米，全区前5年供地率达到73%，河东区被市政府奖励用地指标3.33万平方米。落实严格的耕地保护制度，开展永久基本农用地划定工作。推进卫片执法检查、违法违规用地专项整治，通过国土资源部卫片执法检查验收。全面实施不动产统一登记。截至2016年底，河东区土地总面积61338.43公顷（不含经济开发区）。耕地31582.04公顷，园地1332.13公顷，林地3893.00公顷，草地52.56公顷，城镇村及工矿用地14644.95公顷，交通运输用地3265.67公顷，水域及水利设施用地5335.08公顷，其他土地1233.00公顷，人均耕地0.06公顷。

【矿产资源管理】 截至2016年底，境内共发现矿产13种，探明储量的矿产2种，已发现但未探明储量或仅有简测资料的矿产11种。其中，能源矿产2种，金属矿产2种，非金属矿产8种，水气矿产1种。全年重点推进地热资源开发利用，完成市级投资500万元的汤头地热勘察项目和60万元的汤泉地质遗迹保护工程。省地质博物馆、德州市国土资源局先后到河东区对地热资源开发利用工作进行实地考察交流。

【测绘管理】 完成第二次全国地名普查信息采集，定期对辖区测量标志点开展巡查维护。2016年，境内共有测量标志点34处，其中GPS点B级1处、C级7处、三角点二等2处、水准点二等12处、三等5处。分布在各个镇街，并对所有测量标志点进行详细普查、汇总、登记。

撰稿：王洪彬
审核：高绍伟

物价管理

物价局领导成员

党组书记：洪连金（2016 年 5 月离职）
　　　　　张定振（2016 年 5 月任职）
党组成员：郭长胜
　　　　　李照端
局　　长：洪连金（2016 年 5 月离职）
　　　　　张定振（2016 年 5 月任职）
副 局 长：郭长胜
　　　　　李照端
副主任科员：刘　兵（女，2016 年 12 月任职）

【机构设置】 区物价局下设局办公室、收费管理科、价格监测科 3 个职能科室，辖区物价检查所 1 个副科级行政单位、区价格认证中心 1 个股级事业单位。截至 2016 年底，有在职人员 20 人。

【概况】 区物价局是区政府主管全区物价工作的职能部门，主要负责全区市场价格总水平的监测、分析、预警，价格管理权限内实行政府定价、政府指导价的重要商品价格、服务价格和行政事业性收费标准进行管理和监督，全区价格、收费明码标价和收费公示及对价格违法行为的查处，涉案物品、各类资产价格鉴证工作。

【收费管理】 完成 2015 年度行政事业性收费年度报告工作。对各收费执收单位 2015 年度的收费情况进行统计分析，如实详细上报收费项目、收费依据、收费标准、收支金额等“收费清单”，进一步规范收费行为，确保国家和省、市、区有关收费减免政策得到落实。做好价格鉴证费取消工作，及时撤出交通肇事车辆定损业务。落实城区居民生活用水阶梯水价、污水处理费标准调整等相关省市价费政策。指导和监督落实公立医院综合改革医疗服务价格政策。贯彻落实取消、放开的服务价格项目，实行市场调节价。

【物价监督检查】 开展“3・15”“12・4”价格宣传，围绕群众关心的热点价格问题，现场接受咨询，解答疑惑。发放价格宣传资料 400 余份，接受群众咨询与投诉 30 余次。推进幼儿园、物业公司、药品零售店、辖区淘宝网店明码标价工作，引导企业诚信经营，价格自律。对部分明码标价不规范的单位，进行现场整改。在重要节假日期间加强对旅游景点、餐饮业、大型超市、农贸市场的价格巡查，严厉打击利用节日捏造散布涨价信息、哄抬价格、价格欺诈、不执行政府定价和政府指导价等价格违法行为。针对物业服务公司群众投诉较多的情况，部署物业服务收费专项检查。将群众投诉较多、矛盾较为突出的小区作为重点检查对象。对收取门禁卡工本费、不退还装修押金、收费公示不到位等问题进行整治。开展旅游景点门票价格专项检查，重点对变相提高门票价格、未按规定明码标价等内容进行检查。对各镇街卫生院、各药店药品价格情况专项检查，对存在的标价不规范问题进行整改。

【价格举报】 全年受理“12345”价格举报及咨询案件 531 起、“12358”举报 90 起，主要涉及物业收费、摊位费等。剔除不合规诉求 4 件，群众满意率达 97%。做好市局交办行风热线工作。全年办理市局交办案件 4 起，群众满意率 100%。

【价格鉴证】 2016 年价格认证中心接受司法、行政机关及社会各界委托，办理各类价格认证案件 120 起，标的额 270 万元。结案率为 100%，未出现一起行政复议案件。

【价格监测】 实行监测人员亲自采集、定点单位上报、电话询问、市场巡查四种方式相结合，确保监测数据真实、准确。关注关系民生的重要商品价格走势，开展市场价格监测，落实价格监测报告制度。全年上报蔬菜、农资价格监测报表76期。各种分析报告22篇，价格动态分析材料30篇。

撰稿：朱孟彪

审核：张定振

工商行政管理

工商局领导成员

党组书记：季夫军（2016年5月任职）

党组成员：王士进

胡春广

高义杰

局　　长：季夫军（2016年5月任职）

副 局 长：季夫军（2016年5月离职）

王士进

胡春广

高义杰

※ 公平交易局

局　　长：徐　祎

※ 企业注册局

局　　长：李西汉

副主任科员：赵清峰

【机构设置】 1995年2月，临沂市工商行政管理局河东分局成立，2014年2月，改为河东区工商行政管理局。截至2016年底，全系统有正式干部职工80人，其中，公务员54人，事业人员17人，机关工勤人员9人。

2016年河东区工商局机构设置情况统计表

类别	名称
职能科室	办公室、人事科、财务装备科、政策法规科、市场合同管理科、商标广告管理科、消费者权益保护科、网络交易监管科
直属机构	企业注册局、公平交易局、专业市场管理所
派出机构	九曲工商所、相公工商所、汤头工商所、太平工商所、郑旺工商所、凤凰岭工商所、汤河工商所、八湖工商所
专业机构	机动车辆交易市场管理所
事业单位	个私经济服务中心、消费者投诉中心、信息中心

【概况】 河东区工商行政管理局负责各镇街（园区）内的外资企业82户、内资企业406户、私营企业6332户、农民专业合作社934户、个体工商户24065户的登记注册、信息公示、日常管理和服务工作，负责30个农村集贸市场、23个商品交易市场、5个农贸市场和全区市场经济秩序监督管理、行政执法以及市场主体的合同、商标、广告的监管与服务。全区拥有注册商标7965件、山东省著名商标28件、中国驰名商标4件、地理标志证明商标1件。拥有国家级“守重”企业1家、省级“守重”企业14家、市级“守重”24家。拥有省级“消满”单位6家、市级“消满”单位6家。

2016年全区注册企业、个体工商户情况统计表

单位：万元

外资企业		内资企业		私营企业		农民专业合作社		个体工商户	
户数	注册资金	户数	注册资金	户数	注册资金	户数	注册资金	户数	注册资金
82	23509	406	287860.44	6332	2013826.26	934	185875.63	24065	197374.3

【商标帮扶】 实施分类指导、梯次推进，规范驰名、著名商标的申报推荐工作，拥有商标在量上稳步增长、在质上继续提升；明确商标品牌战略的侧重点，按照商标品牌发展的要求，开展商标跟踪指导服务工作，引导企业做好自主品牌培育工作；开展各种打击商标侵权的执法行动，支持企业护品牌，查办商标侵权案件11件。

【市场监管】 深化“五证合一”“两证整合”改革，推进工商登记注册便利化，严格行政审批项目管理，构建便捷有序的市场准入机制。推行“双随机、一公开”制度，落实不定向抽查和定向抽查相结合、日常监管和专项整治相结合的市场监管方式，提高市场监管的精准度和有效性。强化企业信用监管，实现“一处失信，处处受限”的监管格局。完善信息公示监管机制，把开展市场主体年报公示信息不定向抽查和重点领域行业经营行为的定向抽查有机结合，做好企业年报信息和即时公示信息抽查制度的落实，建立事前告知承诺、事中评估分析、事后联动奖惩的信用管理方式，取缔无照经营35起，查处农资市场案件32起、网络市场案件12起。

【企业信用建设】 针对不同的信用状况采取限制或禁止准入的措施，把好诚信主体准入第一道关口。通过信息数据录入，逐步建立涵盖所有市场主体的经济户口数据库，适时向社会公示企业登记信息、信守信息、警示信息、失信信息，向社会提供企业信用咨询服务。对诚信企业，给予重点帮扶、重点培育、提供上门服务，助推企业积极争创诚信企业，对严重失信企业责令关闭，办理注销登记，促进企业信用体系建设的整体推进。严查失信行为，维护市场公平秩序。全区个体工商户、企业、农民专业合作社年报率分别达到96.31%、92.35%、97.77%，均高于全市和全省平均水平。对未按时年报的1295户个体户依法标记为异常经营状态，512户私营企业、17户内资企业、21户农民专业合作依法列入异常经营名录。

【消费者权益保护】 加强12315建设，切实保障诉求渠道畅通，提高其数据分析的科学性、预见性，形成数据分析报告；严格按照法定程序和时限要求，受理和处理消费者申诉举报咨询；针对新型消费领域和消费方式中的热点难点问题，及时分析消费需求新特点和消费维权工作新变化，上级交办的消费者申诉举报案件，要及时办结，按时回复。推进“一会两站”建设，扩大消费维权组织网络覆盖面；针对城乡消费者关注的热点、难点问题，到社区和村头开展面对面的消费咨询服务；加大推进12315“五进”工作力度，建立健全“消费维权服务站”工作制度，确保规范运作；推进12315“诉转案”工作，通过消费投诉筛查案源线索66条，移交办案机构立案查处17件，罚没5.92万元，其中立案查处侵犯消费者权益案件7件。

【个体私营协会】 分阶段、分行业、分层次开展“大走访”活动，走访企业会员359户、个

体会员1326户，发放《走访调查表》3385份；收到会员反映诉求62件；对协会党员情况进行摸底调查，摸清个私协会会员中党员数量，开展党的方针政策宣传教育，为建立党组织创造条件；注重在个私业主中培养发展新党员，针对个私业主的工作特点，采取分散与集中相结合的方法开展党的基本知识的教育。

【队伍建设】 做好干部职工教育培训工作、上年度人员考核工作，组织填写年度考核登记表，按时上报考核备案材料；6月，选拔了5名正股级干部、6名副股级干部，并对人员进行重新调整和组合；开展2016年事业单位竞聘上岗工作，聘任4名中级专业技术人员。

2016年河东区各镇街市场主体情况统计表

镇街	市场主体总数	企业			农民专业合作社	个体工商户
		外资	内资	私营		
工业园	1540	10	25	325	7	1173
九曲	13751	25	223	2923	23	10557
汤头	4469	7	68	571	187	3636
相公	2653	3	27	686	85	1852
郑旺	1853	5	17	367	132	1332
太平	1568	3	18	354	67	1126
汤河	1429	9	23	386	124	887
凤凰岭	2282	9	16	423	65	1769
八湖	2057	9	22	318	249	1459
合计	31602	80	439	6353	939	23791

2016年河东区拥有山东省著名商标情况统计表

企业名称	商标	使用商品	认定时间	续展时间	镇街
临沂东光电线电缆有限公司	友光	电源材料（电线；电缆）	2012年	2015年	工业园
山东诚铭建设机械有限公司	山源SDSY及图	粉碎机	2014年		工业园
山东奥德燃气有限公司	奥德及图	燃料	2014年		工业园
山东长鹿工具有限公司		手工操作的手工具	2015年		工业园
银龙国脉电力电缆有限公司	泰光	电缆；电线	2015年		工业园
山东大立华家具有限公司		办公家具；细木工家具；	2016年		工业园
山东宏艺科技有限公司	宏艺及图	除水泥外的水泥加固剂	2008年	2014	九曲

续表

企业名称	商标	使用商品	认定时间	续展时间	镇街
山东宏艺科技有限公司	强力及图	除油漆外的水泥加固剂	2009 年	2015 年	九曲
山东启阳工具有限公司	启阳及图	手操作千斤顶	2009 年	2015 年	九曲
山东力扬工贸有限公司	力扬及图	非金属装货盘	2010 年	2016 年	九曲
山东省临沂市三丰化工有限公司	塑康	抗氧剂	2011 年	2014 年	九曲
临沂伯利恒家俱有限公司	伯利恒及图	家具；沙发	2011 年	2014 年	九曲
山东省赛博特食品有限公司	赛博特及图	新鲜水果	2014 年		九曲
山东鲁泰鞋业有限公司	鲁泰及图	布鞋；胶鞋	2003 年	2015	汤头
临沂市华太电池实业公司	华太及图	电池	2003 年	2015	汤头
临沂市三益畜禽有限责任公司	三益及图	蛋	2009 年	2015 年	汤头
临沂宇华家纺有限公司	佳福来及图	床罩；被子；床单	2010 年	2016 年	汤头
临沂同德农业科技开发有限公司	同德及图	新鲜蔬菜	2009 年	2015 年	太平
临沂市蒙花米业有限公司	老庄户及图	米	2011 年	2014 年	太平
临沂艾沃工具制造有限公司	AIWO	锤（手工具）	2016 年		太平
山东蒙凌工程机械股份有限公司	蒙凌拼音及图	金属铸造	2014 年		相公

2016 年河东区拥有中国驰名商标情况统计表

企业名称	商标	使用商品	认定时间	续展时间	乡镇
临沂市华太电池实业有限司	华太及图	电池	2009 年 4 月		汤头
山东宏艺科技有限公司	宏艺及图	除水泥外的水泥加固剂	2010 年 1 月		九曲
山东力扬塑业有限公司	力扬及图	非金属装货盘	2014 年 9 月		九曲
山东省临沂市三丰化工有限公司	塑康及图	抗氧剂	2015 年 6 月		九曲

撰稿：吴立鼎

审核：季夫军

质量技术监督

质监局领导成员

党组书记：高志勇

党组成员：凌恩伟

赵清泉

局　　长：高志勇

副 局 长：凌恩伟

赵清泉

【机构设置】 2016年，区局下设办公室、业务科、安监科、综合科、稽查一科、稽查二科6个科室，共有干部职工15人。

【概况】 河东区质监局是统一管理和组织协调河东区计量、质量、标准化、特种设备安全监察和认证认可工作的行政职能部门。主要职责是贯彻执行国家有关质量技术监督工作的方针、政策，负责《计量法》《标准化法》《产品质量法》《特种设备安全法》《认证认可条例》等有关法律法规的贯彻实施，开展质量技术监督综合管理、安全监察、行政执法和技术服务工作。获得“全市安全生产先进单位”“全市质监系统2016年度先进单位”等称号。

【产品质量管理】 推动区政府组织召开全区质量工作大会，与各镇街签订责任书，部署年度质量工作；指导2家企业（东立塑胶、宏德新材料）获得山东名牌，1家企业（正直机动车检测）获得山东省服务名牌，2家企业（同德农业、三益畜禽）成为省级农业标准化试点，2家企业（三丰化工、友光电缆）获得临沂市长质量奖，2家企业（力扬塑料托盘、宗沛斋陶笛）获得临沂市标准创新贡献奖，品牌创建工作取得新成效。

【特种设备安全监察】 新增特种设备569台，其中电梯452台、起重机械28台和压力容器89台。检查各类特种设备1080台，登记注册290台，下达监察指令50余份，上报区政府挂牌督办3期，对100台起重机械开展定期检验，新注册登记84台。组织四次特种设备管理人员和操作人员培训班，共培训管理人员90人、压力容器作业人员46人、大型游乐设施作业人员46人、燃气锅炉作业人员102人，提高河东特种设备管理和操作人员的持证率。联合市局特检院开展特种设备安全进社区活动3期，让群众参与和了解电梯等特种设备安全运行基本常识。对全区纳入整治的558台燃煤锅炉进行了拆除或者改为清洁能源，通过市大气办验收。

【标准化工作】 开展企业产品标准自我声明工作，指导20余家企业进行了标准自我声明；帮扶规模企业开展标准化良好行为创建活动；指导同德农业、三益畜禽2家企业创建农业标准化示范区，制定标准，创建标准体系；做好河东区创建国家级新型城镇化标准化示范区申报工作，由国家局立项，目前正在制定各项标准，创建标准体系。

【行政执法工作】 开展双打、质监利剑、化肥等专项执法检查活动，检查各类企业200余家，立案查处案件40余起，涉案货值200余万元，为消费者挽回经济损失100余万元。开展工业产品后处理工作，接到不合格检验报告15份，并针对工业产品抽检不合格企业进行了约谈，对存在的问题通报和点评。

【质检工作】 将企业产品质量安全分为Ⅰ级（高风险）、Ⅱ级（较高风险）、Ⅲ级（一般风险），在对企业分类的基础上，按规定实行分类监管，建立档案，及时调整信息，实行动态管理，履行产品质量监督职能。按照《产品质量法》等有关规定，对一般风险企业抽检频次为每年至少2次，对较高风险和高风险企业适当增加频次，全年产品抽检合格率为87.6%。

【计量工作】 在办公楼、企业张贴宣传画，宣传计量在促进和保障健康生活中的地位和作用，并通过网站、报纸进行报道。联合市计量所对全区计量器具生产企业、重点工业产品生产企业、医疗卫生单位、加油站等在用计量器具的受检率和检定合格率开展计量专项监督检查，对定量包装商品开展监督抽查，严厉打击缺斤短两、弄虚作假的计量违法行为。开展专项检查活动，并对集贸市场、水产市场等400余台计量器具免费检定，建立计量器具台账。

【质监宣传工作】 围绕“3·15”、质量月、安全生产月和计量日等主题开展法律法规宣传活动。注重在各级报刊上积极发稿。年内发表省级稿件11篇、市级稿件100余篇。

撰稿：唐立杰

审核：缪兴霞

食品药品监督管理

食药监局领导成员

党组书记：王家楼

党组成员：武国华

冯自强

贺　飞

贾俊国

局　　长：王家楼

副 局 长：冯自强（正科级，2016年5月任职）

贾俊国

主任科员：武国华

贺　飞

食品药品稽查大队

副大队长：朱崇建

食品药品投诉受理中心

副 主 任：张文博

吴云鹏

【机构设置】 河东区食品药品监督管理局为区政府工作部门，负责对生产、流通、餐饮环节的食品安全和药品、保健品、化妆品、医疗器械的安全性、有效性实施统一监督管理，承担区食品安全委员会的日常工作；共有编制人员77名。内设办公室（挂政策法规科牌子）、食品安全协调督查科（挂宣传和应急管理科牌子）、食品安全监管科、保健食品化妆品监管科、药品医疗器械监管科、行政许可科、财务科7个职能科室；下设区食品药品稽查大队及投诉受理中心2个正科级事业单位，在全区8个镇（街）设立食品药品监管所。截至2016年底，在职人员总数（含各镇街食品药品监管所）66人。

【概况】 全区共有各类监管对象1.2万余家，其中饮片加工企业1家、医疗器械生产企业4家、药品连锁总部2家、医疗器械经营企业28家、零售企业药店185家、食品生产企业110家，各类食品流通、餐饮等经营单位1万余家，保健品经营单位256家、化妆品经营单位791家。被河东区委、区政府评为“全区依法行政先进单位”“全区食品安全工作先进单位”、2016年全区“三引一促”工作先进单位、2016年度“招才引智”工作先进单位、“平安河东建设先进单位”“全区招大引强工作先进单位”等称号。

【日常监管】 继续实行“网格化”监管，实行学校食堂季度检查、日常巡查、餐饮服务单位评级等制度，约谈食品生产企业21家。对110家企业做企业风险分级分类，组织18次食品生产许可实地核查，核查企业31家。举办食品生产企业业务培训、食品营养标签等专题业务培训26次，培训1900余人次，并与全区110家食品生产企业签订《食品安全承诺书》。完成食品抽检1500余批次，合格率97.6%。开展食品快检进超市、进市场等活动，在局内建设高标准快检实验室1个，在九曲店等农贸市场建立快检室2个，药品抽检44批次，评价性抽样18批次；上报药品、器械不良事件病例报告900多例。召开专题培训会议，开展保健品区域性专项治理和美容美发行业化妆品质量状况调研，收集并上报化妆品不良反应监测报告215例。受理食品药品投诉举报642起，办结率100%。

【安全宣传】 开展“食品安全宣传周”“12331”“安全生产月”等宣传活动12场次，开展食品安全知识进企业、进市场及“你点、我检”主题活动；与区教体局联合开展食品安全知识进校园活动，制作《远离垃圾食品》宣传视频并发至全区各中小学校播放。与区司法局、区电视台携手制作《法制在线》栏目。联合市电视台对已注销药店的情况进行跟踪报道。

5月10日，临沂市副市长、市公安局局长张春义到河东检查食品安全工作

【规范化建设】 开展羊肉、食用油、酱腌菜、大桶水、红酒、海米等专项整治；开展养老机构食堂、建筑工地食堂、学校食堂、承接喜宴饭店专项检查；开展酱腌菜专项整治、学校食堂交叉检查、飞行检查等。共出动执法人员8000余人次，检查各类食品生产经营单位3000余家次。开展非法疫苗、药品流通领域专项整治，共出动执法人员500余人次，检查药品生产企业2家、药品经营单位160余家、药品使用单位5家，下达责令整改通知书80余份，查处无证经营2家，立案调查案件2起。

【服务经济发展】 坚持“加强监管是立局之本，服务发展是强局之道”的理念，畅通服务通道，实行全程跟踪服务，优化行政审批服务。

【毛皮动物胴体整治】 从2016年9月下旬开始，在全区开展毛皮动物胴体专项整治工作，召开专项整治工作会议，印发工作方案和工作考核奖惩办法，签订整治目标责任书，在各镇街建立巡查队伍，派驻工作组到乔庄皮毛市场和潘家湖村两个重点区域，定期不定期联合检查。印发《关于严厉打击非法运输、仓储、交易、加工狐狸肉等毛皮动物胴体的通告》6万份，无害化处理毛皮动物胴体3000多吨，组织联合执法77次，查处非法收购运输狐狸肉案件8起。

撰稿：胡孝鹏

核稿：武国华

统计管理

统计局领导成员

党组书记：臧宝伦

党组成员：李绍峰（2016年5月任职）

邵泽宇

局长：臧宝伦

副局长：李绍峰（正科级，2016年5月任职）

邵泽宇

主任科员：李贞年

副主任科员：朱时叶

※ 社调队

队长：郭燕（女）

【机构设置】 截至2016年底，区统计局下设办公室、综合科、工业能源科、服务业科、法规科5个科室，辖社会经济调查队1个副科级事业单位和计算站1个股级事业单位，行政编制8个，事业编制16个，在职在岗人员23人。

【概况】 区统计局是专门负责全区统计和国民经济核算工作的政府职能部门，主要职责是对全区经济社会发展情况进行统计调查和统计分析，为各级政府、企事业单位和社会公众提供统计信息和统计咨询意见，对部门、镇街、企业统计工作进行业务指导和统计监督，为全区经济和社会发展提供可靠的统计服务。2016年，GDP总量186.14亿元，全区规模以上实现工业总产值485.1亿元，粮食总产量25.74万吨，规模以上固定资产投资152亿元，社会消费品零售额148.5亿元。被区委、区政府授予“服务业发展先进单位”“招商引资先进单位”“全区重大重点项目建设先进单位”“三引一促先进单位”称号，被市统计局授予“全市规模以下工业抽样调查先进单位”称号。

【统计改革】 在全区范围内对城乡一体化住户调查基础工作及数据质量进行全面检查，共有28个城乡一体化调查点，280户记账户，入户检查70户，从总体情况来看，各镇街都能够按照《山东省住户收支与生活状况调查实施方案》按月进行资料收集记账和数据文件上报，对个别镇街账页中普遍存在数量和计量单位不规范、摘要表达不清楚、记账日期不规范、实物账有漏记等现象进行整改。

【统计调查】 配合区政府完成农业普查的区域划分、普查区域图绘制、清查摸底、PDA培训、普查表培训填写、摸底数据汇总等工作，普查的标准时间是2016年12月31日，调查对象包括农村农业生产经营户和其他住户、城镇农业生产经营户、农业生产经营单位、村民委员会、乡镇人民政府。普查的主要内容包括：农业从业者基本情况、农业土地利用与流转情况、农业生产与结构情况、新型农业经营主体与农业规模化、产业化发展情况、新农村建设情况、农村人居环境与农民生活方式变化情况。全国性普查分3类：人口普查每10年一次，逢0开展；农业普查每10年一次，逢6开展；经济普查每5年一次，逢3、8开展。

【统计服务】 把“深化统计优质服务活动”作为重要工作任务。制定《河东区统计局岗位目标责任和考核奖惩办法》，将统计调研和分析报告纳入全局考核，与年终评先树优挂钩。开展调研活动，为区领导决策撰写统计调研报告。局领导带头开展调查研究，并撰写调研报告。完成《统计手册》和《统计年鉴》的编辑工作，提供农业普查资料分析。配合做好全区群众满意度测评调查等工作。

【基础建设】 修订对街镇、园区统计工作目标管理考核办法，将制度建设、统计调查、统计管理、统计资料管理作为考核重点内容，定期通报考核结果，保持基层统计人员的相对稳定，保证统计工作的连续性。健全街镇、园区统计数据采集、质量审核、汇总上报等环节规范化操作流程及各专业统计台账，完善重要统计数据质量评估制度。以抓好街镇、园区统计年定报为重点，健全对各专业统计报表报送时限、填写规范和数据质量管理制度。按月、季组织召开街镇、园区统计工作例会，围绕经济运行情况，开展统计分析研究，部署落实工作任务，加强对全区统计工作的指导与协调。开展对各街镇、园区统计基础工作规范化建设的全面巡查，提出整改意见，以书面形式进行反馈，督促抓好落实，促进突出问题的解决，形成统计工作巡查、统计业务指导和统计执法检查三位一体的统计工作监督管理机制。加强村居统计组织网络建设，明确专职统计人员负责统计工作，承担并完成相应的统计工作任务。全区各社区、规模较大的村居增设统计协管员，部分村居实行统计人员专职化，并确保人员经费和相应的办公条件。各统计调查网点按照统计方法制度要求配齐辅助调查员。全区所有行政村全部有领导分管、有工作人员负责，有地方办公，有经费保障。根据各村居统计机构情况，建立村居统计网络情况数据库。企业、单位特别是纳入一套表联网直报的所有企业，按照《山东省企业统计工作规范》，明确统计机构和统计人员，依法组织、协调和管理企业内部各专业的统计工作。依托基本信息名录库，完善企业统计情况信息库，把全区 “四上”企业纳入基本信息库，所有企业按照要求建立了统计机构，明确了统计工作人员，专业报表直报率均为 100%。对城乡住户一体化调查的调查户和辅助调查员每人每户分别补贴 60 元、150 元。区乡两级统计人员优先评聘职称、优先提拔使用，提高了统计人员政治待遇和经济待遇。

【统计数据质量】 加强工业、农业、贸易、投资、农民收入、工资等重要统计指标数据的评估审核和预测分析，完善各指标之间的协调性和匹配性审核，特别是税收、金融、电力、运输、通讯、就业等部门数据对 GDP、工业、投资、能耗等重要指标的支撑验证。2016 年，全区生产总值实现 186.14 亿元，同比增长 6.5%，三次产业比重调整为 6.7 ∶ 47.2 ∶ 46.1，其中，三产占比提高 1.24 个百分点。注重数据的比较分析，对重点行业、企业和单位数据变动较大的情况进行实地调研和分析，提高对数据质量的把握程度，对重要指标做到事前预测、事中监测、事后分析。

【法制化建设】 召开统计培训会议，由分管副局长讲解，对做好统计法制工作提出了明确要求。制定《河东区统计局执法检查方案》下发到各镇街园区，做好动员部署，根据不同专业细化自查内容和检查的重点统计指标，要求各镇街组织所有“四上”企业对照要求认真自查。年内检查单位 163 家，其中规模以上工业 98 家，限额以上贸易 43 家，资质以上建筑 12 家、房地产 10 家。对发现数据与网上直报不衔接、逻辑关系不匹配的当场提出明确的整改要求并责令限期整改。

【信息化建设】 加强对统计资料的搜集、处理、传输和共享的电子化，利用统计信息网，实现统计内网覆盖到镇街；利用统计内网对联网直报平台的数据监测功能，区、镇两级统计机构通过统计内网对统计数据进行实时监测。目前，区统计局 90% 以上的统计业务通过联网直报平台进行处理，建立了以计算站为中心，各业务科室为延伸的统计信息化组织体系。

【统计创新】 在全市率先开展农业普查分镇街集中录入制度，区统计局拨付资金，各镇街出场所，召集村级人员集中录入。调拨 11 台电脑到镇街普查办。要求业务人员在做好业务报表的同时，要对当前市、区领导关注的行业或问题进行专题调研，要求每季度至少拿出一篇有分量的专题调研，了解全区经济变化，以及影响变化的主要原因，特别是对经济的增长点、支撑点的变化及其原因进行分析，便于领导及时根据变化做出应对。为 2017 年在河东区召开的全市统计基层基础现场会提前动员选取了九曲、太平街道统计站作为观摩单位，选取部分企业和村居作为观摩示范点。

撰稿：刘廷虎

审核：臧宝伦

审　计

审计局领导成员

党组书记：周　迎
党组成员：王德刚
　　　　　孙志学
局　　长：周　迎
副 局 长：王德刚
主任科员：王　琦

经济责任审计办公室
主　　任：王德刚
副 主 任：李正孟

※重点项目审计办公室
主　　任：孙志学

【机构设置】 截至 2016 年底，区审计局下设办公室、法规科、财政审计科、行政事业审计科、社会保障审计科 5 个股级科室，及区经济责任审计办公室（正科级）、区重点项目审计办公室（副科级）2 个事业单位。区经济责任审计办公室设有经济责任审计一科、二科、三科及村居干部审计科 4 个股级科室；区重点项目审计办公室设有投资审计一科、二科、三科 3 个股级科室。局机关设行政编制 8 个，区经济责任审计办公室设事业编制 15 个，区重点项目审计办公室设事业编制 12 个。

【概况】 河东区审计局主管全区审计工作，负责对全区财政收支和法律法规规定属于审计监督范围的财务收支的真实、合法和效益进行审计监督。2016 年，完成审计和审计调查项目 83 个，审计查出违规金额 3.7 亿元，管理不规范资金 4.7 亿元，上缴财政罚没款 14 万元，政府投资审减项目造价 2224.79 万元，提出改进和加强被审计单位财务管理的审计建议 224 条，根据审计建议，建立健全规章制度 2 项，修改部门规定 5 处。再次获评省级文明单位，在全市审计系统综合考评中位列县区第一名，获 2016 年全市审计工作先进集体、全市信访工作先进单位等称号，获全区“三引一促”工作二等奖、全区招商引资工作先进单位，全区最佳服务单位等荣誉。

【预算执行审计】 完成预算执行审计项目 11 个，查出违规及管理不规范资金 2682 万元。通过落实审计结论，增加财政收入 58 万元。对河东地税分局开展地税系统专项审计，包括 2 个镇街中心所和地税直属征收分局、稽查局，并对 11 家不同类企业进行专项审计调查。在延伸审计的 11 家企业中，有 5 家企业未能全面及时足额申报，致使河东地税分局少征收税金及附加 222.6 万元。

10 月 28 日，全区村级督查工作会议召开

【领导干部经济责任审计】 全年完成离任审计 27 人（含

市局委托），任中经济责任审计11人，认定领导干部应负直接责任问题资金132万元。创新应用干部评价制度，根据《河东区经济责任审计实施办法》，对领导干部履行经济责任情况给出“好、较好、一般、较差、差”5级综合评价意见。

【村居干部经济责任审计】 2016年，将各镇街划分为3个审计大组，分别在九曲、太平、相公设立督查审计组，采取“交叉审”的方式，对全区156个村居（社区）进行审计，审计总人数168人，消除信访案件2起，移送司法部门27人。

【财政决算审计】 对凤凰岭街道办事处、汤河镇人民政府、相公街道办事处、太平街道办事处开展上年财政决算审计。审计查出未按规定征收缴纳收入、违规使用发票、资金滞留闲置等问题，涉及问题资金5310万元。

【政府投资审计】 全年审计政府投资项目35个，审定工程造价13827.91万元，8个初审项目审减造价2030.84万元，27个复审项目审减造价193.95万元。对汤河综合治理进行跟踪审计，开展全区水域综合治理、高标准农田建设项目跟踪审计。

【专项审计和审计调查】 对加快棚户区改造、加大保障性安居工程建设力度政策措施落实情况，取消和下放行政审批事项、推进简政放权政策措施落实情况，夯实农业基础、推进现代农业发展政策措施落实情况，加快城市地下管线基础设施建设政策措施落实情况进行跟踪审计，推进政策措施落地；在联动财政数字化专题审计中，清理在企业兼职任职公职人员191人，涉及企业236家，退出参股资金8850万元，查出8人违规领取库区移民补贴等多项问题；开展解决城镇中小学大班额问题审计。

【内部审计】 对区卫计局内审机构进行业务指导，帮助其制定工作方案，确定审计重点。区卫计局内审机构对9处镇街卫生院、2处社区卫生服务中心2012年3月至2016年6月期间财务收支及管理情况进行审计。

撰稿：朱丽华

审核：周　迎

安全生产监督管理

安监局领导成员

党组书记： 司元章（2016年5月离职）
　　　　　李汉仁（2016年5月任职）
党组副书记： 蒋宗堂
党组成员： 许成果
　　　　　孙　强
局　　长： 司元章（2016年5月离职）
　　　　　李汉仁（2016年5月任职）
副局长： 许成果
　　　　　孙　强
主任科员： 蒋宗堂
副主任科员： 张友建

※ 安全生产执法监察大队

大队长： 张淑红（女）

【机构设置】 区安全生产监督管理局内设办公室、政策法规科（规划科技科）、综合监督管理科、危险化学品安全监督管理科、职业安全健康监督管理科5个职能科室，辖区安全生产执法监察大队1个副科级参照公务员管理的事业单位、区安全生产应急救援指挥中心1个正股级全额事业单位。截至2016年底，全局共有干部职工

27 人，其中具有大学以上学历的 21 人，注册安全工程师 6 人。

【安全生产责任制】 成立 12 个专业安全生产委员会，分别由分管副区长任专业委员会主任；按照“党政同责、一岗位双责、齐抓共管”和“管行业必须管安全、管业务必须管安全、管生产经营必须管安全”的要求，区政府与各镇街（园区）及安委会各成员单位签订《安全生产责任书》，层层落实责任，进一步明晰行业主管部门直接监管、安全监管部门综合监管、地方政府属地监管责任，全面推动政府及部门安全生产责任的落实。严格落实企业主体责任。通过完善企业目标责任体系、创新考核方式、强化对企业控制指标完成情况的过程监督和日常检查，督促企业进一步加大安全生产投入、及时淘汰落后的工艺设备、认真组织开展三级教育培训、推进安全标准化创建。

【排查整治】 对全区范围内的 7856 家管理对象落实政府、部门、管理对象有关人员安全生产职责，开展安全生产隐患集中排查治理行动，共排查整治各类安全生产重大隐患 15 项，整改率 100%。

【执法监察】 结合全区安全监管工作实际，编制《2016 年安全生产监察执法计划》并报区人民政府批准，确定不同行业、不同阶段的工作重点，以落实企业主体责任、打非治违、隐患整治为重点，强化重点行业领域的安全监管，确保监察执法落到实处。在节日、汛期、两会等重点时段开展针对危险化学品特殊作业、储罐区安全、粉尘涉爆企业等的专项检查，检查各类生产经营单位 2536 家，查处安全隐患 7000 处，整改率 93.7%，处罚到位资金 116.05 万元，停产整顿企业 18 家，全年没有发生较大以上生产安全事故。2016 年，被临沂市人民政府安全生产委员会表彰为全市安全生产先进单位。

【基础建设】 在全区各镇街、园区成立安监执法监察队伍、在村居组织成立安全协管员，初步建立起“区、镇、村（居）”三级安全监管网络，安全监管工作实现无缝隙网格化管理。严格落实企业隐患排查治理制度，明确企业是排查隐患的责任主体，引导企业逐步形成自觉查纠消除隐患、确保安全生产的内生动力和良性机制。把创建企业安全标准化作为重点工作，完成 50 家企业的达标创建及复评工作。督促指导企业建立完善应急预案及专兼职应急救援队伍，完善协调联动机制，加强应急培训和演练，提高企业在险情初发时期的应急处置能力。在企业中组织开展行业性的区级综合性安全生产培训及事故应急救援预案演练活动，督促指导多家重点生产经营单位开展了企业综合应急演练，分行业对全区涉及职业危害严重企业开展职业健康检测及培训。

【宣传教育培训】 不定期编发《安全生产简报》，利用报纸、电视、网络等媒体，宣传党和国家安全生产方针政策、法律法规和各级加强安全生产的重大举措，宣传全区安全生产工作的先进典型和经验。6 月，开展“全国安全生产月”活动，通过组织集中咨询宣传日、服务队下基层、安全知识竞赛等系列活动，宣传安全生产法律法规和安全常识。把安全教育培训不到位视作隐患对待，创新培训方式，针对不同企业、不同岗位安全生产工作的不同特点，采取主动上门培训、现场监督企业内部培训、高危企业员工全员纳入培训等方式，推动培训对象由法定三项岗位人员向全体从业人员扩展。督促企业针对不同岗位特点严格落实“三级”安全教育培训规定，重点加强新进员工、转岗工人和农民工的安全培训。年内组织针对企业负责人、安全管理人员、特种作业人员等的安全培训班 28 期，培训各类人员 1971 人次。

撰稿：王长辉

审核：李汉仁

盐务管理

盐务局领导成员

局　长：朱孟胜

副局长：宋宝国（正科级）

王夫涛

【机构设置】 截至2016年底，河东区盐务局（公司）下设办公室、财务科、业务科、保卫科、盐政科（盐政稽查大队）、商贸科、车队7个科室及11个客户服务部，共有职工64人。

【概况】 河东区盐务局是河东区人民政府盐业主管部门和盐业行政执法主体，正科级建制，负责本行政区域内的盐业行政执法和食盐专营的行政管理工作，隶属于临沂市盐务局，行政上接受区委、区政府和市盐务局的双重领导。河东盐业公司系山东省盐业集团有限公司的下属企业，依法从事本行政区域内的盐产品储运、批发经营业务，隶属于临沂盐业公司。

【盐政执法】 年内查处各类盐业违法案件242起，没收非法盐产品60余吨，罚没款8.1万元。涉盐犯罪移送公安机关追究刑事责任案件9起，刑拘5人，取保4人，判决2人。应诉案件1起，一审二审均裁定驳回维持胜诉。签订《食盐安全承诺书》3000份，与食药局、卫计局、公安局共同印发《河东区食盐安全消费警示》3000份。对全区所有用盐厂家、食品加工用盐单位、餐饮饭店进行全方位拉网式清理检查，并全部重新摸底建档，建立电子档案。严厉打击私盐贩销行为。针对重点部位、重点区域、重点人员进行重点监控，建立黑名单档案。对辖区内的重点部位错时执法，严盯死守并适时开展联合执法，以查大案要案为目标，发现问题紧追不放。3月，将长期从事饲料添加剂氯化钠贩销的尹某当场查获，并移送公安机关追究刑事责任。

【食盐专营】 年内实现食盐销售7505吨，占年计划的65.88%，较上年同期下降651吨。实现小包装食盐销售2087吨，占年计划的88.46%，较上年同期下降56吨。受盐业体制改革影响，各类大包盐产品销量及利润空间大幅下滑。紧跟市公司步伐，调整市场小包装盐产品品种，优化小包装盐产品结构，实现深井盐、低钠盐、弱碱、雪晶盐等品种多轨并行，中、高、低档食盐在市场全面覆盖，产品结构日趋合理，利润空间不断扩大。依据上半年摸排掌握的资料，对全区食品加工户、餐饮、伙房等所使用的盐产品进行直供到户，掐断私盐冲销途径；每月不低于两次对食用盐厂家进行走访调研，以便掌握库存情况生产和用盐动态。

【法规知识宣传】 利用“5·15”全国碘缺乏病宣传日，与卫计局联合设点宣传碘缺乏的危害，发放宣传材料1000份；针对市场私盐冲销的现状及盐业改革的舆论误导，联合有关部门印发《河东区食盐安全消费警示》，在全区用盐户、学校、卫生室、村居人口密集区张贴宣传。同时以区掌上河东微信公众号的形式，进行转发宣传。在区电视台以电视讲话的形式正面解读盐改政策，提醒广大居民自觉抵制私盐假盐，避免上当受骗；不定期对辖区村庄住户，入户走访，了解盐坛子，宣传私盐的危害及盐业政策。

撰稿：侯长琴

审核：朱孟胜

商城管理

商城管委会领导成员

主　任：石庆暄（2016 年 5 月离职）
　　　　周圣连（2016 年 5 月任职）

副主任：管道平

【机构设置】 河东区商城管理委员会成立于 2014 年 3 月 17 日，为正科级财政拨款事业单位，编制 12 名，配主任 1 名、副主任 2 名，隶属区政府。2015 年 4 月 28 日，经中共河东区委组织部批复成立中国共产党河东区商城管理委员会支部。管委会内设办公室、市场运行监测科、市场规划电商科 3 个科室。

【概况】 河东区商城管理委员会负责河东商城数据统计工作，每月向临沂市商城管理委员会提报市场交易额、物流总额、商城电子商务交易额；根据市、区有关要求，督促市场规范提升工作。2016 年 1—12 月，河东区完成市场交易额 593 亿元（列全市第 2 位），同比增长 15.1%；完成物流总额 304.76 亿元（列全市第 2 位），同比增长 14.2%；完成电子商务交易额 94.18 亿元。

【商城建设与改造提升】 临沂瑞祥农产品市场综合体项目于 7 月 10 日举行奠基仪式，各项建设工作顺利推进。推进投资 5000 万元、占地 3.33 万平方米的临沂五金城三期改造工程，推进占地 2 万平方米、建筑面积 48000 平方米的凤凰红木文化城二期建设项目；通过电商等新型业态推广，不断提升临沂五金城、凤凰红木文化城、伦达国贸城等知名专业市场的综合实力。

【物流发展】 在临空区依托机场综合枢纽，统筹空陆多式联运，引进一批空港物流项目。总投资 2 亿元、建筑面积 6 万平方米的临沂机场航空货运枢纽工程投入使用；顺丰航空快递与临沂机场完成签约，投入运营。依托火车北站和华阳物流，打造公铁联运物流园区，开通“临新欧”“临满欧”“临沂—喀什—瓜达尔港”和“临沂—重庆”等 4 条国内外货运专线。依托区内高速公路出口和临沂东外环等主干道，在河东区郑旺镇规划建设高速公路出口物流和仓储园区。配合相关职能部门做好物流业经营秩序整顿规范工作，加强建立完善物流纠纷处理、诚信体系建设长效机制，做好物流纠纷处理工作，完成“12345”办理单 60 余份。

【电商推广】 初步形成以临沂五金城和伦达国贸城为中心的 2 个电商园区。位于临沂五金城的河东区电商产业园包含万宝集团电子商务创业园、创众空间跨境电商产业园和河东“e”谷电子商务产业园等 3 个电商园区，占地 4 万多平方米，其中万宝集团旗下的临沂五金网已经成功上线运营。在伦达电商创业园以“三年免租”形式为 200 余名大学毕业生、退伍军人和市场商户提供了电商创业机会；阿里集团的农村淘宝临沂运营中心也已落户伦达国贸城 B 区。五金城手机移动端、瑞华制冷（中国制冷网）和三益庄园等专业垂直电商平台不断拓展线上线下业务，力成食品和园源食品等知名电商企业正在蓬勃发展。河东职业中专在开设电子商务专业的同时和人社部门共同开展企业和社会人员电商培训；临沂五金网开设八期电商专业培训班，培训人员近 600 人；伦达电商创业学院获人社部门审批。

撰稿：公素娟
审核：周圣连

农　业

NongYe

农村经济

农工办领导成员

主　任：（缺职）
副主任：孙　新（主持工作）

【概况】 河东区委农村工作领导小组办公室成立于2010年，为正科级财政拨款事业单位，核定编制5名，隶属区委办公室。主要负责贯彻落实中央、省市和区委、区政府关于农业农村工作的方针政策和重大决策部署，并对执行情况进行督促检查；对全区农村改革和发展中的重大问题进行调查研究，向区委、区政府提出决策建议；负责全区社会主义新农村建设工作的综合协调、政策研究和重要文件的起草工作；承担区委农村工作领导小组的日常工作。

【农村产权制度改革】 完成310个村居的土地承包经营权确权登记任务，打印农村土地合同368948份，农村土地承包经营权证92237本，整理“一户一档”档案资料92237套。装修农村土地承包经营权确权登记档案室，购置档案密集架、办公桌椅、空调等设备，聘请专业公司整理完成“一户一档”档案资料69497套，按照镇街、村居顺序装入2800个档案盒摆放上架。3月21日，市农村土地承包经营权确权登记颁证工作领导小组对河东区农村土地承包经营权确权登记颁证工作进行检查并通过市级验收。

【农村环境综合整治】 区委、区政府将城乡环卫一体化工作列入全年重点民生工程进行提升。区、镇、村三级累计投入资金约4000万元。新（改）建垃圾中转站9座（其中8吨2座，20吨7座），配置小型勾臂车49台、密闭垃圾桶1.1万余个、3立方垃圾方箱1900余个、环卫保洁三轮车1100辆、环卫工人1400余人，日转运生活垃圾380余吨。开展路域环境综合整治工作，投资1931万元完成256千米的县乡道路安全设施施工，打造郑太路—汤大路—长深连接线—东外环—郑太路循环样板路，多部门联合执法，重点做好公路两侧广告牌等非公路标志的清理和规范工作，排查清理干线公路两侧500米可视范围内“五大堆”（垃圾堆、柴草堆、砖石堆、土堆、粪堆）、违法建筑和临时构筑物，坚决制止违法占道经营，打场晒粮，堆物作业，乱搭乱建，污染路面和私设平交道口及非公路标志等违法行为。

【美丽乡村建设】 全年实施美丽乡村创建村居138个，重点推进以“硬化户户通＋无害化改厕”为主体工程的改善农村人居环境项目建设，全年累计完成农村无害化改厕2.9万余户、村内道路硬化面积200余万平方米、汪塘生态化治理26处。

撰稿：刘阳强　禹腊腊
审核：袁田玉　刘玉磊

种植业与农村工作

农业局领导成员

党组书记：冯自忠（2016年5月离职）
　　　　　高纪涛（2016年5月任职）
党组成员：李绍峰（2016年5月离职）
　　　　　陈际忠（2016年2月离职）
　　　　　杨化恩
　　　　　訾爱梅（女）
　　　　　郑文范（2016年5月任职）
　　　　　缪兴霞（女，2016年5月任职）
局　　长：冯自忠（2016年5月离职）

高纪涛（2016年5月任职）
副　局　长：李绍峰（正科级，2016年5月离职）
陈际忠（2016年2月离职）
郑文范（正科级，2016年5月任职）
缪兴霞（女，正科级，2016年5月任职）
副主任科员：刘崇林（2016年12月任职）
沈长青

※ 农技推广中心

主　　任：杨化恩

※ 农广校

校　　长：訾爱梅（女）

※ 农业综合执法大队

大 队 长：赵传东

【机构设置】 河东区农业局内设办公室、人事科、农村经济经营管理科（挂法制科牌子）、市场与经济信息科（挂产业化经营科牌子）、发展规划科（挂区农业资源区划办公室牌子）、科技教育科（挂转基因生物安全监督管理办公室牌子）、生态农业科（挂区农村可再生能源办公室牌子）7个职能科室（规格为股级行政单位）；辖区农业技术推广中心、区农产品质量安全监管办公室、山东省农业广播电视学校临沂市河东区分校、区农村经营管理中心、区农业综合执法大队5个副科级事业单位。6月，增设农田秸秆禁烧中队，为区农业综合执法大队内设机构，规格为股级。8月，增设蔬菜办公室，为区农技推广中心内设科室，规格为股级。12月，设立区农村土地承包仲裁委员会办公室，为区农村经管管理中心内设机构，规格为股级。全局共有干部职工50人，其中，拥有高级技术职称的6人、中级技术职称的13人、大专以上学历的47人。全区8个镇（街）均设有农技站、经管站，共有干部职工124人。

【概况】 全年粮食总产量25.74万吨，农民人均可支配收入12066元。河东区农业局被临沂市农业局评为“农业信息宣传工作先进单位”“农业行业扶贫工作先进单位”，获全市农业综合考核先进单位二等奖，被区委、区政府评为依法行政、招才引智、平安河东建设、食品安全、行业扶贫等先进单位，获2016年最佳服务单位称号。

【农业政策落实】 2016年，全区核定小麦面积1.86万公顷，发放农业支持保护补贴资金3488.71万元。全区小麦投保面积0.87万公顷，承保率为46.8%；玉米投保面积0.27万公顷，承保率为33.3%。

【农业产业化经营】 全区有省级龙头企业6家、市级龙头企业32家。对全区第一至五批21家市级农业产业化重点龙头企业进行动态监测，其中4家符合市级农业产业化龙头企业标准；17家不符合市级农业产业化龙头企业标准，取消其市级农业产业化重点龙头企业资格。对全区8家省级农业产业化重点龙头企业进行动态监测，临沂大林食品股份有限公司、山东天同食品有限公司、临沂片山食品有限公司、临沂市三益畜禽有限责任公司、临沂万德福食品有限公司、临沂凯佳食品有限公司6家企业符合省级农业产业化龙头企业标准。山东省赛博特食品有限公司、临沂富泰食品有限公司2家企业不符合省级农业产业化龙头企业标准。组织万德福参加西班牙国际食品展及中德农业经贸洽谈活动。对第三批省级一村一品示范村镇——河东区八湖镇脱水蔬菜进行动态监测，同时推荐八湖镇王疃村成功申报第四批省级一村一品示范村镇。组织万德福成功申报2016年农村一二三产业融合发展试点项目。完成1家规模以上农产品批发市场、33个一村一品专业村、2个一村一品专业镇街的数据统计调查工作。

【农民合作组织建设】 新增农民专业合作社214家，全区工商登记951家。对55家市级农民合作社示范社进行动态监测，其中19家符合市级农民合作社示范社监测标准，36家不符合，取消其市级农民合作社示范社称号。组织河东区德盛大蒜种植专业合作社成功申报国家示范社，河东区玉杰苗木花卉种植专业合作社、河东区效来农业机械服务专业合作社成功申报省级示范社。推荐河东区志远苗木种植专业合作社、河东区腾达农机服务专业合作社、河东区绒华特种动物养殖专业合作社、河东区成和花木种植专业合作社等11家农民合作社申报2016年度农民合作社市级示范社。

【优质农产品基地品牌建设】 河东区优质农产品农业（休闲）提升基地面积5.01万亩；创建农业（休闲）标准园3个，分别是立晨农庄、仙株多肉植物园、奥正农业科技园；创建畜牧标准园1个，为八湖镇创新养殖场。

【土壤肥料与技术推广】 共采集土壤样品45个，其中2016年完成采集耕地地力评价原点样品303个、肥力定位观测点土样20个，各类试验田土样25个。完成100个典型农户的施肥、产量及效益状况调查。安排田间试验示范10处、省肥料等级试验6处、新型玉米控释肥试验4处。举办区级培训班2次，培训技术骨干120人，培训农民620余人，派出技术指导人员32人次；发表市级以上网络信息8篇；发放技术资料4600份。

【农田节水】 河东区是国家级土壤墒情监测区，年内在凤凰岭街道、郑旺镇、八湖镇、汤头街道建立10个土壤墒情监测点，全年监测土壤720个，发布简报16期。推广水肥一体化技术，引导新型农业经营主体发展喷滴灌。在同德农业科技发展有限公司建设水肥一体化示范基地一处；在水稻主产区，重点示范推广水稻浅湿灌溉、湿润灌溉等技术；在旱作农业区，重点发展集雨补灌、旱作保墒、地膜秸秆等覆盖技术。发挥主导技术模式的引领作用，促进农业发展由水资源高耗型向水资源高效型转变。

【粮食生产】 2016年，全区粮食播种面积40000公顷，总产量为25.74万吨。

小麦种植 播种夏粮面积20400公顷，单产6583千克/公顷，总产12.04万吨。重点推广济麦22、青丰一号等包衣良种和精播半精播栽培、测土配方施肥、化学除草、氮肥后移、中后期“一喷三防”和秸秆还田技术。开展小麦高产创建活动。经市农委组织专家实打验收，示范片小麦十亩攻关田平均亩产711.1千克，万亩高产示范片平均产量613千克。（每亩约666.67平方米）

水稻种植 2016年，水稻种植面积11000公顷，单产8733千克/公顷，总产8.70万吨。重点推广临稻10号、临稻15号、临稻16号等良种和水稻旱育稀植综合高产栽培技术。开展水稻高产创建活动。经省市专家实打验收和测产，十亩高产攻关田平均亩产721.7千克，万亩高产示范片平均亩产611.7千克。

【经济作物生产】 河东区主要种植经济作物有花生、大豆、果树、瓜菜、中药材、食用菌等。

花生 花生种植面积3260公顷，单产4560千克/公顷，总产1.5万吨。重点推广丰花1号、花育25、花育22、丰花3号、山花9号、海花1号等良种和增产增效“四大关键八项改进”技术，即深耕翻、广覆膜、增密度、防早衰，改长期自留种为定期更新品种、改速效化肥一次施用为控释肥精准施用、改早播早收为适当晚播晚收、改人工播种收获为机械化作业、改双粒播种为单粒精播、改花生套种为夏直播、改普通病虫防治为绿色防控、改一次集中化控为多次灵活化控。

大豆 大豆种植面积2034.3公顷，单产2385千克/公顷，总产0.49万吨。重点推广菏豆12、齐黄18等良种和大豆综合配套高产栽培技术。

果树　果树种植面积37000亩，其中草莓25000亩，桃5500亩，苹果2500亩，梨2500亩，葡萄1500亩。草莓以章姬、红颜、甜查理、丰香、全明星、妙香七号、美十三为主栽品种；桃以中油4号、晚黄金、仓方早生、川中岛为主栽品种；苹果以嘎啦、美国8号、红富士为主栽品种；梨以黄金、丰水、圆黄为主栽品种；葡萄以夏黑、巨峰、藤稔为主栽品种。

瓜菜　瓜菜播种面积145000亩，总产325000吨，其中节能型日光温室6000亩，大中拱棚7000亩；大蒜53000亩、番茄16000亩、莲藕11000亩、大白菜9000亩、西甜瓜2600亩。大蒜以苍山蒲棵、高脚子为主栽品种；番茄以欧冠、金棚1号、天彩、凯利为主栽品种；莲藕以大珠节、小珠节为主栽品种。

食用菌生产　食用菌生产以平菇和双孢菇为主，年产量3980吨，产值2722万元。其中，现有平菇栽培面积170亩，主要采用拱棚袋式栽培，年产量972吨，产值722万元；临沂瑞泽农业科技有限公司（下辖菌种研发中心、工厂化种植基地各一处）年产菌种1800吨，产值2400万元；年产双孢菇3100吨，产值3300万元。菌种研发中心位于临沂农高区核心区，首次打通双孢菇菌种工厂化生产技术工艺路线，填补了国内空白。工厂化种植基地位于八湖镇大十六湖村，已建成和在建智能菇房栽培面积2.4万平方米，栽培料发酵隧道23条，产品主要销住上海、南京、杭州等国内大中城市。基地年消耗作物秸秆1.2万吨、禽类粪便1.3万吨，实现了秸秆综合利用与减少畜禽面源污染的有效结合。7月，瑞泽公司启动八湖镇石拉渊村精准扶贫项目，规划建设智能菇棚6座，投产后年产双孢菇1000吨，通过产业扶贫+技术扶贫的方式，带动90名贫困人口实现脱贫。

【植物检疫与重大病虫害防治】　开展植物检疫宣传培训活动。开展重大危险性有害生物疫情调查与监测，开展检疫性有害生物调查、防除工作，及时进行疫情上报。根据疫情发生趋势与上级业务部门的要求，及时对稻水象甲、瓜类果斑病、银胶菊等检疫对象进行重点普查。

【专业化统防统治】　借助山东省农业病虫害专业化统防统治能力建设示范项目重点打造的两支专业化统防统治队伍，发挥其带头作用，促进全区病虫害专业化防治工作的开展。成立植保专业化防治合作社5家，组建专业化防治服务队10余支，装备大型植保机械30余台（套）、机（电）动喷雾器400余台。

撰稿：杨化恩　张元俊　闫童　刘士亮

审核：沈长青

林　业

林业局领导成员

党组书记：高纪涛（2016年5月离职）
　　　　　韩庆林（2016年5月任职）
党组成员：李元振
　　　　　徐兴东
　　　　　魏效德
　　　　　姚相国
　　　　　李树梅（女）
局　　长：高纪涛（2016年5月离职）
　　　　　韩庆林（2016年5月任职）
副 局 长：徐兴东（正科级）
　　　　　姚相国
主任科员：李元振
副主任科员：张灿尧（2016年12月任职）

※区林业技术推广中心

主　　任：魏效德

【机构设置】　截至2016年底，区林业局内设办公室、人事科、规划财务科、资源林政科4个科室，辖区林业技术推广中心（内设林业站、森保站、经济林站）1个副科级事业单位、区木材检查站、沂州海棠产业办公室2个股级事业单位；机关共有干部职工42人，其中具有高级技术职称的2人，中级技术职称的8人；具有大专以上学历的34人。

【概况】 全区有林地面积22万亩，绿地和苗木花卉面积连年增加，林木覆盖率达到36%以上，林业产值27亿元。被授予“安全生产先进单位”等称号，有5人次获得区级以上表彰。

【造林绿化】 完成造林5000亩，新育苗6000亩；中幼林抚育5000亩，农田林网新建6550亩，完善提升88500亩，完成义务植树60万株。在太平街道开展全区义务植树节活动，与山东广播电视台、齐鲁网一起筹备植树节宣传活动，共栽植白蜡10000多株。以现代农业项目为抓手，打造精品工程，培育特色林业生态观光精品，推动汤河国家湿地公园、正直森林公园、临沂国际花木城、龙园生态观光园等观光项目建设，打造美丽河东区生态亮点。

【资源管理和保护】 组织开展“春季攻势”“亮剑行动”等专项整治，严厉打击滥砍滥伐林木及非法侵占破坏林地等违法行为。严格落实林木限额凭证采伐、凭证运输、凭证经营加工等制度。加大林业资源管理力度，加强限额管理，严格采伐审批手续和审批程序。年内办理采伐证220份，采伐总蓄积12560立方米。建立区、镇街、村、个人四级防火责任体系，开展“森林火险隐患大排查活动”和“百日攻坚、严防森林火灾”专项行动。排查森林防火工作的隐患和薄弱环节，解决存在的突出问题，加强森林防火专业队伍建设。坚持“突出重点，分区治理，属地负责，群防群控，联防联治”的管理原则，实行“以无公害防治措施为主体的人工物理防治与药剂防治、飞机防治与地面防治、专业队防治与群众防治、多种食叶同时防治”的治理策略，采取“加强检疫封锁，强化监测调查”的防控措施，降低虫口密度，压缩发生面积，减少被害株率，提高叶片保存率，保护森林资源。制定美国白蛾等重大林业食叶害虫防控方案，在各镇街、村设立森防员，在林地、国道、省道等林木集散地、交通要道建立美国白蛾疫情防控监测点。区林业局成立防控专业组，对各镇街和单位进行分片指导，通过悬挂横幅、张贴标语、发放防治明白纸、宣传画、《美国白蛾防控手册》等形式进行防治宣传，明确一名副局长专门负责，加强森林病虫害防治工作，全年作业面积达到45万亩。根据《中华人民共和国野生动物保护法》《国家重点保护野生动物驯养繁殖许可证管理办法》等法律法规，统一办理野生动物驯养、经营、运输证件，编制服务指南、服务手册等材料。联合公安、工商等部门定期开展打击乱捕滥猎和非法经营鸟类等野生动物违法活动。利用各种媒体，结合“世界野生动植物日”“爱鸟周”和“野生动物保护宣传月”，宣传保护野生动植物的重要性，提高公众野生动植物保护意识。根据《山东省湿地保护办法》、临沂市人民政府办公室《关于加强湿地保护管理工作的意见》等有关规定，对全区的河流、沟渠、汪塘进行摸底统计，逐步纳入湿地保护管理范畴。加快推进湿地公园建设规划编制，委托国家林业局昆明勘察设计院对山东汤河国家湿地公园编制详细规划，促进湿地保护与持续利用。

【林业产业及林下经济】 强化服务意识，提升林业产业发展水平，组织专业队伍对外招商，强化技术指导，加大实地调研及项目争取力度，不断提升林业产业标准化、专业化水平，发展板栗、核桃、林下种养殖、板材、家具等林业产业，全年林业总产值达到27亿元。发展2家市级林业产业龙头企业，分别是河东区玉杰苗木花卉种植专业合作社、临沂市东盛苗木繁育基地，河东区志远苗木种植专业合作社、河东区玉杰苗木花卉种植专业合作社被认定为省级示范社。

【苗木花卉产业】 依托现有资源优势，发展苗木花卉产业，成立河东区苗木花卉综合开发项目指挥部，新发展6000亩，总面积10万亩，设施栽培面积500万平方米，农民专业合作社发展到近200家， 2016年苗木花卉产业产值12亿元。

撰稿：徐成龙

审核：韩庆林

水 务

水务局领导成员

党 组 书 记：吴世强（2016年12月离职）
王洪慧（2016年12月任职）
党组副书记：孙钦云
党 组 成 员：孙建霞（女）
田红霞（女）
孙钦建
葛继卿（2016年5月任职）
局　　长：吴世强（2016年12月离职）
王洪慧（2016年12月任职）
副 局 长：孙建霞（女）
葛继卿（2016年5月任职）
主 任 科 员：孙钦云
孙钦建

区防汛抗旱指挥部办公室

主　　任：孙建霞（女）
副 主 任：王桂明
黄新玉

※ 水政监察大队

大 队 长：田红霞（女）

【机构设置】 区水务局辖区防汛抗旱指挥部办公室1个正科级事业单位，区水政监察大队、葛沟灌区管理处、石拉渊灌区管理处3个副科级事业单位，临沂东蒙水利建筑安装工程有限公司1个企业。局机关设办公室、人事科、财务科、水资办、水政科、水保办、渔技站、渔政科、农村水利与建设科、公共供水办、工会办、督查审计科、计生办16个科室。全局有干部职工218人，其中高级职称6人，中级职称24人，本科以上学历34人。

【概况】 区水务局是负责全区水务水产工作的区政府职能部门，确定“以靠科技、靠法治振兴河东水利事业为目标，以强化水资源统一管理为主体，以防汛抗旱为重点，以城乡供水一体化为突破口，不失时机地抓好农田水利基本建设和全区渔业生产，为全区农业生产搞好服务”的工作指导思想，被评为市级文明单位、全市水利工作先进单位。

【水利建设与管理】 投资4.5亿元，实施汤河综合整治工程。完成汤河张庄橡胶坝、汤河曲坊橡胶坝、八湖圪墩橡胶坝、汤头五湖橡胶坝坝主体工程，完成工程投资1.1亿元，完成总投资7350万元的小农水重点县三年项目建设任务，工程竣工验收获得优秀等次。完成总投资1100万元的农田水利项目县项目主体工程。投资2000万元，完成葛沟灌区节水改造项目建设，完成防渗渠道5.7千米，新建改建建筑36座。投资3500万元的石拉渊灌区渠首拦河坝改建项目开工。投资2000万元，实施农村饮水安全巩固提升工程，解决汤头、八湖6.9万人的饮水安全问题，12月底完成工程验收。完成河东区农村饮水安全结余资金工程，迎接市级验收。加强农村饮水安全的摸底调查。调研农村饮水工程运行情况，水质监测及水质安全情况，水价核定及水费收缴情况，工程管理和后期运行中存在的问题等。落实农村饮水安全工程与建档立卡贫困人口的对接工作。

针对2016年春旱，制定详细的用水调度计划和措施。投入抗旱资金200余万元，引水400万立方米，抗旱浇灌面积33.33平方千米。做好度汛工程检查工作，落实防汛领导责任制，完善防汛预案和防汛物料储备和防汛队伍建设，全年汛期未发生任何防汛问题。

投资140万元，治理完成市级9个汪塘和区级19个汪塘。投资1140万元，共清理沭河、汤河、李公河等河道沟渠150千米，清理生活垃圾85吨。

投资40万元，扶持贫困移民村建设市场大棚。投资100万元，对贫困村8座泵站和输水渠道进行维修。完成总投资1100万元的小农水项目县工程，对汤头街道项目区末级渠系进行配套改造，新建6座泵站，衬砌浆砌石防渗渠道12.534千米，铺设PE管道3.449千米，新建各类渠系建筑物640座，发展渠道输水灌溉工程面积0.9707万亩。

【渔业生产】 全区水产养殖从单一品种到多品种、由传统养殖向休闲娱乐、从分散型向集约效益型方向发展。八湖镇藕塘开发形成立体种殖，郑旺镇的罗氏沼虾，九曲、相公等乡镇的休闲渔业形成规模，成为农业结构调整中的亮点，吸引了众多周边县区参观学习，水产养殖业走在全市前列。

【水土保持】 完成取水单位取水水质化验113份、退水水质化验39份；完成审批计划用水121份。加强用水单位用水计量工作，新安装量水计量设施20余家。督促生产建设单位编制审批水土保持报告书（表）2份，对5家生产建设单位进行水土保持监督检查。结合“世界水日、中国水周”开展水法律法规宣传。开展水事违法案件查处行动，坚决查处非法向渠道、河道倾倒垃圾案件。

【葛沟灌区】 位于临沂市东北部，东与石拉渊灌区相接，南至郯城县，西临沂河，北起河东区汤头街道葛沟村，是全国大型灌区之一。始建于1958年3月，1963年4月投入运行，灌区设计灌溉面积31.34万亩，有效灌溉面积18万亩。灌区管理处下设葛沟大坝管理所，八湖橡胶坝，4个灌溉管理站，2处水力发电站。现有职工85名，离退休职工42名。灌区灌溉面积主要分布在河东区汤头、太平、八湖、相公、郑旺、凤凰岭、九曲等镇、街。于2008年进行水管体制改革，确定为准公益性单位，经费形式由自收自支改为财政全额预算拨款，灌区管理处编制41名。

【石拉渊灌区】 以沭河为水源，原称引沭入梁工程，后改为石拉渊灌区，东到沭河，南至临沭县后宅子，西临葛沟灌区，北为莒南县。灌区包括境内八湖、郑旺、相公、汤河、凤凰岭、朝阳6个镇街的162个行政村，涉及16万人，耕地面积16万亩，灌区设计灌溉面积16万亩，历年最大灌溉面积10万亩。1958年4月开发，同年10月开灌。经过历年扩建、续建，灌区工程逐步配套。现有渠首进水闸1座（涵洞式）5孔，设计引水流量16立方米/秒。拦河坝1座长238米，其中冲砂闸2孔，自动翻板闸30孔。1958年，成立石拉渊管理所，1995年，河东建区后升格为河东区水利水产局的二级事业单位（副科级）。灌区管理处有职工42人，在编人员27人，设有科室3个，下设4个灌溉中心站、11个配水站。

撰稿：周　颖

审核：王洪慧

河道管理

河东河道管理局领导成员

局　长：刘　常（2016 年 5 月离职）

王伟涛（2016 年 5 月任职）

副局长：王纪峰（2016 年 5 月任职）

周立君

【机构设置】 河东河道管理局内设办公室、财务股、水政水资源股（水政执法大队）、水利管理股（防汛抗旱办公室）、沂河管理所、沭河管理所 6 个股（室）所。截至 2016 年底共有在职职工 23 人。

【概况】 河东河道管理局负责河东区境内沂河、沭河以及汤河回水段三条河流的工程管理、防汛、水行政管理等任务，管理河道总长 77.8 千米（沂河 44.62 千米、沭河 27.18 千米、汤河 6 千米）及堤防总长 84.1 千米（沂河左岸 45.05 千米、沭河右岸 27.05 千米、汤河左右岸分别 6 千米）。管理范围涉及八湖、郑旺、汤河、九曲、太平、汤头 6 个镇、街，共 81 个村庄。被评为临沂市档案工作先进集体，获沂沭河局水法规知识竞赛二等奖、淮委执法案卷评比一等奖，通过省级卫生先进单位复核。

【工程管理】 对直管范围内沂河、沭河、汤河的堤防、控导工程以及穿堤建筑进行维护，共维护堤防 84.1 千米、控导工程 56 处、丁坝 23 道、水闸 125 座，硬化沭河右岸大南庄至曲坊段堤防 2 千米。

【防汛工作】 5 月，完成第十四期防汛抢险知识培训。6 月，召开召开防汛工作会议及报汛员会议，成立防汛抢险队，签订防汛责任状、发放防汛物资、明确防汛职责；实行汛期 24 小时防汛值班制度，落实好度汛措施。研发出新型智能水文水情观测预警系统，对全面快速指挥调度、防汛预案和决策的实施起到重要作用。沂沭河全年未发生大洪水。

【水行政执法】 完善重大问题集体研究、集体决策制度。制定《河东河道管理局非工作时间执法巡查制度》，结合工作实际，规范水事案件立案、调查、处罚、结案全过程的执法程序。全年出动执法人员 2000 余人次，打击非法采砂 30 起。

撰稿：刘　晓

审核：王伟涛

畜牧业

畜牧兽医局领导成员

党组书记：陈宏伟（2016 年 5 月离职）

褚庆宝（2016 年 5 月任职）

党组成员：徐　刚

解自富

马成农

李　刚

局　　长：陈宏伟（2016 年 5 月离职）

褚庆宝（2016 年 5 月任职）

副 局 长：解自富

马成农

主任科员：徐　刚

※ 动物疫病预防控制中心

主　　任：李　刚

【机构设置】 截至 2016 年底，区畜牧兽医局内设办公室、计财科、人事科、生产科技科、畜产品质量监督科 5 个职能科室；辖区动物疫病预防控制中心1个副科级畜牧兽医管理机构；下设10个基层畜牧兽医站（加挂动物卫生防疫检疫站和畜产品质量安全监管站牌子），分别为：九曲畜牧兽医站、汤头畜牧兽医站、相公畜牧兽医站、郑旺畜牧兽医站、汤河畜牧兽医站、八湖畜牧兽医站、八湖镇刘店子畜牧兽医站、凤凰岭畜牧兽医站、太平畜牧兽医站、汤头街道葛沟畜牧兽医站。畜牧兽医站为区畜牧兽医局派出机构，经费形式为财政拨款，规格为股级。

【概况】 全区畜牧业以肉鸡养殖、蛋鸡养殖、生猪养殖和奶牛养殖为主。建成市级以上标准化养殖场38个、省级4个、国家级1个。新建改扩建生态环保养殖场10处，超额完成年初制定的新建发酵床1万平方米的任务。新增畜牧专业合作社5个。河东区畜牧兽医局获全市重大动物疫病防控先进单位称号。

【畜牧业生产】 全区生猪存栏21.89万头，同比上升3.4%，其中能繁母猪3.19万头，同比上涨6.69%，全年出栏生猪52.98万头，同比上涨1.79%；家禽存栏257.41万只，其中蛋鸡106.69万只、肉鸡57.85万只，出栏家禽约742.94万只；奶牛存栏1460头，羊存栏14640只；肉类总产5.20万吨，其中猪肉3.97万吨、牛肉0.11万吨、羊肉0.02万吨、禽肉1.05万吨；蛋类总产1.31万吨，奶类总产0.38万吨。

【重大动物疫病防控】 订购猪O型口蹄疫疫苗24万毫升、猪口蹄疫O合成肽疫苗22万毫升；牛羊亚I和O型二联疫苗9.8万毫升，牛羊口蹄疫A型灭活疫苗0.7万毫升；免疫牲畜分别为猪34万头、牛羊6.16万头；订购禽流感疫苗260万毫升，免疫禽343.34万只。全年完成猪瘟免疫34万头，猪蓝耳病免疫34万头，小反刍兽疫免疫2万头。免疫率和耳标佩带率达到全年应免数的100%。

【畜产品质量安全监管】 检疫生猪50.46万头，禽3413.7万只。换发检疫证134856份。建设4处市级标准化动物检疫申报大厅。分别是太平、八湖、郑旺、葛沟申报大厅。组织实施2016年生鲜乳质量安全监测计划，开展生鲜乳中违禁添加物专项监测。抽检生鲜乳样品12份，猪肉、禽蛋、尿样共计134份。全区9个乡镇兽医站和屠宰企业无害化处理车间内加装监控设备，对企业无害化处理的数量和动态进行实时监控，防止病死畜禽流入市场。收集处理死猪115246头，监督企业无害化处理病死猪产品65329.7千克。

【畜禽养殖技术推广】 进行蛋鸡标准化健康养殖技术示范与推广，培育畜牧科技示范户10户；提升改造2处新品种引进、新技术试验示范基地；集中培训技术人员52名；基层畜牧兽医技术人员进村入户开展技术服务500人次，2名畜牧兽医技术指导员到养殖场户技术指导120次。聘请高等农业院校畜牧兽医技术专家教授开展讲座及入场技术指导工作4次，印制相关技术手册等材料1000份，组织2名技术指导员参加高等院校深造及岗位培训2次，对52名基层畜牧兽医技术推广人员进行集中培训4次，组织10个科技示范场及部分规模养殖厂负责人集中培训4次。

撰稿：刘晓娟
审核：张丽梅

农机管理

农机局领导成员

党组书记： 朱绍信

党组成员： 葛祥学
高君宝

局　　长：朱绍信
副 局 长：葛祥学
　　　　　高君宝

【机构设置】 区农业机械管理局内设办公室、计划财务科、人事科、牌证培训科、监督管理科5个科室，辖农机推广站1个直属事业单位。全局共有干部职工16人。

【概况】 全区农机总动力为35.45万千瓦，拖拉机保有量1.39万台，大型拖拉机2855台，联合收获机械940台，农机耕种收综合机械化率达75%。

【购置补贴】 实行全价购机、直补到卡的方式，全年争取农机购置补贴资金1090万元，共补贴各类农业机械1186台。8月，提前完成补贴工作，资金使用和结算速度均列全市第一位。受益农民626户，直接拉动社会资金投入3000余万元，资金使用和发放率均为100%。

【科技推广】 全区水稻机插秧水平达到40%以上，玉米机收率达到87%以上。争取资金80万元，推广深松整地和免耕播种相结合的种植模式，由6家合作社承担农机深松整地项目，完成项目面积2万亩。完成深松整地作业面积15万亩。实施小麦秸秆切碎还田面积21万亩，玉米秸秆切碎还田面积9万亩，均创下历史新高。

【安全监理】 全年注册登记各类农业机械356台，核发牌证356副，核发驾驶证220个，复训驾驶员5400人。开展农机检审工作。4月，对各类大中型拖拉机、联合收割机等农业机械进行实地检审，全年审验各类农业机械4638台。

【社会化服务】 夏、秋农业生产期间，成立农机工作领导小组、跨区作业领导小组、农机安全工作领导小组。组织农机维修、服务小分队，做好农机具的检修和组织调度，保证农机生产顺利进行。设立跨区作业接机服务站1处，免费发放跨区作业证270张。玉米机械化水平达到87%以上。

【维修管理】 在落实农机购置补贴资金、技术指导、作业信息等方面，对农机专业合作社给予倾斜，努力争取上级资金扶持。全年举办农机合作社座谈会2次，组织外出参观学习1次；全区农机专业合作社发展到24家，其中省级示范社2家，市级示范社5家，合作社共拥有各类农业机械765台，农机从业人员495人。开展农机修配管理和职业技能鉴定工作。完成17家农机维修网点的换、发证工作；组织维修网点开展文明创建活动，新增二星级文明维修网点2处、三星级文明维修网点1处。

撰稿：刘　媛
审核：高君宝

农业综合开发

农业开发办领导成员

党组书记：刘宗桥
党组成员：张广才（2016年3月离职）
　　　　　朱守强
　　　　　许世强
主　　任：刘宗桥
副 主 任：张广才（2016年3月离职）
　　　　　朱守强
　　　　　许世强

【机构设置】 区农业综合开发办公室为区政府直属正科级事业单位，授权管理全区农业综合开发工作。设有事业编制9人，实有人数10人，内设综合科、土地治理科（加挂产业化经营科牌子）2 个科室。

【概况】 完成农业综合开发项目 2 个，其中土地治理项目 1 个，产业化经营项目 1 个；全部项目投资 695 万元，其中财政资金 617 万元，区以下自筹资金 78 万元。立项实施农业综合开发项目 6 个，其中土地治理项目 3 个，产业化经营项目 3 个；计划投资 1422 万元，其中财政资金 1185 万元。

【土地治理】 全年立项实施土地治理项目 3 个，分别为汤头街道办事处 0.4 万亩高标准农田建设项目、八湖镇 0.1 万亩高标准农田建设项目和汤河镇 0.25 万亩高标准农田建设项目。汤头街道办事处 0.4 万亩高标准农田建设项目计划总投资 420 万元，全部为财政资金。计划建设内容是：建拦河坝 1 座，提灌站 1 座（含配套），配套机电设备 3 套，配套输电线路 0.7 千米，铺设低压管道 4.48 千米，排水沟清淤 1.29 千米，修筑混凝土块护坡长 420 米，修筑砌石水渠 2.65 千米，渠系建筑物共计 159 座，修建蓄水工程 10 座；修建机耕路总长 10.75 千米；栽植绿化树 3936 株。八湖镇 0.1 万亩高标准农田建设项目计划总投资 140 万元，全部为财政资金。计划建设内容是：支沟清淤 2.75 千米，扩挖大口井 2 座，修建防渗渠 0.67 千米，建拦河坝 3 座，建渠系筑物 48 座；修建机耕路总长 3.18 千米。汤河镇 0.25 万亩高标准农田建设项目计划总投资 350 万元，全部为财政资金。主要计划建设内容是：新建机电井 3 座，配套机电设备 3 套，修建灌溉石渠 5.42 千米。建筑物共计 193 座，维修河道节制闸 1 座，建生产渠节制闸 30 座；修建机耕路总长 11.41 千米；主要路两侧栽植绿化树 0.4 万株。

【产业化经营】 全年完成产业化经营项目 1 个，为临沂市河东区 3000 万株工厂化育苗中心新建项目，由河东区同德有机农业专业合作社实施。项目总投资 109 万元，其中财政资金 70 万元。建设连栋温室 11016 平方米，购买设备 76 台（套），项目实施后可开展工厂化育苗，培育优质蔬菜种苗 3000 万株，新增销售收入 3030 万元，利润 321 万元。项目实施带动当地优质蔬菜新品种推广基地 2000 亩，带动当地及周边农户 200 户人均增收 5000 元。立项实施产业化经营项目 3 个，即年产 30 万千克绿色蔬菜设施栽培示范项目、15000 吨果蔬粮油电子商务交易市场新建项目和年产 2 万吨脱水蔬菜深加工项目。绿色蔬菜设施栽培示范项目由山东奥德农业科技发展有限公司实施财政补助。计划投资 268 万元，其中财政投资 132 万元，自筹资金 136.12 万元。计划建设日光温室 10 座，购买卷帘机及肥水一体化设施各 10 套。果蔬粮油电子商务交易市场新建项目由临沂亿嘉农林牧专业合作联合社实施财政补助。计划投资 202 万元，其中财政投资 101 万元，自筹资金 101 万元。购置设备 29 台（套）。脱水蔬菜深加工项目是临沂万德福食品有限公司实施的农业产业化贷款贴息项目，贴息额 42 万元，主要用于购买生产原材料贷款贴息。

撰稿：赵玉洁
审核：朱守强

扶贫开发

扶贫开发领导小组办公室领导成员

主　任：陈宏伟（2016 年 3 月任职）
副主任：张广才（2016 年 3 月任职）
　　　　陈际忠（2016 年 3 月任职）

【机构设置】 区扶贫开发领导小组办公室于 2016 年 2 月成立，经费方式为财政拨款，机构规格为正科级，暂定事业编制 6 人，配主任 1 名，副主任 2 名。设有规划财务组、人事组、项目管理组、信息统计组、金融扶贫组、社会扶贫组、督导考核组、综合协调组（办公室）、政策调研组（宣传）、机关党支部10个科室。

【概况】 河东区扶贫开发领导小组办公室职责：研究拟定精准扶贫、精准脱贫工作政策、规划并组织实施；整合区直各有关部门人、财、物等扶贫资源，统筹管理扶贫资金，协调安排本级扶贫资金项目，协调组织区直有关部门扶贫工作；协调拟定全区扶贫资金分配方案，指导、检查和监督扶贫资金的使用，指导重点扶贫项目；负责全区扶贫兑现信息采集、建档立卡、数据更新、信息发布和扶贫信息库的规划建设、运行维护，搭建扶贫开发信息服务平台，对全区扶贫开发工作情况进行统计和动态管理；督促检查和考核各镇街，区直有关部门（单位）扶贫责任落实情况，提出意见和建议。年初全区有建档立卡贫困户3695户，贫困人口6298人，其中60岁以上贫困人口占比52.7%，60岁以下贫困人口中，身体有疾病、残疾或无劳动能力者占多数。

【社会扶贫】 接受社会捐助手机11部、大米240袋、面粉240袋、食用油240桶，发放到152户贫困户手中；募集社会资金71.938万元，发放到355户544名贫困户手中；利用“慈心一日捐”款项18.78万元为全区5367名贫困人员购买人身意外伤害保险；发放棉被3695床。在全区提倡孝善养老扶贫，鼓励有能力的子女对贫困老人进行照顾。

【行业扶贫】 动员全区45个行业部门制定行业扶贫方案，每个单位明确3件扶贫实事，落实到位141件。

【金融扶贫】 与河东农村商业银行签订合作协议，设立三方监管账户，制定《小额扶贫信贷实施方案》等文件。把省、市、区三级配套风险金1014万元、贴息资金564万元作为翘板，发放贷款9399万元，带动帮扶1839名贫困人员，其中“富民生产贷”8800万元，带动建档立卡贫困人口1760人，人均收益1500元，“富民农户贷”599万元，带动建档立卡贫困人口79人，人均受益2000元。

【产业扶贫】 利用省、市、区资金2137万元，在全区9个镇街（园区）建设产业项目54个，项目完工后年收益263万元，带动全区建档立卡贫困户1012户2178人增收。

撰稿：杨　勇

审核：李国富

工　业

Gong Ye

经济和信息化

经信局领导成员

党委书记：肖永军

党委委员：马永进

张永明（2016年12月任职）

徐志文

局　　长：肖永军

副 局 长：马永进

张永明（正科级，2016年12月任职）

徐志文

高仁彬（2016年12月离职）

副主任科员：王恩路

工业生产总调度室

主　　任：马永进

副 主 任：赵红梅（女）

刘淑杰

副科级干部：李晓玲（女）

【机构设置】 2010年5月，组建区经济和信息化局，将区经济贸易局除内贸管理以外的职责、信息产业行政管理的职责，整合划入区经济和信息化局，不再保留区经济贸易局。内设办公室、企业科（挂行业协会管理办公室牌子）、技术改造与装备科、电子信息产业科、电力科、交通物流科、油气管道设施保护监管科7个科室，有干部职工20人。

【概况】 开展工业经济运行、企业“二次创业”“百企百项百亿”技改工程、化工企业转型升级、企业改制、企业家培训、信息化建设等工作，推动相公石墨烯产业园、郑旺环保产业园等专业园区的建设。2016年，全区规模以上工业企业完成产值493.9亿元，实现主营业务收入441.2亿元，实现利税18.4亿元；完成工业用电量14.8亿千瓦时，同比增长12.3%，增幅居全市第四位。

【产业提升】 出台《中共河东区委、河东区人民政府关于实施企业“二次创业”的实施意见》，优化企业发展环境，选择50家骨干型、创新型企业进行重点扶持。实施骨干企业培植计划，对华太电池、三丰化工、宏艺科技、东昀石墨等一批现有骨干新兴企业，通过上项目、扩能力，促其形成规模优势。部署实施规模企业规范化公司制改制“两年行动计划”，三丰化工、宏艺科技等82家企业完成改制，山东森诺特环保能源股份有限公司等6家企业在香港、新三板等股权市场挂牌上市。常态化培训促企业发展，6月开办骨干企业经营管理高端培训班，优先培训全区50家骨干企业的总经理和副总。以相公街道为核心，规划建设石墨烯产业园，重点引进和培育发展后劲足、设备工艺先进、产品科技含量高，产品出口优势强的企业作为龙头企业。在郑旺镇重点围绕环保产品、环保装备、环保服务、资源综合利用装备及节能产品等五大领域，培育一批节能环保产业大公司，形成大、中、小企业协调发展的节能环保产业园区。将54家化工企业列入了《河东区化工产业转型升级排查摸底一县一册》，对42家停产、关闭、转产或搬迁的企业进行了核减。对化工企业开展分类甄别和“三评级一评价”，由中介机构根据评级情况和现场检查，给出整改建议，指导企业转型升级。年内，五金机械、食品加工、家具装饰建材、化工产业四大产业完成产值413.9亿元，实现税收2.3亿元。

【技术改造】 年内实施工业技改项目45个，完成技改投资78亿元。被列入市百项重点技术改造项目11个。其中投资10亿元的东昀石墨特种石墨项目、投资5.1亿元的鲁泰鞋业厂区搬迁项目、投资2.1亿元的华太电池产业园一期（扑克牌）项目、投资1.8亿元的天同食品（年产45000吨水果罐头系列）产品深加工项目、投资1.1亿元的三丰化工（年产1万吨复合添加剂造粒）项目正在加速推进。

【技术创新与名牌争创】 成功申报市级企业技术中心3家，全区有国家级企业技术中心1家，省级6家、市级10家。山东宏艺科技股份有限公司等6家企业共11项研发项目列入山东省技术创新项目。山东宏艺科技股份有限公司、山东省临沂市三丰化工有限公司、山东诚铭建设机械有限公司等5家企业共6个项目被列入临沂市重点技术创新项目。

河东区企业技术中心统计表

国家企业技术中心	山东宏艺科技股份有限公司
省级企业技术中心	临沂华太电池有限公司
	山东天一液压科技股份有限公司
	山东省赛博特食品有限公司
	山东临沂市三丰化工有限公司
	山东蒙凌工程机械股份有限公司
	山东力扬塑业有限公司
市级企业技术中心	山东诚铭建设机械有限公司
	临沂市联翔水表制造有限公司
	临沂市奥达建陶有限公司
	山东德力再生资源置业有限公司
	友光电线电缆有限公司
	临沂凯佳食品有限公司
	临沂市天成面粉有限公司
	临沂宏德新材料有限公司
	临沂圣福源木业有限公司
	临沂东立塑胶有限公司

2016年河东区纳税500万元以上工业企业统计表

企业名称	纳税额／万元
临沂华太电池有限公司	5507.00
山东天元建设机械有限公司	3672.30

续表

企业名称	纳税额 / 万元
山东省临沂市三丰化工有限公司	2689.80
临沂大林食品股份有限公司	2108.83
临沂市奥达建陶有限公司	2089.28
山东天海高压容器有限公司	1806.60
山东鲁泰鞋业有限公司	1612.51
山东宏艺科技股份有限公司	1412.78
山东力扬塑业有限公司	1387.54
山东中绿资源再生有限公司	1055.65
临沂沂东中联水泥有限公司	685.85
临沂圣福源木业有限公司	685.52
临沂澳美纺织有限公司	678.92
山东天同食品有限公司	665.10
临沂诚誉食品有限公司	636.02
山东蒙凌工程机械股份有限公司	583.94

【企业选介】 临沂华太电池有限公司　建于1993年，是集电池生产、销售、科研于一体的大型企业。产品有R20S、R20P、R14S、R6S、R6P、R03、LR6、LR03、6F22 9V电池等系列100多个品种，拥有山东省技术中心和华太电池研究所工程技术人员540人。企业通过ISO9001：2008质量管理体系认证，其产品通过欧盟CE(安全认证标志)、ROHS认证（欧盟立法制定的一项强制性标准，用于规范电子电气产品的材料及工艺标准，使之更加有利于人体健康及环境保护）以及SGS（译为“通用公证行”,创建于1898年，是目前世界上最大、资格最老的民间第三方从事产品质量控制和技术鉴定的跨国公司）测试认证，远销美国、英国、意大利、加拿大、非洲、中东等多个国家和地区。“POWER FLASH”“双虎PT及图”“HUATAI”等品牌已成为国际知名品牌。华太电池“华太图形”商标被国家工商总局认定为“中国驰名商标”，获山东省名牌、山东省著名商标、山东省高新技术产品、山东省出口名牌等称号。

山东蒙凌工程机械股份有限公司　建于1973年，总资产8.2亿元，占地面积26.67万平方米，职工1600人，其中工程技术人员280人。年产不同牌号的铸钢、灰口铸铁、球墨铸铁工程机械系列配件20万吨，近百个品种。畅销国内20多个省市和地区。生产的重卡汽车桥在国内同行业中排名第一，市场占有率为30%。成为临工、柳工、龙工、福田、华菱、汉德、三一重工等国内十余家大型工程机械企业及重型汽车生产企业的长期定点供货单位和战略合作供应商。

山东省临沂市三丰化工有限公司　是国家级高新技术企业，2016年底有3个生产基地，总占地面积26万平方米，拥有6个单元抗氧剂生产车间，2个复合造粒生产车间，生产能力为2.8万吨/年（其中1010型号产品为9000吨/年、168型号产品为6000吨/年，1076型号产品为1000吨/年，烷基酚9000吨/年、造粒装置产能3000吨/年）。公司拥有员工300余人，其中硕士及本科以上学历人员占30%以上。

生产的抗氧剂1010和215产品被评为“国家重点新产品”，抗氧剂626和1135产品被列为“国家火炬计划项目”，烷基酚产品争取了“国家创新基金项目”。“塑康”商标被认定为“中国驰名商标”“山东省著名商标”，产品被评为“山东省名牌产品”“临沂市市长质量奖”，企业被认定为“山东省企业技术中心”“山东省工程技术研究中心”“临沂市一企一技术创新企业”。公司通过了质量、环境、职业健康安全三体系认证，申请的16项国家发明专利获得授权。

山东鲁泰鞋业有限公司 成立于1997年，专业生产布面胶鞋，现有12条现代化的生产流水线，年产1200万双，总资产近亿元，员工1800余人，管理、技术人员120余人，学历层次普遍较低。2016年公司完成销售收入7.2亿元，利润287万元。公司所产布胶鞋市场占有率15%左右，国内同行业排名前五。公司为全国胶鞋协会副理事长单位，行业标准起草单位之一，“鲁泰”商标被认定为“山东省著名商标”，系列产品被评为“山东名牌产品”，行业综合排名居省内前三名、全国前十名。

临沂市奥达建陶有限公司 建于2003年4月，占地700余亩，是生产高档微粉抛光地板砖的现代化企业，公司下属3个生产分公司，现有员工1800余人，中高级技术管理人员120余名。现拥有现代化地板瓷砖生产线6条，年生产能力为4000多万平方米，花色品类100多种，公司已通过了ISO9001：2000质量管理体系认证，所有产品全部通过3C认证，安全环保。公司大力拓展国内、国际市场，产品畅销全国16个省市自治区，远销韩国、朝鲜及东南亚各国。

山东天海高压容器有限公司 成立于2014年6月12日，位于河东区工业园军部街，由北京天海工业有限公司与山东永安钢瓶有限公司合资兴建，注册资本1.1亿元，员工800余人，其中各类专业技术人员85人，研发团队10人，具有高级职称者6人。2016年公司完成销售收入6.3亿元，利润1546万元。公司主导产品为无缝气瓶，国内同行业排名位于前列，产品销售遍及全国及海外部分国家。

临沂凯佳食品有限公司 成立于2006年，占地面积400余亩，注册资金5000万元，现有职工2000余人，其中一线职工占绝大多数，研发团队10余人。冷库容量30000吨，日速冻能力1800吨，年屠宰生猪550万头，自建专卖店2000余家，主要产品为冷鲜肉及熟食制品，是经国家出口检疫局注册的出口加工企业。公司是集生猪养殖、屠宰、冷鲜猪肉、冻品及副产品生产加工、物流配送、仓储及销售等为一体的现代化大型食品企业。全套引进欧洲现代化的生猪屠宰、分割流水线加工设备，在全国同行业处于领先地位，并按照欧盟企业的加工卫生标准进行生产。2016年实现销售收入52.4亿元，实现利润总额8210万元。

临沂澳美纺织有限公司 成立于2003年8月，注册资本9200万元。公司占地10万平方米，拥有梭织机1000台，浆纱机3台、穿扣机16台、整经机4台、卷纬机4台、验布机、码布机等先进设备。年产棉布4500万米。主要生产经营纯棉、涤棉、棉纱布、麻棉纱布以及进口生产所需原材料、辅材料，进料加工和三来一补业务（来料加工、来样加工、来件装配和补偿贸易）。被临沂市河东区人民政府授予“出口创汇功勋企业”“财政贡献先进企业”“利用外资先进企业”等荣誉称号。

山东力扬塑业有限公司 成立于2002年，注册资金6500万元，是集塑料托盘（塑料板）科研、生产、销售、租赁及物流服务于一体的一家高新技术企业。公司现有资产6.5亿元，职工220人，其中各类专业技术人员67人，研发团队 67 人，中高级职称人员 3 人。公司产品涵盖各个领域的专用及通用托盘。公司长期致力于商标、品牌战略建设，目前公司注册了“力扬”商标，并于 2010 年被认定为“山东省著名商标”2014 年被认定为“中国驰名商标”。“力扬”牌塑料板（塑料托盘）2015 年被认定为山东名牌，公司产品荣获临沂市市长质量奖，并被中国物流与采购联合会托盘专业委员会评为“中国托盘企业三十强”。2016 年公司完成销售收入 15387 万元，利润 842 万元。

撰稿：乔成莉

审核：徐志文

节　能

区政府节约能源办公室领导成员

党组书记： 褚庆宝（2016 年 5 月离职）

王凤民（2016 年 5 月任职）

党组成员： 薛春雷

王业情

邵泽星

主　　任： 褚庆宝（2016 年 5 月离职）

王凤民（2016 年 5 月任职）

副 主 任： 薛春雷

王业情

邵泽星

【机构设置】 区政府节约能源办公室为区政府管理的正科级事业单位，编制 9 名，配备主任 1 名、副主任 3 名，内设综合科（区煤炭管理办公室）、资源节约科、循环经济和清洁生产科、节能监察科（区节能监察大队）4 个科室。共有干部职工 11 人，其中具有大学以上学历的 6 人。

【概况】 区节能办主要职能是研究拟定并组织实施能源等资源节约和综合利用的有关政策，负责组织利用各种再生资源工作，推行清洁生产，发展节能环保产业。负责全区镇街（园区）和重点用能企业的节能目标责任考核及全区固定资产投资项目节能评估工作。负责以《中华人民共和国节约能源法》等法律法规为依据，对辖区内各类用能单位履行节能行政执法和监察职能。承担区节能减排联席会议的日常工作。

【节能管理】 开展节能目标完成情况监督检查。成立节能减排和淘汰落后工作指挥部，出台《节能降耗监督检查计划》，对镇街、部门和企业节能减排工作开展情况定期督导检查。定期公布能耗指标。每季度通报一次全区单位产品综合能耗和重点企业能耗情况。将全区能源消费总量和用电量分解落实到各街镇（园区），对超过控制指标的，立即实行预警调控措施，全区年度用电量增幅控制在正常范围内，完成市政府下达的的节能目标任务。万元 GDP 能耗较上年下降 3.5%；规模以上工业万元增加值能耗较上年下降 4.4%。

【重点企业和领域节能】 对年综合耗能 1000 吨标准煤以上的企业实行重点管理。2016 年综合耗能 1000 吨标准煤以上的企业有 36 家，其中市政府节约能源办公室管理的 6 家。与市节能监察支队联合对重点用能企业的开展节能监察。引导企业开展能源审计。健全建筑节能闭合管理机制，执行建筑节能信息公示、外保温施工企业专项资质等制度。年内建成节能建筑 70 余万平方米，全面执行居住建筑节能 75%、公共建筑节能 65% 设计标准，设计阶段标准执行率为 100%，施工阶段标准执行率为 99%。发展绿色建筑。出台实施一星级绿色建筑施工图审查技术要点，未通过绿色建筑施工图设计文件审查的项目，不予颁发施工许可证。对施工图设计文件确定的绿色建筑技术措施不落实的项目，不予通过节能专项验收，不予办理竣工验收备案手续。建议区制定地方性激励政策，补贴绿色建筑建设增量成本，并在办理基本建设手续时为其开通绿色通道优先办理。“十二五”以来，完成既有居住建筑供热计量及节能改造25万平方米。建议针对居住建筑节能改造出台相关激励政策、配套资金落实到位。新建居住建筑和集中供应热水的公共建筑强制应用太阳能光热系统，并与建筑一体化设计、施工、竣工验收和投入使用，超额完成8万平方米任务，包括慧谷花香丽舍、幸福花城五期共计81000平方米。滨城雅苑2.5万平方米地源热泵项目通过省可再生能源示范市项目验收。临沂第二十四中学大规模利用该项技术，比传统能源节能50%以上。新建机关办公和大型公共建筑严格按规定建立节能监测系统。阳光城子系统项目进入运转阶段，并与市里的监测平台对接。开展机关办公建筑和大型公共建筑基本信息和能耗统计工作，包括河东商业银行、政务大厦等共20余万平方米的项目通过“民用建筑能耗和节能信息报送系统”上报。巩固“禁实”成果，发展应用节能、环保、可循环绿色建材，新型墙材生产、应用比例分别达到95%、98%以上。其中临沂宏德新材料有限公司非承重式自保温砌块及轻钢装配式保温复合板取得省新型墙材认证，在建筑装配式工业化生产方面取得突破。执行新型墙材专项基金政策，无随意减、免、缓征和截留挪用专项资金等现象，基金收缴、返退率分别达到80%、70%以上。新建及完成节能改造的民用建筑全部按用热量计量收费。供热系统能耗符合有关要求，其中每个采暖期每平方米建筑面积的供热煤耗不高于20千克标煤（按120天折算），一次网补水率不高于0.5%，二次网补水率不高于1%，每个采暖期每平方米建筑面积的供热电耗不高于3千瓦时／平方米。

【技术研发和推广】 实施节能技术产业化示范工程项目。宏艺科技承担的省重大科技专项“工业固体废弃物资源化利用助磨剂关键技术研究及产业化项目”、宏德公司的“绿色轻质装配式复合板材研究及产业化”项目执行情况通过年度检查。节能关键技术研发取得新突破。有14项节能技术获得发明专利授权，三丰化工承担的高分子材料抗氧剂702节能环保清洁合成工艺研究通过临沂市科技局组织的专家鉴定，技术水平达国际先进。清宇环境资源研究院有限公司的“生活垃圾自动化分选、高值化得瞬息技术与产业化装备集成技术研究与开发”项目获得市科技创新发展专项立项支持。支持宏艺科技的“山东省水泥助剂省级企业重点实验室”建设、宏德新材料公司的“临沂市固废资源化利与节能建材工程技术研究中心”建设、诚铭建设机械公司的“临沂市节能自动化破碎机械工程技术研究中心”建设。

【执法宣传】 利用国家扶持政策，推进节能监察大队能力建设项目。配合市节能监察支队，对部分重点用能企业进行专项监察，对检查中存在的问题向企业下达限期整改通知书并组织专门人员到企业督促落实整改措施。开展节能宣传周集中活动和能源紧缺体验日活动。

【循环经济和清洁生产】 发展循环经济，培育资源综合利用企业，培植废旧电器电子产品回收利用、有色金属回收加工等再生资源企业。加大清洁生产审核力度，抓好工业“三废”综合利用，提高综合利用产品质量和附加值，支持企业膨胀规模、提升工艺和技术水平。

撰稿：杨少卿

审核：张广才

电力工业

临沂供电公司河东客户服务中心领导成员

主　　任：刘　斐
党支部书记：隋树法
副 主 任：周忠堂

【机构设置】 国网临沂供电公司河东客户服务分中心是国网临沂供电公司下属单位，成立于2004年，2016年底有员工497名，下设综合部、抄表班、业扩班、计量班、市场班、用电检查班、营业班7个专业部室和九曲供电所、太平供电所、汤头供电所、芝麻墩供电所、郑旺供电所、凤凰岭供电所、梅埠供电所、八湖供电所9个供电所。

【概况】 负责河东区和临沂经济技术开发区的供电与服务工作，服务总面积727平方千米，服务人口73万；河东区境内有220千伏变电站2座，主变总容量78万千伏安。拥有110千伏变电站8座、35千伏变电站6座，主变总容量76.45瓦千伏安；拥有10千伏配电线路1697千米；年内完成售电量25.47亿千瓦时（包括河东区和临沂经济技术开发区）。社会用电量21.8100亿千瓦时，同比增长14.3%；工业用电量14.7513亿千瓦时，同比增长12.25%。河东客户服务分中心通过市级文明单位复验，被省总工会授予“工人先锋号”称号，被河东区授予“安全生产先进单位”称号。

【电网建设】 推进重点项目工程建设，完成10千伏线路8条54.4千米新架工作，改造10千伏线路26条98.6千米。

【现代化管理】 建成PMS、GIS、ERP、营销、配电自动化、用电信息采集系统等众多的信息子系统，信息系统应用覆盖率达到100%，实现管理手段的网络化、智能化。信息交流传输高效、快速、便捷，提高企业管理效率和管理水平，节约管理运作费用。

【营销管理】 推行抄表自动化、对账电子化等新型业务模式，通过开展自动抄表核算比例提升活动，自动抄表核算比例完成100%，累计完成99.92%。通过开展冬季夜查、“五小”企业低谷超合同容量专项检查等，追补电费及违约使用电费63.7万元。更换9987个破损表箱，完成年度计划（7500个）任务的133.16%。全年推广广电户数64474户，完成年计划（14000户）的217.14%；现场更换山东规约老旧终端1592个，实现采集成功率99.94%、在线率99.66%。

【优质服务】 加强窗口人员管理，严格管控营业厅人员服务行为，杜绝营业厅人员玩手机、空岗、态度冷硬等服务问题。实施业扩报装集约管理，规范业扩报装业务，简化业扩报装手续，实行一证受理，做到内转外不转。严格落实首问负责制和一次性告知要求，避免客户重复往返，让客户在最短的时限内用上电。全年走访各类客户389次，发放各类优质服务宣传资料12600份。加大属地化客户经理制宣传，入户张贴便民服务帖45.2万张。深化服务客户手段，在原有缴费方式的基础上，全面深化互联网+应用，开展电e宝、支付宝、微信等电子化缴费方式的宣传推广，累计推广微信8.66万户，支付宝绑定11.10万户，推广电e宝累计缴费3339笔数，金额37.63万元。

【农电管理】 建立员工“思想档案”，每月开展员工思想动态分析，节假日，走访慰问生产第一线和家庭困难职工。全年以班组大讲堂的形式常态化开展岗位练兵、现场培训1198人次。

广泛开展“五小”（小发明、小创造、小革新、小设计、小建议）“QC”（质量控制）小组等创新活动，共提报管理创新3项，群众性创新成果4项，QC成果12项，申报专利16项，授权使用新型专利5项、发明专利2项。实施农网改造升级工程，针对中低压配网硬件基础薄弱的情况，加快推进线路、台区改造进程。

撰稿：张　岱

审核：隋树法

民营经济

中小企业管理服务中心领导成员

主　任：张秀峰

副主任：王　垚

【机构设置】 区中小企业管理服务中心原为区经济和信息化局内设机构，2014年5月，设立区中小企业管理服务中心，为正科级财政拨款事业单位，隶属区政府。截至2016年底，内设综合科、发展规划科、企业管理科3个科室，核定事业编制12名。

【概况】 区中小企业管理服务中心主要职责是负责全区中小企业、个体私营经济的规划、指导、协调、服务等工作。年内全区实有市场主体32229户，同比增长18.3%。其中企业7059户，占21.9%，同比增长41.5%；个体工商户24220户，占75.15%，同比增长12.7%；农民专业合作社950户，占2.95%，同比增长26.8%。

【产业集群发展】 引导产业集群，形成五金机械、食品加工、精细化工、柳编工艺、建材、轻工工艺等产业。五金工具产业集群成功申报临沂市第二批市级产业集群，被中国五金制品加工协会、中国铸造产业协会授予“中国五金工贸城”“中国铸造产业集群区”等称号。九曲街道、八湖镇被评为“临沂市特色产业镇”，铸造产业被中国铸造协会评定为“中国铸造产业集群”。全区有规模以上五金机械企业56家，完成产值76.6亿元，实现利税2.6亿元；有规模以上食品加工企业70家，完成产值202.4亿元，实现利税5.7亿元；规模以上柳编企业完成产值12.8亿元，实现利税7000万元。

【公共服务平台建设】 年内新增山东万宝电子商务创业园有限公司1家市级中小企业公共服务示范平台，创众空间国际电子商务产业园有限公司、临沂市经纬节能环保技术服务有限公司2家市级中小企业公共服务示范机构。新增山东诚铭建设机械有限公司、临沂市建领模具机械有限公司2家省级“一企一技术”研发中心，山东远通锻造股份有限公司、临沂中通科技有限公司2家省级“一企一技术”创新企业新增山东诚铭建设机械有限公司、山东远通锻造股份有限公司2家市级“一企一技术”研发中心，临沂中通科技有限公司、山东东昀石墨科技有限公司、临沂市经纬节能环保技术服务有限公司3家市级“一企一技术”创新企业。新增山东省临沂市三丰化工有限公司等8家省级“专精特新”企业，临沂华太电池有限公司等7家市级“专精特新”企业。全区有省级“一企一技术”研发中心和创新企业12家，市级“一企一技术”研发中心和创新企业14家，省级“专精特新”企业9家，市级“专精特新”企业9家。

【服务体系建设】 成立改制和挂牌上市工作领导小组，制定《河东区中小企业规范化改制及企业挂牌上市实施方案》，建立规范化公司制改制企业储备库、上市挂牌企业储备库。组织奥德燃气、三丰化工等20多家区内企业参加市局的专题培训班，邀请山东邦企企业管理咨询有限公司到山东瑞健特体育器材有限公司、顺和酒业等企业指导服务。制订上报2016年全区中小企业管理者培训和管理咨询计划；组织专题培训5次，培训人员1000人；组织临沂瑞华制冷设备有限公司等2家企业的青年总经理参加“上海交通大学新生代民营企业家领导力提升高级研修班”；进行专业化“一企一策”咨询，邀请临沂方多企业管理咨询有限公司、山东邦企企业管理咨询有限公司、北清纵横管理咨询有限公司分别从生产技术、企业改制上市、人力资源及品牌营销3个方面对圣福源木业、瑞健特体育器材、中圣纺织等十几家企业开展专业咨询服务。对全区116家注塑企业摸底调查，率区内注塑企业家到沂南考察电动汽车行业，进行产业对接，帮助注塑企业走出去；组织区内企业参加鲁台中小企业创业创新论坛、第十三届中国国际中小企业博览会、迪拜经贸推介会；组织临沂市英特五金机械有限公司、临沂市河东区先行机械刀片厂、临沂市合金复料厂3家企业到德国、英国学习工业4.0先进经验。

撰稿：胡娟娟

审核：杜兆波

国内外贸易·招商引资

GuoNeiWaiMaoYi ZhaoShangYinZi

外贸流通

商务局领导成员

党组书记：朱孔全
党组成员：薛兴自
魏孝圣（2016年12月任职）
赵晓杰
徐进霞（女）
局　　长：朱孔全
副 局 长：薛兴自
魏孝圣（正科级，2016年12月任职）
赵晓杰

国际商会

会　　长：薛兴自
副 会 长：徐进霞（女）
孙洪涛
副主任科员：孙启航

【机构设置】 临沂市河东区对外经济贸易合作局于2010年5月正式更名为临沂市河东区商务局，属国家行政管理机关正科级单位，辖国际商会（贸促会）1个正科级事业单位、区流通业发展办公室1个股级事业单位。内设办公室、商贸流通科、对外贸易科、外国投资管理科、对外经济合作科、人事劳动科、再生资源回收管理办公室7个科室，生猪屠宰管理业务于2014年12月转至河东区畜牧局，现有在编人员23人。

【概况】 河东区商务局主要职责是贯彻执行国家和省、市、区有关对商务工作的方针政策、法律法规；归口管理全区三资企业、自营进出口企业和外商投资企业；负责推进流通产业结构调整，指导流通企业改革和社区商业发展；承担牵头协调整顿和规范市场经济秩序等工作。区商务局获得“2016年度全市商务系统信息工作先进单位”“2016年度全区最佳服务单位”“2016年度全区‘三引一促’工作先进单位三等奖”“2016年度全区服务业发展先进单位”等称号。

【外经贸工作】 年内完成进出口总额271988万元，同比增长11.3%。其中出口完成248590万元，同比增长11.7%；进口完成23398万元，同比增长7.7%。境外投资实际额400万美元，实际利用外资1617万美元。

【示范区建设】 根据行业标准建立农产品质量标准和生产技术规程数据库，及时把农产品质量标准、生产技术规程无偿发放给各个农产品加工企业和农产品生产基地。鼓励引导出口农产品加工企业开展体系认证和国际认证，全区有6家企业通过良好农业操作规范认证（GAP）、27家获质量管理（ISO）认证、15家获危害分析与关键控制点（HACCP）认证、6家获美国NOP认证、21家获KOSHER认证、5家获国际食品标准（IFS）认证、2家获英国BRC认证。

【境外资金工作】 安排专人对全区外资项目全程提供咨询、帮办服务，对有意向落户的项目提前介入，主动帮助引资方和投资方准备报批相关材料，推进项目以最快速度注册、到账。

【市场流通】 年内全区实现社会消费品零售总额148.5亿元，增长11.1%。其中，限额以上消费品零售额85.3亿元，同比增长7.8%，占全区社会消费品零售总额57.4%。传统消费品持续增长，各类日用消费品实现9.8亿元，同比增长20.6%。全区实现电子商务交易额152.6亿元。

2016年各镇街（园区）商务工作情况统计表

单　位	进出口总额（万元）	出口总额（万元）	进口总额（万元）	实际利用外资（万美元）
九曲街道	55965	49740	6225	
凤凰岭街道	4370	4370	0	
汤河镇	17469	17423	46	
相公街道	2550	2196	354	
八湖镇	42490	37589	4901	
郑旺镇	20989	18953	2035	
汤头街道	49338	49057	280	
太平街道	29816	23652	6164	
工业园区	49001	45610	3390	1617
合　计	271988	248590	23398	1617

2016年出口6000万元以上的企业情况统计表

单位：万元

单　位	进出口总额	出口总额	进口总额
临沂华太电池有限公司	33，445	33，445	0
临沂大林食品股份有限公司	29，440	19，887	9，553
临沂圣福源木业有限公司	17，434	17，167	267
临沂澳美纺织有限公司	14，067	11，329	2，738
山东鲁泰鞋业有限公司	10，723	10，723	0
临沂创新食品有限公司	6，962	6，962	0
临沂万德福食品有限公司	7，000	6，738	262
山东天同食品有限公司	6，403	6，046	356

撰稿：王恩朋　马小茹　路瑶　高鹏

审核：朱孔全

粮食购销

粮食局领导成员

党委书记：徐进春

党委委员：齐武山

刘文彬

高立新

涂长伟（女）

局　　长：徐进春

副 局 长：刘文彬

高立新

涂长伟（女）

主任科员：齐武山

【机构设置】 区粮食局是主管全区粮食工作的政府工作部门，是区政府直属正科级事业单位，内设5个职能科室，分别是：办公室、人事科、监督检查科、调控储备科、财务科。下设河东区粮食监督检查大队（副科级）和河东区社会粮食统计信息中心（正股级）2个事业单位。共有在编干部职工32人。

【流通管理】 年内新办理粮食收购许可证2起，为全区48家涉粮企业配备监督检查备查档案盒，每次检查均下达执法检查通知书，检查记录由企业负责人和检查人员共同签字，备案留查，做到监管留痕。通过与工商、食药、安监等部门定期召开联席会议，解决跨部门执法壁垒。组织开展各类检查10次，出动执法人员120人次，检查粮食收购企业和粮食经纪人200余人次，根据安全生产工作新形势、新要求，按照“网格化”的监管职责，每季度到监管企业开展1次安全生产专项检查。针对时节的变化，超前部署汛期和高温天气的安全生产工作。在国庆节、春节等重大节日期间，有针对性的组织开展安全生产大检查，开展安全生产检查4次，与区安监局开展联合检查1次，排查整改隐患97条，确保了全年安全无事故。

【宏观调控】 配套建设质检中心1100平方米，硬化库内场地4000平方米，将2012年建成的4口仓房室内地面抬高20厘米，维护、添置库区用电设施、线路及消防设施器材，补充粮食机械设备和检化验仪器，安装电子监控设备，设立24小时值班室、质检室、消防器材室、药品库及各职能办公室，完成库内外环境整治及绿化工作。根据储备库的建设计划和库存实际，用47天完成万吨储备小麦轮换任务。储备粮入库后，按照岗位职责、操作规程制定《河东区粮食储备制度汇编》，把安全储粮责任落实到仓、到保管员。加强对库区设施、设备状况、电线、电路状况等的安全检查，确保全年安全生产、安全保粮无事故。落实《河东区粮食安全应急预案》，确立5家应急加工企业、21家应急供应网点。扶持辖区内临沂丰益粮油配送有限公司申请省级粮食应急体系建设专项补助资金150万元，新建成品粮油仓库5200吨，购买配送车辆5辆，上线仓储和配送管理网络信息化系统。

做好粮食市场价格监测工作，实行粮油价格周报制度，及时掌握主要粮油品种的市场动态。开展农户粮情固定调查，对全区3个镇街54户调查对象逐户深入详细调查，从储存数量、质量、品种、价格等方面详细分析，定期上报分析报告。开展粮油加工业半年报和年报、粮食统计年报社会粮食供需平衡调查，对全区国有和非国有粮食经营企业、转化企业、餐饮业的粮食经营、使用和粮食转化情况、城镇居民口粮消费情况以及农民粮食收支存情况进行抽样调查，并对采集数据整理、审核、汇总、分析。

【产业发展】 天成面粉生鲜面条主食产业化项目投产经营后，带动了50余人就业，日生产鲜面条3吨，年生产总值900万元，利税180万元。企业采取与居民小区放心粮油店、蔬菜批发商等联营的方式，形成了生产、配送、销售齐全的生鲜面条加工供应网络，填补了全区主食产业化的空白。

【民生工程】 推进“放心粮油”工程建设。新发展放心粮油店（专柜）4家，提高放心粮油店在乡镇、居民聚集区、大型社区的覆盖率。根据《临沂市放心粮油店建设及管理暂行办法》，强化对放心粮油示范单位的监督检查，年内开展放心粮油店专项检查4次，与区食药监局联合检查2次，对考评中出现问题的临沂永尚百货超市等6家放心粮油店（专柜）进行摘牌。全区有国家级和市级“放心粮油”企业8家、区级放心粮油店（专柜）30家。推广科学储粮仓1800个，在试点镇街成立农户科学储粮技术服务中心，在每个试点村确定1～2名技术员，向农户发放示范仓说明书和宣传材料，对农户进行技术指导和培训。

撰稿：李敬芳

审核：尤洪景　杨　波

供销合作

供销合作社联合社领导成员

党委书记：李培建

党委委员：张兴力

黄宏峰

理事会

主　　任：叶　军（2016年5月离职）

李培建（2016年5月任职）

副 主 任：黄宏峰

监事会

主　　任：李培建（2016年6月离职）

副 主 任：张兴力（2016年6月离职）

【机构设置】 区供销合作社联合社于1996年8月在原县级临沂市供销社基础上，按属地分离出来，为正科级事业单位，2009年列为参照公务员法管理事业单位，担负着供销社系统组织、协调、监督、培训等管理服务职能。设有办公室、人事教育科、财务审计科、合作金融科、现代流通科、合作经济发展科、安全监督科7个职能科室，共有干部职工26人，其中在编人员19人。下属企业有临沂市河东供销资产运营管理有限公司、临沂供销电子商务有限公司、临沂亿嘉农林牧专业联合社、临沂供销小额贷款有限公司、临沂市河东区盛民农业发展服务有限公司、临沂市中通进出口贸易有限公司、临沂供销石油公司、临沂富安棉麻有限公司、临沂盛业超市有限公司、临沂滨城置业有限公司、临沂盛之源食品有限公司、临沂汇盛花木公司、临沂盛安土产杂品有限公司、临沂成和建材有限公司、临沂再生资源公司、临沂六和鲁盛食品有限公司、临沂六和配合饲料有限公司、临沂正旺六和饲料有限公司18个公司；辖郑旺供销社、汤头供销社、凤凰岭供销社、八湖供销社、相公供销社、刘店子供销社等8个基层供销社，总资产11.8亿元，职工2200人。

【概况】 全年实现销售收入66亿元，实现利税过亿元，完成区政府下达的1500万元的招商引资任务，完成供销社综合改革试点验收工作任务，在全市供销社系统综合业绩考核中，获全市供销社工作一等奖，河东区供销社被全国供销总社评为“全国百强县级社”。

【体制机制改革】 建立联合社机关主导的组织服务体系和资产公司支撑的经营服务体系，形成“H”型双线运营机制。按照集团化的发展方向，组建供销资产运营公司。注册资本3100万元成立临沂市河东供销资产运营管理有限公司，探索市场化的资产运营管理模式。公司成立后，4月，投资6000万元重组临沂中通进出口贸易有限公司，9月，注册资本10406万元成立临沂供销小额贷款公司。通过资本运作，推动社企分开、政事分开，将行政性事务与实体性业务分离，增添系统发展活力，实现供销社自身资产保值增值。在区供销社联合社机关加挂区农民合作社联合社牌子，组建镇街级农民合作社联合社9个，实现农民合作社联合社全区涉农镇街全覆盖。按照建设合作经济联合组织的要求，经区编办批准优化机构设置、职能配置，在区联社增设合作金融科，区联社人事教育科、财务审计科、再生资源回收与利用管理办公室、合作发展科分别更名为人力资源科、财务科、现代流通科、合作指导科。推进基层社规范提升，郑旺供销社被评为“全国百强基层供销社”，八湖供销社被评为“全国基层供销社标杆社”。依托基层社及社属企业领办创办农民专业合作社，创建国家级示范合作社1家、省级示范社4家。

【农业服务规模化】 推进为农服务中心建设，打造“3公里土地托管服务圈”。完善刘店子村为农综合服务中心服务内容，新建八湖、凤凰岭等为农服务中心，实现为农服务中心全区涉农镇街全覆盖、土地托管半径全区全覆盖。构建新型农业经营服务主体，开展农业规模化服务。注册资本1100万元，成立盛民农业服务公司，打造农业服务规模化龙头企业，组建专业的农机作业服务队、农资智能配肥推广员队伍等，八湖为农服务中心投资500多万元，购置大型拖拉机、收割机、播种、插秧等农机具50多台（套），植保飞机3台，整合社会农机90多台。以新型经营主体为依托开展大田托管服务，综合改革试点工作开展以来，开展土地托管服务面积累计22万亩。将农业规模化服务工作与精准扶贫工作深入结合，免费为596户贫困户总计2000多亩耕地开展收、种环节的农机托管服务。扩大“保姆式”养殖产业链服务规模。发挥供销社形成的完整肉鸭养殖产业链优势，在鸭苗孵化供应、技术指导、饲料及药品配送、订单回收等关键环节开展规模化链条式服务，年带动发展肉鸭养殖2000多万只。

【农村现代流通体系建设】 加快农资经营转型升级。加大区域配送中心基础设施建设，提升农资配送中心1处，规范农资加盟店40家。引进智能配肥机及配套化验设备8处，推广测土配方智能配肥。在传统农资经营的基础上，针对果蔬等经济作物与鲁西化工、施可丰、山西奥德福生物科技等合作，开辟了水溶肥、冲施肥、碳能肥等新型肥料。加快建设配送中心和日用品直营店，新建日用品直营店7家，规范日用品加盟店40家，与阿里巴巴淘宝网合作，新建鲁南区菜鸟物流分拨中心1处。顺应电子商务崛起新趋势，临沂盛业超市有限公司牵头组建了河东供销电子商务公司，创新经营模式，整合PC商务平台、一体机020终端和手机客户端等三大电子商务平台入口。公司设立了供销e家河东运营平台，是全市首家成功开通并运营的平台。

【村社共建】 参与新型农村社区综合服务中心建设，依托供销社行业优势，推进日用品超市、农资超市、专业合作社进社区。结合扶贫工作，在30个省定贫困村确定村社共建项目，与村“两委”共建农民专业合作社、示范基地等。村社共建项目实现新型农村社区全覆盖、省定贫困村全覆盖。以共建项目为载体，与“第一书记”和精准扶贫工作相结合。实施“双百工程”，安排系统内企业为具备劳动能力的贫困户优先提供100个就业岗位，强化扶贫“造血”功能，设立供销扶贫专项基金，基金一期为100万元，该基金将用于专项扶贫，为有产业项目的贫困户和贫困村提供低息或无息贷款支持，对部分困难贫困户依情况适当提供无偿援助。年内发放无息贷款14笔总计57万元，无偿援助4万元。

为无劳动能力的贫困户提供10个虚拟岗位。

【农村合作金融服务创新】 在农民专业合作社内部，开展以“大小联合”为基本的合作社内部信用互助发展模式。开展新型农村合作金融专项试点，推广信用互助试点模式，形成“大小联合+试点推广”的双线运行模式。对系统内开展信用互助的专业合作社进行规范，社员全部实行工商备案，建立信用档案。区内开展信用互助的合作社有17家，被纳入省农村金融改革试点的合作社有9家，是全省数量最多的县区。注册资本10406万元，成立临沂供销小额贷款公司，解决农民生产经营活动中“小额、分散”的资金需求。区供销社入股省社融资担保公司400万元，参与省担保公司组建。

【新型农民社员素质提升】 引领现代农业服务方式转变，注重新型农民培育，提升农民自我增收能力。通过为农服务中心培训平台，与区农业、农机、人社部门对接，结合电商、精准施肥等业务，灵活开展集中培训、河田间培训，年组织培训6000多人次。

撰稿：夏晨晨　凌　晓

审核：张兴力

烟草专卖

烟草专卖局（营销部）领导成员

党支部书记：宋贡远

党支部副书记：陈文军（2016年10月任职）

纪检委员：付中会（2016年10月离职）
陈文军（2016年10月任职）

党支部委员：付中会（2016年10月离职）
欧开元

局长（经理）：宋贡远

副局长（副经理）：陈文军（2016年10任职）

副局长：付中会（正科级，2016年10月离职）

副经理：欧开元

【机构设置】 区烟草专卖局（营销部）设综合办公室、财务科、卷烟营销科、专卖监督管理科、内部专卖管理监督派驻组、法制科、专卖稽查大队7个部门，下辖4个服务站。

【概况】 区烟草专卖局（营销部）主要负责河东区以及临沂经济技术开发区的卷烟销售、专卖管理工作。获“临沂市文明单位”“河东区纳税功臣”“河东区功勋企业”“平安河东建设先进单位”“河东区工会工作先进单位”“全市烟草局（公司）系统先进单位”等称号。2016年，上缴税金3663.64万元。

【卷烟销售】 全年销售卷烟24437箱，完成年度计划97.8%，全市排名第3；实现销售收入58541万元，完成年度计划94%，全市排名第8；单箱均价23956元，同比减少596元，全市排名第9。一至五类烟占比分别为11.6%、8.9%、55%、17%、7.6%;价类呈现“三降、两升”态势，其中一类烟下降23.5%，四类烟下降15%，五类烟下降14.5%，二三类烟分别增长20.7%、3.7%。销售鲁产烟15070箱，总量占比61.8%，销量增幅2.4%，其中销售鲁产一二类烟755箱，增幅2.3%。销售细支烟1260.96箱，增幅74.8%。

【专卖管理】 印发《卷烟零售户约谈通知》，警示引导卷烟销售大户、重点户、违法嫌疑户严格守法、规范经营，及时整改存在的问题，提高零售户守法经营率。开展“烟草专卖许可证管理规范月”活动，组织各服务站开展辖区烟草专卖零售许可证自查自纠工作，提高许可证管理质量。深入开展烟草市场联合整治行动，年内查获各类涉烟违法案件216起，其中万元以上五万元以下案件20起，五万元以上案件3起；查获各类非法卷烟190.876万支；查获烟丝2689.4千克；总涉案案值85.06万元，烟草罚没款9.94万元。涉烟违法分子被刑事拘留2人，逮捕2人，判刑2人。

撰稿：谭延琪

审核：宋贡远

招商引资

招商局领导成员

党组书记：管佃富

党组成员：庄卫萍（女）

沈洪图

杨　波

局　　长：管佃富

副 局 长：庄卫萍（女）

沈洪图

杨　波

【机构设置】 1996年8月，成立区招商局，为正科级全额事业单位，隶属区政府，1998年5月，撤销区招商局。2002年4月，成立区招商局，为副科级全额事业单位，内设综合科、招商科，与区外经贸局合署办公。2003年4月，区招商局升格为正科级全额事业单位。2011年12月，调整为区政府直属正科级事业单位。2012年2月，内设办公室、考核奖惩科、招商联络科、项目信息科（挂网络信息管理科牌子）4个科室，核定编制12名。2014年3月，区招商局核增事业编制4名（编制达到16名），原内设的招商联络科改为招商联络一科，增设招商联络二科，共5个科室。2016年3月，增设项目推进科。截至2016年底，共设办公室、考核奖惩科、招商联络一科、招商联络二科、项目信息科（挂网络信息管理科牌子）、项目推进科6个科室，有在编干部职工14人。

【概况】 2016年，获全区"三引一促"工作先进单位一等奖、"招才引智"工作先进单位一等奖、被评为全区招商引资工作先进单位、全区重大（重点）项目建设先进单位、全区招大引强工作先进单位、全区服务业发展先进单位、最佳服务单位。年内拜访接待客商2550余人次，引建招商项目98个，实际到位资金120.31亿元。

【招商机制】 根据"五区"功能定位，规划新能源汽车产业园、新医疗产业园、石墨烯新材料产业园、节能环保产业园等，重点对外推介招商。编印《河东区"五区托一城"发展战略招商资源情况汇编》《河东区"五区托一城"发展战略重点对外推介招商项目》，以资源招项目，以规划选招商，以政策扶持项目。全区可供招商项目土地24宗1.33万亩；可供招商闲置楼宇、商业综合体8处，可供招商面积4.84万平方米；可供招商闲置厂房9处，占地426.5亩，建筑面积11.28万平方米。创新考核奖惩，重点考核项目合同履约率、开竣工率和资金到位率"三率"，强化项目推进节点的考核。对续建项目实行倒排工期，考核其竣工率和资金到位率。对新建项目倒排工期，分期考核其形象进度和资金到位率。对签约项目考核合同履约率、开工率和资金到位率。

【招商活动】 年内引建招商项目98个，实际到位资金120.31亿元。抢抓春节招商黄金时机，开展春节招商。拜访及接待客商148人次，洽谈项目37个。区委、区政府领导率区招商小分队到江苏、北京、上海、四川、云南、青岛等地开展招商活动14次，推进吾悦广场、北汽集团、中国梦幻城、金刚石超硬材料、特殊医学用途食品、汤河国家湿地公园综合开发等82个项目。5月18日，在临沂（北京）市、区招商引资洽谈会上，签约项目7个，计划总投资200亿元，签约项目质量和投资创全市之首；6月17日，举行全区招商引资集中签约和集中开工仪式，签约项目9个，计划总投资41.1亿元。集中开工项目16个，计划总投资176亿元；上海招商会上共签约合同项目5个，合同利用区外资金125亿元;9月25日，在第七届中国（临沂）国际商贸物流博览会“三引一促”项目对接会上签约项目18个，计划总投资125.2亿元，签约项目数量和投资额再创全市之首。

【招商平台建设】 2016年，着力改版河东区招商网，将招商网挂靠在区政府网站，使网站更安全，影响力更强，更能充分利用网络资源优势，抓好网上招商。在做好网站日常更新维护的基础上，加强网上项目推介，通过发布河东区资源优势和特色产业等信息，提高招商引资的针对性和实效性。2016年加强“三库”（招商项目库、客商信息资料库、外来投资企业库）建设，充实招商系统信息资源。

【招商跟踪服务】 对重点招商项目以“钉钉子”精神推进项目建设。落实“一个项目、一名区级领导、责任单位、一套工作班子”机制，按照“谁招商、谁负责”的原则，各项目帮扶领导亲自抓，切实发挥牵头抓总的作用，及时召开会议、调度分析，帮助项目落地单位和责任单位解决项目问题，加快项目推进。实行“镇街（园区）+部门”的亲商模式，发挥镇街（园区）项目推进的主体责任，成立项目手续办理小组，推行限时办结制、服务承诺制。在新城吾悦广场项目中，协调各有关部门，召集相关部门召开项目推进会，协调解决各类调研调查及手续办理问题，尽量满足投资方各方面需求，营造客商投资“洼地”效应。

撰稿：史立瑞　夏立浩　刘敦锋

审核：李　亮

交通·邮电

JiaoTong YouDian

交通运输

河东交通运输分局领导成员

局　长：孙　伟

副局长：许守平

倪　华

【机构设置】 2016年底，全局共有干部职工102人，局机关设有办公室、财务室、法制办、安全办、督察室、行政办、老干科，辖临沂市监察支队河东大队1个正科级单位，临沂市地方海事局河东办事处、农村公路管理所、运输管理所3个副科级单位，九曲、汤河、汤头、相公4处乡镇管理所。

【路桥建设】 2016年新建改建农村公路30千米，其中县乡公路1.7千米，村级公路28.3千米。配合汤头街道完成临东路汤头段改建施工。完成2017年全省网化工程活动的前期准备工作；投资600万元，完成汤头街道葛沟片区12.4千米镇村公交道路改造建设、提升工作；投资700万元，完成汤河镇、郑旺镇、八湖镇13.9千米扶贫道路改造提升工作。截至2016年底，全区共有农村公路647条，总里程达967.243千米：其中县道9条，里程123.942千米；乡道16条，里程98.038千米；村道622条，里程745.263千米，行政村通畅率100%。

【公路养护与路政管理】 开展农村公路改建和维修工作，提高农村公路养活管理水平。采取定期勘查和日常巡查相结合的方式，及时发现农村公路病害，及时采取挖补、灌缝等维修措施进行道路病害维修处理，延长道路使用寿命，保证路面的通行能力；抓好路肩边坡的培护，对因水毁造成的冲沟、缺口及坍塌、边坡不顺直、不平整及时进行整修；重点围绕交通扶贫村道路建设工程及村级公路网化工程，抓好农村公路建设。按照县乡道路安全设施施工设计图，投资1931万元完成256千米的县乡道路安全设施施工。增设安全示警桩9215个，划设标线210千米，红绿灯黄闪灯10处，交叉口综合处置47处，交通标志牌安装985个，诱导设施处置1125处，加装护栏25千米等安全设施，完成边坡24.5千米整培。投资3.2万元完成凤凰岭飞跃大道桥梁维修加固；投资60余万元完成辖区内县道路面维修工作；投资约128余万元完成滨河东路、郑太路、汤大路等县道排水设施维修、苗木修剪、栽植、路肩培护等工作。打造郑太路—汤大路—长深连接线—东外环—郑太路循环样板路创建工作，农村公路优良率达到70%。

【道路运输】 年内全区客货运输企业发展至87家（其中二级汽车客运站1家、危险品运输企业3家、货运站场7家，运输企业76家），维修企业达到35家（其中一类维修企业1家、二类维修企业34家），营运车辆发展到7028台。

【物流管理】 调度山东鲁疆保税加工及国际物流项目建设，推进货物集疏运工程。及时比对工程进度计划、调度工程进展情况并到工程现场听取项目负责人关于工程建设中存在的问题和诉求，第一时间上报反馈，将上级相关政策及时反馈到项目，为项目建设提供优质的政策服务保障，保证项目在2016年底竣工并投入使用。

【水上交通管理】 全区境内有码头、渡口各1处，水运企业1家，营运船舶1艘。2016年完成水上运输客运量1.5万余人（次）。落实安全生产监管的主体责任，加强同涉水镇街联系沟通，与其签订水上交通安全生产目标管理责任书。

【交通监察】 对道路运输市场进行监督检查，年内无公路“三乱”（乱设站卡、乱罚款、乱收费）行为。出动执法人员5400余人（次）、执法车辆1800余台（次），检查车辆3万余辆（次），查处违章车1420余辆（次），卸载货物35000吨。

撰稿：杨志涛

审稿：孙 伟

公 路

公路局领导成员

党组书记：赵国武

党组成员：解卫华

李靖良

江秀剑

纪检组长：李靖良

局　　长：赵国武

副 局 长：解卫华

李靖良

江秀剑

【机构设置】 河东公路管理局是市公路局下属正科级事业单位，成立于1995年，至2016年底，设办公室、财务科、政工科、工程科、机料科、养护科、路政科、安全科、应急处置办公室9个科室和相公、董官庄2个公路站，在编职工96人。

【概况】 截至2016年底，按职责和区域划分，负责全区3条国道（G205、G206、G327）、2条省道（S227、S342）及长深高速公路连接线共计116.342千米的干线公路建设、养护、管理工作。

【管养路段】 国、省道：山深路（G205）：北起山海关，南至深圳，境内全长37.38千米，沥青路面，按一级路标准建设，路面宽度23米。该路段共有大桥4座、中桥2座、小桥7座。

烟汕线（G206）：北起烟台，南至汕头，境内全长24.366千米，北段12.457千米，沥青路面，路面宽度12米，按二级路标准建设，南段路面宽度23米，按一级路标准建设。该路段有中桥1座、小桥3座。

连菏线（G327）：东起江苏连云港，西至菏泽，境内长4.89千米，沥青路面。按一级路标准建设，宽度38米。该路段共有中桥1座、小桥1座。

东红路（S227）：北起东营，南至红花埠，为省主要干线公路之一，是鲁中南地区的交通命脉，境内长15.883千米。2013年按一级路标准加宽改建，路面宽度23米。该路段有中桥1座。

岚济路（S342）：东起岚山头，西至济宁，境内长18.819千米，沥青路面，是鲁南经济带重要的疏港大通道，按一级路标准建设，路面宽23米。该路段有1座大桥、7座小桥。

桥梁、涵洞：2016年，境内共管养桥梁41座，总长2514.42延米，其中大桥7座，总长1827.34延米，中桥7座，总长339.04延米，小桥27座，总长348.04延米。管养涵洞246座。

【公路养护】 国、省道干线公路养护全面推向市场，实施养护招投标制度，交由保洁公司养护，公路站具体考核，节约养护资金，提高工作效率。按照安全通行、安全度汛的有关标准，定期检测维修。在国、省道大修改建施工中，争取对相关桥梁、涵洞进行重建或加宽。年内有国、省道养护职工32人，实施热灌缝2000延米，刮油处理网裂950平方米，路面坑槽挖补1140平方米，大面积施划热熔标线6200平方米，施划冷喷标线1200平方米，更换防眩板300块，波形梁钢护栏立柱新换172米，波形梁钢护栏面板新换520米，东外环车辆和行人通行量较大的路口安装爆闪灯6处。粉刷管养路段中央隔离墩，共计10300平方米。迁移中央隔离墩6228块，更换线性诱导标志牌487块。全线共更换道口桩、示警桩1000多根。

【路政管理】 开展路政宣传日活动，重点宣传《公路安全保护条例》，营造依法治路的社会氛围。参加路政执法培训活动，提高一线路政执法人员的法律意识和执法水平。加强路政巡查力度，提高巡查覆盖密度，严格执行路政事案查处程序，保护了路产、路权，维护了路政许可的严肃性。加强和公安、交警、沿线镇街等单位的沟通和协作，联合执法，对干线公路两侧的路域环境进行整治。年内，有路政执法人员7名，实施路政巡查36000千米，清除非公路标志5块，查处路政事案24起，清除可移动非公路标志60块， 清理路面堆积物400余方。

撰稿：于大鹏

审核：赵国武

移 动

移动河东分公司领导成员

总 经 理：郭增杰（2016年7月任职）

副总经理：施文生

刘朝余

【机构设置】 移动河东分公司有干部职工100人，正式员工11人，社聘工89人。设综合部、市场部、网络部、集客部4个职能部室；城区有东兴路营业厅、瑞华金都营业厅、解放东路营业厅，设7个乡镇营业厅。

【网络建设】 全年完成800千米的传输主干光缆施工，新建管道106.2千米，在镇街新规划建设9个综合业务区100多个光交分纤点，新建9个镇街汇聚机房。完成站点建设256处，宽带端口累计达到10万个。敷设光缆300千米，建设端口6720个。

【业务发展】 以加快4G业务、有线宽带、流量经营为工作重点，完成全年各项生产经营任务。4G客户年净增9.6万户，累计到达17万户，有线宽带净增1.7万户，累计到达4万户；魔百合年净增2万户，累计到达2.5万户；全年累计实现运营收入2.08亿元。

【文明服务】 强化窗口服务形象，督促、检查营业一线服务工作；落实投诉服务工作，明确职责、优化流程，解决好申诉、投诉难点问题，提升营业服务水平；做好大客户服务工作，进行用户维系划分，实行一对一服务，建立24小时不间断服务绿色通道，推行人性化、真情化服务内容，加强客户咨询及投诉处理，使用投诉回复率和处理及时率达到100%。

撰稿：刘建美

审核：郭增杰

联 通

河东联通公司领导成员

总 经 理：张永波

副总经理：顾启龙（2016年5月任职）

张俊杰

张传理（2016 年 4 月任职）

【机构设置】 截至 2016 年 12 月，公司内设综合部、自有渠道中心、社会渠道中心、集团客户中心、中小企业客户中心、运维中心 6 个职能部门，下设城北、城南、葛沟、汤头、八湖、太平、相公、汤河、郑旺、凤凰岭 10 个营销网格。现有党员 17 人，员工 172 人。

【概况】 中国联合网络通信有限公司临沂市河东分公司地处河东区东兴路与北京东路交汇处，东临河东区政府，西靠沂河，是中国联合网络通信有限公司临沂市分公司下设机构，2008 年由原中国网络有限公司、中国联合网络有限公司合并而成，主营移动电话、呼叫中心、长途电话、本地电话、数据固定互联网、电信增值等业务，承担党政军机要通信、战备通信、抢险救灾、普通用户服务等任务。2016 年，公司继续保持“山东省消费者满意单位”“市级文明单位”称号，获“临沂市消费与服务质量管理奖”，被授予“青年文明号”等称号。公司辖区范围内固定电话用户 1.4 万户，移动用户有 11.5 万户，宽带用户有 4.5 万户。

【业务发展】 开展“美丽乡村”营销活动，与区政府办公室、组织部、农工委、农业局、经信局、扶贫办等部门接洽，从信息化下乡、信息化惠农等层面进行沟通，通过多渠道收集资料，为入村的精准营销做准备。召开农村营销活动启动会，由市公司领导向各单位代表授战旗，为“美丽乡村”营销活动鼓动气势。根据摸查的资料，形成目标村精准的存量清单，对存量按照用户特征分步进行 APP 营销、换机营销、融合营销、IPTV 营销。办理区党校、区残联、区总工会 100M 专线 3 条，办理河东城管所有固网业务和河东交警数字电路业务；妇幼保健院等单位累计新装宽带 30 余条。与河东区人民法院签订保测评项目合同，合同收入 127 万元；带动 4G 发展 247 户，预计年收入 40 万元；签订河东区政务网升级项目合同，合同收入 18.3 万元；签订河东城管执法记录仪项目，合同收入 2.5 万元。

【网络建设】 河东分公司于 2016 年 4 月 27 日正式成立河东维护中心。向市公司争取建设工程投资总额 457.486 万元。其中重点客户施工 55 处投资 84.5 万元、新建小区施工 40 处投资 119.6 万元、一般扩容项目施工 62 处投资 16.486 万元、室内分布项目 11 处投资 8.26 万元、基站及主干项目施工投资 160.64 万元、PON+LAN 小区改造及线路迁改项目投资 68 万元。新增 EPON 交换机 62 台，形成 496 线装机能力；新增分光器 910 台，形成 5824 线装机能力；简单扩容小工程投资 34.41 万元，完成 694 个项目。共计延伸布放光缆 832 芯千米，解决宽带待装 1012 户；处理业务故障 20 起；新增 E3 万兆交换机 8 台、OLT14 台、BS 一台，形成网络优化覆盖；新增专线设备，基站传输设备共计 23 台，形成环路保护；优化各类网络上联 114 条，保障网络畅通；全年开通各类大客户专线网络 170 条；完成河东 IP 地址备案的资产清查工作。对河东区内的各种线路隐患以及汛期线路进行了重点摸查和整治。整治各类隐患 120 处，处理日常 10010 及总经理热线、12345 派单，现场核实并处理用户提出的线路问题共计 40 余处。处理公客工单 800 个，线路及运维抢修工单 260 个。

【服务工作】 处理各类 10010 派单 2882 件。落实好责任追究制度和首问负责制度，通过做好服务控制点的落地工作，降低了责任投诉率，使责任投诉率均保持全市最低。解决服务短板，改善客户感知。执行 480 装移修机制度，提高一线员工的责任心，树立以服务促发展的理念。

撰稿：赵　晨

审核：徐玲玲

电　信

中国电信股份有限公司河东分公司领导成员

经　理：郭　斌

副经理：张　永（2016 年 4 月任职）

丁仕杰

【机构设置】 中国电信股份有限公司临沂河东分公司是中国电信股份有限公司在河东区的分支机构，担负着河东区的通信服务职能，主要是在河东区范围内经营国内固定电信网络与设施（含本地无线环路）业务；手机、无线网络、4G 等移动通信业务；经营基于固定电信网络的话音、数据、图像及多媒体通信与信息服务；经营与通信及信息业务相关的系统集成、技术开发、技术服务;通信产品的销售、设计、安装;信息咨询（不含证券、期货咨询）(凡涉及许可证或专项审批的凭有效证件经营)。公司设综合部、网络部、政企部、维系部 4 个部室，3 个营业厅，1 个卖场支局，4 个城区、镇、街支局。

【概况】 河东电信围绕“价值引领”，全面深化改革，强化基础管理，主要工作任务完成情况均在全区前列。2016 年年度绩效考评为 A，累计完成业务收入 0.23 亿元，预算完成率 100.6%，全区排名第三；移动业务同比增长 12.9%，全区排名第三。

【网络建设】 加大网络投资力度，全年累计完成各类投资 0.1 亿元，建设宽带端口 1 万个。开展宽带提速改造工作，年内完成全区传统 Lan 方式宽带退网改造，全区小区均已实现光纤入户，光纤宽带接入小区累计 120 个，覆盖用户 10 万户，新建端口全部具备 20M 以上接入能力，宽带速率大幅提升；开展信息惠农，引入民营资本参与农村宽带建设，完成全区 8 个乡镇的光纤宽带进入，光纤通达覆盖村庄 400 个。加快 4G 网络建设步伐，全年新建室外 LTE 基站 5 个，室外 4G 网络实现无缝覆盖。重点对业务量集中的区域进行扩容，在广场、市场等人员密集区域采用 CA（载波聚合）技术建设 4G+ 基站，4G 下载速率可达到 216.1Mbps。2016 年河东电信坚持有线宽带和无线 4G 建设并重，提高河东网络覆盖水平。

【行业信息化建设】 为区司法局、环卫集团建设指挥调度平台，实现了广域对讲、人员定位、指挥调度、图片回传和考勤管理等功能，弥补了传统对讲盲点多、覆盖率低的问题，在前期创城工作中发挥了重要作用。

【服务工作】 规范窗口服务，提高窗口服务质量，提升客户满意度；在营业场所明显的位置公布资费项目和标准，实行明码标价，增加服务透明度，公布全区统一的客服热线 10000，维护消费者的合法权益；严格执行实名制相关要求，保证每个渠道张贴《谨防通讯信息诈骗提醒公告》《关于防范和打击电信网络诈骗犯罪的通告》，营业员、代理商、办理业务的用户以及办理流程全面实名，加大渠道拓展力度，全区各城区、镇街电信服务网点快速增长，全区电信营业网点 40 余处，业务代办网点 100 余家；全面推广 10000 号受理和网厅、掌厅、微店、同城惠等多样化电子化服务模式；市公司定期参加“行风热线”栏目，对用户反映的重点、热点问题进行现场解答，将问题纳入管理体系，挂牌督办。强化互联网思维，加大翼支付业务补贴力度，与中石油、九州、桃源等 56 家商超合作共建互联网金融生态圈，加大了互联网＋应用的普及、推广。

【企业文化】 持续开展“四小”（小餐厅、小阅览室、小活动室、小浴室）巩固提升活动，了解员工思想工作生活状况，抓住多数员工的需求，夏送清凉、冬送温暖，将“四小”工作以扩大外延为重点向以丰富内涵、提升质量转变深化。开展员工关爱活动，开设“困难员工反馈易信号”，有困难的员工可以直接把情况反映给组织，确保家庭生活困难员工帮扶落实到位。开展心理健康辅导。组织“三八草莓采摘活动”“女性健康知识培训”“全区乒乓球比赛”“庆五一徒步行”“职工运动会”等团体活动。开展岗位创新活动，公司全员进行劳动竞赛，在各渠道树立标杆店，营造比学赶超氛围；办公场所设立文化宣传栏。

【社会责任】 参与全区创建文明城市活动，投资 3 万元为社区更换 300 块公益宣传牌，组织志愿者上街指挥交通和到街区开展义务劳动，为全网用户发送手机文明短信；组织“行业信息化推介”活动，免费培训 100 余家企业，为中小企业搭建信息化平台；开展“结亲连心”活动，开展干部直接联系群众活动，到联系村走访、调研，解答群众诉求；组织员工参与“慈心一日捐”、抗震救灾捐款捐物等活动。

撰稿：李　伟

审核：郭　斌

广电网络

广电网络公司河东分公司领导成员

经　　理：崔现文

副 经 理：韩继东

　　　　　张　鹏

经理助理：隋宝民

【机构设置】 山东广电网络有限公司河东分公司管理体制为区级分公司，实行市公司领导下的分公司经理负责制。公司领导班子设经理 1 人，副经理 2 人，经理助理 1 人。截至 2016 年底，公司下设综合部、市场部、工程运维部、数据业务部 4 个职能部室和 12 个基层广电工作站，共有干部职工 63 人。

【概况】 从事广播电视节目制作及广播电视节目传送业务，具体负责全区广播电视网络的规划、建设、改造、经营和管理，广播电视多媒体经营服务及综合信息采集，广播电视节目编辑、采集，计算机软件开发、销售，计算机网络工程及综合布线，办公设备、通讯设备（不含无线电发射器材）、电子设备、影视器材的销售，国内广告发布、代理、设计、制作，互联网接入及传输工程，广播电视专业人才培训，安防监控工程设计、施工与维护。

【数字电视户户通】 投资 460 万元，建设全区有线电视网络，开展数字电视户户通工作，实现全区有线数字电视信号 100% 全覆盖，全年新增数字电视用户 15900 户，全区有线数字电视用户 10.8 万户，数字电视入户率达到 72%。

【雪亮工程】 建设完成河东各镇街的“雪亮工程”，该工程通过广电网络线路连接分布在全区 170 多个行政村的 2000 多个治安摄像头，区政法委设总控平台。

【广播电视地面卫星接收设施管理】 配合区文管执法局、公安分局、工商局及有关镇街，开展对非法卫星电视广播地面接收设施销售、安装行为查处活动 3 次，查处销售点 17 处、收缴非法设备 322 套，查处非法安装使用 310 户。

撰稿：刘　健

审核：崔现文

城建·环保

Cheng Jian　HuanBao

城乡规划

河东规划分局领导成员

局　长：郑树坤（2016 年 9 月离职）
　　　　李　剑（2016 年 9 月任职）
副局长：刘庆银（2016 年 6 月离职）
　　　　张永霞（女）
　　　　刘洪波（2016 年 6 月任职）
　　　　王文瑞

【机构设置】 临沂市规划局河东分局为临沂市规划局在河东区的直属分局，负责区域内的城乡规划管理工作。内设综合科、业务科、监管科 3 个科室，截至 2016 年底，共有工作人员 8 人。

【概况】 河东规划分局主要负责辖区内各项规划编制的现场调研、资料收集和初审工作，各项规划实施的监督检查工作；建设项目选址、规划条件、用地规划，建设项目的规划方案和建筑方案等的初审、报批工作；建设项目的规划批后管理工作以及区内镇街、村建设项目的规划审查、报批、管理等工作。

【规划编制】 开展临沂临空经济区规划以及镇街总规等的编制工作。完成《河东工业园片区控制性详细规划城市设计》的设计招标工作；《河东区城乡一体化发展总体规划》《河东旧城区控规及城市设计》完成前期调研，规划正在编制。中心城区控规完成 1 ∶ 1000 地形测绘工作；完成温泉路南段片区城市设计初稿。配合市局科室与设计院沟通，完成八湖镇总体规划的编制工作，实现城乡总体规划全覆盖，在县区中处于领先。《临沂市河东区凤凰岭镇（街道办事处）核心区控制性详细规划》完成规划编制。

【规划管理】 围绕河东区“五区托一城”的战略部署，以“临沂东城新区、临空经济区”为重点，以“汤泉旅游、商贸物流、滨河开发”三大板块为启动点，做好规划管理服务工作。年内共上报 10 个地块的规划编研工作，上报 10 个地块的项目编研，总面积 137.13 万平方米。其中通过 4 个地块的编研，面积 41.05 万平方米，为河东区的项目统筹建设打好基础。共报批 27 个建设单位用地规划，总面积 163 万平方米；28 个规划条件，面积 82 万平方米。共报批 23 个建设单位的 114 个建筑单体，总面积 858266 平方米。

【规划监管】 以外滩明珠、东来尚城、正直花园等房地产项目和滨河区域开发项目为重点，做好批后规划服务工作。办理规划竣工验收 11 个，面积 83000 平方米。7 个建设单位进行放验线，面积 37000 平方米。配合监督监察科办理违章建设认定函 13 份。受理“12345”群众来电 91 件，群众满意率 100%

撰稿：张永霞
审核：李　剑

城乡建设

住房和城乡建设局领导成员

党委书记：谭卫东（2016 年 7 月离职）
党委副书记：盖　宇
党委委员：武　洁（女）
　　　　　吴永学
　　　　　卫俊岩（2016 年 12 月离职）
　　　　　崔　晶（女，2016 年 3 月离职）
局　长：谭卫东（2016 年 7 月离职）
副局长：武　洁（女）
　　　　吴永学

卫俊岩（2016 年 12 月离职）

房产管理处

主　　任：盖　宇

副 主 任：吴　雪（女）

市政公用事业管理处

主　　任：武　洁（女）

副 主 任：崔　晶（女，2016 年 3 月离职）

沈继锋

副科级干部：刘阳强

※ 房屋征收办公室

主　　任：李全欣

※ 城市园林绿化管理处

主　　任：马利杰

【机构设置】 区住房和城乡建设局内设办公室、人事科、财务科、村镇建设科、基本建设科、城镇化办公室 6 个科室，下辖房产管理处、市政公用事业管理处 2 个正科级事业单位，园林管理处、房屋征收办 2 个副科级单位，建筑市场管理所、安全工程质量监督管理站、建筑企业管理站、建筑工程招标投标办公室 4 个股级单位。机关行政编制 10 名，配备局长 1 名、副局长 2 名；所辖事业单位在编人员共计 137 人。

【重点工程】 年内完成市级城建重点项目投资 15.6 亿元，加快北京东路、环线等重点项目征收工作。投资 4000 多万元推进区级重点工程建设，智英街、李公街、17 号街等 5 条道路通车，完成华龙路、中昇大街、南京东路污水中水管线铺设，区第二污水处理厂和汤头污水处理厂完成厂区建设和设备配套。

【园林绿化】 投资 500 万元对智圣路、凤临街、九曲街、沭埠岭一路、李公街进行绿化，绿化面积 17000 平方米；投资 3600 万元对临沂第二十四中学等单位进行庭院绿化，绿化总面积 10 万平方米；投资 2000 万元建设景盆园一处，绿化面积 2 万平方米。对 25 条城区主次干道绿化带内的死株、苗木进行全面清理，共清理 3000 余株，清理垃圾 500 吨，补植各类苗木 12000 株。完成裸露土地绿化 40 余处，播植三叶草、栽植灌木 34000 平方米。城区共有各类绿地 870 万平方米，建成区人均公共绿地面积 18.6 平方米，城市绿化覆盖率为 42.1%，绿地率为 38.2%。

【公用事业】 完成李公街路灯安装 49 棵 637 盏，投资 220 万元对全区路灯进行维护维修，设施完好率和亮灯率都达到 95% 以上。通过远程智能控制系统平台，对城区 9579 盏路灯、157 栋楼宇亮化运行情况进行实时远程监控。供热方面，6 月，正阳路延伸工程全线竣工。年内铺设供热主管道 8.6 千米，支管道建设 9.42 千米，小区换热站 30 座。采暖期城区供暖面积总计 350 万平方米。供气方面，通过奥德燃气公司发展管道燃气事业，年内累计铺设燃气管线 182.7 千米，其中高压管线 26.7 千米，中压管线 116 千米，低压管线 40 千米。

【房地产管理】 年内完成房地产开发投资 21.7 亿元，同比下降 97.27%；销售面积 31.1 万平方米，同比下降 2.81%；销售总金额 14.5 亿元，同比增长 6.62%；房地产开发投资大幅提升，房地产市场回暖。

【建筑业管理】 全区有资质等级的总承包和专业承包建筑企业共 42 家，房屋总承包一级企业 1 家，二级企业 15 家，三级企业 5 家；专业承包一级企业 1 家，二级企业 9 家，三级企业 4 家，不分等级企业 7 家。全区注册二级建造师 300 余人，建筑业技师 180 余人，持证上岗的建筑业技能岗位工人 2800 人。全区建筑业从业平均人数 6800 人，同比增长 4.62%。全年房屋建筑施工面积 129.4 万平方米，房屋建筑竣工面积 59.8 万平方米。完成建筑业总产值 17.6 亿元，实现建筑业增加值 2.1 亿元。对各项行政审批手续实施一条龙服务，发放施工许可证29份，共计单体工程100个，建筑面积80.62万平方米，工程造价约9亿元。通过19个建设项目综合验收工作，竣工备案面积80.61万平方米。受理拖欠农民工工资投诉244起，已解决240起，涉及农民工工资3868万元，涉及民工2800人次。

安全质量管理　监督工程116项，包含单体459个，建筑面积382万平方米，进行4次集中检查，抽查检查工程89处，下发《安全隐患整改通知书》167份，收到整改回复单167份，整改率达到100%，建筑企业和在建项目安全质量形势良好。处理建设工程质量投诉56起。

招标管理　重点强化各个环节的公开透明和联合监督，实现招标投标的“阳光操作”。年内在市公共资源交易大厅办理招投标业务98项，总交易额102500.44万元，备案工程量清单85份，征收文明施工措施费1420.5万元，拨付文明施工措施费2002万元。实现招标工程进场交易率100%，评标专家随机抽取率100%，招标资料建档率100%。执行居住建筑节能75%、公共建筑65%的新标准。可再生能源应用方面，完成太阳能一体化16万平方米，2.5万平方米地源热泵示范项目通过市级验收。

【村镇建设】　完成村镇建设投资10.8亿元，新增商业开发面积22.7万平方米，新增公共服务设施建设6.38万平方米，新增生长性建设20.9万平方米，新增绿化面积13.4万平方米。汤头街道、郑旺镇、太平街道总体规划通过市政府批复，相公街道、凤凰岭街道总体规划通过专家评审，汤河镇、八湖镇正在编制总体规划。新建续建城乡新型社区4个，新建住房1410套。完成农村无害化卫生厕所改造2.8万个，完成硬化村内道路235万平方米。组织农村建筑工匠培训班6期，培训农村建筑工匠530人。

【城市水务】　临沂凤凰水业有限公司有日常供水水源地1处，应急供水水源地1处，水厂1座，配有各类供水机组5台，设计装机总容量800千瓦，日设计供水能力5.14万吨，日实际供水量平均约3万吨，6月，河东区正式接用临沂市水务集团的30万吨供水。年内建成铺设直径DN50以上供水管线总长度355千米。完成育英街、沭埠岭一路、17号街、21号街、李公街（兰亭路—滨河东路）等5条供水管道铺设，工程累计新增DN100以上供水管道2500米，总投资150万元。供水覆盖规划区域及相公、凤凰岭、太平、汤河4个街道，保障管网辐射范围之内的城乡居民用水安全。完成新建住宅小区规划红线内供水配套建设30万平方米，保障各新建小区业主的用水需求。

【住房保障】　启动15个项目10501户棚户区改造工作，其中，九曲街道5个项目2912户，汤头街道8个项目7200户，相公街道1个项目49户，工业园区1个项目340户，汤泉片区、九曲孙于埠社区已回迁入住。2016年棚改工作在全市年底综合考评第一，被评为住房保障先进单位。

【旧村改造】　年内完成北京东路、汤河综合整治项目、临沂市委党校、空港实验学校、机场排水方涵、临沂五金城三期、堤下路、新东兴路、胡庄老年活动中心等项目占地的拆迁工作；推进温泉路、联邦路、长春路、吾悦广场项目、张庄、沂州古城等前期项目拆迁扫尾，共拆除尾子45个；完成征收房屋161.5万平方米。

【物业管理】　全区有物业公司26家，管理小区有46个，管理面积350万平方米，物业管理覆盖率达到70%以上。

撰稿：王倩倩　郭宝志　李庆银

审核：沈继锋

城市管理行政执法

城管局领导成员

党组书记： 张定振（2016 年 5 月离职）
张鹏峰（2016 年 5 月任职）

党组成员： 沈长川
张学信

局　　长： 张定振（2016 年 5 月离职）
张鹏峰（2016 年 5 月任职）

副 局 长： 张学信

环卫处

主　　任： 沈长川

副 主 任： 张　权
贾银娜（女）
陈晓祥

【机构设置】 区城市管理局于2014年3月成立，配局长 1 名，副局长 3 名（其中 1 名兼任城管大队长）；2014 年 5 月，环卫处划到城管局，为正科级全额事业单位，设主任 1 名，副主任 3 名。2014 年底，区城管局内设人秘科、政策法规科、数字化城市管理中心、督导考核科、户外广告管理科、渣土办、城管大队 7 个内部机构和环卫处 1 个正科级全额事业单位，在编在岗人员 77 名。

【概况】 区城市管理局是全额事业单位，负责全区市容市貌的管理工作，负责城市环境卫生基础设施的建设、管理、养护及全区环境卫生工作。开展市容环境综合整治、城乡环境卫生再提升、大气污染防治等一系列活动，城市的整体环境有了改善。2016 年，区城管局被市城管局授予全市城市管理工作先进集体称号，被区委、区政府授予最佳服务单位（非经济类部门单位）、环境保护工作先进单位等称号，获全区“三引一促”工作先进单位三等奖。

【市貌管理】 坚持“一线工作法”，班子成员分工不分家，到一线调度督导，全局 80% 以上的员工工作在一线，确保城区环境综合治理全覆盖无死角。根据城管工作季节性强的特点，将城区划分为 6 个网格，实行早晚班工作法，早晚错时执法，重点时间段辖区中队采取固定线路巡查与重点街区盯防相结合的手段，全天无缝全覆盖巡查，确保高峰时期不断岗。对城区 27 个在建工地 80 万立方渣土登记造册，配合交警、交通、住建等部门开展夜查行动 47 次，及时制止施工噪音污染、渣土运输路面污染现象 500 多起，下发道路污染处罚通知书 200 余份，清理抛洒路面建筑垃圾 6 万立方米，工地出入口全部硬化处理，安装车辆冲洗装置，确保“工地渣土全覆盖，运输渣土不落地，主次干道路见本色”。联合区工商局、区食药监局、环保分局、九曲街道、工业园区、相公街道等部门、单位，加大对餐饮油烟污染的治理，开展集中整治行动 38 次，对 71 家餐饮企业完成油烟治理，取缔露天烧烤摊点 43 家。

【规划执法管理】 加大日常巡查力度，加强对全区重点区域监管，配合镇街、园区全面清理和拆除城区内违法建筑及违规棚厦、遮阳网等露头丑，配合九曲街道、工业园区、汤头街道办事处等部门开展违章建筑行为专项整治行动 90 余次，下达整改通知书 87 份。

【户外广告管理】 将野广告清理、“六乱”整治延伸至背街小巷，城区落地广告牌坚决予以取缔，把伸缩蓬、私搭乱建分类登记台账，逐一销号，确保彻底清理，不留死角；规范门面广告，对破损或规格、颜色不一的门头广告进行摸底，要求按照同规格、同材质、同颜色的标准进行限期整改更换；清理“墙体喷涂广告”“牛皮癣广告”，采取“同色覆盖”的办法随发现随清理。

【环境卫生管理】 5月，成立临沂市东城环卫有限责任公司，并在区工商局和市国资委注册、备案，承担全区60%的环卫保洁业务。城区道路机械化清扫率为50%，道路洒水降尘覆盖率为70%。对环卫城区保洁片区进行网格化管理，健全层层把关的考核管理模式，合理调度车辆，确保20座垃圾中转站垃圾日产日清。11月，对各个镇街暂存垃圾集中清理，共清理3772.95吨，年内完成清运生活垃圾12万吨。将北京东路、人民大街等10条道路190万平方米作为深度保洁示范道路，投入12辆辅道冲洗车，以机扫为主，人工为辅的作业模式，进行精细化管理。

撰稿：邵明帅

审核：陈晓祥

环境保护

河东环保分局领导成员

党组书记：刘　杰

党组成员：江春美（女）

局　　长：刘　杰

副 局 长：江春美（女）

贾立涛（2016年5月任职）

石　浩

【机构设置】 河东环保分局成立于1995年，内设办公室、大气污染防治办公室、固废与土壤环境管理科、环境影响评价科、政策法规科、宣传科、环境监察支队7个职能科室，共有工作人员50名，其中在编人员20名。

【概况】 河东区的污染类型主要是水污染和大气污染。水污染特点为：污染范围较广、污染程度加重、污染物类型复杂、治理难度较大；大气污染主要特征表现为烟煤型污染，其中颗粒物污染程度相对较重，主要污染物为可吸入颗粒物、总悬浮颗粒物、二氧化硫、二氧化氮。

【环境管理】 大气污染防治　明确2016年攻坚行动方案，细化分解27项重点任务，逐一明确路线图、时间表，在10个行业内实行“精准执法”。列入市攻坚行动计划的5家治理再提高企业均完成治理并监测达标，完善了验收备案手续；8台10吨以上燃煤锅炉全部完成清洁能源或超低排放改造；558台10吨以下燃煤锅炉完成清洁能源改造264台、清理取缔294台。制定并下发《重点行业企业冬季错峰生产实施方案》，要求全区11家企业自2016年10月起至2017年2月采取全线停产1个月或生产线逐月轮流停产的方式，污染负荷削减25%以上。

水污染防治　编制全区落实水十条行动计划实施方案，临沂港华水务有限公司（河东区第一污水处理厂）3万～5万立方米/天处理能力的二期扩建工程已全面开工；区第二污水处理厂已全部建设完成，管网铺设完成40%，确定建设河东区第三污水处理厂的具体建设位置，建设方案制定完成，正在筹备建设，建设完成后将新增污水处理量12万立方米/天；河东区对全区主要河流及其支流实施综合整治，9个镇街、园区自行配套治理资金1000万，清理河道及其支流26条，共计70千米；清理淤泥及垃圾12万吨；修建沿河道路3700米。

固废和土壤污染防治　对全区21家危废规范化管理企业全部按季度考核，44家涉危废企业按季度进行全省固废系统申报。对临沂伟达建材等2家公司固体废物不规范管理等问题进行处罚，对太平电镀加工户移交公安机关。

执法监管　连续两周集中夜查，每周不少于3次夜查或早查，检查重点企业1620家次，立案查处违法行为205起，罚款600余万元，查处“12345市民热线”、行风热线及电话举报信访共435起，回复满意率100%；环保、公安联合查处环境犯罪、治安案件20起，刑事、行政拘留21人。

【排污收费】 环境违法企业立案209个，罚款总额6370084.13元，对194个企业征收排污费，排污费总额3153388.02元。

【环保宣传】 采取多种发挥传统媒体作用，树立环保工作的新形象，采用文案写作、室外宣传、影像处理等方式宣传环保理念，全年形成文字宣传报告6篇、进行内部培训3次，义务到公共场所宣传4次。采用网络新媒体，采用官微官博及网站等新媒体开展环保宣传，开通微信公众号，接受舆论监督。

【法制建设】 加大法制宣传力度，向企业宣传《中华人民共和国环境保护法》，以传统媒体和网络新媒体为依托，向公众传达环保新理念；加大环保执法力度，在维持常规巡查的基础上，每周不少于3次夜查或早查，检查重点企业1620家次，立案查处违法行为205起，罚款600余万元。

撰稿：邵珠雁

审核：刘　杰

财政·税务

CaiZheng ShuiWu

财 政

财政局领导成员

党组

书　记：乔继沧（2016 年 12 月离职）
　　　　李善湘（2016 年 12 月任职）

副书记：赵连伦

成　员：王明伟
　　　　李保存
　　　　李效岩
　　　　刘　斌
　　　　孙鹏娟（女）

局　长：乔继沧（2016 年 12 月离职）
　　　　李善湘（2016 年 12 月任职）

副局长：王明伟
　　　　李保存

经济开发投资总公司

经　理：王明伟

副经理：李洪强

基层财政管理局

局　长：李效岩

副局长：孙鹏娟（女）
　　　　刘传峰

非税收入管理局

局　长：赵连伦

副局长：杜兆波

财政监督检查局

局　长：李保存

副局长：沈庆全

※ 驻相公财政监督检查办事处

主　任：刘士富

※ 驻九曲财政监督检查办事处

主　任：厉建荣（女）

※ 驻太平财政监督检查办事处

主　任：（空缺）

※ 财政投资评审中心

主　任：张　霞（女）

【机构设置】 区财政局内设办公室、人事科、法规税政科、预算国库科、文教行政科、经济建设科、农业科、社会保障科、企业科、会计科、国有资产管理办公室、财政监督检查办公室、区农村综合改革办公室 13 个职能科室；辖区非税收入管理局、区投资总公司、区基层财政管理局、区财政监督检查局 4 个正科级事业单位（其中，区财政监督检查局下设驻九曲、太平、相公 3 个副科级办事处），区投资评审中心 1 个副科级事业单位，区政府采购监督管理办公室 1 个正股级事业单位。截至 2016 年底，共有在职在编人员 81 人。

【财政收入】 2016 年，全区实现一般公共预算收入 140312 万元，同比增长 11.88%，总量居全市第 8 位，前移 2 个位次。国税部门完成 33770 万元，同比增长 33.95%；地税部门完成 96682 万元，同比增长 7.35%；财政部门完成 9860 万元，同比下降 2.6%。

【财政支出】 2016 年，全区一般公共预算支出 256039 万元，完成预算的 102.01%，全区一般公共预算中用于民生方面的支出有 204814 万元，民生支出占一般公共预算支出 79.99%。

【财政改革】 全口径预算全面推行，财政预决算和“三公”经费预决算公开；成立驻镇街财政监督检查办事处，覆盖所有财政资金的“大监督”体系全面形成；建立公务卡运行监控机制，开展财政专户清理整顿，启动账户资金运行管理系统，规范资金运行；持续扩大政府采购范围和规模，全面实施政府采购电子化管理；建立预算支出事前、事后的绩效评价机制，促进资金使用效益提高；建立地方政府债务日常监控机制，完善地方政府债务限额管理，积极防范债务风险；引入社会中介机构进行政府投资项目评审，开展重大项目跟踪评审；建立税收保障平台，提升征管水平。开展专项检查，提升监管力度。通过改革，激发财政内生活力，提升整体运行效率，让有限的财政资金发挥更大的聚集效应，营造出更好的发展环境。

【财政监管】 完成投资评审金额8.31亿元，审减资金1.66亿元，审减率19.98%；政府采购总额4.86亿元，节约资金0.49亿元，节支率9.36%。加强政府债务管理。争取公开发行置换债券13.28亿元，定向承销置换债券1.85亿元，新增专项债券1亿元，共计16.13亿元。

2016年河东区公共财政预算收支情况表

单位：万元

单位	公共财政预算收入	公共财政预算支出
合　计	140312	256039
区　直	27221	218138
镇街园区	113091	37901
九　曲	63108	11621
八　湖	3109	2907
凤凰岭	4561	1821
太　平	4734	2484
工业园区	15850	8734
汤　河	2612	2004
相　公	5266	2403
郑　旺	3101	2664
汤　头	10750	3263

撰稿：李　淼
审核：李善湘

国家税务

国税局领导成员

党组书记：焦安君
党组成员：尚继文
姜明秀（女）
伊传学
纪检组长：伊传学
局　　长：焦安君
副 局 长：尚继文
姜明秀（女）
公　民

【机构设置】 区国家税务局成立于2001年6月1日，内设办公室、税政科、政策法规科、收入核算科、纳税服务科、征收管理科、人事教育科、监察室、税源管理一科、税源管理二科、机关党委办公室11个行政科室，1个直属机构稽查局，1个事业单位信息中心，下辖城区分局、相公分局、汤头分局、郑旺分局、重沟分局5个副科级管理分局。截至2016年底，共有在职干部职工84人，中共党员74人。

【概况】 区国家税务局主要负责区范围内增值税、消费税、企业所得税、车辆购置税以及储蓄存款利息个人所得税5个税种的征收管理。2016年完成税收收入13.48亿元，同比增长11.6%，税收总量居全市第4位，增幅居全市第7位；完成区级财政收入3.38亿元，同比增长61.64%，区级收入总量居全市第11位，增幅居全市第5位，税收收入总量和区局税收收入首次突破13亿元和3亿元关口，被省妇联评为“幸福进家活动示范单位”，被省国税局评为“山东省国税系统全面推开营改增试点工作突出贡献单位”，被市委、市政府评为“2016年度全市财税征管工作先进单位”，被市国税局评为“全市国税系统金税三期换版工作先进单位”“全市国税系统教育培训先进单位”，被区委、区政府评为“2016年度发展河东先进单位”“2016年度全区‘三引一促’工作先进单位”“2016年度全区依法行政先进单位”“2016年度全区服务业发展先进单位”“2016年度全区招商引资工作先进单位”“2016年度全区政务服务工作先进单位”。

【依法治税】 成立“临沂市公安局河东分局派驻临沂市河东区国家税务局联络机制办公室”，年内立案检查15户，自查43户，移交公安3户，立案2起，查补入库844.89万元；查处虚开增值税专用发票142份，其他发票违法10038份，查补入库1175.09万元。开展执法督察，对市局督查的5类18条疑点全部整改完毕，撰写的执法督察案例被市局评为优秀案例。对全区金属制品业、房地产、药品与医疗器械、农产品采购加工等行业开展专项检查，评估入库1627.6万元，调整留抵1293.03万元。落实税收优惠政策，办理退税26557万元，同比增加4667万元；落实残疾人就业、资源综合利用、石脑油消费税退税等税收优惠政策，办理退税2910.74万元，完成《多举措落实税收优惠政策全方位助力绿色经济发展》被市政府编发。强化企业所得税管理。汇算清缴所得税12659.17万元；所得税汇缴检查，查补入库954.02万元。

【税收征管】 自5月1日起全面推开营改增，共接收地税移交税务登记纳税人1584户，确认进度100%，全年入库税款17003万元，区局率先在全市完成信息确认，进行系统实际操作实战演练，市国税局局长程林到办税服务厅现场督导，全市营改增督导调度推进会在区局召开，区委、区政府主要领导对营改增工作作出批示。

5月1日凌晨16分，山东观唐大酒店为山东鲁泰鞋业有限公司开具了一张旅店业增值税发票，成为河东区营改增试点工作全面推开后的第一张“营改增”发票

6月1日上午，山东中兴市政工程有限公司完成纳税申报并开出首张税收缴款书，入库增值税税款48932.04元，标志着河东区首户营改增一般纳税人申报成功。税务系统税收核心征管软件金三优化版顺利上线，河东区国税局在临沂市国税系统比武中获团队第3名，一岗双人、资料预审等工作措施被市局领导肯定。增值税发票管理新系统应用初见成效，实行了项目化管理，制定《增值税发票管理新系统数据应用操作规程》并被市局转发，全年利用升级版数据查补增值税4044万元，占2016年国内增值税收入的6.5%。撰写的经济税收调研有6篇被省市局和地方党委政府转发。

【纳税服务】 4月，区国税局办税服务厅迁移到河东区政务大厅，正式启用国地税联合办税服务厅，通过“一人、一屏、双机、双系统”，搭建联合办税平台，实现国地税业务“一窗通办”，联合办理税务登记1695户，注销税务登记416户，联合评定A级纳税人28户，国税部门代征地税税款181.43万元。开展大走访、大宣传、大培训活动，共发放宣传材料6000份；举办各类培训23期，近3000人参加，区局办税服务厅被评为全市“巾帼建功先进单位”和“文明礼仪”标兵单位。“互联网+税务”稳步推进，全年信息化投入80余万元，推行网上办税、自助办税、手机移动开票，承接市局的“移动开票系统”试点运行、“大数据综合平台创新”等获市局表扬。利用手机网上移动开票（增值税普通发票）为山东仁华大药房连锁有限公司凤凰大街店开具一张号码为07508226的增值税普通发票，税额8.74元，是全区第一张移动开具发票。国地税联合评定符合条件的纳税人1414户，取消纳税信用A、B、C级纳税人增值税发票认证，推行“银税互动”守信激励措施，共有5家企业纳税人通过中国建设银行小微企业“税易贷”授信业务获得贷款。通过纳税人学堂对试点纳税人开展分批次、分行业、全覆盖的政策、开票、申报培训共8期，培训纳税人1000多户次。

【内控预防】 制定《2016年党风廉政建设和反腐败工作责任分解清单》，签订责任状和《廉政维稳安全家庭承诺书》，层层传导压力；组织观看《永远在路上》、杨遂周违纪违法案件警示教育片，学习区纪委编发的《警钟》案例等；开展集体廉政谈话5次，明察暗访8次；开展巡视整改，对省局巡视组反馈的3类10项24个方面的问题和4条整改建议，通过制定方案和清单，全面整改，并通报巡视整改情况。全年开展廉政执纪、执法服务、安全稳定风险自查点评12次，山东省国税局党组成员、纪检组长周增峰对河东区国税局“风险自查点评”工作作出批示。

【队伍建设】 制定《从严从实加强干部管理工作的意见》《党建工作目标管理责任制实施意见》，重新调整了12个党小组，加强支部组织建设。“两学一做”通过百日抄党章、征集“金点子”、上党课、集中讨论、全员阅读、“立标杆、树典型”等，思想和活力不断解放，稽查局党支部、相公分局党支部被评为全区国税系统“党建示范点”和“优秀党支部”，区局被区委组织部命名为“中共河东区委党校国税分校”，被市委、市政府评为“全市先进基层党组织”。区委书记王晓军带领区“两学一做”学习教育领导小组办公室成员到区国税局视察观摩“两学一做”学习教育工作。加强学习型机关建设，在市局比武活动中，区局获集体二等奖，5人被评为全市“岗位标兵”。实施文化育税工程，以打造“和美河东、和谐国税”文化品牌和“岗位就是责任、党员就是旗帜、领导就是榜样”党建品牌为核心，打造文化国税展厅、廉政建设展厅和党员活动室3个主阵地。推进干部选拔轮岗，提拔6名副股级干部，19名股级干部转正，形成老中青结合的干部队伍梯次；6名基层一线执法人员进行轮岗。区国税局在全市国税系统绩效考核综合成绩第三名，进入全市第一方阵。

2016年河东区各镇街、园区国税收入情况统计表

单位：万元

镇街（园区）	国税收入
工业园区	11312.76
九　曲	32402.56
凤凰岭	3009.43
太　平	3181.26
相　公	3421.43
汤　河	1491.43
郑　旺	2328.39
汤　头	8418.64
八　湖	2878.56

撰稿：翟萌萌

审核：伊传学

地方税务

河东地税分局领导成员

党组书记：柴青林

党组成员：戚中利（2016年12月离职）

孙蓬军（2016年12月任职）

王军晓

刘宝亮（2016年12月任职）

李献梅（女）

纪检组长：李献梅（女）

局　　长：柴青林

副 局 长：戚中利（2016年12月离职）

孙蓬军（2016年12月任职）

王军晓

刘宝亮（2016年12月任职）

【机构设置】 1995年2月，区地方税务局成立，为正科级行政单位。1998年10月，实行省垂直管理后，改称临沂市地方税务局河东分局。分局设立稽查局和直属征收局2个副科级直属机构；设立九曲、相公、汤头、郑旺、八湖5个副科级基层中心税务所；内设办公室、法规税政科、征管和科技发展科、税源管理科、收入核算和财务科、人事科和机关党委、监察室、督察内审办公室和信息中心、纳税服务中心等11个股级科室。根据区政府的统一部署，在河东政务大厅设立办税服务厅。截至2016年底，分局在编在职干部职工103人，专科以上学历97人，劳动合同工37人，全系统共有党员120名。

【概况】 年内，组织税收入库总量11.02亿元，其中地方级收入9.67亿元，收入总量在全市六区九县中列第4位，增幅居第5位。分局先后

被区委、区政府评为“发展河东先进单位”“全区服务业发展先进单位”“全区招商引资工作先进单位”“全区政务服务工作先进单位”“全区依法行政先进单位”“全区普法依法治理工作先进集体”等称号；直属分局获集体三等功；九曲中心所被市政府授予“全市财税征管工作先进单位”称号。

【税政管理】 强化税收规范性文件管理，开展制度清、改、废、立工作，先后废止过时制度3项，修订完善1项，新立12项。推进执法360系统应用管理，通过组织开展税收专项督查，纠正执法偏差、制度落实“死角”，切实维护税收制度刚性；开展系统干部兼职管理专项清理工作，维护干部职务行为纯洁性；落实“八项规定”，执行《三公经费管理规定》，严格公务审批制度，规范报批手续，建立健全财务制度体系，稳步推进公务用车制度改革，提高内部管理和依法行政水平。抓好企业所得税年度汇算清缴工作；加强工资薪金、利息股息红利、股权转让个人所得税管理；开展城镇土地使用税税源核查，加大土地增值税清算力度，加强契税、城建税、印花税及附征税费管理。年内，累计入库企业所得税1.49亿元，较往年同期增收1.04亿元，同比增长234%。针对持续回暖的房地产市场，通过“先税后证”的方式，严把土地出让环节契税入库关，累计入库契税6876万元，增收3467万元，同比增长101%。贯彻国家结构性减税政策，全面落实支持结构调整、鼓励创新创业、扶持小微企业发展以及保障和改善民生等税收优惠政策。年内，为环保、物流仓储等企业享受国家产业发展促进政策，减免税款283万元；落实扶持残疾人就业税收优惠政策，为社会福利企业减免税款109万元；为97户高新技术企业和小微企业减免企业所得税289万元；为小微企业落实减免营业税156万元。

【税收征管与执法】 落实《山东省国地税合作县级示范区建设标准》及《临沂市国地税合作工作规范考核项目及考评标准》，细化分解合作事项，构建起规范统一的合作管理机制。在区政务大厅建设通办双方业务的全职能办税服务厅，推行“一窗、一机、双系统”，实行国地税业务一厅办理。年内，河东国地税联合办理税务登记1480户，联合办理变更税务登记609户，协同办理注销登记168户，相互代征税款165万元；通过国地税登记信息比对，处理“僵尸企业”、非正常纳税户480户，补交税款53万余元。落实《征管质量评价办法》，定期对税收征管状况进行分析通报，开展非正常户集中清理、税收风险核查和风险应对，深化税源专业化管理，加快建设征、管、评、查四位一体的征管新格局。

4月9日，临沂市地税局河东分局开展“两学一做”诵读比赛活动

【纳税服务】 施行《全国税务机关纳税服务规范》，推行“便民办税春风行动”，落实全程服务、导税服务、

延时服务、预约服务、首问责任制等15项办税服务制度规范。加强区政务服务中心办税厅标准化建设，将办税服务厅划分为五大功能区域，配备完善的服务设施，引入“智能叫号系统”。以政府购买社会服务的方式，招聘10名工作人员到窗口一线，通过增加人员、增设窗口，加快办税速度，减少纳税人等候时间，通过软硬件的同步建设，提高办税服务效率和纳税人的满意度。加快涉税服务信息化建设，将“互联网+”融入到纳税服务过程中，借助“税企QQ群”“临沂地税微信平台”，方便纳税人政策查询，指引纳税人快捷办税。通过“纳税人学堂”，组织开展 “营改增”知识讲座、“金税三期优化版”上线网报培训、小微和高新技术企业税收优惠政策培训等培训讲座12期，累计培训纳税人2600人次。

【队伍建设】 建立工作台账，倒逼整改落实，编制《“纪律行动”学习材料汇编》，开展六大纪律风险点查找，共排查到涉及81个岗位330余项共性和个性纪律风险点；针对存在的风险点，制定相应的纪律风险防范制度。按照省编办确定的机构和编制人数，组织全系统干部职工开展双向选择、优化配置，双向选择的人员交流面达到46.6%。实施素质建设工程，举办各类脱产培训班次11次，全年累计培训干部职工258人次，累计培训8460学时；开展岗位练兵活动，全力备战省、市局全员业务考试，提升系统干部职工的岗位技能和业务水平；发掘系统内典型，推荐参加市区级劳动模范、“河东好人”、市地税系统双十佳评选活动。建立“横向到边、纵向到底”（全员覆盖）的绩效管理体系和绩效考核应用机制，突出过程管理和节点控制，定期召开绩效管理讲评会议。

2016年河东区各镇街、园区地税收入情况统计表

单位：万元

单 位	年计划		累计完成		占计划%		去年同期		同比增减额		同比增减%	
	总量	地方级	总量	地方级	总量	地方级	总量	地方级	总量	地方级	总量	地方级
总计	103234	97855	110246	98543	107	101	111705	106783	-1459	-8240	-1.31	-7.72
市直	4207	4095	6071	5903	144	144	4038	3945	2033	1958	50.35	49.62
区直	2423	2276	9549	8410	394	370	6068	5216	3481	3194	57.37	61.23
园区	13068	12337	11726	11087	90	90	13926	13360	-2200	-2273	-15.80	-17.01
九曲	52421	49590	58285	49579	111	100	56639	53656	1646	-4077	2.91	-7.60
相公	4046	3868	3814	3706	94	96	3624	4195	190	-489	5.24	-11.65
汤河	2070	1969	2025	1998	98	101	2171	2137	-146	-139	-6.70	-6.49
凤凰岭	3413	3253	3037	2963	89	91	3639	3529	-602	-566	-16.54	-16.04
汤头	12319	11640	7852	7373	64	63	13192	12606	-5340	-5233	-40.48	-41.51
太平	3746	3574	3645	3463	97	97	4014	3871	-369	-408	-9.19	-10.55
郑旺	2392	2267	2202	2126	92	94	2518	2456	-316	-330	-12.57	-13.43

续表

单　位	年计划		累计完成		占计划 %		去年同期		同比增减额		同比增减 %	
	总量	地方级	总量	地方级	总量	地方级	总量	地方级	总量	地方级	总量	地方级
八湖	3129	2986	2040	1935	65	65	1876	1812	164	123	8.75	6.77

撰稿：庄会峰

审核：柴青林

金融·保险

JinRong BaoXian

金融工作

金融办（地方金融监管局）领导成员

主　任（局　长）：高　震

副主任（副局长）：李东祺（正科级，2016年5月离职）

【机构设置】 区金融工作办公室原为区政府办公室内设机构，2013年12月19日，调整为区政府直属事业单位，挂区地方金融监督管理局牌子，经费方式财政拨款，机构规格正科级，编制10名，配主任1名、副主任2名。设有综合科、银行科、资本市场科、保险与担保科4个科室。截至2016年底，共有在编人员6名。

【概况】 2016年，区金融办被评为"全区招商引资工作先进单位""最佳服务单位""全区服务业发展先进单位"，获"全区三引一促工作先进单位三等奖"。截至2016年底，全区银行机构存款余额为278.3亿元，贷款余额为202.1亿元，较去年同期增速分别为20.9%和17.8%。全区保费收入5.09亿元，同比增长15%。其中，财产险保费收入1.88亿元，同比增长4%；人身险保费收入3.21亿元，同比增长23%。保费赔偿1.17亿元，同比增长35.61%。全区有上市挂牌企业7家。奥德集团五期发债34亿元。山东振淇机械股份有限公司获得省直投基金282万元，山东远通锻造股份有限公司获得省直投基金200万元。

【金融稳定】 印发《全区2016年防范打击非法集资宣传月活动实施方案》《河东区2016年涉嫌非法集资广告资讯信息排查清理活动实施方案》《河东区非法集资风险专项整治工作方案》《河东区互联网金融风险专项整治工作实施方案》，加大打击非法集资力度，2016年，打击非法集资工作全市第一。开展互联网金融风险专项整治，聘请元真会计事务所对辖区内所有互联网金融企业进行检查，下达"整改通知书"6份。宣传普及金融知识，推广金融创新产品，增强广大市民的金融意识和资本意识。

【地方金融组织】 2016年，成立一家小额贷款公司（临沂供销小额贷款有限公司），成立金融超市1家（临沂东立金融超市服务有限公司）、新型农村互助合作社9家。注重地方金融组织的规范运营和稳健发展，要求各地方金融组织严格按照"5有、4要、3不要"，（有机构、有牌子、有场所、有人员、有制度；要合法合规经营、要积极开展业务、要提升行业形象、要加强知识学习；不要非法集资或吸收存款、不要发放高利贷、不要用非法手段催债）。采取现场检查和非现场监管的方式相结合，设立主监管员，主监管员标识、制度、批复等在经营场所上墙，每月定期向金融办报送业务报表，公司重大事项变更报金融办备案。定期对地方金融组织进行现场检查，出具《现场检查通知书》和《整改意见》，针对检查中存在的问题，责令公司限期整改，对拒不整改的，暂停业务，上报市金融办，取消其资格。

【对小微企业扶持】 河东农商行组建专业化小微企业金融服务网点。结合小微企业发展特点，通过对信贷管理资源的有效整合，建立适合小微企业特点的专业化金融服务网点，实现小微企业金融服务的专业化、精细化和集约化管理。建设银行大力推广小微企业"税易贷""善融贷""信用贷"等产品，注重对小型微型企业及企业主的信用积累。临商银行对于符合条件的小微企业，采取合理设定流动资金贷款期限，科学运用循环贷款、分期分批偿还贷款本金等方式减轻小微企业的还款压力。12月，全区银行业金融机构小微企业贷款余额64.6亿元，较年初增加17.7亿元，同比增长29.2%。

【“三农”服务】 河东农行加大惠农通服务点建设及提升工程，在镇街开办惠农通服务点，加大惠农通服务点电子机具改造升级力度，丰富各类机具服务功能，提升惠农通有效服务覆盖率，发展普惠金融，提供全方位金融服务，打通金融服务的“最后一公里”，使广大群众实现取现、转账，购买理财、基金，办理网银、掌银、贷款、代收代付等业务“足不出村”。组织辖内网点每周开展厅堂微讲堂、客户沙龙、客户答谢会、“六走进”等活动，普及金融知识，保障资金安全，方便客户使用。宣传防范电信网络诈骗、征信常识、惠农贷款等知识，加强指导广大群众对网上银行、掌上银行、K码支付、信用卡等的使用。河东临商银行设立“普惠金融便民服务站”，河东莱商银行加快网点转型，利用上门服务等方式方法，扩大金融服务范围，建立规范化的合作金融体制，完善服务功能，为“三农”提供快捷、优质的金融服务。12月，全区银行业金融机构三农贷款余额72.9亿元，较年初增加14.3亿元，同比增长12.8%。作为全省新型农村合作金融试点县区，分两个阶段选择9家经营状况良好、管理制度健全的合作社开展试点工作。其中德盛大蒜种植专业合作社作为全省首批试点社之一，已累计发生63笔互助金借入业务，发放互助金164.5万元。从供销社系统中选择8家合作社参与试点工作，此阶段共计发动社员626户，认缴互助金1900余万元。

【体系建设】 开展农村合作银行银行化改革。7月19日，山东临沂河东农村商业银行股份有限公司成立大会召开，河东合行银行化改革顺利完成。年内全区有银行业金融机构11家，分别为中国工商银行股份有限公司临沂河东支行、中国农业银行股份有限公司临沂河东支行、中国银行股份有限公司临沂河东支行、中国建设银行股份有限公司临沂河东支行、中国邮政储蓄银行股份有限公司临沂市河东区支行、山东临沂河东农村商业银行股份有限公司、临沂河东齐商村镇银行股份有限公司、临商银行股份有限公司河东支行、日照银行股份有限公司临沂市东支行、莱商银行股份有限公司临沂河东支行、威海银行股份有限公司东昇路小微支行。

【小额贷款民间融资】 全区有小额贷款公司5家，注册资本6.24亿元，1—12月累计投资2276笔，发放贷款11.5亿元。全区有民间融资服务公司12家，注册资本5.22亿元，1—12月份累计投资653笔，提供民间融资3.6亿元，缓解了“三农”、小微企业融资难题。

【“三引一促”工作】 引进齐商村镇银行总部大楼项目（选址奠基已完成）、莱商银行河东支行（已营业）、平安保险临沂河东支公司（已营业），设立齐商村镇银行凤凰支行（已营业），签约安诚保险临沂中心支公司，各类金融服务组织有46家。与8名在外人才建立联系，录入数据库6名；引进1名创业人才、1名创新人才、8名高学历人才，超额完成招才引智工作任务。

撰稿：李月娇

审核：丁　华

中国工商银行股份有限公司临沂河东支行

工行河东支行领导成员

党总支书记：杨玉铭

党总支委员：姜　磊

邵　磊（2016年8月离职）

倪　娜（女）

纪　检　员：邵　磊（2016年8月离职）

行　　长：杨玉铭
副 行 长：姜　磊
　　　　　邵　磊（2016年8月离职）
　　　　　倪　娜（女）

【机构设置】 中国工商银行股份有限公司临沂河东支行下辖1个二级支行（东兴支行）、1个营业部，内设“三部一室”（个人金融部、公司业务部、风险管理部、办公室），共有员工42人。

【概况】 河东支行贯彻落实上级行和区委区政府工作部署，抓住区域经济快速发展的大好时机，做大做强资产业务，实现贷款规模快速增长，连年安全生产无事故，被评为全市文明建设先进单位、先进基层党组织、全区最佳服务单位、省级文明单位、发展河东先进单位、平安河东建设先进单位、零售业务十佳城区支行、行风建设先进单位等，获得支持地方经济发展金融突出贡献奖。

【存贷款业务】 全行各项业务协调高效发展，经营效益和质量稳步提升，在省行考核中连续3个季度进入全市城区行前10强。年内，各项存款16.42亿元，其中储蓄存款7.24亿元，公司存款7.39亿元，机构、同业存款1.07亿元；各项贷款余额27.8亿元，其中公司（含小企业）贷款16.52亿元，个人贷款11.28亿元（含分期付款）。全年中间业务收入2489万元。实现利润5897万元。

【理财工作】 本着客户自愿的原则，讲明理财风险与收益的关系，各网点配备专业理财师、风险评估师，针对不同客户的风险承受能力，合理配置和销售理财产品，年内共为不同层次客户理财金额累计165亿元，无一投诉。

【网点服务】 由传统的柜面服务转向科技服务，提升客户体验，提高客户的满意度。强化网点服务意识，从加强柜面业务分流工作入手，开展排长队治理工作，压缩客户等待时间；不断更新科技服务设备，引导客户使用电子银行、自助机具，提高客户自助服务的接纳能力；开展新业务推介活动，加强产品渗透。新增2处集存储款、转账、查询、缴费等功能于一体的综合自助网点（正直花园自助银行、怡海国际自助银行）。

【风险管理】 加强准入管理，把好准入关口，将营销与风险防范有机地结合起来，切实做好尽职调查，控制好源头风险，保障全行信贷业务健康协调发展。加强内控防案工作，落实案件防范责任制，发挥检查监督体系的作用，坚持党总支统一领导、业务部门各负其责、纪检监察员组织协调、全员积极参与的工作机制，把党风廉政建设责任制的落实与业务开展紧密结合起来，做到同部署、同落实、同检查、同考核，形成“一岗双责”的工作格局。加强员工队伍建设，通过开展法律法规教育、案例警示教育、理想信念教育等提高员工队伍整体素质。

【服务经济发展】 开展公私联动，与市场管理方开展合作式营销，实现客户的集群式发展。强化网点服务意识，加强客户分流，提高客户自助服务的接纳能力，美化营业环境，提高服务效率和客户满意度。做好项目营销和资源储备工作，开展项目的营销工作，提高项目贷款比重，优化资产结构，提高金融服务能力。做好中小企业贷款投放、个人贷款、银行卡分期营销工作。重点抓好个体工商户贷款和个人经营贷款，做好个人房屋抵押项下的循环贷款的营销，实现政府扶持中小企业的政策落地，年内，为各类小企业实际投放贷款4.7亿元。以临沂汽车销售市场东移为契机，发展汽车经销商按揭贷款业务。发展个人住房按揭贷款，共发放个人贷款余额11.7亿元。

【服务社会】 支持社会公益事业发展，定期组织员工到帮扶村进行精准帮扶。开展中秋节走访慰问活动，为贫困家庭送去慰问品，宣传工行金融产品和国家金融政策。开展“精准扶持再对接活动”，宣传党和政府及工行的扶贫政策，了解贫困户的家庭情况和存在的实际困难，制定帮扶措施。采取进社区、营业网点设立宣传点等形式开展征信知识宣传、反假币知识宣传，开展金融知识进万家活动，提高公众金融素养。

撰稿：周永康

审核：王廷资

中国农业银行股份有限公司临沂河东支行

农行河东支行领导成员

党委书记：徐勤旭（2016年8月离职）
　　　　　高雁鹏（2016年8月任职）
党委委员：郭玉方（2016年8月任职）
　　　　　杨　慧（女）
　　　　　崔建福（2016年4月任职）
纪委书记：秦　铭（2016年8月离职）
　　　　　崔建福（2016年8月任职）
工会主席：杨　慧（女）
行　　长：徐勤旭（2016年8月离职）
　　　　　高雁鹏（2016年8月任职）
副 行 长：郭玉方（2016年8月任职）
　　　　　杨　慧（女）
　　　　　崔建福（2016年4月任职）

【机构设置】 中国农业银行股份有限公司临沂河东支行下辖7个二级支行（相公支行、汤头支行、东兴支行、郑旺支行、凤凰岭支行、银桥支行、东城支行）、2个分理处（九曲分理处、八湖分理处）、1个营业部，内设“六部两中心”（个人金融部、个贷经营中心、公司业务部、机构业务部、综合管理部、风险管理部、运营财会部、资产处置中心），共有员工136人。

【概况】 获总行级三化三达标先进单位、省级文明单位，发展河东先进单位、平安河东建设先进单位、零售业务十佳城区支行、临沂市工会工作先进单位、市级优秀职工书屋示范点、行风建设先进单位等称号；连续十一届蝉联全市业务技术比赛团体第1名。获支持地方经济发展金融突出贡献奖。

【业务经营】 在省行考核中连续3季度进入全省城区行前10强，创历史最好，各项业务指标再创新高。年内各项存款余额58亿元，较年初增加7.7亿元，全市系统排名第4位，同比增收3亿元，提升1个位次，增量四行占比62.8%，位居首位；其中个人存款余额48.4亿元，较年初增加7亿元，居全市第3位，同比多增1.8亿元，对公存款余额9.6亿元，较年初增加7000万元，同比多增1亿元。各项贷款余额34亿元，较年初增加3亿元，其中个人贷款余额31亿元，较年初增加5.6亿元。实现中间业务收入2800万元，同比多收300万元；实现拨备前利润1.24亿元，拨备后利润1.05亿元，同比多增1900万元。

【惠农卡及农户贷款】 以五金、钢材、种植等专业市场为依托，对个人生产经营贷款实行专项营销，主动对接优质客户融资需求；充分利用担保公司、评估公司等中介机构的信息资源，从中挑选符合农行个人生产经营贷款受理条件的客户，拓宽个人生产经营贷款营销渠道。全年发放农户贷款7200万元，解决了260余户农民的融资需求，为全区三农业务的发展提供了有力支撑。加大三农金融领域资源投入，在农村地区布放惠农电子设备335部，建立助农取现服务点70个，辖内乡镇和重点区域行政村覆盖率92%，全辖电子机具行政村覆盖面为94%，惠农卡发卡总量有3.6万张。为缓解农民支付难、结算难、取款难等实际问题，与施可丰合作，在葛沟、八湖、郑旺等乡镇建设施可丰新型金穗惠农通服务点9处，通过配置转账电话、自助服务终端等自助设备，农民足不出镇即可办理转账、存取款等业务，实现了金融服务实实在在到农家。

【服务社会】 定期组织员工到汤河和郑旺等帮扶村进行精准帮扶。组织人员到结对帮扶的贫困户家庭，开展中秋节走访慰问，送去节日慰问品，宣传农行金融产品和扶贫惠农政策。开展“精准扶持再对接活动”，宣传党和政府及农行的扶贫政策，详细了解贫困户的家庭情况和存在的实际困难，一户一策完善帮扶方案，鼓励贫困户坚定脱贫致富的信心和决心。组织开展“小积分，大梦想”活动，将农行信用卡持卡人的爱心积分转换为公益善款，用于支持希望工程、生态环保等公益事业，参与活动人员有300人，捐助60万积分。“六一”儿童节前夕，到区汤河镇中、小学开展送温暖活动，向10名残疾学生捐赠学习用品。在营业网点设立爱心驿站，为城市环卫工人、出租车司机免费提供口罩、手套等物品。成立学雷锋志愿服务队，常态化进行创城和文明志愿服务活动。开展征信知识宣传、金融知识进万家等活动，提高公众金融素养。

【内控与风险管理】 开展“柜面业务操作风险防控年”活动，开展营业网点“五不留、五必须”突击检查。坚持边查边改，推进内控评价检查、征信风险排查问题整改，建立问题整改台账，改进管理措施，开展“两加强、两遏制”回头看活动，坚持从严管理、从严执纪，彻查彻纠风险隐患，确保了全行安全稳健运营。持续培育合规文化，全行管理岗位和操作人员共86人参加了规章制度考试，开展案例宣讲和“学刑法、知敬畏、明底线”警示教育，员工合规守法意识进一步增强。抓细员工行为管理，对风险性苗头性及时予以解决处理。做好电信网络诈骗专项治理，制定《河东支行客户银行卡被盗刷风险事件应急预案》。开展“三化三铁”“三化三达标”等各类创建活动，安全保卫工作获得总行级“三化三达标”先进单位称号。

【企业文化建设】 开展“两学一做”学习教育，激发党组织和党员队伍的生机与活力；举办十八届六中全会宣讲报告会，引导教育党员进一步树牢政治意识、大局意识、核心意识和看齐意识；制定《河东支行领导班子成员党委主体责任和纪委两个责任清单》《河东支行2016年违反廉洁纪律专项排查工作方案》等相关文件，强化党委主体责任落实。加强基层党的建设，新设网点支部1个，营业网点党支部实现全覆盖；强化业务技术练兵，获市行业务技术比赛团体第一名，实现11连冠。加强作风建设，带头执行中央八项规定精神和农业银行28条措施，反对和纠正“四风”（形式主义、官僚主义、享乐主义和奢靡之风），推进“幸福家园”工程，逐步解决员工关心的热点难点问题。

【服务经济发展】 服务法人贷款项目，结合河东区“三引一促”发展规划，抓好重大项目营销，特别是政府购买服务项目的营销，储备项目贷款额共计16亿元，为吾悦广场、泰国PTT润滑油、沂州古城等区重点项目开立基本账户，达成贷款合作意向，提供资金结算、代发工资和信贷支持等全方位金融服务。加大与政府、财政的沟通力度，跟进服务中心城区道路绿化和棚户区改造等项目。组织开展小微企业专项营销，针对中小企业特点，创新抵押担保方式，推广小企业简式快速贷款和自助可循环贷款产品，为盛业超市、三丰化工、礼邦饲料等小微企业贷款授信5000万元，年内发放法人贷款4.1亿元。加大个人优质客户信贷支持力度，把握房地市场回暖、客户购房需求旺盛的有利时机，营销优质楼盘。储备按揭资源，合作按揭额度6.34亿元，累计发放个人住房贷款5.9亿元；不断加大农民安家贷的营销力度，满足农民城市购房需求，投放农民安家贷1.4亿元。

撰稿：徐勤波

审核：高雁鹏

中国银行股份有限公司临沂河东支行

中行河东支行领导成员

党支部书记：刘德祥

支部委员：杨一华

行　　长：刘德祥

副 行 长：孟祥新

【机构设置】 中国银行股份有限公司临沂河东支行无下属机构，内设三个部室：营业部、业务部、综合管理部，共有员工21人。

【概况】 支行主要办理本外币存款、个人资金代管、贷款、国内支付结算、国际业务、跨境人民币结算、结售汇、信用卡业务、代理业务（代理基金、代理保险、代发工资、代收费等）、外币兑换、外汇实盘买卖、企业网银、个人网银、手机银行、POS商户、第三方存管、理财等金融业务。

【业务经营】 年内，完成公司条线中间业务考核收入209.6万元，个金条线中间业务净收入336.4万元，合计546万元；实现拨备前利润3164.98万元，税后利润3250万元。人民币时点存款（含银行卡）余额49312万元，较年初下降13989万元。其中，公司存款25937万元，较年初下降10925万元；储蓄存款（含卡备付金）23375万元，较年初下降3064万元。人民币贷款余额94529万元，较年初下降34834万元。其中，公司贷款余额46910万元，较年初下降28867万元；个人贷款47619万元，较年初下降5967万元。国际结算量为4876万元。

【电子银行和自助银行业务】 增加智能柜台，主要办理开户、激活、打印流水、更改密码、网银、手机银行的开立、短信开通、外币兑换等项业务。增加BST智能机，主要办理存折补登、开立短信、接收西联汇款、速汇金等项业务。开卡机主要是开立银行卡、激活、签约理财、基金等项业务。年内，办理银行卡483张，个人网银新增1882户，累计交易户数为2911户。手机银行新增1436户，累计交易户数1981户。离行式自助银行2个，依附式自助银行1个（24小时），自助存取款设备7台（行内），智能终端5台。

【风险管理】 迎接“两个加强、两个遏制”回头看检查整改工作、人行征信检查整改工作。加强风险、公司条线授信总量时效性、评级与分类、额度系统迁移上限等各项授信基础性工作的管理。强化“双十禁”学习，每周一晨会全面学习，周二至周五每天学二条，确保每周学两遍，使每位员工牢记于心；不定期对水、电、门窗、消防等进行检查，确保安全无遗漏；做好监察、保卫档案整理。加大对各项业务自查的力度和频度，加大处罚力度，提高全员合规意识，自觉抵制不良行为，切实预防道德风险和操作性风险。

【企业文化建设】 从4月开始，定期召开党员会议，坚持“三会一课”制度，强化思想教育；设立共产党员岗，充分发挥党员的模范带头作用；“七一”前夕，组织支行党员到新四军军部旧址纪念馆进行革命教育。召开4次团支部会议，引导培养青年员工，培养团结、协作能力。做好工会工作，建好阅览室、健身室，健全卫生管理、食堂管理制度，创办企业文化墙，争创省行职工之家，打造简单清新的家园文化。

撰稿人：康德云

审核人：刘德祥

中国建设银行股份有限公司临沂河东支行

建行河东支行领导成员：

行　长：张　剑

副行长：张全胜

苗德坤

【机构设置】 2016年，中国建设银行股份有限公司临沂河东支行内设办公室、公司业务部、个人金融部、营业室4个部室，辖东兴支行、汤泉支行2个支行营业部。现有在岗人员41人，属综合性城区支行。

【业务经营】 通过营销策略，不断整合各类产品，各项业务得到发展。年内支行全口径存款余额122473万元，各项贷款余额99913万元。

【内部管理】 完善内控管理机制，制订财务费用、会议管理、柜面服务等各项规章制度，加大监督检查工作力度，持久深化与落实合规经营、规范管理，培育良好的风险文化、合规文化和执行文化。

【规范化服务】 以“天天服务”品牌为依托，打造“天天服务好、服务天天好”的服务精品银行，员工服务规范、热情，提高了客户满意度，在市分行年度评比和季度评比中都位列全市前三。

撰稿：高　萍

审核：孙玉建

中国邮政储蓄银行股份有限公司临沂市河东区支行

邮储银行河东支行领导成员

行　　长：毕可平

行长助理：吴玉强

【机构设置】 中国邮政储蓄银行股份有限公司临沂市河东区支行于2011年12月23日挂牌成立，下设1个营业网点，位于解放东路与东兴路交汇处。主要经营以本外币储蓄存款为主的负债业务，以单位存款、票据结算、企业网银、国际业务为主的公司业务，以国内、国际汇兑、转账业务、银行卡、代理保险、基金及证券、代收代付等多种形式的中间业务以及小额信贷、质贷、个人商务、综合消费类贷款、个人二手房贷款、中小企业贷款为主渠道的资产业务。

【概况】 坚持服务“三农”、服务中小企业、服务社区的定位，秉承“服务城乡、服务大众、支持地方经济”的原则，承担起“普之城乡，惠之于民”的社会责任，坚持科学管理，依法合规经营，有效防范风险，各项业务稳健发展。支行被市分行评为“服务先进单位”“安全保卫工作先进单位”“人力资源工作先进单位”。

【个人业务】 秉承“存款立行”的理念，强化员工营销理念，利用客户营销系统，梳理确定目标客户，通过上门走访、电话回访、新业务推荐等方式，深度挖掘存量客户；开展信用卡、POS、理财产品等专项营销活动，吸引更多新客户；加快中间业务的开发、营销力度，拓宽个人业务营销、服务范围，促进个人业务稳步发展。年内全行个人业务存款余额达到5150万元，较年初净增493万元。

【信贷业务】 成立信贷专职营销队伍，对区域信贷市场进行调研分析，细分市场，加强营销宣传，拓展合作平台，与区人力资源与社会保障局、区农业局就再就业小额贷款和龙头特色企业专项担保贷业务达成合作，助力三农及特色企业，发展贷款业务，推动河东经济发展。年内全行发放贷款结余5150万元，结余19550万元，存贷比达到313%，较年初净增1090万元，其中，其中小额贷款（支持“三农”、中小企业贷款）结余4244万元；消费贷款（按揭贷款、消费贷款）结余15306万元。

【公司业务】 梳理所辖机构类存款单位，明确营销重点，理顺营销方式，加大小企业客户、代付单位的交叉营销力度，促进公司业务发展。年内全行公司业务存款余额有1080万元，较年初减少4237万元。

【内控管理】 成立安全保卫和内控案防工作领导小组，与员工签订安全保卫、案件防范目标责任书，明确职责分工，强化全员安全防范责任意识。实行重大事项、突发事件的及时报告制度，配备专人，负责安全内控管理工作。强化教育培训，加强风险防范意识，组织员工进行业务操作风险防范、案件风险管理、业务技能和法纪法规知识培训，开展警示教育活动，强化员工风险防范意识。强化案件风险排查，抓好重点领域和环节风险防控，开展违规事件风险排查、借用银行信誉违规对外承诺、对外担保风险排查、非法集资风险专项排查、民间借贷专项排查整治活动、信贷业务风险排查、业务印章风险排查、“除隐患，保平安”操作风险专项整治、支行高管防范风险合规履职监察、员工行为排查等专项排查活动，对发现的问题，进行严肃处理并整改。畅通监督举报渠道，每月开展一次综合检查，通过现场检查和对监控录像的随机回放检查，对网点管理行为、业务操作行为等方面进行监督；设立举报信箱，张贴公告市行、省行、总行的举报电话、邮箱，畅通员工监督举报渠道。

【企业文化】 坚持以人为本，加强人才培养，提升员工能力，打造高效团队。制订学习培训计划，定期组织集中业务培训和业务技能比赛，提高员工操作技能，组织员工参与“综合营销能力拓展与提升”培训活动，提升员工综合能力。年内，为市行培养“临沂市分行优秀青年人才”1名，2名员工在市级技术比赛中获得前五名。践行“快乐工作、幸福生活”理念。开展“创先争优”活动，发挥榜样带头作用，促进各项业务的齐头并进。加强“职工小家”“小伙房”建设，开展困难职工送温暖活动，通过谈心家访、生日座谈、健康体检等方式，加强对员工的人文关怀，提高员工的幸福指数；履行社会责任，树立良好企业形象。开展“普及金融知识万里行”、反假币宣传、打击信用卡非法买卖活动宣传、防范打击非法集资宣传教育、征信知识宣传等活动。参加“爱心捐助”“创建卫生城”“创建文明城”等公益活动，组织员工积极参与奉献爱心，履行社会责任。

撰稿：葛友建

审核：吴玉强

山东临沂河东农村商业银行股份有限公司

河东农商银行领导成员

党委书记：莫沂海

党委副书记：庄　红（女）

赵振响

徐长青
衣艳珍（女）
党委委员：王兆聚
张效英（女）
宋广厦
陈德强
董事长：莫沂海
行长：庄红（女）
副行长：张效英（女）
宋广厦
陈德强
监事长：王兆聚

【机构设置】 山东临沂河东农村商业银行股份有限公司（以下简称：河东农商银行）有班子成员9名。实行“三会一层”法人治理结构，董事会下设战略委员会、审计委员会、风险管理委员会、关联交易控制委员会、提名与薪酬委员会、三农金融服务委员会和合规委员会7个专门委员会；经营管理层下设人力资源部、业务发展部、金融市场部、财务会计部、资产管理部、信贷管理部、审计部、监察保卫部、科技部、综合部、公司业务部、个人业务部、调查中心、审查审批中心、合规部、资产经营中心等17个部室（中心）；现辖1个营业部、14家支行、24个分理处，共有39个网点，辖区乡镇网点覆盖率达到100%，服务网络遍布城乡。

【概况】 河东农商银行位于临沂市河东区东夷大街中段。7月19日，河东农商银行成立。该行是由辖内法人组织和自然人发起设立的股份制农村商业银行，主要经营人民币存款、贷款、票据贴现、国内结算、外汇、代理收付款项、委托代办保险、代收话费、代售金银等业务，是以服务于农业、农民、农村经济发展为宗旨的股份制金融机构。年内，该行有1个党委、16个党支部、39个基层营业网点，在岗员工近600人，是全区营业网点和从业人员最多、服务范围最广、资产规模最大、市场占比最高的金融机构，存贷款总量、农业贷款投放额、实体贷款投放额、纳税金额等均居河东区各金融机构首位。

【存款业务】 农村金融市场准入条件放宽，各大中小金融机构和民间融资服务公司进入农村市场，展开激烈竞争。为应对竞争，河东农商行坚持面向三农、服务三农的市场定位，推进社区银行建设，提高农村金融服务覆盖面，对分支机构进行升级改造，提升服务质量。在政策允许范围内，适度提高各期限存款利率，增加农民利息收入。组织开展存款营销活动，各项存款余额持续增长。年内各项存款余额为112.31亿元，较年初增长13.80亿元，增长率14.01%；城乡居民储蓄存款余额为99.13亿元，较年初增长11.04亿元，增长率12.53%；助农服务点422个，助农服务点存款41.00亿元，

7月19日，河东农商银行成立大会隆重召开，省联社临沂办事处副主任庄涛和河东区委副书记、区长赵晓晖莅临现场揭牌

较年初增长 6.65 亿元，增长率 19.35%。

【贷款业务】 年内，河东农商银行各项贷款余额 78.71 亿元，较年初增长 7.65 亿元，增长率为 10.8%。其中实体贷款余额 65.27 亿元，较年初增长 8.47 亿元，增长率 14.9%。抵质押贷款余额 38.53 亿元，较年初增长 5.83 亿元，抵质押占比达到 59.06%，较年初提高了 1.45 个百分点。全行贷款户数为 12442 户，较年初增长 1450 户。到期贷款收回率为 98.9%，位列全省农商银行系统第 13 名。涉农贷款余额 45.62 亿元，较年初增加 4.85 亿元，同比少增 4.89 亿元，增幅 11.89%，高于各项贷款增幅 0.06 个百分点，完成涉农贷款“一个不低于”（涉农贷款增幅不低于各项贷款增幅目标）。小微企业贷款余额 28.65 亿元，增速为 21.67%，高于各项贷款增幅 0.05 个百分点，户数较年初增加 1 户、申贷获得率高于同期 0.11 个百分点，完成小微企业“三个不低于”（小微企业贷款增速不低于各项贷款增幅，小微企业贷款户数不低于上年同期户数，小微企业贷款获得率不低于上年同期水平）。

【信贷管理】 规范信贷操作，印发《关于规范信贷制度执行若干问题的通知》《关于修订“亲情贷”信用贷款管理办法的通知》，对操作过程中容易出现错误或导致风险隐患的环节以正式文的形式予以规范。实行“阳光办贷”，推广 400 电话信贷受理。在全区各营业网点悬挂阳光信贷公示栏。对公司及个人授信、用信环节进行限时办理，提高办贷效率。优化信贷中心建设。将调查中心调查范围调整为超支行权限的所有授信及贷款业务，严把客户“入口关”。提高贷款审查审批工作效率，提升办贷效率及客户满意度。自 8 月起，在全行组织开展“排风险、堵漏洞、强管理”活动，对影响贷款安全性的“五大类二十五小类”问题进行重点排查。严控信贷资金流向。关注国家和地方政府经济和环保政策变化，将信贷资金优先投放于为农、联农行业里的农户、涉农企业，严控向炼煤、钢铁等产能落后行业发放新增贷款。落实“有保有压”信贷方针，严禁办理其他银行压缩或退出的贷款，对环保不达标的客户实行“一票否决”，从源头把控资产质量。对新增公司类贷款实行抵质押方式，存量公司类保证贷款，逐步化解“担保圈”风险。落实大额贷款的预见分析制度，提前 2 个月对其还款能力及来源进行预警分析，预计到期不能偿还的，及时制定具体的盘活或风险化解措施。完善客户经理科学考核机制，薪酬在体现业绩的同时，调动外勤人员抓业务的积极性。实行业务座谈会制度。根据工作需要组织信贷主管、信贷专管员及部分客户经理参加业务座谈会，学习近期的制度办法，对于操作层面反映的问题，汇总后以正式文件的形式予以规范。开展季度辅导检查。对典型贷款和问题，组织员工开展问题剖析和自查自纠，彻底整改到位。

【内部管理】 坚持“人才兴行”的经营战略，把人才作为第一资源，搭建教育培训、竞争激励、约束监控“三个平台”，推动员工队伍职业化、管理队伍专业化、人才培养系统化；坚持“风险防范优先”的经营原则，以打造流程银行、精品银行为目标，以“制度、执行、监督”为重点，以强化检查监督为手段，突出执行力建设，强化精细化管理，开展“制度执行力管理年”“强化合规知识教育提高案件防控力”“内控和案防制度执行年”“精细化管理年”“合规文化建设年”“内控管理升级年”等活动，推动内部管理规范化、监督制约严密化、经营决策科学化等，加快向“资本充足、内控严密、运营安全、服务优质、效益良好、创新能力和竞争力强”的一流金融机构迈进。

【企业文化建设】 培育核心价值观，开展创建“文明行业”活动，在全行倡导“团结、实干、廉洁、高效”的企业精神，弘扬新风尚，传递正能量，塑造企业和员工队伍新形象，全行形成了团结一心、共克时艰、抢抓发展的良好氛围。2016年总部被评为山东省精神文明建设先进单位，6家分支机构被评为临沂市“青年文明号”，11家分支机构被评为河东区精神文明建设先进单位等称号。

【服务经济发展】 全年缴纳各项税金4453万元；各项贷款余额78.71亿元，较年初增长7.65亿元，其中实体贷款余额65.27亿元，占比82.9%。

撰稿：林详皓

审核：庄 红

临商银行股份有限公司河东支行

临商银行河东支行领导成员

党委书记：彭成国

党委委员：宗 斌

苏 涛

李 平

纪委书记：宗 斌

工会主任：苏 涛

行　　长：彭成国

副 行 长：宗 斌

苏 涛

李 平

【机构设置】 临商银行股份有限公司河东支行下辖8个营业机构，其中城区网点4个、镇街网点4个；内设公司业务部、个人业务部、小企业业务部、综合管理部、风险管理部，年内共有员工137人。

【业务经营】 年内各项存款51.69亿元，其中储蓄存款34.39亿元，占比总存款67%，较年初新增2.09亿元；公司存款9.24亿元，较年初增长0.42亿元，贷款余额16.7亿元，其中公司类贷款12.14亿元，较年初增长1.66亿元；小企业贷款4.08亿元，消费贷款4798万元；承兑汇票余额8.41亿元，国际业务结算总额8819万美元；新增发卡21806张；新增有效特约商户78户；新增手机银行4808户；新增网上银行2283户；新增小秘书22735户；累计销售理财产品16.81亿元。全年实现营业利润10452万元。

【服务社会】 通过运用PCRM系统将高端客户分层和营销扩户，发放贵宾卡1317张，较年初新增452张。以“工会惠员卡”“公交卡”服务营销活动为契机，拓展代发工资业务，跟进对接单位。年内与195个单位对接，完成惠员卡开卡10526张、公交卡开卡3373张。

【风险管理】 建立健全合规风险防控机制，开展银行业金融机构加强内部管控遏制违规经营和违法犯罪专项检查，对发现的风险隐患进行督促整改，结合实际检查发现问题，跟踪检查整改及后续制度执行情况，将专项检查活动及时转化为现实的风险防控能力，实现风险防控水平的整体提高。落实安全防范工作责任制，重视对全行员工的思想教育工作，提高员工的安全防范意识和处置突发事件的能力。签订安保责任书，强化措施，明确责任。组织实施各项安全保卫制度的贯彻落实，调度并参加防抢、防暴、防火预案演练，加强硬件设施建设。确保所辖各支行实现“三无两安全”目标。

【文化建设】 凝塑临商文化。实施品牌战略为核心，加快企业文化转型，开展业务竞赛、技术练兵和文体活动，培育审慎稳健的经营文化、精细创优的管理文化、勇拔头筹的进取文化，推动文化理念根植于心。抓好评先树优，广泛开展“选典型、树标兵、学先进”活动，在全行营造学先进、争先进、超先进的良好氛围。强化人文关怀，深入开展“职工之家”“幸福家园”建设，落实带薪年休假制度，抓好困难员工帮扶。

撰稿：郑焕菊

审核：彭成国

中国人民财产保险股份有限公司临沂市河东区支公司

人保公司领导成员

经　理：张元奎

副经理：褚庆波

冯　巍

凌　静（女）

【机构设置】 2016 年，河东人保公司设 19 个部门，分别为综合部、出单分中心、农险部、车商部、重客部，以及 14 个销售部门，人员共计 120 人，其中具有大学以上学历的 40 人，具有大专以上学历的 50 人。

【概况】 河东人保公司是全区最早成立的保险公司，秉承“人民保险，造福人民”的宗旨，深化“求实、诚信、拼搏、创新”的企业精神，遵循“以市场为导向，以客户为中心”的经营理念。年内共收取保费 5360 万元，

【改革发展】 2016 年全区保险市场保持平稳发展，随着社会经济飞速发展，人民生活水平不断提高，保险需求也不断加大，保险市场的密度和深度不断增强，年内，河东保险市场密度达到 65% 以上，公司从业人员趋于稳定，河东保险公司服务于全区各个镇街，共建设镇街服务网点 130 个，农村营销人员 30 人，发展镇街营销人员，解决了农村劳动力的就业问题，鼓励营销人员主动上门宣传，将保险深入到每户家庭，为人民的安居乐业发挥了保险的保障功能。河东人保公司与区安监局、教体局等政府部门在一些公关场所、高危行业领域推动公众聚集场所责任保险和校园方责任险。与区农业局合作，推动小麦保险和玉米保险，使农民得到了实惠。利用节假日时间，领导带头到小区、街道进行便民咨询服务。利用新闻媒体，扩大市场宣传面和提升知名度。

【优质服务】 不断拓宽服务渠道，开通 95518 全国 24 小时统一服务电话。产品丰富，有车险、家财险、企财险、意外险、货运险 200 多险种产品。人保财险在实现了数据系统的无缝链接、推进业务集中处理的基础上继续坚持“标准化，统一性，集中性”原则，进一步理顺业务流程，加快业务处理速度，提高运行质量。推出“审车无忧”服务，方便了人保车主，提升人保客户的服务体验。

【企业文化和品牌建设】 在企业文化推广年的基础上，加强新价值管理文化的宣导和推广。按照“专业、价值”的定位要求，推广人保礼仪，强化人保品牌建设，实施纵深化、立体化、个性化、差异化的品牌宣传战略。

撰稿：程　艳

审核：张元奎

中国人寿保险股份有限公司临沂市河东区支公司

人寿公司领导成员

经　理：訾翠萍（女）

副经理：冯琪恩（2016 年 12 月离职）

诸葛绪良（2016 年 12 月任职）

赵纪华

【机构设置】 中国人寿保险股份有限公司临沂市河东区支公司内设6个职能部门，分别为办公室、个险销售部、收展部、客户服务部、团体业务部、银行保险部，在乡镇设立13个营销服务网点，公司主要经营寿险、健康保险、意外伤害保险、分红保险等100多个产品。

【业务发展】 全年实现长险首年标准保费3001.06万元；首年保费实现12339.99万元；长险首年期交保费实现6749万元；其中5年及以上首年期交保费6175.44万元；其中10年期（含）及以上首年期交保费3832.59万元；短险保费2056万元；短期意外险1089.19万元；各项业务指标全面实现正增长。

【文明服务】 客户服务部以“用心工作、微笑服务”为服务诺言，从服务质量、服务手段、服务内容、服务态度、服务环境等方面入手，提高优质的文明服务整体水平，客户服务部设立意见箱，投诉登记簿、行业行为规范，柜面服务监督牌，柜面人员执行“首问责任制”，柜面配备咨询引导人员一名，为客户提供服务。理赔工作执行“限时理赔”制度。

【内部管理】 在制度建设、机构设置、监督检查等方法上加大力度，开展内部业务质量检查，对发现的问题和隐患，及时采取措施加以整改和落实。从源头上防范经营风险，，创新教育形式和手段，开展合规教育，提高广大干部员工遵规守纪的自觉性。建立健全诚信经营的各项规章制度。

【队伍建设】 以政治素质好、经营业绩好、团结协作好、作风形象好的“四好班子”建设作为干部队伍建设的总目标。在干部队伍中提倡和树立雷厉风行、立说立行、坚决执行的工作作风，形成上下统一、步调一致的工作文化。强化诚信意识，加强职业道德教育，完善服务体系，增强“领导为群众服务，机关为基层服务，二线为一线服务，全员为保户服务”的意识。在员工中树立“诚实守信，客户至上”的服务宗旨和以“双成”理念为核心的企业文化，按照“有效增员、提高产能、加强管理”的要求，加强销售队伍建设。加强员工管理和各项规章制度的宣导，加大培训投入力度，强化员工教育培训工作，提升员工综合素质。解决部分社会无业人员的就业问题，为身休健康、无不良嗜好人员提供就业岗位。

撰稿：徐步龙

审核：訾翠萍

科教文卫

Ke Jiao Wen Wei

科　技

科技局领导成员

党组书记：郭善桂

党组成员：张丽敏（女）

顾志强

周言忠

局　　长：郭善桂

副 局 长：张炳才

顾志强

周言忠

主任科员：张丽敏（女）

※ 知识产权局

局　　长：崔安明

【机构设置】 区科学技术局内设办公室、综合计划科、高新技术发展及产业化科、农业和社会发展科技科4个职能科室，辖区知识产权局（副科级）、区地震办公室（副科级）、区生产力促进中心（股级）3个事业单位，在编人员33人。截至2016年底，河东区科技局在编人员13人，下属事业单位区知识产权局人5人，区地震办公室5人，区生产力促进中心10人。

【概况】 加大科技计划管理、科技项目立项和科技宣传培训工作力度。印发《临沂市河东区科学技术发展计划管理试行办法》；全年引进各类先进技术、成果53项，其中国际先进新技术8项；签订产学研合作（技术协作）协议17项；申报市级以上科技项目54项，其中省级以上项目20项，争取科技扶持资金175万元；下达年度科学技术发展计划，安排区科技经费130万元；新建省级科技创新平台1处；申报省级工程技术研究中心2家、市级企业重点实验室2家、市级工程技术研究中心3家。区科技局获“全省科技管理系统先进集体”称号，获全区招才引智工作先进单位一等奖、全区三引一促工作先进单位一等奖、全区招商引资工作先进单位一等奖。

【科技项目实施】 强化项目培植，推进项目申报实施。年内组织申报市级以上科技项目54项，其中省级以上项目20项，争取科技扶持资金175万元。其中临沂宏德新材料有限公司的“HD新型现浇筑混凝土复合外模板研究开发及应用”获省重点研发计划立项扶持，临沂益泽尔工艺品有限公司的“柳编水性漆生产技术示范与推广”等4个项目获批省西部经济隆起带基层科技人才计划立项扶持，临沂清宇环境资源综合利用研究院有限公司的“生活垃圾自动化分选、高值化利用技术与产业化装备集成技术研究与开发”获批市重大科技专项立项扶持。督导项目承担单位严格按照项目计划目标任务和阶段性要求实施进度，推进项目的设计、研发、中试和科技成果转化。

【科技成果】 年内开展市级以上科技成果鉴定10项，组织优秀科技成果申报省科技进步1项、市科技进步奖10项，获临沂市科技进步奖9项，市专利奖三等奖1项。其中临沂市河东区人民医院承担的“抗氧化治疗老年糖尿病合并脑梗死疗效及对血清RBP4影响的研究”，河东区金盛海棠种植专业合作社承担的“凤冠红、红运等沂州海棠新品种选育研究与示范”等4个项目获市科技进步奖二等奖。

【农村科技工程】 实施农社科技项目，强化农村科技服务。围绕国家级农业科技园区建设，组织申报科技成果转化等省级以上农业科技项目7项，申报市农科驿站4家，新建市级科技示范园2家，引进水稻、畜禽等新品种11个；协助农高区先后与中国农科院、山东省农科院、国家东北亚开发研究院、山东农业大学等科研院所和有关高校建立合作关系。加大民生科技的研发力度，申报市医疗卫生项目 2 项，实施新能源、新材料、节能环保领域的科技创新项目 10 项。组建科技指导队伍，推进扶贫工作重点村全覆盖，完成全区 30 个扶贫工作重点村科技指导人员全覆盖，为重点村经济社会发展提供有效科技人才支持。

【科技创新平台建设】 组织企业申报建立市级以上工程技术研究中心、省级重点实验室和院士工作站、省级产业技术创新战略联盟。全年申报省级工程技术研究中心 2 家、市级企业重点实验室 2 家、市级工程技术研究中心 3 家，其中临沂东立塑胶建材有限公司、临沂瑞泽农业科技有限公司获批市工程技术研究中心，临沂市三丰化工有限公司获批市重点实验室。争取省科技厅的支持，设立山东省科技文献共享服务平台河东区工作站。全区 60% 的骨干企业建立技术研发机构。

【科技宣传与科普活动】 通过网站、微博等多媒体形式宣传科技创新精神；围绕科技活动周、知识产权周科技下乡等活动，举办各类科普讲座、专题报告会、专利宣讲活动 10 场次；在全区企业、乡村、街头广场发放科技类法制宣传册和传单 2000 册。抓好农村实用技术培训，组织科技特派员下乡授课指导，举办实用技术培训 4 期，培训农民 1000 多人次。以 5·12 防震减灾日、728 唐山地震纪念日等活动为契机，宣传地震应急救援与自救知识，发放地震应急救援手册 1000 份。

【知识产权】 年内共完成发明专利申请 85 件，发明专利授权 23 件，有效发明专利 89 件；全年调研走访企业 58 家，举办部分重点科技型企业培训活动 6 次，累计发放专利宣传明白纸及小册子 2000 份，培训企业 135 家；全年申报市专利奖 6 项，申报省“巾帼发明家”1 名，申报省质押融资企业 3 家，申报省技术市场金桥奖 3 项；获市专利奖三等奖 3 项，市级专利产业化项目 1 项;联合市局、区工商、质监等有关部门，开展 5 次知识产权维权专项行动，查处专利违法案件 4 起。区科技局被确定为省级知识产权试点示范单位，山东宏艺科技股份有限公司被认定为省级知识产权示范企业。

【地震测报】 年内无震情发生，1 月 8 日 00 时 38 分，临沭县发生里氏 3.1 级地震，经确认汤河镇近临沭地区有轻微震感，未出现人员与财产损失。按照国家地震烈度速报与预警工程项目要求，完成区地震烈度速报与预警一般站勘探选址 9 处，选址覆盖全区各镇街（园区），以中小学为主。开展建设工程抗震服务工作，全年出具审定意见项目 19 项。加强地震科普示范区建设，临沂东城实验小学获批山东省地震科普示范学校。组织地震科普宣传，利用“5·12”防震减灾日及科技下乡活动等形式向群众讲解地震自救知识、发放应急救援手册 1000 份。落实地震日常监测工作，加强地震应急值班，实行监测数据日报送、周报送、月报送相结合，落实地震宏观异常 2 次。

2016 年全区科技成果项目情况统计表

成果名称	承担单位	获得奖项
HD 新型现浇筑混凝土复合外模板研究开发及应用	临沂宏德新材料有限公司	省重点研发第一批
柳编水性漆生产技术示范与推广	临沂益泽尔工艺品有限公司	省西部经济隆起带基层科技人才计划项目

续表

成果名称	承担单位	获得奖项
酿酒葡萄良种培训育及关键配套技术推广	临沂市河东区祥瑞葡萄种植专业合作社	省西部经济隆起带基层科技人才计划项目
双孢菇精准化生产集成示范与应用	临沂瑞泽农业科技有限公司	省西部经济隆起带基层科技人才计划项目
生活垃圾自动化分选、高值化利用技术与产业化装备集成技术研究与开发	临沂清宇环境资源综合利用研究院有限公司	市自主创新重大专项
有机水稻机械化生产关键农艺技术研究	临沂同德农业科技开发有限公司	市自主创新重大专项
超临界流体法高质量石墨烯粉体制备技术	临沂墨锋新材料科技有限公司	市重点研发计划
沂蒙海棠产业升级关键技术研究与示范	山东万隆花木有限公司	市重点研发计划
适于轻简种植的优质高产抗病水稻新品种培育	临沂金秋大粮农业科技有限公司	市农业科技创新专项
全液压自走式大蒜播种机研究	临沂市建领磨具机械有限公司	市中小企业创业补助创新奖励资金项目
预制装配式可移动内墙板关键技术研究	临沂天方建设试验研究有限公司	市中小企业创业补助创新奖励资金项目
高性能耐磨陶瓷材料在水泥球磨机中的应用研究	山东宏艺科技股份有限公司，济南大学，山东工业陶瓷研究设计院	市科技进步奖二等奖
“凤冠红、红运”等沂州海棠新品种选育研究与示范	河东区金盛海棠种植专业合作社	市科技进步奖二等奖
抗氧化治疗老年糖尿病合并脑梗死疗效及对血清 RBP4 影响的研究	临沂市河东区人民医院	市科技进步奖二等奖
高血压性脑出血微创术后再出血危险因素分析	临沂市河东区人民医院	市科技进步奖二等奖

撰稿：王晓敏

审核：李丽娜

教育　体育

教育体育局领导成员

党委书记：丁永信（2016 年 12 月离职）
　　诸葛夫杰（2016 年 12 月任职）

党委委员：宋建铁
　　孙成仁（2016 年 5 月离职）
　　黄云霞（女）
　　杨美成
　　李振波
　　郭成玉

局　　长：丁永信
　　诸葛夫杰（2016 年 12 月任职）

副 局 长：宋建铁
　　孙成仁（正科级，2016 年 5 月离职）
　　黄云霞（女，正科级）

教育督导室

主　　任：宋建铁

副 主 任：杨美成
　　李振波

体育中心

副 主 任：王合义
　　杨　艳（女）

※ 学校安全管理办公室

主　　任：郭成玉

※ 教学研究室

主　　任：王思军

【机构设置】 截至2016年底，河东区教育体育局内设办公室、人事科、基础教育科、计划财务科、职业教育与成人教育科、体育科6个科室；辖区政府教育督导室（正科级事业单位）、区体育中心（正科级事业单位）、教学研究室（副科级事业单位，内设高中、初中、小学、艺体四个组）、学校安全管理办公室（副科级事业单位）、招生委员会办公室、电教仪器站、学前教育办公室、勤工俭学办公室、财务结算中心、图书代办站10个事业单位，有干部职工117人。

【概况】 全区有公办中小学86处，其中，小学71处，初中11处，九年一贯制学校2处，高中1处，职业中专1处，在校学生约77776人，在编教职工4752人。有民办学校6处，教职工584人，在校生4860人。有公办幼儿园56处，公办幼儿教师140人；有注册民办幼儿园46处，在园幼儿33632人。2016年，全区教育体育系统获国家级荣誉1项，省级荣誉1项，市级荣誉59项。

【办学条件】 年内规划新建、改扩建学校5处，临沂凤凰实验学校、临沂九曲小学竣工投入使用，临沂空港实验学校、临沂益民实验中学艺体综合楼主体完工，奥德实验小学开工建设，缓解了城区中小学大班额问题。教育信息化建设水平继续保持市内领先地位，实现宽带网络校校通、优质资源班班通，基本实现网络学习空间人人通。中央电化教育馆以《山东河东打造“专递课堂”实现城乡优质资源共享》为题，报道区教育信息化发展成果。

【教育环境优化】 建立局领导联系学校制度，各学校建立安全责任全员考核制度，加大学校安全隐患排查力度，全区学校安全状况保持平稳态势，区教体局被市政府授予“全市安全生产工作先进单位”称号。在全区教体系统开展查处发生在群众身边的不正之风和腐败问题专项工作，启动问责机制，严肃责任倒查和问责。年内资助困难学生16174名，发放资助资金1395万余元，确保贫困生不因贫失学。开展干部（教师）联系服务群众（学生）。建立“十万教师百万家庭连心育人”机制，实行四级网格化管理，密切了家校联系。

8月27日，“瑞健特杯”第五届中国（临沂·河东）百里沂河水上挑战赛在河东区开幕

【各类教育】 学前教育　东城实验幼儿园等5所幼儿园通过省级示范园验收；刘店子中心幼儿园等4所幼儿园通过市级示范园验收。

义务教育　落实中小学体育、艺术“2+1”项目，开展足球进校园活动，益民小学等5所学校成功创建“国家级校园足球试点学校”，“中国梦·校园情”山东省中小学生校园艺术节河东专场成功演出。提高义务教育学校管理水平，提升教育教学质量，中考成绩重点进线人数是2014年的一倍。

高中教育　整合优化高中教育资源，注重学校内涵发展。高考成绩再创辉煌，296名学生过一本分数线，同比增长65%；1041名学生超过二本分数线，实现了考生升入清华北大零的突破。

职业教育　推进基础能力建设，规划投资3300万元的河东职业中专教学实验培训楼开工。完成中职招生任务，改进人才培养模式。

【教师队伍建设】　公开招聘中小学教师149人，引进“211工程”师范大学应届毕业生4名，选聘区外骨干教师25名。组织153名初中老师到南京师范大学参加专业培训；组织全区900名班主任参加“班级管理科学化与艺术化”专题培训；组织近4000名教师参加山东省远程研修培训；组织70名校长到浙江大学进行高级研修培训；组织11名小学校长到陕西师范大学进行提高培训。

【群众体育】　年内，为82个社区、行政村安装体育健身器材1015件，建设体育场地123处，总面积达到98.2万平方米，全区人均体育场地面积达到1.92平方米;举办第五届中国（临沂•河东）百里沂河水上运动挑战赛；获省、市体育彩票工作突出贡献奖、市群众体育工作突出贡献奖、市竞技体育工作突出贡献奖、市体育产业工作突出贡献奖、市体育总会工作突出贡献奖等多个奖项，被评为“全国群众体育工作先进单位”“山东省全民健身运动会先进单位”。

【竞技体育】　根据《河东区关于进一步加强中小学校业余体育训练工作的实施意见》，在全区符合条件的中小学校设立中小学生体育联赛后备人才培养基地；以各单项训练基地为依托，以凤凰实验学校为阵地成立了区体育运动学校。在临沂市第六届运动会上，少儿组共斩获金牌85枚，列金牌榜全市第五名，总分第四名；普通组获得总分423分，列全市第三名。被大会授予体育道德风尚奖。承办临沂市第六届运动会网球比赛，获得“最佳赛区”荣誉称号。开展校园足球运动，有5处中小学获评“全国青少年校园足球特色学校”。

【体育产业】　发挥河东区省级体育产业基地优势，以举办中国（临沂・河东）百里沂河水上运动挑战赛为契机，扩大影响，为企业做好政策服务，2016年入驻体育产业企业4家共投资6亿元，其中立晨农庄投资2亿元，临沂龙园生态旅游度假区投资2.1亿元，奥正假日农夫投资1亿元，凤凰欢乐大世界投资0.9亿元。

【临沂第二十四中学】　原名为临沂市河东区第一中学，创办于1996年12月。2009年，按照临沂市人民政府统一部署更为现名，2015年，整合原临沂第二十五、二十六中学，成为区直属的唯一一所公办寄宿制高级中学。学校拥有北校区、

12月19日，区委书记隽新阳到临沂第二十四中学视察

南校区、东校区3个校区，教师693人，学生7613人。针对二十四中东校区办公楼、宿舍楼各一座均系C级危房，教学、生活配套设施老化的实际情况，区委、区政府召开专题办公会研究决定：该校区从2016年起进行校舍危房和内部设施的改建升级，暂停招生；开展以该校区为合作办学试点，引入社会资金、完善办学条件、打造特色精品高中学校的论证和实践工作。11月，与胜利油田东营利丰实业集团有限公司签订合作办学协议，该校区改建工程随即启动。2016年高考升学率：一本进线296人，同比增长65%；二本以上进线1041，首次突破千人大关；诸葛祥钦、陈有为分别被北大新闻与传播学院和西安交大钱学森实验班录取，实现了名牌大学生培养的巨大突破。学校在9月29日举行的临沂市高中教学工作会议上被授予临沂市“普通高中教学工作先进学校”“普通高中教学工作卓越人才培养先进学校”“普通高中教学工作艺体生培养先进学校”3块奖牌；校长夏传圣在会上作题为《以改革创新促学校发展》的发言。

【凤凰实验学校】 位于区九曲街道独树头社区，设置96个班，其中小学教学班48个，初中教学班48个，可容纳在校学生4560人就读。学校占地面积128494平方米，总建筑面积85263.56平方米（其中小学楼建筑面积14795.09平方米，中学楼建筑面积14795.09平方米，办公楼建筑面积21400平方米，餐厅建筑面积16442平方米，公寓楼建筑面积12333.38平方米，体育馆建筑面积5498平方米），容积率0.56，绿地率46%。

【临沂益民实验学校（中学）】 系区直初级中学，位于相公办事处，创建于2000年，占地86667平方米，校舍总面积40000平方米。截至2016年底，有36个教学班，1864名在校生，151名教职工，专任教师学历达标率为100%。有国家级优秀教师2名，国家级优秀班主任1名，山东省特级教师1名，山东省教学能手1名，市级教学能手8人，市级教学新秀2人，沂蒙名师1人，河东名师3人，区级教学能手68人次。拥有特种教室、藏书9万余册的图书馆以及集教学、会议及艺术演出于一体的多功能教室。投资100万元更新多媒体教学设备，投资500万元新建标准化塑胶运动场，投资700万元新建综合楼，体育器械齐配。

被区教体局评为河东区模范学校、课程与教学管理工作先进单位、师德建设工作先进单位、学校安全工作先进单位、学校德育工作先进单位、后勤管理工作先进单位。

临沂凤凰实验学校全景

【临沂益民实验学校（小学）】 系区直完全小学，位于相公街道办事处驻地，创办于2002年，是河东区唯一一所农村实验小学。学校占地面积38599平方米，校舍建筑面积13580.92平方米。截至2016年底，学校有教学班30个，学生1892名，教职工89名。2016年，参加中小学春季体育运动会，获得第一名；参加足球比赛，获临沂市中小学运动会足球比赛小学男子组第八名和临沂市第六届运动会足球比赛男子甲组第四名；被临沂市科学技术协会和市教育局授予“临沂市科普示范学校”称号；被临沂关心下一代工作委员会评为全市关心下一代工作先进集体；参加七巧板比赛，获临沂市12届七巧科技系列活动竞赛优秀组织奖；教学总评和督导总评全区第二名；获“河东模范学校”“河东区教学先进单位”“河东区师德先进单位”“河东区安全先进单位”等称号。

【临沂第九实验小学】 系区直完全小学。位于河东区东兴路2334号。学校原是一处村级小学，始创于1949年春，1979年由褚庄村迁入现址，1981年完成校舍整体建设任务。占地面积10000平方米，建筑面积15000平方米。1995年，被河东区政府确定为区直实验小学。2009年10月，被临沂市政府更名为“临沂第九实验小学”。现有62个教学班，在校学生3784人，教职工168人，专任教师学历达标率100%。是临沂市规范化学校，山东省教学示范学校。学校成立了军乐队、艺术团、广播站、小交警、校风督察、国旗班等学生组织，组建了声乐、绘画、书法、剪纸、版画、线描、舞蹈、钢琴、古筝、陶笛、七巧板等20多个学生社团。

【临沂第十实验小学】 系区直完全小学，位于区政府驻地，原为一处村小学，2007年8月，被区政府更名为“滨河实验小学”，成为区直学校。2009年11月，被临沂市政府更名为“临沂第十实验小学”。2015年9月1日，分校临沂九曲店小学建成。学校有计算机教室、仪器室、实验室、舞蹈室、书法教室、卫生室、心理咨询室、多功能会议室等，班级全部实现了多媒体网络教学。全校共有教师130名，教学班52个，在校学生3492人。

学校先后获“王羲之书法特色学校”“临沂市优秀少先队集体”“临沂市绿色学校”“临沂市文明单位”“河东区志愿服务先进集体”“全国特色教育先进单位”“临沂市教学先进单位”“临沂市科普示范学校”“全国青少年艺术风采展示活动优秀学校”等称号。有27位教师被评为市区级“骨干教师”，40多位教师参加市区级讲课比赛获一等奖，300余名学生在全国、省、市各项竞赛活动中受表彰或奖励。

【临沂东城实验小学】 学校成立于2013年，占地面积2.67万平方米，建筑面积12661平方米，现有31个教学班，1956名学生，最大班额71人，教师78名，其中有8位被评为市教学能手，21位被评为区教学能手。教师修建在省讲课比赛获第一名，并作为山东省唯一代表参加全国语文讲课比赛，获二等奖；第二届全国语文主题学习讲课评比中，教师修建获一等奖，孟娣、管艺潇获二等奖，校语文教研组代表临沂市到德州交流教学经验。学校设有11个兴趣社团，常年坚持开展活动，被评为市科普示范学校。被评为市教育信息化示范学校、市级数字化校园、市教育装备先进集体。被评为市平安和谐校园、区模范学校。

【河东工业园实验学校】 成立于2009年，前身为九曲街道于埠小学，2010年12月，学校异地选址新建后，成为区直九年一贯制实验学校。学校占地面积为66670平方米，建筑面积为27804平方米；学校下辖南京路小学一处，占地面积6867.01平方米，建筑面积为3883平方米；公办幼儿园3处（中心幼儿园占地7667.05平方米，建筑面积为4332平方米；南京路小学附属幼儿园占地 2466.79 平方米，建筑面积为 2685 平方米；温泉路幼儿园占地 5666.95 平方米，建筑面积为 3715 平方米）。学校现有教学班级 89 个，在校学生 4217 人，教职工 262 人。1 月，率先在全市推行法人治理结构试点实验。制定学校章程，实现学校治理由人治向法治转变；成立校委会、教代会、家委会，完善学校民主决策和管理形式。在学校管理中对岗位聘任，采取层层聘任、优化组合、双向选择的方法。学校聘任年级主任和部门管理人员，政教处、年级主任聘班主任，教导处、年级主任聘科任教师。科任教师可选择年级主任，申请任课。未达成双向选择的，由学校协调安排。

8 月 25 日，临沂市第六届运动会摔跤揉道比赛，学校获四金五银八铜的成绩，团体总分名列全市第三，获道德风尚奖。学校成立刘秀艳工作室，刘秀艳是省级特级教师、省级教学能手、齐鲁名师、全国微课大使。名师工作室培养青年教师成为业务骨干，促进全体教师专业成长。利用微课程和二维码技术辅助教学，受到省市专家的赞许，走在全省的前列。作为全国首批教育信息化助推教育教学变革试点学校，经过 3 年的创新实验，取得令人瞩目的成果，在临沂市率先研发了数字化校园管理云平台，在全市推广，并被选入山东省电教教材目录。学校先后被评为全国首批教育信息化试点学校、全国素质教育先进校、全国陶笛教学实验基地、中华优秀传统文化教学研究基地、中国教师教育视频网定点观摩示范校、山东省学校文化建设重点研究基地、山东省学校文化建设示范学校、山东省依法治教示范学校等荣誉称号，《中国教育报》《山东教育报》等各级媒体多次报道学校办学事迹，在 2016 年 9 月 10 日《临沂日报》教师节特刊中被赞誉为沂蒙教育信息化改革的一颗新星。

2016 年河东区中小学教师及在校学生统计表

单位	教职工	在园幼儿	小学生	初中生	高中生
临沂第二十四中学	693	—	—	—	7613
河东区职业中专	229	—	—	—	2526
临沂第九实验小学	178	486	3781	—	—
临沂凤凰实验学校	—	1810	1275	—	—
临沂第十实验小学	129	2611	3492	—	—
临沂益民实验学校（中学）	153	—	—	1874	—
临沂益民实验学校（小学）	90	—	1887	—	—
临沂东城实验小学	64	2328	2127	—	—
河东工业园实验学校	179	1208	2942	902	—
九曲街道	439	5673	3591	2893	—
凤凰岭街道	266	2843	3761	738	—
汤河镇	287	3213	4402	1218	—

续表

单位	教职工	在园幼儿	小学生	初中生	高中生
太平街道	287	2281	2810	902	—
相公街道	341	4645	5077	1039	—
八湖镇	328	3712	5224	1254	—
郑旺镇	340	3642	5141	1577	—
汤头街道	606	4547	7194	1986	—

撰稿人：杨进忠

审稿人：诸葛夫杰

职业教育

职业中专领导成员

党支部书记：高吉进
党支部副书记：史家龙
校　　长：高吉进
副 校 长：庞尔锋（正科级）

【机构设置】 学校内设办公室、教导处、政教处、团委、招生就业办、总务处、财务处、保卫科、宿管科、女工委、实训管理科、基础组、机电组、汽修组、财经组、音体组、心理教研组、语文组、数学组、英语组、图书阅览室、网络技术组、美术组23个科室。

【概况】 位于区政府驻地，始建于1964年，是河东区唯一一所公立中等职业学校，是临沂市重点职业中专、山东省“金蓝领”技师培训和技能鉴定基地。占地总面积9.1万平方米，校舍建筑面积6万平方米(包括在建)。学校建有20处实习实训场所，实训设备总值达1600万元。拥有一支以专业学科带头人、教学能手为骨干的教学科研队伍。截至2016年底，学校有教职工229人，在籍学生2526人。开设有机电技术应用、数控技术应用、汽车运用与维修、学前教育、会计电算化、市场营销、计算机平面设计7个专业。其中，机电技术应用专业和学前教育专业是全市的重点专业。

区职业中专

【基础设施建设】 学校建有综合楼、教学楼、实训楼、公寓楼、餐厅等，有机电车间、汽修车间、电气焊车间以及钳工室、电工电子室、微机室、舞蹈室、电钢琴室、会计电算化室等20处实训室。2016年6月学校通过省教育厅过程性评估，完成23110平方米的教学实验培训楼地下一层基础筏板建设，新增实训设备总值570万元。

【学校管理】 学校秉承科学管理、民主决策的办学思路，以创建省级规范化职业学校为总抓手，坚持内涵发展，质量立校，加强基础设施建设，推行规范精细化管理。

强化常规管理，深化教学改革，优化专业设置，细化教学服务。2016年，在市职业院校优质课评选中，3位教师获一等奖，10位教师获二等奖。在市职业院校技能大赛中，2名学生获一等奖，3名学生获二等奖，13名学生获三等奖。2016年选派4人参加省级培训；8月组织44名教师参加在同济大学举办的“学校骨干教师综合能力提升培训班”；针对机电技术应用专业、汽车运用与维修专业、电子商务专业、学前教育专业等专业教师紧缺的情况，专门聘请8位专业技术人才担任技术教师；11月，聘请德国职教专家施罗特教授进校开展为期两周的师资培训和现场教学。年内举办体育文化节、知识竞赛、图书赶大集、班会课展示、主题班会、志愿服务、诗歌朗诵比赛等德育活动。在全区主题班会比赛和管理论坛中，获高中组2个一等奖，在文明风采竞赛中，获得4个市一等奖、2个省二等奖、1个省三等奖。

【招生与就业】 2016年实际到校报到学生910人，达到历年来最高值。继续推进订单式人才培养模式，拓宽就业市场，学生就业率达98%以上，就业稳定率达90%以上。

撰稿人：徐守志

审稿人：高吉进

文化工作

文广新局领导成员

党 组 书 记：王彦军

党组副书记：刘守宽

党 组 成 员：颜庭娟（女）

朱记伟

局　　　长：王彦军

副　局　长：刘守宽（正科级）

郑美玲（女）

颜庭娟（女）

副主任科员：朱记伟

【机构设置】 区文化广电新闻出版局内设办公室、社会文化艺术科（文化产业科）、新闻出版科、广播电影电视管理科、文物管理办公室5个职能科室，下设区文化馆（加挂画院牌子）、区图书馆、区文物管理所3个股级事业单位，管理8个镇街文化站业务。截至2016年底，全局共有工作人员15人，其中行政人员7人，事业人员8人。

【概况】 区文化广电新闻出版局为区政府工作部门，主要职能是贯彻执行文化艺术与文物保护、新闻出版、广播电影电视、著作权管理等文化事业、文化产业方面的法律、法规和方针、政策，拟定全区文化艺术与文物保护、新闻出版、广播电影电视、著作权管理等文化事业、文化产业方面的政策措施和发展规划，并组织实施；指导、管理全区文化艺术事业、社会文化事业、基层文化建设、新闻出版事业、广播电影电视事业及产业发展；积极开展文化交流，繁荣社会主义文化艺术。

【文化遗产保护】 2016年，完成凤凰岭遗址的

7月1日，河东区庆祝建党95周年暨“颂歌献给党”广场艺术节文艺演出隆重开幕

考古勘探。配合完成鲁南高铁河东段考古勘探。在全区范围内开展文化遗产资源挖掘工作，对区级文物保护单位资料进行完善，将汤头街道滑店子古坊遗址公布为区级文物保护单位。组织实施大遗址保护工程。祝丘故城遗址、凤凰岭遗址考古调查勘探报告经过省文物局专家组评审通过。完成祝丘故城遗址保护规划和凤凰岭遗址保护方案制定。为配合牧鹅湖橡胶坝工程，对汤头街道滑店子古坊遗址进行考古调查勘探。完成各级文物保护单位的安全信息网上填报。配合临沂市沂州考古所完成206国道改道工程河东段考古勘探。出台《关于做好镇村历史文化展示室建设工作的通知》和《关于加强镇村历史文化展室建设的指导意见》，扶持建设郑旺常旺村、太平八间屋村史馆。对11项区级非遗名录资料进行调研挖掘，完善现有资料，丰富文化内涵。申报省市非遗项目，彩印花布被山东省政府公布为省级非物质文化遗产，沂州剪纸、手工古琴、沭河民间故事被临沂市政府公布为第五批市级非物质文化遗产。联合东夷书院，举办河东区第二届小围棋（大六）比赛，100名基层群众参与。全区共有全国重点文物保护单位1处，省级文物保护单位6处，市级文物保护单位7处，区级文物保护单位43处；共有国家级非物质文化遗产名录1项，省级非遗名录3项，市级非遗17项。

【文艺演出】 年内，举办河东区第十七届民间秧歌汇演，民间秧歌汇演被临沂市文化广电新闻出版局评为“全市十佳群众文化服务品牌”。成立河东区广场舞协会，8个镇街成立分会，举办河东区第三届全区广场舞大赛。举办河东区庆祝建党95周年暨“颂歌献给党”广场艺术节、庆祝中国共产党成立95周年送戏下乡文艺演出、中央电视台《乡村大世界》走进河东节目海选等活动。新组建5支庄户剧团，全区庄户剧团总数18支。组织18支剧团送戏下乡245场次，实现送戏下乡行政村全覆盖。

【图书管理】 年内，图书馆馆藏图书15.4万册，全年外借书刊13万册（次），年流通人次9.2万，办理借书证5700个，人均年到馆次数超过25次，读者满意率为99%。举办朗诵比赛、全民阅读、好书推荐等活动。为八湖张柴河社区、汤河小程子河社区、九曲街道颐兴园社区、郑旺镇墩子村、相公大茅茨社区共计配送15000册图书、60组书架、20台电脑。

【电影事业管理与影片发行放映】 继续实施“2131”农村公益电影放映工程，深入推行“八统一”放映标准，组织全区14支农村公益电影放映队，到村居放映电影3000场次。

【文学艺术创作】 围绕“五区托一城”发展战略、美丽乡村建设、精准扶贫、“第一书记”等主题开展文艺作品创作，创作柳琴小戏《调解员与

10 月 30 日，中央电视台军事·农业频道《乡村大世界》走进河东栏目组在太平街道立晨农庄进行现场录制

三婆媳》、歌曲《我的家乡新河东》、表演唱《六个婆婆夸儿媳》等 10 余个节目。

【基层文化建设】 按照国家一级文化站标准，对郑旺镇综合文化站进行改造提升。开展基层文化广场完善提升工程，打造汤河大南庄、相公青墩寺、八湖朱呈旺等一批高标准的基层文化广场。依托文化广场启动乡村剧场建设，建成河东工业园耿斜坊，太平八间屋、大太平等示范化乡村剧场。开展公益文化器材配送活动，为 405 个村居配送广场舞移动音箱，为 100 个村居配送锣鼓家什。开展文化助力精准扶贫工作，投入 20 万元，为全区 30 个省定贫困村配送锣鼓家什 30 宗，棋牌桌椅 120 套。

撰稿：高艺文

审核：王家楼　刘守宽

文化市场管理执法

文管局领导成员

党组书记：刘振峰

党组成员：王懿伟

张　梅（女）

朱孟义

甄伟强

局　　长：刘振峰

副 局 长：张　梅（女）

朱孟义

主任科员：王懿伟

※ 文化市场执法稽查大队

大 队 长：甄伟强

【机构设置】 区文化市场管理执法局内设办公室、扫黄打非工作科、监督管理科 3 个职能科室。下辖文化市场执法稽查大队 1 个副科级财政拨款事业单位。截至 2016 年底，有公务员编制 5 人、事业编制 14 人，共有干部职工 19 人。

【概况】 区文化市场管理执法局主要负责全区文化市场的监管和综合执法工作，担负着全区互联网上网服务场所、娱乐场所、演出市场、图书音像市场、电子游戏、美术品经营、电影放映和动漫、网络游戏、印刷业、书刊发行业、广播电视地面卫星接收设施、文物等文化市场行业的监督与管理，依法查处文化市场各种违法违规经营行为。年内巡查文化市场经营单位 1200 家次，查处文化市场违法违规经营行为 36 起，立案 25 件；围绕“繁荣文化市场”建设，新增出版物零售企业 18 家、互联网经营场所 2 家、文艺表演团体 1 家、电影放映场所 1 家、复印打字企业 3 家、包装装潢印刷企业 3

家、美术品备案2家；被评为2016年度全省“扫黄打非”工作先进集体、“临沂市文化市场管理执法信息工作先进单位”“2016年市级文明单位”“全区依法行政先进单位”“全区安全生产工作先进单位”“平安河东建设先进单位”。

【校园周边文化市场管理】 以学校周边书店、书刊摊点为重点，对淫秽色情出版物、口袋书、有害卡通画册、游戏软件进行集中整治，并对无证照销售出版物的店铺、摊点以及校园周边无证照电子游戏厅、歌舞娱乐场所一律取缔，净化未成年人成长环境。全年取缔游商地摊7处，查处影响青少年身心健康的凶杀暴力、封建迷信、鬼怪灵异等有害出版物900册。

【网络文化市场管理】 坚持日常监管执法不间断，做到每周一小查、每月一大查，不定时、多频次的对全区网吧经营场所进行拉网式检查，坚决查处接纳未成年人、超时经营等违法违规行为，规范市场经营秩序；加快网吧经营场所转型增效，通过试点引导、现场观摩、论坛交流、行业培训、发布案例、推广经验等方式，鼓励、支持和推动网吧经营场所转型升级，年内有12家网吧经营场所进行转型升级，“网咖”“网络休闲”等新一类经营模式的网吧经营场所规模不断扩大。

【娱乐场所管理】 加大日常巡查整治力度，全方位巡查，不定时抽查、复查歌舞游艺娱乐场所，重点对营业场所是否接纳未成年人、安全生产、证照悬挂情况进行专项治理，进一步规范娱乐场所经营秩序；落实娱乐场所专人负责制，提高娱乐场所从业人员消防安全意识。

【出版印刷企业管理】 严格日常监管，采取明查与暗访相结合、巡查与突击检查相结合的方式，重点对印刷企业承印验证、印刷品保管、印刷品交付、印刷活动残次品销毁等五项制度的执行情况进行重点检查，严厉打击盗版盗印活动，维护印刷行业良好秩序；围绕清查盗版教辅类、政治性出版物和暴力恐怖等违禁出版物，加大对出版物市场尤其是校园周边、繁华街区、交通枢纽等重点部位的检查力度，防止政治性非法出版物及违法有害信息进入市场，规范了全区出版物市场经营秩序。

【演出市场管理】 审查经营者的各类证件、演出节目、演出内容，对证照不齐、不全、不具有营业性演出经营资质的场所和单位不予审批，确保演出内容积极健康、演出经营行为合法合规；加强日常监管巡查，以广场、大型商场、农村集市、娱乐场所为重点，加强落实举报和巡查力度，对各类无证演出活动坚决进行取缔。对报备的演出活动实现全程跟踪、全程监查、全程管理，确保演出内容与上报内容相一致，杜绝淫秽、色情等非法演出活动。年内，检查各类演出活动5场，查处非法演出活动2场。

【地面卫星接收设施管理】 规范广播影视播放秩序。联合公安、工商、网络等相关单位，在全区开展清理非法销售、安装卫星地面接收设施的联合执法行动2次，对出售和安装使用卫星电视地面接收设施的市场和宾馆、酒店进行了集中治理，检查宾馆、酒店120家，收缴、清理非法接收机367台。

【其他文化市场管理】 结合全区“移风易俗”专项整治行动，进一步规范农村演出市场演出秩序，积极回应社会关切。针对群众反映的医院附近乱发医疗小刊小报的问题，组织人员对全区医院附近的马路、市场进行摸底排查，开展常态化巡查整治，对非法医疗报刊进行清查治理。

【“扫黄打非”工作】 参与市、区、镇街、社区四级联防体系的构建工作，在全区9个镇街

（园区）成立“扫黄打非”进基层工作领导小组，完善日常巡查、案件排查、联合执法、长效监管等工作联动协调机制，使“扫黄打非”工作扎根基层；发挥“扫黄打非”工作领导小组办公室综合协调作用，联合各成员单位开展“净网”“秋风”“护苗”“清源”“固边”“剑网”“绿网”等重要专项整治行动，震慑制售侵权盗版制品及非法出版物等违法行为。共巡查文化经营单位2521家次，收缴各类盗版制品800余册（盘），责令整改公共视听违规播放广播影视节目3起。

【信息宣传】 通过山东文化市场执法网、市文化执法网站以及电视台、报纸等各类新闻媒体加强宣传报道，营造了良好的社会舆论环境。年内，撰写宣传信息122篇，其中被市文化市场管理执法网采用84条，被山东省文化市场执法网采用3条。加强文化市场法律法规宣传，开展“3·18全国文化市场法制宣传日”“4·26知识产权宣传周活动”等一系列法律法规宣传活动。

撰稿：刘　飞
审核：邵长宇

有线广播电视

广播电视台领导成员

党组书记：张鹏峰（2016年5月离职）
　　　　　杨翠忠（2016年5月任职）
党组副书记：许爱学
党组成员：刘利民
　　　　　陈德兴
台　　长：张鹏峰（2016年5月离职）
　　　　　杨翠忠（2016年5月任职）
副台长：许爱学（正科级）
　　　　刘利民
　　　　陈德兴

【机构设置】 区有线广播电视台内设办公室、综合科、专题部、广告文艺部、采访部、播音制作部、栏目一部、栏目二部、总编室、技术播出部10个科室。全台共有干部职工89人，正式在编人员36人，网络公司临时回台事业身份人员20人，企业编制人员7人，聘用临时人员24人。

【概况】 区有线广播电视台是全区广播电视事业发展的主管部门，主要职责是组织和指导全区的广播电视宣传，办好自办节目，努力提高宣传质量；负责发布电视广告，代理广告、专题以及微电影的策划、录制、拍摄、制作。

【电视工作】 区有线广播电视台下设河东综合和河东影视2个频道，年内播出电视剧212部，总计1.2万集，播出电影430部，少儿节目36部，总计900集，播出娱乐节目8档。河东综合频道开设《河东新闻》《河东纵横》《家在河东》《河东风采录》《好戏连台》《评书连播》《庭审现场》等多个栏目。

【对内宣传工作】 按照新闻宣传“三贴近”（贴近实际、贴近生活、贴近群众）要求，重点策划了《聚力精准扶贫　建设富美河东》《加快三引一促》《落实党风廉政主体责任访谈》《扎实开展两学一做》等10多个栏目，年内制作播出《河东新闻》247期，在临沂电视台播出140期。完成全市、全区理论读书会、新农村建设现场会以及农产品品牌基地建设现场会的导播任务。全时段进行文明城市创建、廉政建设等各类公益广告宣传，累计播发公益广告近1万条。《河东纵横》《河东风采录》《家在河东》《好戏连台》等栏目共制作播出420期，制作电视专题片47部。年内共接听热线电话530个，解决群众关心问题620个。发挥新闻监督作用，推动重点工作开展。《河东纵横》栏目与区纠风办联合开办的行风热线节目，共播出160期。

【对外宣传工作】 在电视临沂新闻及广播临沂新闻中发稿710条，在省台发稿57条。采制的《河东区“高层次人才河东行”活动举行》《河东区：精准扶贫不落一户一人》等新闻在临沂电视台《临沂新闻》、临沂广播电台头条播出。被省、市广播电视台评为电视新闻宣传工作先进集体。

【经营管理及设备更新】 面对传统媒体观众减少、影响力下降的现状，安排专人学习新媒体制作、传播规律等技术，设立微信公众号，通过与有关企业合作开展各类活动，为扩大电视台影响力拓展空间。投资20万元对部分摄像机和采编设备进行更新升级，添置数字高清摄像机和高标清非线性编辑系统，对媒资系统进行升级改造。

撰稿：张志金

审核：杨翠忠

档案管理

档案馆（局）领导成员

馆　（局）　长： 顾文勋

副馆（局）长： 祁桂菊（女）

胡春梅（女）

【机构设置】 1995年8月，设立区档案馆，为正科级事业单位，隶属区委办公室。1996年7月，设立区档案局，与档案馆是一个机构挂两块牌子，履行档案行政管理和档案保管利用两种职能。2002年，区级党政机关机构改革，区委、区政府下发文件公布区档案馆挂档案局牌子，授权行使有关行政职能，使用事业编制。截至2016年底，区档案馆（局）共有在编人员9人。

【概况】 区档案馆（局）主要负责对区直各机关、团体、企事业单位、镇街、村居及其他组织的档案工作进行监督指导，对全区各单位贯彻实施档案法律法规情况进行监督检查。先后获“全市档案资源建设先进单位”“全市档案工作科学化管理先进单位”“全区第二批选派第一书记工作先进单位”、区级“文明单位”等称号。

【档案征集与管理】 加强对档案资料的征集接收。在确保接收重点的基础上，在区政府门户网站发布征集村史民俗资料的通告，加强了特色档案征集。年内接收区委、区政府文书档案1822件，征集实物档案3件、图书资料53类，征集宋平到河东视察、区人代会、区政协会照片档案271张。

【开发利用服务】 提供查档服务100余次，迎接省委巡视、编写史料、落实编制、补充完善个人档案、为《沂蒙英模纪念馆》提供河东籍先模人物事迹等。

【信息化建设】 及时调整、完善数字档案馆建设方案，建设智能档案馆，在新馆建设中体现智能理念；加大投入，争取150万元财政资金，加快内网服务平台建设和所有馆藏档案数字化扫描。完成馆藏档案数字化扫描工作，共录入32168条目录，扫描纸质档案及图片494071页（幅）。为确保数字化成果安全，按照省、市局要求及时对数字化成果进行了容灾备份。重点在区法院、河东交警大队等单位开展数字档案室建设试点工作。河东河道管理局完成了室藏档案的数字化扫描和成果挂接利用。

【档案业务指导】 强化年度归档工作。年初下发年度整档通知和指导意见，采取上门指导、跟踪服务、提供电话及网络咨询等方式，指导、监督各单位档案整理，确保档案材料的完整、齐全和安全。年内，完成82个部门单位的档案整理，共计48881卷（件）。

把档案工作科学化管理测评作为推进工作的重要抓手，全面动员、跟进指导。年内有4个单位通过档案科学化管理先进单位、合格单位测评。

【安全保障及档案法规宣传】 在协调区人大法工委、区法制办开展综合执法检查的基础上，定期开展档案行政执法检查，以检查代替指导。8月—10月，开展12次专项检查，对12个被检查单位下达《档案行政执法检查限期整改通知书》，责令限期整改落实，被检查单位均按照整改通知书要求认真落实整改、按时报送《整改报告》。开展档案法制宣传、学习活动，围绕“国际档案日”开展系列宣传活动，通过制作宣传展板，在《今日河东》刊登专题文章宣传档案工作，增强全社会档案意识。组织学习和参加业务培训，提高档案人员的法制观念、行政执法能力，加强执法队伍建设，为档案执法奠定基础。

撰稿：朱孟玺　庞丽红

审核：张永民

卫生和计划生育

卫计局领导成员

党 组 书 记：闫正彩（2016年5月离职）
李善湘（2016年5月至12月）
高秀飞（2016年12月任职）

党 组 成 员：王凤民（2016年5月离职）
朱孔健
葛文兴
贺连献（2016年5月离职）
李善全
周晓旭（女）
张连学

局　　　长：闫正彩（2016年5月离职）
李善湘（2016年5月至12月）
高秀飞（2016年12月任职）

副　局　长：王凤民（2016年5月离职）
朱孔健（正科级）
贺连献（2016年5月离职）
李善全
张连学

副主任科员：朱守美（女）

※爱卫会办公室

主　　　任：张旭波

※卫生监督所

党支部书记：孟令胜

※疾病预防控制中心

主　　　任：葛文兴

党支部书记：杜传德

※城市计生办

主　　　任：周晓旭（女）

计生协会

常务副会长：胡顺晓（2016年5月任职）

副　会　长：王　东

秘　书　长：刘兴军

【机构设置】 2014年12月，根据区政府职能转变和机构改革方案及实施意见，组建河东区卫生和计划生育局，将区卫生局的职责、区人口和计划生育局的计划生育管理和服务职责划入区卫生和计划生育局。区卫计局行政编制14名，内设办公室、人事科、规划财务科、政策法规与监督科、医政管理科、疾病预防控制科、基层指导科7个职能科室。截至2016年底，有省市级医院3处（山东省煤矿临沂温泉疗养院、临沂市人民医院东医疗区、临沂市肿瘤医院），二级民营医院2处（区人民医院、河东康复医院），区妇幼保健计生服务中心1处，区疾病预防控制中心1处，区卫生监督所1处，基层卫生院11处，省规划村卫生室233处；卫生技术人员2623名，床位2925张。每千常住人口拥有医疗机构床位5.04张、执业（助理）医师1.50名、注册护士1.29名。

【概况】 河东区卫生和计划生育局主要职责是贯彻执行国家、省和市关于卫生和计划生育、中医药事业发展的法律、法规、规章、技术规范、标准，负责全区医政管理、疾病预防控制、卫生监督执法、中医药管理、稳定低生育、出生人口性别比、计划生育技术服务管理、计划生育药具管理、计划生育生殖保健、计划生育利益导向、流动人口计划生育服务管理等项工作。

【卫生监督执法】 2016年，处罚案件总数为62起；对辖区1家市政集中式供水、1家二次供水单位、33处农村集中式供水设施进行经常性卫生监督。全区公共场所卫生应监督户数167家，监督覆盖率达100%；对全区14家放射诊疗机构进行专项监督检查，对放射工作人员健康监护、工作场所防护监测和放射诊疗设备性能监测进行监督检查，并建立档案，监督覆盖率达100%，对14家放射诊疗单位进行许可校验，规范放射诊疗行为，保障了群众就医安全。

【医政管理】 年内设置审批19所个体诊所。执业（助理）医师考试报名人员358人，护士报名65人，受理执业（助理）医师变更110人，护士变更60人。

【基础设施建设】 截至2016年底，基层医疗卫生机构建筑总面积53733平方米，其中业务用房面积39407平方米。基层医疗卫生机构万元以上的设备171台（件），其中10万元以上的设备38台（件）。

【医药卫生体制改革】 加快推进全民健康保障工程项目建设。凤凰岭街道卫生院整体搬迁项目和郑旺镇卫生院门诊楼扩建项目，12月投入使用。推进卫生室的标准化改建、扩建、重建工作。年内，90%的村卫生室基本达到省标准化的要求。加快推进公共卫生服务均等化。按照国家基本公共卫生服务项目规范的要求，建立城乡居民健康档案515248份，建立适龄儿童预防接种卡5640份，家庭医生签约服务138012户，农村适龄妇女乳腺癌筛查14811人，宫颈癌筛查14388人，完成公共卫生服务均等化任务。加快推进城市公立医院改革。区妇幼保健院纳入临沂市城市公立医院改革范围，药价比由20%下降为14%，门诊人次上涨30%，出院人次上涨20%。加快推进基层队伍建设。招聘19名高学历医疗卫生人才，全部充实到基层医疗卫生单位，缓解了基层人才缺乏的问题。9月，对基层卫生院领导班子进行调整和充实，提拔任用院长5人、副院长10人，交流院长5人、副院长6人。开展精准医疗健康扶贫。对全区6298名贫困人口实施惠民卡“精准”医疗救助，对贫困户发放“健康医疗惠民服务卡”3695份。年内，持卡就医共有53人次，减免费用5.7万元。

【药品招标】 基本药物均通过省级集中网上招标采购平台按规定招标采购、统一配送。基本药物网上采购6068万元。

【疾病预防控制】 *重点传染病防控* 年内登记腹泻病病人237人，快检1756份，无霍乱感染者。共对203手足口病病例开展流调和疫点处置工作，开展重点人群流感疫苗免疫预防，共接种疫9033人份。开展在押人员、术前病人、性病病人、孕产妇等人群艾滋病病毒抗体检测，共检测54475人次；随访管理感染者47人，抗病毒治疗者44人。做好人感染H7N9禽流感疫情防控准备工作。开展埃博拉出血热疫情监测，对来华（归国）人员进行健康监测和管理。规范狂犬病暴露后人群处置，共报告、处置、接种4539例。发现、治疗、管理活动性肺结核145例。现存麻风病人85例，其中现症感染者0例。对653例“三热”病人进行血检，无疟疾病例。报告处置27例人间布鲁氏菌病病例，报告处置出血热病例8例，疫情出现明显上升。

地方病防制　2016年抽检300户居民食用盐盐样，碘盐合格率为93.67%，碘盐覆盖率为97%；完成地氟病村改水147个，累计改水率为94.23%，受益人口为21.38万人；检查8—12岁学生247人，氟斑牙流行强度处于“极轻度”。

免疫规划预防接种工作　建立3处省级数字化门诊，省级示范化门诊4处，5处市级规范化预防接种门诊和6处产科接种室。新生儿及时建卡、建证率达到100%，0—8岁儿童“八苗”全程接种率达到92%以上。

慢性非传染性疾病防制　全区管理高血压患者46203例，糖尿病患者14298例，规范管理高血压患者37678例，糖尿病患者11097例；病情稳定高血压患者27855例，糖尿病患者8114例；省增补项目系统管理冠心病患者2342例，系统管理脑卒中患者2430例，残疾人康复指导1085人。年内全区共报告死亡病例3462例，报告肿瘤新发病病例1111例，报告脑卒中新发病病例2029例，报告冠心病新发病病例624例。

严重精神障碍患者管控　检出精神疾病患者数1788人，在管患者1607人。

【稳定低生育水平】 1月1日，全面二孩政策正式执行，全区新出生人口11416人，综合性别比为115.52，自然增长率为16.56‰。全区生育登记为12049人，其中一孩登记2112人次，二孩登记9937人次，办结三孩审批271人次，再生育审批办结及时率为100%。

【出生人口性别比综合治理】 7月，成立联合执法办公室和性别比综合治理领导小组。制定计划生育目标责任考核方案，完善工作目标责任制，实行党政、计生双线目标管理，层层明确任务，落实责任。做到领导到位、投入到位、措施到位。

【技术服务】 为符合计划生育政策的计划生育家庭实施吻合术时实行定额补助。开展免费孕前优生健康检查项目，年内共为7426对已婚育龄夫妇进行孕前优生健康检查，查出高风险人群4389人。

【利益导向】 继续执行奖励激励政策，统筹发放农村独生子女父母奖励费，年内为0—18岁独生子女家庭发放独生子女费54.2万元；继续奖励扶助和特殊扶助政策。共发放奖励扶助和特殊扶助244.752万元；独生子女父母退休后一次加发补贴。退休后以全市上年度平均工资为基础，按12个月工资总额的30%标准发放一次性补助。年内共为11名企业退休人员发放一次性补贴。

【镇（街）卫生院选介】 相公中心卫生院　是一所集医疗、预防、保健于一体的综合性公立医院，是河东区居民基本医疗、城镇医疗保险定点机构，位于河东区相公街道办事处龙山路，现有医护人员269人（其中，正式在编人员93人，拥有高级职称人数4人、中级职称57人），医院建筑面积1万平方米，固定资产2565万元，拥有床位数320张（编制床位99张）。

郑旺镇卫生院　是一所集医疗、预防、保健、基本公共卫生服务为一体的综合性公立医院，始建于1954年4月。位于郑旺镇驻地，现有医护人员81人（其中，正式在编人员47人，拥有高级职称人数3人、中级职称15人），医院建筑面积11000平方米，固定资产1500万元，拥有床位数122张（编制床位40张）。

九曲街道社区卫生服务中心　位于桃源街与智圣路交汇处，九曲街道社区卫生服务中心其前身为九曲镇卫生防疫保健所，2011年4月，经市编办批复设立九曲街道社区卫生服务中心，规格为股级，经费方式为财政补贴，现有医护人员 96 人（其中，正式在编人员 48 人，拥有高级职称人数 1 人、中级职称 14 人），医院建筑面积 8260 平方米，固定资产 468.29 万元，拥有床位数 90 张（编制床位 60 张）。设有全科门诊、中医门诊、康复治疗室、预防接种室、儿童保健室等 20 个科室。

撰稿：沈晓磊

审核：张连学

红十字会

红十字会办公室领导成员

会　　长：褚　冰（女）

常务副会长：陈西凯（2016 年 5 月离职）

郭志玲（女，2016 年 5 月任职）

副 会 长：王学田

主任科员：孟宪东

【机构设置】 1995 年，在河东区卫生局设立红十字会办公室，2001 年 6 月 16 日正式成立。2011 年 5 月 6 日，经河东区编办批准为中国红十字会县区级地方组织，列入群团序列；2013 年 4 月，管理体制理顺；2013 年 7 月，成立 9 个镇街红十字会基层组织；2015 年 11 月，成立 28 个中小学校红十字会基层组织。截至 2016 年底，共设办公室、业务科 2 个科室，工作人员 5 名。

【概况】 履行《中华人民共和国红十字会法》赋予的各项职责，抓好备灾救灾、应急救护培训、社会救助、传播国际人道法及红十字青少年道德教育、造血干细胞捐献、遗体（器官）捐献、推动无偿献血等主要工作；向社会宣传和多渠道筹集资金等工作。

【救助工作】 每年在元旦、春节期间开展“温暖送千家，博爱在沂蒙”活动，对因病、天灾人祸等造成生活困难的群众进行救助。全年救助 300 户困难家庭，发放米面等物资，折合人民币共计 5.4 万元；对患特重大疾病如恶性肿瘤、尿毒症、白血病等因病致贫的特困家庭实施救助。全年救助大病患者 15 人，救助资金 3 万元；通过“阳光天使基金”和“小天使基金”救助先心病和白血病患儿 4 人，救助资金 12 万元;继续开展“脑康（护脑）公益工程项目”，对特困家庭的脑瘫患者、脑卒中后遗症患者进行救助。年内救助 40 人，救助资金 26.5 万元。

【应急救护培训工作】 开展应急救护培训进社区、进机关、进校园等一系列活动。年内与区直机关工委联合举办机关干部应急救护培训班，全年培训机关干部 150 人，培训救护员 500 人，普及应急救护知识 11000 人。

【捐献工作】 支持“中华骨髓库—山东分库”建设。全年登记造血干细胞捐献志愿者 60 人，采样入库 40 人。登记遗体捐献志愿者 2 人，凤凰岭街道中李埠村王秀服成功捐献遗体。组织红十字会基层组织、广大会员、志愿者参与和推动无偿献血。全年组织 1100 人参加了无偿献血。

【宣传工作】 利用学雷锋纪念日、世界红十字日、防震减灾日、国际献血日、世界急救日、国际志愿者日等宣传日，开展以发放宣传资料、展示红十字知识图片、义诊咨询等为内容的宣传工作。年内发放各种宣传资料 8000 份。

撰稿：孙瑞璇

审核：郭志玲

妇幼保健院

妇幼计生服务中心（妇幼保健院）领导成员

党支部委员：李善全
陈芝芬（女）
李成艳（女）
张希生

主任(院长)：胡顺晓（2016年5月离职）
李善全（2016年5月任职）

副主任（副院长）：陈芝芬（女）
李成艳（女）
张希生

【机构设置】 区妇幼保健计划生育综合服务中心加挂河东区妇幼保健院牌子，为正科级事业单位，隶属河东区卫生和计划生育局，资金来源为差额事业单位，内设机构分为综合管理机构、临床医技机构和后勤服务机构。有干部职工300余人，其中专业技术人员260人，副高级以上职称8人，中级职称35人，综合业务楼建筑面积11500平方米。医院主要设备有全自动生化分析仪、四维彩色超声仪、奥林巴斯高清宫腹腔镜、麻醉机、阴道镜、水中分娩仪、中心供氧、中央呼叫系统等先进的医疗设备，主要开展住院分娩、剖腹产、子宫切除、卵巢囊肿剔除、孕产期保健、妇女病诊治、儿科疾病诊治、儿童康复、婚前健康查体、各种计划生育手术等业务。

【概况】 区妇幼保健院始建于1995年2月，1998年10月由原区妇幼保健站和原区计划生育服务站合并成立，逐步成为一所集医疗、保健、科研、教学、预防、康复为一体的区级医疗保健机构，现已成为河东区妇幼保健及计划生育技术指导中心、山东医专教学实习基地、山东省妇幼保健协会会员单位。全年完成门诊总量192359人次，出院10148人次，其中住院分娩6382例，剖宫产3094例，儿科住院2064人次，新生儿监护室225例。

【新技术　新项目】 为适应二孩政策的放开，满足不同层次住院病人的需求，投资100多万元，将7楼办公区改建成一体化家庭病房，并配备了先进的医疗设备，派出业务能力强的医生、助产士、护士到东昌府区妇幼保健院进行培训学习，实现待产、分娩、产后康复于一体的家庭式病房服务，为育龄群众提供更安全、系统、高品质的健康管理服务。8月18日试营业，10月1日正式营业，自启用以来入住率达95%以上。在做好孕期保健、产后康复保健基础上，引进了伊生贝尔产后康复综合治疗仪、艾灸仪等医疗设备，新开展艾灸、产后塑形、中药熏蒸等保健服务项目，通过仪器治疗结合按摩手法，进行产后子宫复旧、调整内分泌，达到产后塑形的目的，提高产妇的生活质量。成立高危孕产妇、高危新生儿救助中心，负责全区危急重症孕产妇和新生儿抢救、会诊和转诊工作，肩负着全区危急重症孕产妇和新生儿急救业务指导和相关专业技术人员培训工作。成立救助能力提升工作领导小组，创新服务手段、优化诊疗流程，让有限的医疗资源得到最大化的发挥。

【医院管理】 开展改革创新与综合创建活动，做好公立医院改革工作。7月1日开始，实施药品零差率销售、全面调整医疗服务价格，有效控制了医药费用不合理增长，切实减轻了群众就医负担。开展院际合作。与山东省妇幼保健院建立合作医院，建立专家远程会诊、双向转诊、人员培训轮训、重点学科建设、科研课题开发及经验交流等层面的合作。组织“健康促进示范医院”创建活动。把健康教育、健康促进工作与医院整体发展结合起来，充分发挥医院特色和专业优势，促进全民健康的发展。成立创新发展领导小组和妇产科改革提升领导小组，重点打造妇产科、儿科、中医科等特色服务品牌，儿保中心被国家卫计委科学技术研究所、国家妇幼中心评为国卫儿童早期综合发展示范基地。加大投入，强化医疗设施保障水平。适应临床业务发展的需求，为临床医生诊断提供保障，购进飞利浦 EPIQ7 进口彩色超声诊断仪、迈瑞 M7 便携式彩色多普勒超声诊断仪、多普勒胎心监护仪、中药熏蒸治疗机、十二导心电图机、乳腺动力治疗仪等一批先进医疗设备，降低了误诊率及漏诊率。投资 80 万元，改建一楼门诊，改善医疗服务环境、优化服务流程。投资近 200 万元，对医院大楼外部进行整体改造装修，更换玻璃幕墙，对楼顶进行整体规划改造，提升了业务楼的整体形象。完成消防设施的维修保养，新建消防控制室，更新了建筑防火分隔和安全疏散设施、火灾自动报警系统等设备，为人民群众生命财产安全提供保障。对儿科病房、手术室等科室进行改造。增加儿科床位 10 张，优化手术室候诊区，启用层流手术间，更好地为群众提供服务。

建立和完善医疗质量管理体系。以科室为单位组织医务人员学习各种规章制度和业务知识，落实首诊负责制度、三级医师查房制度、危重患者抢救等制度，加强全员质量和安全教育，严格执行医疗技术操作规范和常规。加强病案管理，规范书写各种医疗文书。为提高住院病历质量，规范医师用药行为，组织医务科、护理部、门诊部人员成立病案质量检查领导小组，定期进行病历和处方的检查、考核、评比，根据查找的问题制定整改措施和完成时限，不断强化医务人员质量意识和服务意识。加快推进信息化建设。为加强计算机信息网络安全管理，制定《计算机网络信息安全管理规定》。投资 30 多万元，对医疗软件进行更新升级，全面更新医院信息系统。完善各项规章制度。出台《职工外出进修学习的管理规定》《干部职工人事考核方案》《规范病历管理的规定》等一系列管理制度，进一步细化各项管理规定，使各项工作做到有章可循、有法可依。

加大宣传力度，塑造医院良好品牌。成立大宣传科，利用院报、网站、电子屏幕、公开宣传栏、河东妇幼微信公众号等多种宣传方式，加大对医院的专科特色、管理理念、服务措施、工作动态以及新技术、新设备的宣传力度，以品牌、人才、技术优势提高社会形象，扩大社会影响力。

【业务工作】 **各项免费服务工作** 为提高出生人口素质，降低全区神经管畸形发生率，加强出生缺陷干预工作，面向全区待孕妇女及怀孕 3 个月内的孕妇免费发放叶酸 5438 人次，发放叶酸 32349 瓶。免费婚检 3745 对，检出疾病 215 例，并对于检出疾病人员给予相应指导。做好“国家免费孕前优生健康检查项目”工作，共检查孕龄夫妇 7425 对，建立了家庭健康档案。对高风险的待孕夫妇进行面对面的咨询指导，对高危因素的妊娠进行跟踪随访，使出生缺陷的 I 级预防工作得到落实。做好农村 35—64 岁妇女免费“两癌”检查的培训、转诊、材料发放和统计报表工作。宫颈癌筛查 15001 人，TCT 异常 311 例，阴道镜转诊 194 例。乳腺癌筛产 15485 例，转诊 34 例。做到早发现、早治疗、早预防。

妇幼保健预防 受理艾滋病自愿咨询 54 人次，全区免费发放乙肝免疫球蛋白 522 支，为乙肝表抗阳性的母亲分娩的孩子免费注射，阻断了母婴传播。做好新生儿疾病筛查、产前筛查工作。新生儿筛查本院 6223 人，外院筛查 1674 例。产前筛查 4560 例，高风险 391 例，确诊 2 例。

全区基本公共卫生妇幼服务项目培训 配合区卫计局举办 4 期培训班，提高了妇幼保健人员的专业技术能力，为全区基本公共卫生及重大公共卫生妇幼项目工作开展奠定良好的基础。被评为“河东区三八红旗集体”“河东区妇女儿童工作先进集体”“临沂市巾帼文明岗”“全市红十字会系统优秀志愿服务组织”。

撰稿：孙　燕

审核：李善全

区人民医院

区人民医院领导成员

院　　长：马从根
副 院 长：吕学利
执行院长：侯子训
院长助理：周秀青
刘士卫
尤洪节
孙　磊
杨宝文

【机构设置】 行政职能部门有行政综合部（下设人事科、宣传科）、财务部（下设住院处、收款室、财务科、信息科、医保办公室）、医务科（下设医务科、护理部、控感办、门诊部、病案室）、后勤保障部（下设总务科、基建科、设备科、保卫科、消防控制室、水电维修班）、社会服务部（体检科、服务科、健康咨询科）；临床科室开设有呼吸内科、内分泌内科、心血管内科、神经内科、消化肝病内科、肿瘤内科、精神卫生科、肾病内科、儿科、神经外科、骨科医疗中心（脊柱外科、关节及运动医学科、肩肘外科、足踝外科）、普通外科、妇科、产科、耳鼻喉科、眼科、口腔科、中医科、康复理疗科、急诊科、重症监护室等20余个临床科室；医技科室有检验科、医学影像科、超声室、特检科、病理科等；门诊科室有皮肤科、慢性病门诊、不孕不育科等；辅助科室有药剂科、供应室、挂号室等。手术室设有11个层流手术间，可以满足临床手术工作需要。

【概况】 河东区人民医院是随着临沂撤地设市于1995年在九曲卫生院基础上成立的，是全区唯一一家二级综合性医院，主要承担全区人民群众的健康保健、医疗急救和区域内的常见病、多发病和部分疑难病的诊治及教学科研任务。医院为河东区城镇居民医疗保险定点医院、河东区职工工伤保险定点医院、河东区联动急救中心。医院配置有宝石级GE双螺旋CT、西门子核磁共振、心电图、彩超等大批进口医疗设备。医院和北大医学部附属医院建立合作共建关系，和北京安贞医院合作开展心脏介入手术。新建门诊大楼，进一步改善了人民群众就医环境和条件。

【新技术、新项目】 2016年，在北大专家的指导下，开展人工双膝置换术、髋关节置换术，填补了市内空白。和台湾杏泰医疗合作开展血液净化技术，技术开展和治疗水平达到国内先进水平。

【医院管理】 进一步降低医疗费用，实行药品零利率销售，让利于民，开展健康扶贫工程，对全区五保户、贫困家庭实行先住院、后交费，住院费用优惠减免的措施。进一步开展“群众满意活动”。组织成立健康医疗义诊队，坚持每周一次进入社区、村镇，开展健康教育、科普宣教、保健知识、疾病预防活动，服务覆盖全区所有乡镇，受益群众6万人次，发放健康材料20万份。

【业务工作】 全年，开放床位1000张，拥有医疗专业技术人员698人，其中高级职称62名，中级职称248名；年门诊量26万人（次），收入院2.8万人（次），手术4700台（次），业务收入1.9亿元。

撰稿：张俊钊
审核：吕学利

社会事业

SheHuiShiYe

民　政

民政局领导成员

党组书记：冯正新（2016 年 12 月离职）
　　　　　上官平（2016 年 12 月任职）
党组成员：张　明（2016 年 5 月任职）
　　　　　马炳文
　　　　　王　潇（女）
局　　长：冯正新（2016 年 12 月离职）
　　　　　上官平（2016 年 12 月任职）
副 局 长：李宗芬（女）
　　　　　张　明（正科级，2016 年 5 月任职）
　　　　　马炳文
主任科员：王　潇（女）

※ 区婚姻登记处

主　　任：诸葛江艳（女）

【机构设置】 区民政局内设办公室（挂规划财务科、信访科、法制科牌子）、优抚科（区双拥工作领导小组办公室、区退伍军人和军队离退休干部安置办公室与其合署）、救灾和社会救助科（挂慈善事业促进科牌子）、基层政权和社区建设科（挂区划地名科牌子）、社会事务与社会福利科、民间组织管理办公室（挂区民间组织执法监察办公室牌子）6 个职能科室；下设区社会救助管理服务中心（区慈善总会办公室）1 个正科级事业单位、区婚姻登记处 1 个副科级事业单位、区社会福利中心 1 个股级事业单位。截至 2016 年底，全局共有干部职工 25 人，其中具有大学以上学历的 12 人。

【概况】 2016 年，先后获“国家 AAA 级婚姻登记机关”“全省爱国拥军模范单位”“全市关心国防建设先进单位”“全市信访工作先进集体”等称号，连续两年被评为“市级文明单位”“最佳服务单位”。

【社会保障工作】 建立健全政府领导、民政牵头、有关部门配合、社会力量参与的社会救助工作协调机制，集中开展“阳光低保”专项行动，通过全面复核低保对象，加强居民家庭经济状况核对工作，完善档案管理，强化监督检查，审核公示，科学确定全区城乡低保对象 15945 人，从 2016 年 10 月起，城市低保标准由每人每月 450 元提高到 480 元，农村低保标准由每人每年 3100 元提高到 3410 元，全年发放城乡低保金 3100 万元，为全区 4148 名 80—99 周岁低保老年人发放高龄津贴 586.22 万元。制定《河东区社会保障兜底扶贫实施方案》，充分发挥民政在精准扶贫工作中的兜底作用。深化医疗救助、临时救助等规范化工作。健全和完善“一站式”医疗救助及时结算服务，发放医疗救助金 103.93 万元，救助 518 人次；发放临时救助金 142.6 万元，救助 2231 人；发放自然灾害冬春生活救助金 60 万元，救助 1195 人。发放殡葬救助金 15340 元，救助 34 人。全年募集善款 55.9 万元，定向用于脱贫攻坚工作。

【双拥和优抚安置工作】 及时足额为全区 2108 名重点优抚对象及 2494 名老年退役士兵、144 名老年烈士子女发放抚恤定补金 2700 多万元。为符合条件的 2 名退役士兵办理了带病回乡、133 名老年退役士兵、4 名老年烈士子女办理了相关待遇，完成 139 名“金民工程”优抚系统内优抚对象的电子档案扫描录入工作。共接收退役士兵 238 人，免费对 2015 年冬季退出现役的 71 名士兵进行职业技能培训。为 158 名军队退役人员发放下岗失业困难补助 94.8 万元。为参加居民医疗保险的 1—6 级伤残军人以外的重点优抚对象补助医疗费 31 万元，为参加城镇职工医疗保险的 1—6 级伤残军人支付参保费 104.8 万元，补助医疗费 119 万元。

【社会行政管理工作】 2016年，全区新批准登记社会团体3个，民办非企业单位10个，变更登记6个，注销登记3个，全区社会组织有195个。对163个社会组织进行年度检查，年检参检率达到70%，合格率90%以上。全年办理结婚登记4065对，离婚登记1024对，补发婚姻登记1356对；办理收养登记9例，登记合格率100%。劝导和救助各类流浪人员46人，核定城市“三无”人员4人，新增困境儿童13人，新增孤儿保障对象4人。通过社会化发放的形式，为74名孤儿发放生活费合计62.424万元，为80名困境儿童人发放生活费合计24万元，为4名城镇“三无”人员发放生活费合计3.348万元，为124名困难群众发放殡葬救助金合计6.31万元，为4039名困难残疾人发放生活补贴合计408.017万元，为2811名肢体、智力、精神和视力一、二级残疾人发放重度护理补贴金合计281.5455万元。开展第二次全区地名普查工作，共采集11大类60个子类的地名信息1927条。

【基层政权和社区建设工作】 落实幸福家园建设五年计划，采取改建、联建、共建等多种方式，整合各类资金，推进“幸福家园”社区综合服务中心建设。高标准规划了45个社区综合服务中心（便民服务站），有35处已完成选址，有17处计划进行拆迁，有8处计划利用原有场所进行改造。推进社区治理创新，推进社区“减负增效”，推进“四社联动”，强化社区公共服务综合信息平台建设。6月，九曲街道独树头佳园社区综合服务中心作为全省社区公共服务综合信息平台建设现场会暨业务工作会议的现场观摩点接受了观摩。

撰稿：诸葛江艳

审核：朱记伟

人力资源和社会保障

人力资源和社会保障局领导成员

党组书记：上官平（2016年12月离职）
赵海明（2016年12月任职）

党组成员：韩庆廷
李善良
王文治

局　　长：上官平（2016年12月离职）
赵海明（2016年12月任职）

副 局 长：韩庆廷
李善良

主任科员：刘连芳（女）

人力资源开发服务管理办公室

主　　任：韩庆廷

副 主 任：李东方

社会保险事业管理处

主　　任：李善良

副 主 任：高立军
何凤强
崔中磊

城乡居民社会养老保险事业管理处

副 主 任：王文治
陈宏涛

※ 劳动人事争议仲裁中心

主　　任：张　昂

【概况】 区人力资源和社会保障局是区政府工作部门，负责全区人力资源开发服务管理、社会保险、人事人才及构建和谐劳动关系等项工作。2016年，全区实现城镇新增就业人口5362人，农村劳动力转移就业人口15110人；征缴各项社会保险基金3.9亿元，各项社会保险基金累计结余8.53亿元。

【机构设置】 区人力资源和社会保障局内设办公室、规划财务科、区公务员管理办公室（挂区军官转业安置办公室牌子）、就业促进科、人员调配科（挂事业单位人事管理科牌子）、专业技术人员管理科、人力资源市场和劳动关系科（挂职业能力建设科牌子）、工资福利科、离退休科、社会保险科、外国专家科 11 个职能科室，辖区人力资源开发服务管理办公室、社会保险事业管理处、城乡居民社会养老保险事业管理处 3 个正科级单位，区劳动人事争议仲裁中心 1 个副科级单位，区新农合办公室、劳动保障监察大队、人事考试中心 3 个股级事业单位。

【人力资源】 就业状况保持总体稳定。以实施全民创业三年行动计划为载体，推进小额担保贷款，新发放小额贷款担保 1783 万元，直接扶持 190 人实现创业；以服务转型升级、提升劳动者素质为主线，组织实施了新一轮就业培训规划，共培训各类人员 18100 人，发放国家职业资格证书 2360 份；实施离校未就业高校毕业生就业促进计划、高校毕业生创业引领计划，推进高校毕业生创新就业，大学生就业率始终保持在 95% 以上；加大高校毕业生就业见习基地建设，推荐 156 名应往届毕业生到毕业生见习基地实践锻炼，锻炼期满后有 81 名毕业生与用人单位签订就业协议。组织毕业生参加招聘会 3 场次，有 197 人达成就业意向。加强对河东区大学生创业孵化基地运营管理，鼓励扶持大学生创业，入驻大学生创业企业 11 家，带动大学生就业 107 人。全年全区实现城镇新增就业 5362 人，农村劳动力转移就业 15110 人，分别完成年度计划的 122% 和 107%，城镇登记失业率控制在 3.0% 以内。

【社会保险】 全区城镇职工养老、城镇职工医疗、失业、工伤、生育保险参保人数分别达到 6.1 万人、3.2 万人、1.5 万人、3.7 万人、1.8 万人，分别完成年度计划的 100%、104%、161%、100%、100%。全区机关事业养老、企业职工基本养老、职工医疗、失业、工伤、生育保险分别征收 12966 万元、16164 万元、8180 万元、1127 万元、635 万元、179 万元，征缴各项社会保险基金 3.9 亿元，各项社会保险基金累计结余 8.53 亿元。城乡居民基本养老保险参保人数为 307739 人，征缴保费 3833 万元，其中 86305 名符合待遇领取条件的居民按月足额领取了养老金，发放率 100%。居民医疗保险参保人数为 499417 人，基金征缴收入 25713.2 万元。

【人事人才】 进一步规范公务员管理工作　完成公务员统计工作，全区政府口公务员 539 名，其中乡镇 77 名；参照公务员法管理的事业单位工作人员有 114 名。代区政府起草了任免文件共计 15 件。按照全国、省、市的要求对公务员管理信息系统进行原始数据整理采集工作。根据省、市统一部署，开展 2016 年招考录用工作，共招考 13 人，均已录用上班。完成对机关事业单位工作人员 2015 年度考核工作。全区机关事业单位工作人员参加年度考核 8489 人，其中优秀等次 1013 人，称职（合格）等次 7249 人，基本合格 1 人，不称职（不合格）等次 3 人，不定等次 184 人，未参加考核 38 人，因开除公职而未参加考核 1 人。做好事业单位人事管理工作。做好年度统计工作，全区共有 240 个事业单位，工作人员 7371 人，其中管理人员 794 人，专业技术人员 6190 人（兼职 67 人），工勤技能人员 532 人。推进岗位设置管理工作，共报送设岗方案 8 份，均已通过审核，其中为河东区中小学设置专业技术岗位 4454 名，是全市首个对教师岗位进行总量控制的县区；共有 22 个单位开展竞聘上岗工作，为新聘任的 113 名专业技术人员备案，其中兼职 1 人。推进事业单位公开招聘工作，共招聘事业单位工作人员 185 名，其中综合类 11 名、卫生类 20 名、普通教师类 154 名，已全部到岗上班。做好档案管理工作。为全区政府单位查询档案 98 人次，配合纪委调查档案 10 人次。

做好各类资格考试和职称评审工作　为符合条件的大中专毕业生确定专业技术职务资格 41 名，助理、员级专业技术职务资格 37 名，中级专业技术人员4名。为上年底各初评委评审通过的157名专业技术人员办理资格证书；为上年评审通过的41名中级专业技术人员和36名高级专业技术人员办理资格证书。规范评审范围，严卡标准条件，遵守申报程序及工作纪律，配合相关部门做好2016年职称评审工作的材料审核与网络申报工作。做好高层次人才工作，推荐区审计局张彦祥参加临沂市有突出贡献中青年专家的评选，推荐临沂市三丰化工有限公司参加山东省博士后创新实践基地的评选。做好各类人事考试工作。人事考试中心共组织受理了1000人次的专业技术人员资格考试报名审查工作；办理发放各类证书1200份。

做好工资福利和退休管理业务　加强对机关事业单位工资管理：及时完成全区机关事业单位工作人员8275人考核合格（称职）正常晋升薪级（级别、档次）工资的审批工作；审批办理机关事业单位工作人员职务（岗位）变动调整工资293人次；审核机关事业单位工作人员调入、调出的工资167人次；调整法检两院人民警察警衔补贴14人。审批办理大中专毕业生转正定级147人、取得新学历2人、机关事业单位新录用人员190人。职务与职级并行。对7月31日前政府序列单位的一般工作人员符合职级晋升条件的人员进行初审，并将符合条件的13人报市人社局进行备案，待审批同意后，再统一组织民主测评工作。根据规定对全区上年度事业单位绩效工资总量进行核定。联合教体局对符合条件的精简（减）退职人员进行摸底排查，系统共有102名人员符合发放生活困难补助条件，并于5月20日完成审批，按照文件规定自2015年6月起每人每月补助200元并已发放到位。开展 “吃空饷”专项抽查。抽查范围为不同类型的机关事业单位，镇街（园区）10个、区直单位10个，中小学校5个，共25个单位。未发现存在“吃空饷”的人员。认真执行退休政策，做好退休人员管理：为机关事业单位到达年龄人员办理退休手续117人。按时完成全区机关事业单位1951名离退休人员增加离退休费的审批工作。对机关事业单位2015年12月31日前已办理退休手续的2272人调整了基本养老金。

开展引进国外专家工作　外国专家科积极筹备参加全区“高层次人才河东行”活动。邀请德国眼科专家格哈德·皮尔霍恩博士夫妇参加活动并先后到区妇幼保健院和区人民医院进行了技术指导；通过与德国高级专家组织（SES）对接，聘请德国机电教育专家施罗特教授来区职业中专进行为期半个月的教学指导，培训教师120人次。

【和谐劳动关系】 督促用人单位认真落实法律法规，有效保障了劳动者合法权益，促进了劳动关系和谐稳定。全面推行劳动合同制度，及时调整了最低工资标准，推动了劳动者收入的提高。按照“调裁结合，以调为主”“关口前移，重心下移”的原则，加强仲裁机构实体化和基层调解组织规范化建设；推进劳动监察“两网化”建设，实行一体执法和联合执法，监察执法效能进一步提升。年内，共受理劳动争议案件162起，法定期限内结案率为100%，涉案人数305人，为劳动者挽回经济损失621万元；共审查各类用人单位和个体工商户2000家，涉及劳动者9万人，责令补签劳动合同3080份，督促用人单位补缴社会保险费57万元，追发拖欠工资20万元。

【平台建设】 加强河东区农民工综合服务中心暨零工市场服务平台建设，零工市场累计入住农民工15.8万人次；用工登记1870家，涉及用工岗位8732个；求职登记5760人，成功推荐就业5120人，就业服务推荐成功率89%；综合服务中心共提供法律维权服务200人次；发放农民工维权宣传材料3692份；实施免费技能培训登记1000人；发放便民服务卡2.2万张。加强基层平台建设，重点推进区级人社综合服务中心建设，装修已竣工，将投入使用。

推进伦达创业园建设。依托河东区伦达国贸城优质资源，创建区伦达创业园，用于扶持高校毕业生、退伍军人和返乡农民工等各类人员自主创业。一期工程已完工，可同时容纳250多家企业入驻办公，已有200多家以电子商务和五金机电为主的企业入驻办公。

撰稿：王文治

审核：赵海明

老龄工作

老龄办领导成员

主　任： 张凤楼（2016年5月任职）

副主任： 高　震

张淑叶（女）

王友希

【概况】 区老龄工作委员会办公室是党委序列参照公务员法管理的正科级事业单位，主要负责全区的老龄工作，负责全区宣传贯彻党和政府有关老龄工作的方针、政策；协助有关部门做好老年人权益保障工作、兴办老年事业，开展有益于老年人身心健康的各种活动；组织发动老年人老有所为，参与经济建设。截至2016年底，共有工作人员5名。

【宣传工作】 做好《老年人权益保障法》《老年人优待条例》宣传，确保老年人各项权益落到实处。重点围绕全国、省、市老龄事业发展“十二五”规划、《中华人民共和国老年人权益保障法》和《山东省老年人权益保障条例》的贯彻实施开展宣传普及。利用春节、清明节、中秋节、老年节等重要节日，开展创意新、影响大、样式多的宣传活动，大力宣传孝亲敬老的典型事迹、先进模范，学习和弘扬他们孝亲敬老的可贵品质，以及热心公益、扶老助困的良好风范，进一步营造全社会敬老爱老助老的良好风尚。

【老年人优待】 截至2016年底，全区有90—99岁高龄老人1829人，共发放高龄补贴金59.652万元。百岁老人共有51名，发放长寿补贴金10.42万元。推进“银龄安康工程”工作，共完成保额约102.3380万元。确保65岁以上老年人享受免费健康查体优惠政策。办理发放老年优待证3168本。全区65岁以上老年人，凭老年人公交IC卡免费乘坐公交车。区图书馆、纪念馆等文化场所和政府兴办或支持的旅游景点对老年人免门票费。

【老年人文体娱乐】 参加省、市老龄办组织的各项老年文化活动。2016年，先后组织参加“全省银龄风采艺术赛”、第二届全市老年书法美术大赛、“银龄杯”中老年广场舞大赛、第六届“沂蒙十佳敬老楷模”活动。全区有2处老年人活动中心，10处老年活动室，2处老年大学，10处镇街敬老院，6处民办养老机构，16个城市社区日间照料中心，17处农村幸福院。

【敬老月活动】 与团区委联合开展“金晖助老”志愿服务活动。走进社区开展食品卫生安全知识、春秋季健康养生知识、预防电信诈骗知识讲座。重阳节前，区领导走访慰问“沂蒙老功臣”，分赴各镇街走访慰问百岁老人，给老人送去米、面、油、鸡蛋等生活用品及慰问金。

撰稿：张淑叶

审核：李宝生

镇街（园区）

Zhen Jie YuanQu

九曲街道

领导成员

党工委

书　　记：诸葛夫杰（2016年12月离职）
　　　　　蔡明朋（2016年12月任职）
副 书 记：王海滨（2016年12月离职）
　　　　　高仁彬（2016年12月任职）
　　　　　史兰坤（2016年5月离职）
　　　　　周玉博（2016年5月任职）
纪委书记：周玉博（2016年5月离职）
　　　　　张元明（2016年5月任职）
组织委员：曹克善（2016年12月离职）
　　　　　许金豹（2016年12月任职）
宣传委员：王春雷（2016年5月任职）
委员、武装部长：
　　　　　王春雷（2016年5月离职）
　　　　　徐景来（2016年5月任职）
统战委员：秦中华（2016年5月任职）
委　　员：朱孔栋（2016年5月任职）

人大工作办公室

主　　任：张　明（2016年5月离职）
　　　　　彭文来（2016年5月任职）

政协委员联络室

主　　任：刘海佳（2016年5月离职）
　　　　　周玉博（2016年12月任职）

办事处

主　　任：王海滨（2016年12月离职）
　　　　　高仁彬（2016年12月任职）
副 主 任：郭志玲（女，2016年5月离职）
　　　　　刘海佳（2016年5月离职）
　　　　　张元明（2016年5月离职）
　　　　　秦中华（挂职，2016年5月离职）
　　　　　朱孔栋（2016年5月任职）
　　　　　唐　倩（女，2016年5月任职）
　　　　　郭学强（2016年12月任职）
　　　　　张学连（女，2016年12月任职）
　　　　　王传胜（挂职，2016年12月任职）

党政办公室

主　　任：曹克善（2016年5月至12月）
副主任：唐　倩（女，2016年5月离职）
　　　　闫保岑（2016年12月任职）

经济发展办公室

主　　任：朱孔栋（2016年5月任职）
副主任：王　雪（女，2016年12月任职）

安全生产监督管理办公室

主　　任：朱孔栋（2016年5月任职）
副主任：李士国（2016年12月任职）

社会事务办公室

主　　任：唐　倩（女，2016年5月任职）
副主任：宋艳国

城市建设办公室

副主任：任善兵

社会稳定办公室

主　　任：徐景来（2016年5月任职）
副主任：郭学强（2016年12月离职）
　　　　谷雪峰（2016年12月任职）

环境保护办公室

主　　任：秦中华（2016年5月任职）

乡村规划建设监督管理办公室

副主任：李艳艳（女，2016年12月任职）

【机构设置】 2016年，街道设财税办、经济审计办、审计办、12345热线办、城建办、文宣办、文化服务中心、纪委办、农业办、机关事务办、党务办、稳定办、便民服务中心、群团办公室、发展办、安监办、计划生育服务中心、计划生育城管办等18个办公室，共有工作人员103人。

【概况】 九曲街道位于河东区委、区政府驻地，总面积70.2平方千米，总人口11.6万，辖41个社区。交通条件优越，兖石铁路横穿东西，胶新铁路纵贯南北，205、206国道，342省道纵横交错，境内飞机场已与全国各主要城市通航，形成了立体的交通网络。实施“五区托一城”发展战略，全力推进棚户区改造和旧村改造、民生工程、“三引一促”等重点工作，全街道经济社会各项事业健康发展，并在全市科学发展观综合考核中名列第三。

【农业】 因城市建设发展的影响，农业规模、种植面积不断缩小。2016年，街道所辖社区居民人口7.9万，耕地面积0.52万亩，粮食总产量0.46万吨。

【工商业　招商引资】 发展第三产业和服务业等新兴产业。共有招引项目15个，合同利用外资达到160亿元，实际到位资金突破16.8亿元，引进A类创业人才3人，B类创新人才5人，C类高学历人才6人，超额完成“引人才”的工作任务。推进重大（重点）项目建设，投资过25亿元新城控股的吾悦广场项目现已签约，完成土地“招拍挂”，是全区新签约国内500强企业项目之一；投资过10亿元的三江领秀豪生高端酒店现已运营；投资过5亿元的慧谷星岸城住宅部分主体施工完毕；投资过亿元的沂河文化城正在装饰，部分已投入使用。五金城三期主体工程已完成，正在进行装饰，预计年底投入使用；临沂五金网、山东万宝电子商务创业园有限公司现已正式运营，实现“线上”与“线下”两个销售平台的有机结合，推动实体专业市场转型升级；配合阿里巴巴“农村淘宝”项目建设，建设社区服务站20个以上。10月，九曲街道和李庄社区、郁九曲社区分别被评为临沂市电子商务示范镇和示范村。

【财税　金融】 完成区委下达的财政税收指标任务。街道实现公共财政预算收入6.64亿元，增长8.5%；规模以上工业总产值47.61亿元，增长22.7%；规模以上固定资产投资42.43亿元，增长30%；限额以上社会消费品零售额18.7亿元，增长15%。共有招引项目15个，合同利用外资206亿元，实际到位资金10.5亿元，新签约世界500强企业1个、国内500强企业3个。

【交通】 实施路网改造工程，完善交通路网等基础设施。围绕“五区”建设，配合做好北京东路拓宽改造工程九曲街道朱家斜坊段地上附着物的清理工作，全长2275米，涉及拆迁310户，面积7万平方米，成为展示临沂形象的标志性景观大道。配合做好堤下路城区段的建设，道路全长13133米，宽15米，滨河东路的交通流量得到分流，通行能力得到提高。

【旅游】 以沂河滨河游乐场、正直汽车主题公园为中心的休闲家庭游，以三官庙、雹神庙为中心的宗教祈福游，以小皇山为中心的历史文化游，以新四军军部为中心的红色文化游，四大旅游主题构成九曲旅游业的发展格局。

【教育　卫生　计生】 加强学校规范化创建，提升义务教育发展水平。投资4000万元对九曲中学、九曲小学、九曲店幼儿园等9所中小学、幼儿园进行改扩建和配套设施建设，建设面积共计3.9万平方米。九曲中心小学教学楼、九曲中学餐厅、体育馆于同年建设完成并投入使用。投资6000万元新建空港实验学校，规划用地面积3.39万平方米，建筑面积2.65万平方米。

开展土小企业摸排整改工作，共摸排土小企业264户，拆除土炉178个。对辖区内沙场进行覆盖，共覆盖沙场24家，并采取源头治理方式保证辖区内不再新增沙堆存放点。5月，对街道畜禽养殖户进行摸底排查，共摸排67家，其中5户为肉类企业代养户。对辖区内污染严重的6家小企业进行了关停和整改。围绕创建国家卫生城市，提升、改造农贸市场3处，整治“马路市场”150次；拆除旱厕1763处，改水和新建681座；关停取缔“五小场所”328家、规范整顿1064家。

投资2000万元，建设九曲街道社区卫生服务中心，设有内科、外科、住院病房等30多个科室，床位有120张，该服务中心为辖区10万余人口提供医疗服务，实现参合农民门诊诊疗报销50%，住院报销最高可达80%。

2016年共计出生1909人，其中男孩1017人，女孩892人，出生人口性别比为114.13，出生统计合格率为96.2%，生育登记覆盖率为82%，孕情上报及时率为80.66%，生育监测到位率为90.34%，均高于全区平均水平。

【政法】 开展“平安、和谐九曲”建设活动。2016年，街道40个社区均建立治安巡逻队，辖区三个派出所均成立40人的巡防队伍，实行站岗巡逻，有效地避免了可防性案件的发生，人民群众安全感和满意率全市排名第5。市雪亮工程到街道独树头佳园社区现场观摩，并通过区综治信息平台检查北城花园社区、王斜坊社区、张庄社区、孟于埠社区等5个社区的视频值班情况，效果良好。共受理网上信访事项87件，接待来访104件，化解信访积案5起。调解纠纷104起，形成人民调解卷宗40卷。共接受社区服刑人员90人，并建立完善的社区服刑人员档案，组织了3批次的公益劳动，解除社区服刑人员50人，并签订安置帮教责任书。

【社会保障】 实现城乡居民养老保险覆盖率98%以上；落实“阳光低保”全覆盖，开展困难户、病灾户救助。2016年居民医疗保险参保人数86387人，参保率达到100%；办理城乡居民养老保险39442人，发放农村居民养老保险到龄人员11310人，办理就业失业登记证45本，“4050”人员办理灵活社保补贴80人；发放优抚金239.54万元，发放优待金132.37万元，农村低保对象共1386户1496人，发放低保资金231.88万元。

【镇村建设】 围绕“五区”建设，做好北京东路、临沂机场灯光带及下滑带保护区、堤下路、供销地块、污水处理厂改扩建等项目的土地征收工作，完成五金城三期、东张官庄、胡庄、后河湾等社区的拆迁工作，实现征收面积163万平方米。稳步推进高庄、前河湾、桃园等12个社区还建工程建设，实现主体封顶面积115万平方米。城区商住小区基本实现集中供暖，九曲店、胡庄等还建小区率先实现集中供暖，推动郁九曲、孟于埠等还建小区和临沂九曲小学的集中供暖工作，新增供暖面积40万平方米以上。

【精神文明建设】 推进社区文化大院建设，开展创建文明城市工作。2016年，全街道40个社区文化中心全面完成标准化建设，实现社区文化中心的全覆盖，一、二、三类的文化中心数量将分别达到18个、15个、8个，比例分别为43%、36%、21%。建立社区阅览室40个，购置书橱160个、档案柜100个，新增图书20万册，配备健身器材120套。整理收集档案3800卷，配合市电影公司开展公益科教影片进社区活动，免费放映影片80多场；发放《讲文明，树新风》2.1万册；制作宣传标语300余幅，发放各类宣传材料、调查问卷11万份。

开展“四德工程”建设工作，全区四德建设现场会在孟于埠社区召开，26个行政社区全部建有善行义举四德榜和70岁以上赡养老人公示栏，共推出5200名优秀典型。

2016 年九曲街道各村居基本情况统计表

村居	人口（人）	耕地面积（亩）	粮食产量（千克）	人均纯收入（元）	集体收入（元）
郁九曲村社区	4389	0	0	21000	1.56 亿
褚庄社区	4350	0	0	10000	2300 万
巩村社区	2200	0	0	10000	400 万
九曲店社区	3493	0	0	7300	2400 万
三官庙社区	4167	0	0	5500	2200 万
赵庄社区	3400	0	0	3350	500 万
刘村社区	1175	0	0	7600	17 万
李庄子社区	1610	0	0	17000	12000 万
张庄社区	1490	0	0	10000	80 万
杨庄社区	4810	0	0	15000	1100 万
胡庄社区	1180	0	0	7100	300 万
钟庄社区	490	0	0	8000	20 万
北王庄社区	1600	0	0	7000	110 万
沭埠岭社区	2030	0	0	10000	40 万
王斜坊社区	2600	1000	400000	8000	50 万
朱斜坊社区	1750	60	24000	7600	99 万
坡埠社区	2400	1300	40000	4500	400 万
杨岭社区	1080	0	0	4500	165 万
新添河社区	350	230	11500	6000	0
刘屋社区	170	230	800	4600	0.9 万
张斜坊社区	1450	30	12000	8000	75 万元
孙家于埠社区	2438	0	0	745000	980 万
孟家于埠社区	3150	0	0	15000	5000 万
艾家于埠社区	1073	0	0	7500	168 万
范家于埠社区	3115	0	0	7600	517 万
蒋庄社区	450	0	0	8000	20 万

续表

村居	人口（人）	耕地面积（亩）	粮食产量（千克）	人均纯收入（元）	集体收入（元）
季山官庄社区	690	70	28000	8000	55 万
柳杭头社区	4936	2800	2240000	6500	60 万
东高庄社区	2150	550	412500	8000	10 万
前河湾社区	1300	405	360000	4500	30
后河湾社区	421	208	135200	8800	50 万
桃园社区	2285	0	0	7300	0
独树头西南社区	1350	0	0	8000	120 万
独树头西北社区	1450	0	0	8000	200 万
独树头东南社区	1250	0	0	7900	90 万
独树头东北社区	1280	0	0	10000	200 万
小官庄社区	452	0	0	8000	80 万
尤庄子社区	3621	60	48000	6500	100 万
东张官庄社区	2386	0	0	9200	180 万
西张官庄社区	2350	450	450	10000	120 万

撰稿：房欢欢

审核：王春雷

凤凰岭街道

领导成员

党工委

书　　记：陈芝雷（2016 年 12 月离职）

　　　　　王海滨（2016 年 12 月任职）

副 书 记：范　浩（2016 年 5 月离职）

　　　　　王守堂（2016 年 5 月任职）

　　　　　彭文来（2016 年 5 月离职）

　　　　　侯宝林（2016 年 5 月任职）

纪委书记：徐学丽（女）

组织委员：许立春（2016 年 12 月离职）

　　　　　蒋世启（2016 年 12 月任职）

宣传委员：陈君亮（2016 年 12 月离职）

　　　　　王　栋（2016 年 12 月任职）

委员、武装部长：

　　　　　彭文来（2016 年 5 月离职）

　　　　　侯宝林（2016 年 5 月至 12 月）

　　　　　刘立钦（2016 年 12 月任职）

统战委员：王　栋（2016 年 12 月离职）

委　　员：刘从国（2016 年 5 月离职）

　　　　　李金龙（2016 年 5 月任职）

　　　　　刘玉龙

人大工作办公室

主　任：袁国堂（2016 年 5 月离职）

　　　　王开运（2016 年 5 月任职）

政协委员联络室

主　任：侯宝林（2016年12月任职）

办事处

主　任：范　浩（2016年5月离职）

王守堂（2016年5月任职）

副主任：刘从国（2016年5月离职）

庄新明

周云艳（女，挂职，2016年5月离职）

李金龙（2016年5月任职）

刘文艳（女，2016年12月任职）

王士昊（2016年12月任职）

党政办公室

主　任：侯宝林（2016年5月任职）

副主任：丁洪岩（2016年5月离职）

谷玉成（2016年12月任职）

经济发展办公室（环境保护办公室）

主　任：李金龙（2016年5月任职）

副主任：邰姗姗（女，2016年5月离职）

蒋晓霞（女，2016年12月任职）

社会事务办公室

主　任：陈君亮（2016年5月至12月）

副主任：张灿尧（2016年12月离职）

姜　琨（女，2016年12月任职）

社会稳定办公室

主　任：许立春（2016年5月至12月）

副主任：刘文艳（女，2016年12月离职）

沈如林（2016年12月任职）

安全生产监督管理办公室

主　任：庄新明（2016年5月任职）

副主任：王保进（2016年12月任职）

乡村规划建设监督管理办公室

主　任：王　栋（2016年5月任职）

副主任：王　超（2016年12月任职）

【机构设置】 截至2016年底，街道机关设7个办公室，分别为党政办、经济发展办、社会事务办、社会稳定办、乡村规划建设监督管理办公室、安全生产监督管理办公室、基层组织办。下设5个服务中心，分别为农业综合服务中心、财经服务中心、社会事务综合服务中心、村镇服务中心、计划生育服务中心。共有工作人员102人。

【概况】 凤凰岭街道位于河东区中东部，凤凰大街东段，距区政府驻地5千米，是东夷文化的重要发祥地。辖33个自然村，人口3.72万，面积39平方千米。地形以平原为主，交通条件便利。北靠兖（州）石（臼）铁路，西靠胶（州）新（沂）铁路，南临临沂市经济开发区，临东公路纵贯南北，凤凰大街横穿东西，临沂东内环、中环、外环穿境而过，是临沂经济技术开发区北区主战场，被临空经济区全覆盖，是河东区下一步工业发展的重心。

【农业】 全街道小麦面积4200亩，全部种植优质良种济麦22号，亩产达575千克；玉米生产上重点推广抗逆性强、丰产性好的高产品种浚单20、郑单958、农大108等品种，推广玉米生产“一增四改”技术；街道科技入户工程指导员5人，入户指导十几次，通过电话指导等多种形式指导80户16个村庄，带动周边农户160户，对小麦高产从播种到收获引导指导，完成2个千亩方潘湖片小麦高产创建吨粮田项目，包括种子、农药、化肥、耕、种、耙、播、收的技术指导，财政补助5.9万元，街道承担了区级科技入户工程启动现场会，农广校新型农民培育工程，农资打假高毒农药禁卖专题现场会，编写农业简报5期，完成配方肥180吨，及时发放小麦“一喷三防”，完成小麦综合直补、大力推广小麦保险，让农民得到小麦灾后补偿，26个村4609户参保面积8889亩，街道农业办连续组织农村经济带头人在区农广校学习3次，学员100余人次。夏季秸秆禁烧，全面推行“全量还田、即收即耙”作业模式，统一调度人员、机械，严格做到成熟一块、收割一块、深翻一块，22000余亩小麦全部实现秸秆还田，秋季秸秆实行“还田加统一运送养牛场”的运作模式，并作为经验在全区推广，监管方面，实行领导包保责任制和24小时带班巡查值班制度，街道班子成员为所包工作区的第一责任人，各村（居）干部、村民组长为其所在村（居）的包点包片直接责任人，每天一名主要领导、一名分管领导、两台巡查车辆进行巡查，值班人员24小时在岗。

【招商引资】 2016年，招商引资实际到位资金约3亿元，临沂市河东区供销资产运营管理有限公司注资5000万元对中通化工进行控股重组，并成功盘活；计划投资10亿元的瑞东农产品市场于7月10日举行奠基仪式，瑞祥农产品项目1、2号楼综合体已封顶；投资1.2亿元的山东宏欣医药有限公司项目于4月动工建设，科研中心和包装仓储中心主体已完成；计划投资5.1亿元的年产300万片锯片基体项目1期工程3处车间已完成装饰；计划投资4.1亿元的伯克生物项目生产车间已完成墙体垒砌；计划投资2亿元的中通科技项目新引进2条碳酸甘油酯生产线已完成运行前设备调试；计划投资1亿元的汇通汽车4S店已完成装饰；投资30亿元的台湾精密五金产业园已完成装饰，伟光工贸、伯克生物等企业已入驻；投资12亿元的豫鲁五金产业园已有4家知名企业入驻；计划投资5亿元的圣鑫铁路物资有限公司已获得土地指标；计划投资1.5亿元的丰益粮油有限公司应急配送中心项目和计划投资2亿元的中泰园林机械有限公司扩建项目完成土地手续办理。

【财税　金融】 全年完成一般公共预算收入4561万元，占年初预算的104.92%，同比增长7.83%，按增幅排名全区第3，按进度排名全区第2，规模以上工业总产值实现19.1亿元，同比增长15.3%，营业收入实现38亿元，同比增长15%，利税实现1.93亿元，技改项目投资完成9.9亿元，招商引资项目9个，实际到位资金完成7.72亿元。

【交通　邮电】 启动凤凰岭街道“三纵三横”道路建设中的凤尚路、凤安路、澳门路、东阳路“两纵两横”拆迁及土地流转工作，涉及952户土地流转工作已全部完成，276户附属物流转协议已签订完毕，民房83户，企业31户已启动拆迁工作，为项目引进提供区位交通便利。

【文化　旅游】 依托凤凰岭传统文化，以东夷文化发源地和凤凰岭遗址作为市级文物保护单位的优势，申报省级文化保护单位，重新高标准规划打造东夷文化主题公园，现选址已完成，正在进行整体规划及手续办理、项目上报工作。投资950万元建设完成1200平方米的文化站，投资30万元建成张黑墩、常庄、李公庄3个村史馆，完成5处村级综合性文化服务中心建设，发展庄户剧团3个，组织送电影活动108场，送戏下乡36场，丰富群众业余文化生活。推进全域旅游创建工作，出台实施意见，成立领导小组，以项目化管理手段全面加快重点项目建设，凤凰岭文化公园、黑河湿地规划编制进入完善阶段，凤凰岭文化遗址开展新一轮发掘。

【教育　卫生　计生】 依托凤凰社区建设，投资近5000万元打造民生工程片区，该片区是集小学、幼儿园、卫生院、社区服务中心于一体的集中生活服务区域，建设投资900余万元、建筑面积5047平方米的凤凰社区服务中心，投资2200万元、占地面积3.5万平方米、建筑面积1.3万平方米的凤凰岭中心小学，已投入使用，投资630余万元、总建筑面积6470平方米、可容纳15个幼儿班的凤凰岭中心幼儿园，已投入使用；凤凰岭卫生院新院，卫生院综合楼投资700余万元，建筑面积5200平方米，设置床位80张，建设完成后，拟将计生办搬迁至卫生院，实现计生卫生协同办公。

【政法】 坚持“打防结合，预防为主”的方针，以强化治安管理和安全防范为重点，加强交通要道治安网点、交通协管员、实有人口管理、群防群治、治安巡逻、网格化管理等网络建设，建立覆盖全街道、较为完善的治安防控体系。全街道各村、较大的企业普遍建立群防群治组织，成立县乡村三级综治信息工作平台，实现监控全覆盖，严格落实领导干部公开接待群众来访制度，及时发现信访苗头，把问题解决在基层，实行领导包案制度，认真梳理存在的陈年信访个案，尤其是做好涉军、涉师等重点人员及涉及农村宅基地、新农村建设等重大矛盾问题的稳控工作，全面落实领导班子信访包案制度，信访案件一包到底，强化信访人员稳控工作，在各村及企事业单位成立村级人民调解委员会及企事业单位人民调解委员会，并配备不少于3名人民调解员。

【社会保障】 2016年扶贫任务顺利完成。对所有贫困户进行严格筛选，确定精准扶贫对象55户136人，全部完成建档立卡工作，并结合贫困户具体情况分类施策，其中，劳动能力较强的22人已经找到工作，对108名无劳动力的进行社会保障兜底，选取30家企业设置了93个虚拟岗位进行帮扶，并组织对2014年以来的贫困户开展回头看活动，确保全部实现脱贫；排查辖区所有494家企业，发现并整改隐患184处，236家企业全部落实安全生产责任制度，制定应急预案，签订责任书，并定期开展员工安全生产培训，8月委托正航安全技术公司组织专家对辖区内所有企业实施“专家查隐患”，对查处的411例隐患逐一落实整改措施；食品安全监管力度加大，开展毛皮动物胴体整治活动，制作悬挂宣传条幅120条，在各村宣传栏全部张贴宣传材料，各村早中晚三次播放宣传音频，成立联合巡逻组不间断巡逻，夜间由至少1名科级干部带队夜查，一经发现狐狸肉加工行为坚决进行打击，查获案件3起，并移交农业执法大队，查获狐狸肉20吨。

【镇村建设】 投入资金20万元新增垃圾桶400个、垃圾方箱45个，并购置发放户用垃圾桶14000个。对10个村进行“硬化+改厕”，完成改厕1828户，完成硬化面积59436平方米，在黑屯社区黑屯、周庄、谢庄、王岭、马宅5个村开展美丽乡村建设，实行示范带动。畜禽养殖污染严重，对43户养鸭户及禁养区2户养牛场全面取缔，对限养区、适养区养殖场按照雨污分离、建沉淀池、搭晾粪场的标准进行改造，由畜牧站、环保所逐一进行验收。同时对9条主要河道进行清淤、疏通，开挖清理长度共计2.8万米，转运垃圾、杂物、粪便、淤泥1800车，完成清淤27万立方米，投入资金440万元，对各村黑臭水体进行摸底，加大污染源查处力度，制定整改措施，切实改善水质。对辖区内全长7.6千米的黑河进行清淤、护坡、绿化及景观建设，打造高标准湿地公园，启动相公界至正大路段全长4千米的一期工程建设，规划建设2道拦水坝，3道水闸，形成沿河景观带，规划公司已完成施工规划，近期启动招投标程序，湿地南联邦路正大路长800米、宽6米的道路修建同步进行，年底前完成凤凰生态湿地的建设使用。

【基层党建】 全年发展入党积极分子22人，发展对象14名，预备党员转正14名，排查出失联党员3名，不存在三年以上不发展党员的行政村；开展集中学习10余次，班子成员集体学习换届“九严禁”和“九个一律”，党委书记对全街道900余名农村党员开展了为期3天的基层党员集中轮训，完成专项整治32项，新建制度8个，完成李埠社区、王家社区以及王黑墩、东李埠等后进村的整顿工作；李公庄、西李埠、西许庄、郁黑墩村级场所已升级改造完毕；召开“两学一做”学习教育动员会、培训会，每周组织集体学习2次，在全街道开展“两做两争”活动，开展“百日抄党章抄系列讲话”活动，组织街道党组织书记及自然村负责人60人实地入户走访3次，走访群众8000户，收集群众意见 64 条，实际解决 56 条，上报联合解决 8 条；组织街道机关干部走访联系群众 5 次，联系户 10000 次，收集意见咨询 126 条，实际解决 118 条，上报 8 条；协助潘湖及常庄第一书记做好资金引进及项目进展工作。加强制度建设，加大农村审计执法力度，定期审计与重点审计相结合，常规审计与突击审计相结合，做到事前检查、事中监督、事后审计。对群众来信来访反映的个别村，进行重点审计，完成全街道 33 个村的农村经济审计工作；对全街道离任主职干部进行摸底排查，确保不漏报、不多报。

【精神文明建设】 同各村签订承诺书，印制《倡议书》3 万份，通过在校学生和村级发放到群众手中，制作宣传车 1 辆，每天不间断进行宣传，悬挂宣传条幅 300 幅，在赵黑墩重点打造了宣传一条街，33 个村全部制定《村规民约》，成立了党员群众公认的红白理事会，并着力打造了 3 个示范村。

2016 年凤凰岭街道各村居基本情况统计表

村居	负责人	户数	人口数（人）	粮食产量（千克）	耕地面积（亩）
张黑墩	陈月珍	959	3203	1135315	2030
赵黑墩	赵从更	209	669	345890	470
潘家湖	赵常杰	1092	3412	2727502	3800
义和岭	陈效金	186	651	343962	686
褚黑墩	褚付强	144	481	153621	219
常　庄	张书擎	427	1455	851935	1194
后翟店	孙德彬	417	1348	501464	739
李公庄	孙树兵	397	1328	843548	1214
董　庄	李学龙	161	545	254247	421
白　庄	白文学	120	405	135431	218
前翟店	孙洪省	249	843	323011	470
东李埠	孙合锦	278	926	379244	620
中李埠	王秀铎	220	756	495329	638
西李埠	冯自党	273	904	542041	832
前涝墩	陈文田	302	1028	496999	741
后涝墩	葛美建	335	1120	572457	855
大店子	马存仕	482	1620	781313	1500
司家庄	司连壮	174	577	305038	560
前兴旺	郁万利	237	795	474867	857

续表

村居	负责人	户数	人口数（人）	粮食产量（千克）	耕地面积（亩）
后兴旺	张志杰	297	997	460446	770
田黑墩	李君峰	173	578	922650	1664
西许庄	蒋太明	411	1365	599055	1069
王黑墩	王成群	575	1914	291290	409
许黑墩	许振东	194	644	234255	368
郭黑墩	张志永	316	1049	538510	839
何官庄	陈学欣	431	1451	786214	1400
刘黑墩	郭守庆	284	945	535210	890
黑墩屯	肖　杰	877	2930	2344504	2950
马宅	王开敏	234	789	463841	850
周家庄	周德省	205	683	268002	600
郁黑墩	郁章启	379	380	274652	371
王岭	刘建其	93	310	246344	321
谢庄	朱连东	133	450	318465	479

撰稿：朱国海

审核：庄新明

汤河镇

领导成员

党委书记：李善湘（2016 年 5 月离职）
张　选（2016 年 5 月任职）

副 书 记：张　选（2016 年 5 月离职）
朱　超（2016 年 5 月任职）
葛继卿（2016 年 5 月离职）
王胜虎（2016 年 5 月任职）
王　东（挂职，2016 年 3 月任职）

纪委书记：杜明义（2016 年 12 月离职）
罗顺利（2016 年 12 月任职）

组织委员：赵国庆（2016 年 5 月离职）
朱孟涛（2016 年 5 月任职）

宣传委员：朱孟涛（2016 年 5 月离职）
张　浩（2016 年 5 月任职）

委员、武装部长：王传海

统战委员：罗顺利（2016 年 12 月离职）
马　欣（2016 年 12 月任职）

委　　员：董立伟

人大主席团

主　席：许田运（2016 年 12 月离职）
曹克善（2016 年 12 月任职）

副主席：王洪海（2016 年 12 月任职）
诸葛祥杰（2016 年 12 月任职）

政协委员联络室

主　任：王胜虎（2016年5月任职）

政　府

镇　长：张　选（2016年5月离职）

朱　超（2016年5月任职）

副镇长：殷丽君（女，2016年5月离职）

王举庆（挂职，2016年5月离职）

张　阳（女，2016年5月任职）

董立伟

李善伟（2016年12月任职）

刘广千（2016年12月任职）

主任科员：杜明义（2016年12月任职）

党政办公室

主　任：董立伟（2016年5月任职）

社会事务办公室

主　任：董立伟（2016年5月任职）

副主任：葛夫爱（女，2016年12月任职）

经济发展办公室（环境保护办公室）

主　任：王传海（2016年5月任职）

副主任：张小霞（女，2016年12月任职）

安全生产监督管理办公室

主　任：王传海（2016年5月任职）

社会稳定办公室

主　任：朱孟涛（2016年5月任职）

副主任：李善伟（2016年12月离职）

刘金迪（女，2016年12月任职）

乡村规划建设监督管理办公室

主　任：张　浩（2016年5月任职）

副主任：于运宝（2016年12月任职）

【机构设置】 截至2016年底，镇机关设党政办公室、经济发展办公室、社会事务办公室、社会稳定办公室，农业综合服务中心、财经服务中心、社会事务综合服务中心、计划生育服务中心、村镇建设服务中心等，共有工作人员109人。

【概况】 汤河镇位于河东区东部16千米处，中部有汤河贯穿而得名，总面积52.6平方千米，辖38个行政村，人口5.9万。盛产苗木花卉、沂州木瓜、杞柳等，系临沂市特色产业镇、休闲农业与乡村旅游示范乡镇，山东省苗木花卉百强镇、十佳花卉乡镇，全国最大的海棠苗木生产基地。2016年，全镇完成规模以上固定资产投资14.2亿元；协议利用外资5.2亿元，实际到位资金3.9亿元；实现全镇财政总收入2946万元，农民人均纯收入14447元。

【农业】 2016年，新发展13家专业合作社，新流转土地4000亩，新增各类苗木花卉7000亩，全镇苗木花卉种植面积达3.8万亩，新建小程子河蝴蝶兰育苗培育基地，汤河湿地被列为国家级湿地公园；省、市级农业产业化龙头企业有7家，农民专业合作社和家庭农场有140家。

【工商业　招商引资】 2016年，规模以上工业企业达到22家，实现产值21.9亿元，新增服务业企业46家、个体工商户500余家，新引进春光海棠休闲小镇和佛罗伦萨小镇2个服务业项目。

【财税　金融】 2016年，实现全镇财政总收入2946万元，其中国税完成1296万元，地税完成1650万元。各项金融业务稳健发展，2016年底，邮政储蓄余额突破2400万元，合作银行汤河支行各项存款余额7200万元。

【交通　邮电】 2016年，开展户户通道路硬化工程，对全镇范围内的居民小巷道路进行硬化提升，新增道路面积75万平方米，村庄道路硬化95%以上。启动北京东路、汤河综合治理工程，改善沿线居民交通环境；投资100万元打通后西庄与前西庄连接路一条，投资70万元改造提升府前路东段东洽沟、中洽沟村内主要道路一条。镇域范围内实现光纤介入全面降价，全镇光纤接入速率由10M提至20M，部分用户接入速率50M，4G手机用户发展累计6680户，宽带累计7550户。

【文化】 全镇共有农家书屋10个，村级电子阅览室38个，村级文化大院38个，镇文化大院1个。2016年，火笔画和扑蝴蝶被纳入市级非物质文化遗产；实施一村一年一场戏工程，共送戏下乡22场，放映电影496场；全镇发展文艺宣传队20支，文体骨干有400多人，组织开展文体活动60次。

【广电】 2016年,数字电视发展用户有4700户，广电宽带用户有400多户，结合“雪亮”工程，在辖区内主要路口安装天网工程监控数字探头205个,与河东供电公司合作开展电力集抄业务，实现远距离的数据交换和实时监控的智能化。

【旅游】 重点发展农业主题庄园和都市休闲农业，建设集花木生产销售、品种培育研发、观光休闲旅游、科技示范带动“四位一体”的现代农业综合示范园——临沂国际花木城，被临沂市旅游局评为AA级景区。2016年临沂市第七届市花（沂州海棠）节在汤河镇前张庄村沂州海棠基地举办，参展花农有700多户，游客有5万多人次。

【教育　卫生　计生】 在全区教学成绩考评中，小学成绩连续6年、中学成绩连续7年在全区名列前茅。2016年，累计投入5000万元，改造中小学12处，建成校舍面积2.8万平方米、塑胶操场3.5万平方米、人工草坪1.2万平方米，全镇中小学办学条件全部达到省定标准。投资3200万元的村村通自来水工程竣工通水。全镇共有卫生院1处,卫生室22处。共接诊患者4.5万人次，全年总收入543万元，基药补助65.4万元，公共卫生服务补助93.3万元；参合农民门诊统筹补偿10893人次，补偿62.2万元，住院患者补偿1474人，补偿210.4万元；建立居民健康档案48911份，建档率87%；建立4516份高血压档案、1007份糖尿病档案；定期为65岁以上老年人进行一般体格检查，全年为4316名老年人进健康查体，健康查体率77%，实现育龄妇女健康查体全覆盖，全年组织育龄妇女从健康查体2次，查体4000余人次。全镇人口自然增长率为9.98‰，晚婚生育率为28.68%，秋季育龄妇女健康查体进站率为99.93%。

【政法】 2016年，共接待群众来信来访110起，按期结案率为100%，结服率为97%，实施雪亮工程建设，实现辖区内村居全覆盖；镇派出所共接处警207起，打击处理120人次，破获刑事案件23起，治安处罚96人次。

【社会保障】 2016年，共收缴养老保险金988万元,参保人数共计21197人,发放人数9466人，发放社会养老保险金总额2290万元；征收居民医疗保险44.79万元，共计征收人数为50834人；完成新增就业再就业2500人，完成农村劳动力转移就业3000余人，发放创业小额担保贷款400余万元，直接带动就业300人。

【镇村建设】 建设以“古镇、湿地、花市、林场”为特色的美丽家园。开展“乡村文明行动”，完成东岭、大程子河、小程子河等7个村的沿线绿化、垃圾分类处理和整治工作。在旦彰街村等6个村开展美丽乡村集中连片整治，主要实施“五化三改”工程，全镇总体规划编制完成，行政村规模布局得到优化，数量由38个调整到10个。2016年，投入4800万元在前西庄等6个村开展了美丽乡村集中连片整治，成为省级美丽乡村连片整治示范区。于9月、10月先后召开全市深化“美在农家”现场推进会、全市美丽乡村建设现场会。开展了2个批次、25个自然村的“户户通+改厕”工程，绿化面积1.3万平方米，美化面积4.6万平方米，改厕1100户。投资390万元开展农村环境卫生整治，城乡环卫一体化实现全覆盖。累计投资2.6亿元建设洽沟社区、东程社区两个新型农村社区，建成住宅楼42栋、面积15万平方米，城镇化率提高了 1.6%。配套规划 10 处社区综合服务中心，目前已建成洽沟、程子河、后西庄 3 处社区综合服务中心，改建修缮 9 处便民服务中心。投资 2980 余万元硬化道路 9.9 万平方米，投资 700 万元提升改造旦赵路汤河段，硬化祝丘河沿河路 8.5 千米、汤河滨河路 10.5 千米，启动北京东路改建工程。

【基层党建】 2016 年，开展“两学一做”学习教育，围绕“学党规党章、学系列讲话，做合格党员”的要求，坚持领导带头，狠抓责任落实，突出专项整治，开展手抄党章活动，领导班子整改工作方案确定 21 项整改事项，各级班子成员共列出问题清单 221 项，领导班子部署开展 38 项专项整治活动，党委确定建立健全 17 项制度规定，新发展党员 20 名，推荐入党积极分子 39 名，预备党员转正 40 名。

2016 年汤河镇各村居基本情况统计表

村　居	人口（人）	耕地面积（公顷）	粮食产量（千克／亩）	村集体收入（元）	农民人均纯收入（元）
东洽沟	1156	46.92	411314	12900	10831
中洽沟	1891	105.26	591824	5000	12022
周家官庄	1926	88.96	802050	104000	16034
西洽沟	1604	32.26	573923	268100	23723
前蒆庄	1653	35.22	419910	76100	26848
后蒆庄	1147	46.75	472089	12620	15214
沟崖	853	32.37	267980	0	10791
张故县	2382	90.69	1111568	0	15149
赵故县	472	0.16	186640	0	13679
周故县	358	36.39	216850	20000	12388
王故县	579	43.36	275515	0	10307
曲坊	2923	130.08	767659	70000	21853
前朱井寺	1217	81.9	450240	13500	13864
后东庄	1500	89.96	40469	22000	20230
后西庄	1119	50.06	185416	64000	14047
朱楼子	1760	78.47	575380	0	18811
桥头	1388	55.24	441510	0	13942
小南庄	1760	70.61	455924	62700	17025
禹屋	4629	171.48	898208	4050	23460

续表

村　居	人口（人）	耕地面积（公顷）	粮食产量（千克／亩）	村集体收入（元）	农民人均纯收入（元）
管家岭	2378	124.16	1066160	66000	18999
邢家湖	1180	88.78	813000	14000	11314
东李湖	1235	111.66	923941	31000	11912
南新庄	834	40.18	301949	26000	16035
大坊坞	2039	111.84	518976	70000	13623
后坊坞	1015	40.75	323054	18985	10030
西北坊坞	1607	96.62	716416	76200	13089
西南坊坞	444	16.26	205762	0	11202
后朱井寺	1007	82.86	690198	0	13840
大程子河	3372	155.22	1704141	14500	14575
小程子河	1672	84.7	734095	29000	14754
东岭	869	42.53	218076	24500	12082
西岭	484	18.43	247893	20000	11517
旦彰街	2334	69.17	91697	50570	21322
后张庄	1318	60.05	472130	74000	15499
前张庄	2436	113.56	691382	0	25094
大南庄	2001	152.56	23100	15000	17731
前东庄	1133	69.89	48428	0	15140
前西庄	1001	55.01	124133	51980	15083
合计	58676	2820.37	19059000		

撰稿：管道鹏　胡彦芹

审核：张　选

相公街道

领导成员

党工委

书　　记：庄少春（2016年12月离职）

　　　　　张东升（2016年12月任职）

副 书 记：李丽娜（女，2016年5月离职）

　　　　　李凤凯（2016年5月任职）

　　　　　王胜虎（2016年5月离职）

　　　　　李　洁（2016年5月任职）

朱崇好（挂职，2016 年 3 月任职）
纪委书记：侯宝林（2016 年 5 月离职）
付明伟（2016 年 5 月任职）
组织委员：缪兴霞（女，2016 年 5 月离职）
霍云鹏（2016 年 5 月任职）
宣传委员：赵庆佰（2016 年 12 月离职）
陈君亮（2016 年 12 月任职）
委员、武装部长：
朱孔栋（2016 年 5 月离职）
管钦生（2016 年 5 月任职）
统战委员：霍云鹏（2016 年 5 月离职）
史记亮（2016 年 12 月任职）
委　　员：尤元泉（2016 年 12 月离职）
黄超男（女，2016 年 12 月任职）
杜　贺（挂职，2016 年 8 月离职）

人大工作办公室
主　　任：冯自强（2016 年 5 月离职）
孙成伟（2016 年 5 月任职）

政协委员联络室
主　　任：缪兴霞（女，2016 年 5 月离职）
李　洁（女，2016 年 12 月任职）

办事处
主　　任：李丽娜（女，2016 年 5 月离职）
李凤凯（2016 年 5 月任职）
副 主 任：尤元泉（2016 年 12 月离职）
鞠传营（2016 年 5 月离职）
胡丙东（2016 年 5 月任职）
丰丙仕（2016 年 12 月离职）
黄超男（女，2016 年 12 月任职）
李慧强（2016 年 12 月任职）
刘海洋（2016 年 12 月任职）
周良银（挂职，2016 年 5 月离职）
杜　贺（挂职，2016 年 8 月离职）

党政办公室
主　任：尤元泉（2016 年 5 月至 12 月）
副主任：李　涛（2016 年 5 月离职）
张丛林（女，2016 年 12 月任职）

经济发展办公室
主　　任：丰丙仕（2016 年 5 月至 12 月）
副主任：许金豹（2016 年 12 月离职）
杨　蕾（2016 年 12 月任职）

安全生产监督管理办公室
主　　任：丰丙仕（2016 年 5 月至 12 月）
副主任：郭希伟（2016 年 12 月任职）

社会事务办公室
主　　任：赵庆佰（2016 年 5 月至 12 月）
副主任：李慧强（2016 年 12 月离职）
于芝旭（2016 年 12 月任职）

社会稳定办公室
主　　任：管钦生（2016 年 5 月任职）
副主任：郭亚君（2016 年 12 月任职）

环境保护办公室
主　　任：胡丙东（2016 年 5 月任职）
副主任：何龙华（2016 年 12 月任职）

乡村规划建设监督管理办公室
主　　任：霍云鹏（2016 年 5 月任职）
副主任：刘鹏飞（2016 年 12 月任职）

【机构设置】 截至 2016 年底，街道机关设党政办公室、经济发展办公室、社会事务办公室、社会稳定办公室、环境保护办公室、安全生产监督管理办公室、乡村规划建设监督管理办公室、街道事业单位设财经服务中心、农业综合服务中心、社会事务综合服务中心、计划生育服务中心、村镇建设服务中心、科技文化服务中心、法律服务所等 14 个部门，共有工作人员 78 人。

【概况】 相公街道位于河东区政府驻地东 6 千米处，总面积 64.5 平方千米，辖 32 个行政村，7.3 万人，耕地面积 36200 亩。相公街道工业基础雄厚，镇域经济发达，区位优势明显，交通十分便利，东靠日照港、石臼港，西临 206 国道、京沪高速公路，岚兖公路、兖石铁路横穿东西，胶新铁路纵贯南北，距临沂火车北站 5 千米，距临沂机场 10 千米。街道现有 220KVA、110KVA 变电站各 1 座，电力资源充足。有初级中学2所、小学9所，有规模较大、设备先进的综合性医院1处，其他购物、休闲、娱乐场所一应俱全。春秋时齐国名相管仲曾寓居于此，管鲍分金传说已申请省级非物质文化遗产；大范庄出土的高柄镂孔杯，胎壁极薄，近似蛋壳，故称为蛋壳陶，为龙山文化黑陶中的精品，堪称国宝，有2件被北京故宫博物院收藏，5件被山东省博物馆收藏；始建于唐玄宗开元二十六年的释佛寺重建工程总投资3500万元，已通过省民宗局审批，主殿等建设已完成，释佛禅寺建成之后规模将位居山东省第二。

【农业】 2016年，粮食总产3.71万余吨。其中，小麦收获面积34968亩，单产526千克，总产18393吨；水稻收获面积32000亩，单产530千克，总产16960吨；玉米收获面积2968亩，单产590千克，总产1751吨。生猪存栏3.53万头，出栏5.03万头；家禽存栏11.6万只，出栏47.9万只；牛存栏149头，出栏152头；羊存栏440只，出栏1490。共免疫猪口蹄疫5.01万ML、猪蓝耳5.5万ML、猪瘟4.08万头份、禽流感21万ML、牛羊口蹄疫0.46万ML、小反刍0.2万头份。完成农田水利建筑300处/座，完成石渠15059米，新打机井160眼，疏通排水沟15条50000米，埋设过路涵管50处。

【工商业　招商引资】 2016年，相公街道规模以上企业33家，纳税过百万元企业3家（其中纳税过千万元企业1家）。完成规模以上企业工业总产值98.9亿元，贸易商品销售总额6.9亿元，商品零售额1.6亿元，固定资产投资17.2亿元，全街道实现公共财政预算收入5266.3万元，新签约项目3个，在谈项目3个。临沂正直实业公司投资的重型载货汽车暨保险服务大厅建设项目，占地面积20万平方米，计划总投资2亿元。奥达城市综合体建设项目，盘活老机械厂4.27万平方米土地，计划总投资5亿元。奥达建陶三期建设项目，新上2条高档瓷砖生产线，项目总占地12万平方米，计划总投资1.5亿元。

【教育　卫生　计生】 截至2016年底，有初中2所，在校学生2913人，教师290人（研究生学历5人、本科学历279人、专科学历6人）；小学9所，在校学生6917人，教师288人（研究生学历9人、本科学历211人、专科学历57人）；幼儿园31所，在园幼儿3564人，幼儿教师297人。完成门诊诊疗128998人次，诊治各种急诊病人59396例，收住住院病人10838人次，各种手术2163例。2016年，全街道人口自然增长率为50.80‰，晚婚生育率为17.60%，秋季育龄妇女健康查体进站率为99.01%，出生性别比为128，落实节育措施1082例，开展育龄妇女健康查体活动，进站率达100%，瞒漏报清理0例，信息核查纠错100%。孕前优生免费健康查体超额完成上级所分配的任务数。

【政法】 按照全市综治中心规范化建设要求，高标准建设了街道综治中心，统一配备办公设施，每年预算经费为7万元。中心总面积376平方米，设立了四室一厅一平台，综合协调办公室，负责街道社会治安综合治理工作及综治工作中心的日常事务、后勤保障工作；治安防控办公室，负责街道社会治安综合治理工作；群众接待大厅，对信访接待、人民调解、人口管理、社区矫正、民政救助和社会保障设置六个综治窗口，实行“一站式服务”;综治信息平台（指挥调度室），即“雪亮工程”，安装视频监控探头312个，实现全街道治安监控全覆盖，45个行政村配备90名专职监管员，成立巡逻中队3个，配备专职巡逻队员45人、治安巡防电动车45辆，24小时不间断持续监控管理。巩固提升村村保安工程，公开招聘村级专职保安180名，稳定村居专职治安巡防队伍，完善制定专职巡防人员管理考核细则。深入排查各种矛盾纠纷，建立健全信访案件领导包案制。2016年相公街道被评为“平安临沂”建设工作先进镇街，在区级年度平安建设测评中连续两年名列第一名。

【社会保障】 通过多种渠道扩大就业和再就业，居民收入进一步提高，农民人均收入为13260元。惠民保障政策落实到位，新农合、新农保、政策性农业保险、治安保险等工作均按时足额发放到位，低保、五保供养、民政优抚扎实开展，社会保障体系进一步完善。年内，确定农村低保对象2332人，新农合数60163人，报销医药费2042.16万元，收取养老金1000余万，每月发放养老金100万，每年发放丧葬费15万。

【镇村建设】 2016年，街道坚持“工业经济发展带动城镇建设，城镇建设促进工业经济发展”的双赢式发展思路，邀请规划设计院对全线进行规划设计，高标准高规划建设相公。编制释佛寺片区规划，整合释佛寺、分金台、管仲祠等资源。完成了北京东路征地拆迁工作和第一批美丽乡村创建工作，组织开展第二批11个村的美丽乡村建设工作，实现硬化道路25万平方米，完成改厕3200户。

【基层党建】 2016年，新建成社区综合服务中心2个，在建3个，完成“两新”场所改造2处，发展党员25名，新销号3年以上不发展党员的村7个。结合“两学一做”学习教育，积极组织党员学党章、上党课，先后组织党员干部6批次2300人次到孟良崮战役纪念馆、新四军军部等地开展党性教育。开展“结亲连心”活动，每名干部确立了10个重点走访对象，每2月至少入户一次。

【精神文明建设】 推进村级文化广场建设，全街道建成文化广场20个，实现90%的覆盖率。全面推进“四德工程”建设，全街道32个行政村全部建立善行义举四德榜，并制作宣传牌923块、宣传标语200条。做好“乡村文明家园”建设工作，广泛开展道德模范和身边好人评选表彰活动，引导群众争当“文明家庭”“星级文明户”“好婆媳”“好夫妻”。所有村居建有文化大院、农家书屋、文体广场等公共文化基础设施，广泛开展文艺演出、体育健身等活动，丰富群众精神文化生活。建立村民议事会、道德评议会、禁毒禁赌会、红白理事会等群众组织。

2016年相公街道各村居基本情况统计表

村居	人口（人）	耕地面积（亩）	村集体收入（元）
相公一村	2098	1157	25200
相公二村	1826	766	415700
相公三村	1860	845	11689
南寺	984	214	2684040
西南旺	669	399	204000
东南旺一村	1863	1486	752058
东南旺二村	1982	1249.9	245511
东南旺三村	1100	682.4	0
周家庄村	1410	1100	83385

续表

村居	人口（人）	耕地面积（亩）	村集体收入（元）
李家黑墩	682	620	69960
高家团	1540	1150	460486
郭家团	2302	1543	0
刘家团	1686	453	3441261
西朱团	1309	653	125138
小朱团	980	498	216010
李家团	1500	710	1550842
东朱团	2456	1515	626370
孙旺庄	4200	2484	48737
小茅茨	3553	2240	240006
大茅茨	2176	610	502360
小范庄	430	370	98122
大范庄	1718	280	18119
安子林	954	906	108000
平墩湖	3475	3667	75519
洪岭埠	2960	2880	59796
学田庄	1339	1113	67394
新城村	593	385	48300
泗沂庄	566	390	25500
西冷庄	1936	1386	124879
宅　子	1040	781	102360
石碑屯	1580	240	786448
东冷庄	342	350	44476
东沈杨	807	461	42630
西沈杨	1062	570	570013
郑家寨子	2020	1153	87251
青墩寺	1860	1320	434197

续表

村居	人口（人）	耕地面积（亩）	村集体收入（元）
黄家屯	1452	1092	282351
东傅家屯	1497	605	482993
张沙兰	1095	829	20000
徐沙兰	1395	1121	78902
张家岭	981	751	70903
胡家店	695	293.5	131805
曹家店	920	570	330500
李沙兰一村	830	496	81000
李沙兰二村	1546	698	166495

撰稿：张继杰

审核：庄少春

八湖镇

领导成员

党委书记：赵海明（2016 年 12 月离职）
张立强（2016 年 12 月任职）

副 书 记：张立强（2016 年 12 月离职）
许田运（2016 年 12 月任职）
王开运（2016 年 5 月离职）
朱兴杰（挂职，2016 年 3 月任职）
郭　家（2016 年 5 月任职）

纪委书记：尹云富（2016 年 12 月离职）
朱慧英（女，2016 年 12 月任职）

组织委员：陈晓伟

宣传委员：陈晓晖（2016 年 5 月离职）
龙军超（2016 年 5 月任职）

委员、武装部长：王安进

统战委员：徐海艳（女，2016 年 5 月离职）
王福海（2016 年 5 月任职）

党委委员：高　明（2016 年 5 月离职）
赵国庆（2016 年 5 月任职）

人大主席团

主　　席：魏孝圣（2016 年 12 月离职）
焦　婧（女，2016 年 12 月任职）

副 主 席：任民杰（2016 年 12 月任职）
刘金凤（女，2016 年 12 月任职）

政协委员联络室

主　　任：许田运（2016 年 12 月任职）

政　府

镇　　长：张立强（2016 年 12 月离职）
许田运（2016 年 12 月任职）

主任科员：高　明（2016 年 5 月任职）

副 镇 长：高　明（2016 年 5 月离职）
龙军超（2016 年 5 月离职）
孔　杰（挂职，2016 年 5 月离职）
赵国庆（2016 年 5 月任职）
殷丽君（女，2016 年 5 月任职）
司　波
王士贵（2016 年 12 月任职）

党政办公室
主　任：陈晓伟（2016年5月任职）
副主任：史记亮（2016年12月离职）
　　　　侯常勇（2016年12月任职）
经济发展办公室
主　任：殷丽君（女，2016年5月任职）
副主任：王福海（2016年5月离职）
安全生产监督管理办公室
主　任：赵国庆（2016年5月任职）
副主任：王友法（2016年12月任职）
社会事务办公室
主　任：司　波（2016年5月任职）
副主任：张洪将（2016年12月任职）
副主任：管钦生（2016年5月离职）
城市建设办公室
副主任：任民杰（2016年12月离职）
社会稳定办公室
主　任：王安进（2016年5月任职）
副主任：邵明耀（2016年5月离职）
　　　　徐洪银（2016年12月任职）
环境保护办公室
主　任：王福海（2016年5月任职）
乡村规划建设监督管理办公室
主　任：龙军超（2016年5月任职）
副主任：娄燕飞（2016年12月任职）

【机构设置】 截至2016年底，乡镇机关设党政办公室、计划生育办公室、经济发展办公室、土地建设环保办公室、农业扶贫办公室、综治维稳办公室、社会事务办公室、安全生产监督管理办公室、组织和经济审计办公室、督查考核办公室和文化宣传办公室，共有工作人员101人。

【概况】 八湖镇位于临沂市河东区东北部，辖10个农村社区、51个自然村，人口有7.1万人，总面积92平方千米，其中耕地8.1万亩。东距日照港、岚山港70千米，南至临沂北火车站10千米、临沂飞机场20千米。境内交通便利，郑太路、临东路贯穿全境，长深高速和临沂东外环途经该镇东西部。八湖镇东有沭河、中有汤河、管仲河，水系发达，植被茂密，生态环境良好，是中国脱水蔬菜加工城、中国莲藕之乡、中国草莓之乡、全国环境优美乡镇、全国农产品加工业示范基地、国家农业标准化示范区和省级文明村镇。

【农业】 盛产小麦、水稻、大蒜、花生等农产品及莲藕、草莓、西红柿、葡萄、食用菌等经济作物，是市级优质农产品示范基地。2016年，突出设施农业发展，以瑞泽农业科技为中心，邀请南京农业大学规划了“五区一中心”的河东区万亩食用菌产业园区，大力发展设施农业，打造现代农业发展的“新高地”。10月，全市优质农产品基地品牌建设现场交流会在瑞泽科技召开；加快农业产业化推进，投资1500万元，在镇驻地新建供销社农业发展服务中心，与刘店子为农服务中心对应，为现代农业发展提供规模化、系统化的服务。先后迎接10余次国家和省市领导检查指导活动；推进产业园区建设，先后完成全镇10个省级贫困村的产业园区建设，涉及蔬菜、草莓、食用菌和鲜切花加工等优质产业，共建成高标准大棚53个，实现了一村一产业，村村有特色。

【工商业　招商引资】 2016年，完成公共预算收入3108万元，规模以上工业总产值和固定资产总投资分别达29.61亿元和12.03亿元，同比增长13.6%和22.8%。“三引一促”凝聚新动能，引进过亿元的项目5个，实际到位资金3.25亿元，超额完成招商引资和重点项目建设任务。

【财税　金融】 全年全镇财政总收入4719.3万元，其中，增值税1844.0万，营业税342.0万，车船税803.5万，企业所得税708.5元，耕地占用税100.0万，城镇土地使用税351.6万，其他各税共 417.1 万元，非税收入 152.6 万元。

【交通　邮电】 2016 年，启动汤河综合治理工程，全力推进占迁工作。累计硬化田间生产路 82 千米，新修水渠 8 千米，总投资 2800 万元，启动 10 个村的“户户通 + 改厕”工程，建设面积 44 万平方米，改造厕所 3125 个。立足全市高度，实施长深高速河东出口整治提升工程，高标准整治提升长深高速河东出口，打造临沂城区东大门新形象。

【文化　广电　旅游】 2016 年，实现村村都有文艺队，共有 10 余支较大型正规广场舞和民间表演队伍，3 个民间艺术团。新开通有线电视 216 户，实施光纤到村工程。按照“全域旅游”发展思路，依托荷文化和果蔬采摘，围绕临沂东外环和长深高速连接线，规划启动总占地 1 万亩的刘店子周末农场采摘特色旅游园区和核心区 2000 亩的金刚岭莲花寺旅游片区项目，高标准打造临沂城东的旅游新地。

【教育　卫生　计生】 按照“教育优先发展再提升”的工作部署，通过加大投资、扩班增容，八湖中心中学和刘店子中心中学的“大班额”问题得到解决，教育布局进一步优化。重视学校餐厅安全卫生，对坊上联小、石拉渊联小等 9 所学校餐厅进行升级建设，强化食品安全检查，保证学生饮食安全，提升群众对教育环境满意度。年内投资 110 万元，在不破坏原生态的基础上，完成坊上、沂自庄和郭圪墩村汪塘整治工作，实现塘底彻底清淤。推进环卫一体化工作，加大对环卫公司的监管力度，新购置 60 个垃圾方箱和 350 个垃圾桶，不断完善环卫设施，实现环卫工作常态化。投资 40 万元，新建邵八湖等 4 处村级卫生室。启动八湖医院病房楼建设项目，加快推进刘店子卫生院综合楼项目，提高公共卫生服务水平。注重农村饮水安全，规划建设刘店子片区自来水改造提升项目，进一步巩固提升 3.2 万名群众饮水安全。计划生育稳步推进，全镇人口自然增长率控制在 6‰以内，性别比控制在 1.25 ∶ 1，超额完成国家孕前优生免费查体项目。

【政法】 以镇综治中心为核心，各职能部门配合的控制处置防线，把矛盾纠纷化解在源头、化解在基层、化解在萌芽状态。社会管理综合服务中心“一站式”服务到位。2016 年，新改造提升镇综治中心，将综治各职能部门集中安排、统一规划、协同办公，实现群众反映问题、咨询问题、解决问题的一站式服务。加强镇村两级夜间站岗巡逻，将影响社会秩序的案件发生率降到最低，全年发生可控性案件 86 起，治安拘留 21 人，刑拘 9 人，比去年同期分别下降 17%、21% 和 11%，全镇社会治安形势稳定。

【社会保障】 居民医疗保险和居民基本养老保险参保率分别为 87% 和 97%。全面实施城乡低保、大病救助等惠民政策，社会保障覆盖面不断扩大、体系不断完善。2016 年，收缴养老保险金 712 万元，共计参保人数达 33200 人，发放人数为 12023 人，发放社会养老保险金总额 1835 万元；征收居民医疗保险 800 万元，共计征收人数为 61388 人；完成新增就业再就业 1800 人，完成农村劳动力转移就业 2800 人。

【镇村建设】 2016 年，完成王疃、宋十二湖、高柴河、窦岭、张圪墩和河北崖村便民服务站主体建设和坊上、石拉渊便民服务中心的内外装修。加快推进 4 万亩高标准基本农田改造和配套水利建设项目，硬化田间路 82 千米，新修水渠 8 千米。投资 260 万元，新上 11 台配电变压器，进一步满足群众生活需求，投资 2450 万元，建设小农水项目，涉及 23 个村，建设 18 座泵站，新修防渗渠 43 千米。总投资 2800 万元，启动 10 个村的“户户通 + 改厕”工程，建设面积 44 万平方米，改造厕所 3125 个。

【基层党建】 2016年，深入开展“两学一做”学习教育，全面提升基层党员干部党性修养，提高干事创业的执行力和责任意识。发展农村党员25名，培养入党积极分子35名，加强基层组织建设，配齐配强张八湖、谢圪墩等4个村级班子，增强基层组织战斗力。强化村级规范化建设，对新排查出的宋十二湖等3个后进村，实行销号整改，全部完成整顿。

【精神文明建设】 2016年，新建村级文化广场5个，实现村级广场全覆盖。开展道德模范选树活动，涌现出敬业奉献、敬老爱亲、助人为乐等类型不同的道德模范十余人，通过大力宣传道德模范的先进事迹，广泛开展群众性学习宣传道德模范活动，切实把推荐评选道德模范的过程，变成引导全镇广大干部群众学习道德模范、争做道德模范的过程，变成建设社会主义核心价值体系的过程，形成争当道德模范的浓厚社会氛围。

2016年八湖镇各村居基本情况统计表

村　居	人口（人）	耕地面积（亩）	粮食产量（千克）	村集体收入（元）	人均纯收入（元）
古沂庄	3116	4702	3534860	8600	12001
徐八湖	1589	1700	1318630	31000	11756
邵八湖	3432	2996	2272540	13750	12117
张八湖	1069	1015	766115	21536	12049
管仲河	834	796	587355	89100	12149
新　庄	618	523	421135	25020	11522
窦　岭	740	1351	1028545	126000	11712
朱程旺	1485	1405	1046540	13400	12042
苏程旺	1627	1752	1340010	71369	11443
西北场	509	485	365215	46331	11068
河北崖	636	592	474840	102000	11396
东南角	1772	2215	1552545	33540	11578
张圪墩	2091	2304	1710055	134667	12038
王圪墩	1210	1083	818885	71802	12078
谢圪墩	757	811	578125	10100	11821
郭圪墩	1725	1805	1331750	54206	12137
蒋　庄	209	189	132250	6000	11439
边圪墩	903	870	662330	10700	11723

续表

村　居	人口（人）	耕地面积（亩）	粮食产量（千克）	村集体收入（元）	人均纯收入（元）
张柴河	863	681	518255	135100	11678
窦柴河	342	167	127175	37392	11650
岳柴河	461	401	319550	42750	11477
李魏林	684	615	456250	7200	11625
解魏林	673	738	556105	36210	11397
田魏林	413	317	222755	17000	11421
魏魏林	599	707	530365	8241	11788
驻马滩	2554	2789	1964540	8700	11307
张五湖	1377	1876	1339300	31200	12308
徐五湖	372	465	312150	8248	11817
蒲沂庄	756	949	705765	5180	11491
高柴河	2229	2229	1637005	139942	11998
铜　佛	920	1271	942035	7500	11496
树沂庄	1730	2806	2017520	119800	11418
沂自庄	1861	2239	1631175	46750	11437
王十二湖	3109	2930	2130050	23500	11618
王　疃	2233	2738	2043840	102500	11725
丰赤草坡	2102	2333	1754765	14510	11497
朱赤草坡	407	526	372050	5500	11522
付赤草坡	1702	1550	1114870	40792	11668
刘店子	3265	1738	1178965	23500	12107
史宅子	1106	914	617750	5900	11496
宋十二湖	2056	1926	1339660	132400	11656
吴十二湖	1294	840	591537	26400	11292
坊　上	4508	4725	3418335	154500	11604
大十六湖	1809	2320	1722470	8300	11528
小十六湖	950	1036	740020	6200	11390

续表

村　居	人口（人）	耕地面积（亩）	粮食产量（千克）	村集体收入（元）	人均纯收入（元）
星移庄	1933	1977	1456355	7000	11316
前石拉渊	1830	2050	1465220	139000	11475
东石拉渊	926	1150	859750	4100	11319
西石拉渊	963	1117	849855	8300	11687
大梁家	1296	1369	1037325	15100	11990
新莲村	332	400	298960	6200	11306
合计	69875	76483	56213447		

撰稿：金　刚

审核：张立强

郑旺镇

领导成员

党委书记：蔡明朋（2016年12月离职）
　　　　　赵　杰（2016年12月任职）
副 书 记：陈学涛
　　　　　刘晓光
　　　　　李洪强（挂职，2016年3月任职）
纪委书记：沈洪星（2016年5月离职）
　　　　　陈明勇（2016年5月任职）
组织委员：刘文林（2016年5月离职）
　　　　　李　涛（2016年5月任职）
宣传委员：张　林（2016年5月至12月）
　　　　　王　亮（2016年12月任职）
委员、武装部长：
　　　　　李金龙（2016年5月离职）
　　　　　丁洪岩（2016年5月任职）
统战委员：张　林（2016年5月离职）
　　　　　马楠楠（女，2016年5月任职）
委　　员：刘文林（2016年5月至12月）
　　　　　黄江水（挂职，2016年5月离职）
　　　　　何　涛（2016年12月任职）

人大主席团

主　　席：张家迎（2016年5月离职）
　　　　　刘海佳（2016年5月任职）
副 主 席：葛福鼎（2016年12月任职）
　　　　　刘景尧（2016年12月任职）

政协委员联络室

主　　任：刘晓光（2016年5月任职）
镇　　长：陈学涛
副 镇 长：刘文林（2016年5月至12月）
　　　　　何　涛（2016年12月任职）
　　　　　王英新（2016年5月任职）
　　　　　陈明勇（2016年5月离职）
　　　　　张　阳（女，2016年5月离职）
　　　　　陈晓祥（挂职，2016年5月离职）
　　　　　姜淑玲（女，2016年12月任职）
　　　　　李红福（2016年12月任职）
主任科员：尤元泉（2016年12月任职）

党政办公室

主　任：张　林（2016年5月至12月）
副主任：胡丙东（2016年5月离职）
　　　　曹恩莉（女，2016年12月任职）

经济发展办公室（环境保护办公室）

主　任：丁洪岩　（2016 年 5 月任职）
副主任：马楠楠（女，2016 年 5 月离职）

社会事务办公室

主　任：马楠楠（女，2016 年 5 月任职）
副主任：刘　兵（女，2016 年 12 月离职）
　　　　王建业（2016 年 12 月任职）

社会稳定办公室

主　任：刘海佳（2016 年 5 月任职）
副主任：王　亮（2016 年 12 月离职）
　　　　宋金雷（2016 年 12 月任职）

安全生产监督管理办公室

主　任：李　涛（2016 年 5 月任职）
副主任：葛　燕（女，2016 年 12 月任职）

乡村规划建设监督管理办公室

主　任：刘文林（2016 年 5 月至 12 月）
副主任：刘　强（2016 年 12 月任职）

【机构设置】 截至 2016 年底，郑旺镇机关内设 7 个办公室，分别为党政办、经济发展办、社会事务办、社会稳定办、乡村规划建设监督管理办公室、安全生产监督管理办公室、基层组织办。下设 5 个服务中心，分别为农业综合服务中心、财经服务中心、社会事务综合服务中心、村镇服务中心、计划生育服务中心。共有工作人员 101 人。

【概况】 郑旺镇位于临沂市河东区东北部，面积 81.4 平方千米，耕地 7.6 万亩，辖 34 个行政村，人口 7.1 万人。郑旺镇以驻地村为名，在清宣统元年（1909 年）测绘的《山东省地图》标注“西郑王庄”，原名郑汪庄，因郑氏居民于汪崖得名，后改“汪”为“旺”，具有厚重的历史文化底蕴、浓郁的文化风情。郑旺镇东有沭河、中有汤河、西有管仲河，水系发达，植被茂密，生态环境良好，是全国重点镇、山东省中心城镇、山东省“百镇建设示范行动”第二批示范镇，先后获“中国酱菜之乡”“全国村务公开民主管理先进乡镇”“全国环境优美乡镇”“临沂市五个好乡镇党委”和“临沂市二十佳魅力乡镇”等称号。

【农业】 2016 年，粮食产量 45254 吨。按照“三区两带”的发展格局，建成了杞柳苗木花卉、无公害大蒜、绿色有机富硒稻米、有机蔬菜和特种动物养殖五大生产基地，新申报金鑫富硒稻米基地 1 处，发展特种动物养殖户 129 户，新增农业合作社 7 家。严格小麦种植面积核定及小麦保险政策落实，全镇小麦种植户数 14869 户，种植面积 46028.33 亩；全镇小麦参保户数 11600 户，参保面积 36928.24 亩；全镇玉米参保户数 4399 户，参保面积 10151.23 亩；花生参保户数 671 户，参保面积 871.43 亩。做好测土配方施肥的宣传及配方肥推广下地工作，推广花生、水稻及玉米配方肥 150 吨，在前兰埠村完成大蒜配方肥实验项目的验收工作。做好小麦“一喷三防”的物资发放工作，共发放小麦“一喷三防”防治药剂 430g/L 戊唑醇悬浮剂 134 箱，25% 噻虫嗪水分散

郑旺镇大蒜种植基地，蒜薹喜获丰收

粒剂 189 箱，磷酸二氢钾 403 箱。做好春季植树造林及林网、路网建设工作，春季在沭河沿线新栽植杨树 800 亩，新建农田林网 10000 米；全面搞好美国白蛾的调查及防控工作。

【工商业　招商引资】 2016 年，全镇有规模以上企业 24 家，规模以上固定资产投资 4.8 亿元，规模以上工业总产值 25 亿元，社会消费品零售额总量 1.2 亿元。全镇工业以森诺特环保材料、振淇机械、六和饲料、天德五金、林海木业、创新工艺、成业工艺、大宋食品等企业为龙头，培植了新材料、五金、板材、木柳、食品、工艺品六大支柱产业，同时立足“五区托一城”发展战略，发展经北区郑旺片区，完成了河东环保产业示范园区的建设和物流园区的规划。河东环保产业示范园区一期工程 4 条主要道路、管网、绿化等已全部完工，承载和吸纳能力不断增强。新招引奈尔汽车配件、皓正铁塔制造、科泰建筑机械、北京博瑞首创水务和宝通机动车检测等项目 5 个，合同利用资金 21 亿元，实际利用资金 8.6 亿元。截至 2016 年底，北京博瑞首创水务已竣工试营业，科泰建筑机械项目、皓正铁塔项目、奈尔汽车配件项目、宝通机动车检测项目已开工建设。振淇机械、森诺特环保材料等 15 家企业新增技改投资 3.8 亿元。

【财税　金融】 2016 年，全镇实现财政总收入 3200 万元，农民人均纯收入为 12210 元。民间融资不断活跃，以经营小额贷款为主的易亿民间融资服务有限公司发展顺利。

【交通】 推进主次道路建设工程，整体道路布局完善，能满足日常的发展需求。2016 年，投资 280 万元用于奥德大道建设，建设道路长度约 1600 米，道路硬化面积 16000 平方米，道路排水设施齐全，两侧绿化完善。投资 600 万元用于远东大道及相关配套设施的建设，道路全长 1918 米，两侧路肩 2.3 米，硬化道路面积共计 11508 平方米，道路两侧修建有人行道，道路排水设施及路两侧绿化较为完善。开工建设汤河改造提升工程和北京东路改造工程，房屋拆迁、地上附着物清理在全区率先全部完成，均已开工建设。投资 600 万元，新增街头绿地 3 处，新装路灯 260 盏。

【文化　广电　旅游】 全镇 34 个村全部建设村级文化广场，配有音响、图书室等文化设施。全镇 34 个村全部自发成立广场舞队伍，共有 10 余支较大型正规广场舞和民间表演队伍，1 个民间艺术团，11 月，组织举办广场舞大赛，丰富群众精神生活。2016 年，为 442 户居民开通了宽带，新安装摄像头监控设备 398 套。规划近郊旅游项目，打造“美丽乡村”精品环线，新开发 2 处农家乐项目、3 处休闲采摘园。

【教育　卫生　计生】 投资 1500 万元，新建郑旺镇养老服务中心，设计床位 300 张，集养老、医疗、康复、娱乐及日间照料等功能于一体，该养老中心于重阳节投入使用。投资 100 万元，新建郑旺镇卫生院门诊综合楼，全镇 35 家基层卫生室基本达标。开展了“5•29”协会活动日，发放宣传材料 2000 份，免费发放避孕药具 200 盒，张贴宣传标语 100 幅，有效的宣传了计生政策，配合区计生局开展性别比治理工作，对村级档案进行集中完善。中心中学、中心小学和中心幼儿园全部创建省级规范化学校，投资 8000 万元，建设新庄小学校园塑胶操场等辅助设施。

【政法】 健全以司法所为主，派出所为辅的化解疏导防线；巩固以镇综治办为中心，各职能部门配合的控制处置防线，把矛盾纠纷化解在源头、化解在基层、化解在萌芽状态。积极与相关部门沟通，做好“天网”的维护工作。全镇共计安装 257 个探头，涵盖了全镇的 63 个自然村、24 家规模企业、13 个幼儿园和所有的交通要道，且所有探头截止目前均已并入派出所的视频监控网络平台，在镇派出所值班室可清晰地监控到63个村庄的每一个监控画面。逐步建立健全“天网”的维护维修工作机制，确保作用发挥。对全镇矛盾纠纷、社会治安、重点人口等潜在隐患进行细致的排查，共化解信访案件132起，结案率为93.7%。

【社会保障】 居民医疗保险和居民基本养老保险参保率均已达到100%。全面实施城乡低保、大病救助等惠民政策。完成2016年农保征收任务，参保人数为37673人，征缴保费736万元，其中领取养老金人数为11250人；全面完成参保人员的信息录入及信息比对工作，做到了账款一致。对于计划生育对象到龄人员，及时变更相关信息，保证相关人员按时享受到政策的优惠。同时，完成全镇医保保费征缴和信息录入工作，全镇参加城镇居民医疗保险人员63403人。扶贫攻坚工作扎实推进，按照全区脱贫攻坚的安排部署，把民生工程建设与扶贫工作紧密结合，新建11处村级产业园区，新建6处社区服务中心，在产业扶贫、医疗救助扶贫、就业扶贫、金融扶贫、孝赡扶贫等方面不断加大工作力度，120名建档贫困人口全部实现脱贫。

【镇村建设】 依托《郑旺镇总体规划》，新编制《郑旺镇建成区控制性详细规划》《河东环保产业示范园区概念性规划》等城镇基础设施建设规划4个，城镇建设大纲基本形成。对社区建设及配套服务进一步推进，驻地社区质量、规模进一步完善。严格按照上级有关文件精神，采取多项措施强力推进社区“五上”工程建设。在落实工作人员，落实建设经费的基础上，“五上”工程建设速度不断加快。协调临沂奥德燃气公司，把户用天然气通到了社区。已实现东昇片区集中供暖，旺居乐片区、兴旺片区壁挂炉自行供暖。建成区用水普及率及合格率达到100%，供热率为27.5%，燃气使用率74.8%。深入实施改善农村人居环境工程，加快推进“改厕＋户户通”工程，自2015年启动以来，共完成29个村改厕700个，硬化面积38万平方米。城乡环卫一体化工作按照“运营市场化、清运委托化、管理网格化、考核精细化、奖惩绩效化”的“五化”运作管理模式，每年投入350万元，在全镇范围内进行市场化保洁。

【基层党建】 开展主题为“坚定理想信念，强化政治意识、大局意识、核心意识、看齐意识，讲政治、有信念”的集中研讨。严把党员发展“入口”。继续开展“发展党员规范化建设年”活动，认真落实发展党员“五项制度”。着力加强党员队伍分析研判，建立2年以上不发展党员村销号台账，共有17个村公推入党积极分子65名，其中3个3年以上未发展党员村公推入党积极分子13名。把村级服务场所规范化建设工作作为2016年的“书记项目”。共有10个村进行村级服务场所的新建和改建，投资78万元的沭河

郑旺镇老年公寓启用仪式

社区村级服务场所、投资120万元的郭家湾村级服务场所、投资40万元的朱家郑旺村级服务场所、投资13万元的墩子村级服务场所以及投资21万元的小王家村级服务场所完成主体建设，正在进行内外装饰，剩余5个村全部启动建设，工程正在有序推进。做好村级服务场所规范化建设的指导和监督工作，打造出2个村级服务场所规范化建设的亮点。

【精神文明建设】 扎实推进四德工程建设，积极以“做文明有礼的郑旺人”和“弘德扬善”为主题开展教育实践活动，在农村、机关、学校和企业广泛开展 “四德”工程示范点创建活动，通过评选“星级文明户”“职业道德标兵”“孝敬之星”“和谐家庭”“好婆媳”等评选表彰活动，倡树一批尊老爱幼、睦邻友好、敬业奉献的道德模范，使“四德工程”建设家喻户晓、深入人心。在11个村打造“四德文化一条街”，绘制漫画1000幅，先后在63个村张贴“善行义举四德榜”。

2016年郑旺镇各村居基本情况统计表

村居	负责人	与镇驻地方位及距离	总人口（人）	党员数	耕地面积（亩）	村集体总收入（元）
林家郑旺	林鹤涛	驻地东300米	2240	66	2120	30000
西郑旺村	杨文金	驻地北500米	2040	82	2560	40000
赵邱庄村	赵利军	驻地西100米	2433	107	2330	21000
朱家郑旺村	朱崇刚	驻地东北500米	1810	73	1600	30000
宋庄村	宋邦强	驻地东南1千米	1280	51	1237	50000
谭庄社区	王福岭	驻地南800米	1560	63	1500	0
湾林联村	杜振庄	驻地西南4千米	3899	119	2910	52000
邵家湾村	邵长良	驻地西南5千米	2580	60	1800	0
林家湾沟北村	林安举	驻地西3千米	2200	59	2050	0
林家湾沟南村	彭广花	驻地西南3.5千米	1212	38	920	0
张家湾村	张存福	驻地西3千米	2350	62	1790	50000
久沂庄村	马金堂	驻地西南6千米	1360	47	2800	0
新庄村	赵守宝	驻地东北4千米	2809	72	2733	0
北官庄村	王维松	驻地东北5千米	1250	44	1200	0
芦沟崖村	郑庆珏	驻地东北3千米	1736	49	1480	0
大尤家村	尤作利	驻地东北6千米	2373	114	1906	60000
沭河社区	王维顺	驻地东北7千米	1790	79	2266	100000
小梁家村	张洪杰	驻地东北6千米	1316	68	1702	0

续表

村居	负责人	与镇驻地方位及距离	总人口（人）	党员数	耕地面积（亩）	村集体总收入（元）
季楼张埠子联村	李学功	驻地北 4 千米	2479	80	2601	50000
兰埠村	孟昭焱	驻地北 3 千米	3413	92	3117	66200
古墩庄村	吕金娥	驻地西北 3 千米	1592	43	1800	0
镇东村	王传峰	驻地东 3 千米	2351	79	2250	0
小尤家村	尤开夺	驻地东 4 千米	2237	89	1520	0
大王家村	王传义	驻地东 4 千米	1236	30	1256	0
常旺街村	张洪雨	驻地东 5 千米	1469	60	1193	30000
大赵家村	赵振法	驻地东南 5 千米	3153	113	2394	60000
刘官庄村	刘玉普	驻地东南 3 千米	732	56	908	80000
何家戈村	何友涛	驻地东南 5 千米	1881	26	1857	0
贾家宅村	李家军	驻地东南 6 千米	1143	47	744	0
仁里联村	李士生	驻地东南 6 千米	1656	81	916	32000
大官庄村	高立传	驻地南 6 千米	4232	116	4375	503000
洪瑞社区	韩希松	驻地东南 6.5 千米	2252	79	1504	81000
王家戈村	张永道	驻地东南 7 千米	1412	65	540	93000
前洪瑞村	朱甲国	驻地东南 6.5 千米	1851	65	1270	0

撰稿：曹恩莉　李明扬
审核：李　涛

汤头街道

领导成员

党工委

书　　记：李延杰（2016 年 5 月离职）
　　　　　范　浩（2016 年 12 月任职）
副 书 记：魏元涛（2016 年 12 月离职）
　　　　　范　浩（2016 年 5 月至 12 月）
　　　　　张　瑜（女，2016 年 12 月任职）
　　　　　周圣连（2016 年 5 月离职）
　　　　　王帅忠（2016 年 5 月离职）
　　　　　宋光发（2016 年 5 月任职）
纪委书记：宋光发（2016 年 5 月离职）
　　　　　沈洪星（2016 年 5 月任职）
组织委员：王家芹（女，2016 年 5 月至 12 月）
　　　　　张鹏飞（2016 年 12 月任职）
宣传委员：杜子磊（2016 年 5 月离职）
　　　　　陈晓晖（2016 年 5 月任职）

委员、武装部长：郑彦廷（2016 年 12 月离职）
赵金瑞（2016 年 12 月任职）
统战委员：王家芹（女，2016 年 5 月离职）
邵明耀（2016 年 5 月任职）
党工委委员：诸葛军（2016 年 12 月离职）
人大工作办公室
主　任：王守堂（2016 年 5 月离职）
史兰坤（2016 年 5 月任职）
政协委员联络室
主　任：宋光发（2016 年 12 月任职）
办事处
主　任：魏元涛（2016 年 5 月离职）
范　浩（2016 年 5 月至 12 月）
张　瑜（女，2016 年 12 月任职）
常务副主任：周圣连（正科级，2016 年 5 月离职）
副　主　任：边存晓（女）
诸葛军（2016 年 12 月离职）
赵金瑞（2016 年 12 月离职）
郑彦廷（2016 年 12 月任职）
刘　勇（2016 年 12 月任职）
邵珠琨（2016 年 12 月任职）
党政组织办公室
主　任：王家芹（女，2016 年 5 月至 12 月）
经济发展办公室
主　任：郑彦廷　（2016 年 5 月任职）
副主任：崔荣彬（2016 年 12 月任职）
环境保护办公室
主　任：郑彦廷　（2016 年 5 月任职）
社会事务办公室、社会事务综合服务中心
主　任：宋光发（2016 年 5 月任职）
副主任：崔荣彬
社会稳定办公室
主　任：邵明耀（2016 年 5 月任职）
副主任：张鹏飞（2016 年 12 月离职）
高丽娜（女，2016 年 12 月任职）
安全生产监督管理办公室
主　任：赵金瑞（2016 年 5 月任职）
副主任：郑瑞金（2016 年 12 月任职）
乡村规划建设监督管理办公室
主　任：诸葛军（2016 年 5 月至 12 月）
副主任：杨晓伟（2016 年 12 月任职）
村镇建设服务中心
主　任：诸葛军（2016 年 5 月至 12 月）
副主任：刘　勇（2016 年 12 月离职）
农业综合服务中心、财经服务中心
主　任：边存晓（女，2016 年 5 月任职）
计划生育服务中心主任
主　任：陈晓晖（2016 年 5 月任职）

【机构设置】 截至 2016 年底，街道机关设党政组织办、社会事务办、政法稳定办、经济发展办、农业综合服务中心、社会事务综合服务中心、财经服务中心、计划生育服务中心、村镇建设服务中心，共有工作人员 121 人。

【概况】 汤头街道位于河东区驻地北，是由原汤头街道、太平街道 7 个村、原葛沟镇整合而成，是全市十二个优先发展重点镇之一，是山东省命名的中心镇。街道总面积 174.8 平方千米，辖 100 个自然村，人口 12 万人，城镇人口 5 万人。街道资源丰富，汤头温泉历史悠久、水质好，是全国四大甲级温泉之一。2008 年 5 月，经批准成立副县级规格的汤泉旅游度假区，2010 年 10 月升格为正县级，2011 年 3 月获批省级旅游度假区，是临沂市唯一的省级旅游度假区和山东省唯一的温泉类省级旅游度假区。2016 年，完成公共财政预算收入 1.06 亿元，实现规模以上固定资产投资 32 亿元，实现规模以上工业企业总产值 61 亿元，实现主营业务收入 59 亿元，实现旅游服务业收入 22 亿元，招商引资实际到位资金 20 亿元。

【农业】 2016 年，粮食总产量 6.8 万吨，人均 651 千克，生猪出栏 4.1 万头，年末存栏 1.8 万头。全街道耕地面积 127292 亩，人均 1.22 亩，主要农作物有小麦、玉米、水稻等，主要经济作物有花生、大豆、草莓、蔬菜等，畜牧业以猪、牛、家禽、貉子等为主。

【工商业　招商引资】 截至2016年底，汤头街道共有企业191家，其中规模以上工业企业22家，以电池制造、扑克牌生产、布胶鞋生产、饲料加工、畜禽加工为主；拥有1个中国名牌，4个山东省驰名商标。2016年全街道工业生产总值为61.5亿元，实现销售收入59.12亿元，旅游服务业收入20亿元，招商引资实际到位资金16.83亿元，限额以上社会消费品零售额7.8亿元。2016年，重大重点项目取得较大进展，鲁商知春湖乐心园、乐养园、乐画园及4万平方米的温泉理疗酒店完成主体封顶；龙园开工建设皇家博物馆、木文化博物馆、金丝楠木博物馆、极地冰雪世界；鲁泰旅游产业园、泰国PTT润滑油一期工程已投产达效，绿城•桃李春风、奥华、华太旅游产业园等项目正在快速推进。

【财税　金融】 2016年，财政总收入1.63亿元，其中地方财政收入1.075亿元，人均财政收入1257元。年末各类存款余额36.57亿元，比上年增加16.1%；各类贷款余额8.8亿元，比上年增加6%。

【交通　邮电】 距临沂市中心19千米，距临沂机场22千米，滨河东路、206国道、227省道、长深高速连接线、临沂东外环、日东高速穿境而过，交通十分便利。2016年底，有邮政局2处，邮政业务总量100万元，报纸、杂志累计期发4500份。电信企业3家，服务网点40多个，移动电话用户10.8万，互联网用户7700户。

【文化　广电　旅游】 截至2016年底，有街道文化站、广播电视站各1处，有村级文化活动中心71处，各类文化专业户25户、各类图书室42个，藏书20万册，音乐、美术、书法、摄影及文学创作人员50多人；有线电视用户1万户；有国家AAAA级旅游景区2处，AAA级旅游景区1处，省级煤炭疗养院1处，高中档酒店20多家，其中按星级标准建设的酒店6家，13家温泉企业，具备年接待国内外游客360万人的能力。2016年接待游客260万人，实现旅游收入20亿元。

【教育　卫生　计生】 截至2016年底，有幼儿园42所，在园幼儿4142人，幼儿教师312人；小学13所，在校生7100人，专任教师342人，小学适龄儿童入学率100%；初中2所，初中在校生1792人，专任教师222人；职业中专1所，在校生3200人，专任教师110人；适龄人口入学率100%，小升初升学率100%，九年义务教育覆盖率100%。实施教育优先发展三年规划，推进中小学“两热一暖一改工程”，完成中小学建设任务，全部投入使用。汤头中学达到市级数字化校园标准。年内，有医疗卫生机构3个，门诊部（所）有床位1182张，固定资产总计2.41亿元。专业卫生人员371名，其中职业医师109人，职业助理医师89人，注册护士125人，乡医112人。全年发放独生子女费16.27万元，55周岁以上奖励扶助108.2万元。2016年人口自然增长率为10.1‰。管理育龄妇女23182人，共提供育龄妇女免费健康查体5.1万人次，免费办理一胎《计划生育服务手册》459例，二胎《生育证》2676例，办理三胎《生育证》41例，为2180户有生育意愿的家庭提供免费孕前优生健康查体。

【社会保障】 2016年城镇最低生活保障户数2户，人数4人，支出12480元，月人均260元；医疗救助134人次；农村最低生活保障户数2295户，人数2751人，支出528.2万元，月人均160元；国家抚恤、补助各类优抚对象1172人，抚恤事业费支出659.48万元，比上年增长20%；参加新型农村养老保险10万人。敬老院床位117张，收养农村五保人员62人；社区服务设施9个，其中社区服务中心2个，社区服务站2个；有慈善分会1个，全年接受社会捐款3万多元，使1000人（次）困难群众受益。

【政法】 2016年，天网工程建设完成，共安装585个监控探头，实现街道、村居社区监控平台联网；村村保安工程共配备349名专职保安，群防群治趋于规范化；雪亮工程建设完成，56个行政村纳入管理；成功调解矛盾纠纷67起；社区在矫人员149人，到期66人，逐一登记建档、帮扶帮教。

【镇村建设】 2016年，基础设施建设累计投资4.3亿元，修建道路1700米，35700平方米，铺设温泉水管网5700米，给水管网3660米，污水管网7200米，雨水管网3400米；完成辖区100个村的合村并点规划，形成农村18大社区、城区5大社区规划布局。街道驻地已建成且具备入住条件的3000人以上规模新型社区有5个，分别是汤泉社区、观泉府社区、篆注社区、观唐苑社区、祥和小区。驻地外有龙车辇社区、白塔社区等已建成社区6个，有长沟社区、林子社区、大沟社区等9个在建社区，单个社区建设均已完成1000户以上。配套设施建设快，包括气上楼、水治污、暖入户、饮用水安全、环卫保洁市场化物业化“五项”工程等。

【基层党建】 探索健全村干部待遇保障机制，对村干部实行由基础补贴、绩效补贴、目标奖励和社会保障全覆盖的结构化工作补贴。2016年，街道党工委以会议抓部署，全年主持召开9次联席扩大会议、7次党工委委员会议，对基层党建工作进行研究部署；对4个后进村进行集中整治；新建社区服务中心8处，结合精准扶贫工作配套便民服务中心4处，扶贫产业园4处；全面完成100个自然村村干部经济责任审计，查出违规违纪资金13570万元，化解信访20起，移交区纪委3起，移交汤泉区纪工委4起，处理13人；向区委组织部申请成立7个基层党支部和2个企业联合党支部，并对3个不达标基层党支部予以申请撤销；对履责不积极、违规违纪的党员严肃处理，共约谈18人，警告23人，严重警告5人，开除党籍16人。

【精神文明建设】 2016年，街道党工委、办事处按照新农村建设的要求，开展“双十评选”“美在农家”“好媳妇、好婆婆”等群众性精神文明创建活动。广泛开展丰富多彩的群众性文体活动，丰富了群众的业余文化生活。建设文明生态示范村10个，农家书屋示范村5个。

2016年汤头街道各村居基本情况统计表

村居	人口（人）	耕地面积（亩）	粮食产量（千克）
东南村	1517	770	311115
西北村	1317	610	285930
西南村社区	1327	530	271020
东北村社区	1347	510	273900
西山东村	1477	1639	1036180
东山东村	1097	1285	802280
华店子村	357	210	58950

续表

村居	人口（人）	耕地面积（亩）	粮食产量（千克）
泉上屯社区	2477	2050	997140
李五湖村	757	840	499090
刘五湖村	1057	1140	844015
王五湖村	667	580	355620
朱五湖村	777	890	501390
泉沂庄村	830	830	586350
上郑庄村	1120	1330	696040
集沂庄村	1227	1830	830100
前林子村	3347	3272	1899200
后林子村	2737	3300	1959870
贾官庄村	1527	2340	964500
东大沟村	1643	2553	928400
西大沟村	1102	1866	884600
塔桥村	2217	3000	1622850
红埠岭村	522	800	269600
汤坊崖村	2317	1067	417700
董官庄村	768	835	504449
官庄子社区	1278	470	388830
杜家岭村	209	175	37045
尹寨村	1087	1580	901150
薛店村	1517	2320	887950
公安岭村	1532	2400	1249050
坊沂庄村	1122	1280	1120064
盖家张五湖	1337	930	962867
徐家石五湖	882	900	713200
西沂村	1250	1573	922070
龙车村	1697	2410	0

续表

村居	人口（人）	耕地面积（亩）	粮食产量（千克）
隆辇村	1225	2000	981980
沂河村	1047	1605	595000
长沟西村	1519	1612	763145
长沟中村	1705	1898	1057100
长沟东村	2022	2081	976660
中兴村	1077	1150	844658
双乐园村	1237	1500	877440
友谊村	1267	1400	918960
湖崖村	1247	1580	954285
新兴村	987	712	433513
毛官庄村	1122	1310	1044986
解庄村	1107	1229	716829
东王庄社区	2537	2081	1544972
沙岭子村	2344	1800	1258684
白塔街社区	2030	2171	1572814
于家庄子村	923	1100	764350
大墩庄	967	1300	776250
寇家疃	1137	1995	1030200
崔家庄	1157	1390	770010
龙泉庄	1057	1592	711700
沙汀	3217	4376	2078380
王家堰	2125	2945	1758650
陈家堰	1097	1800	1143155
朱家堰	1217	2100	852831
孙家堰	727	960	610735
居泉村	1085	1980	871040
崔家台子	897	1302	595025

续表

村居	人口（人）	耕地面积（亩）	粮食产量（千克）
张家庄	1064	1340	673850
李家寨	774	1197	512200
福利庄	917	2122	1204100
石泉庄	1267	2035	1241700
东安乐	1577	2400	1172550
安太庄	617	1258	595400
团埠村	1154	1600	877100
黄家屯村	1477	2940	1392275
东巩头村	1107	2053	969986
葛沟北村	2077	2388	1319140
葛沟前村	1667	1600	1319500
里甲官庄	1067	1700	642600
西巩头村	1377	1900	1110280
小康村	1765	2102	1160340
小岭村	2477	3723	1959210
薛柳村	989	1850	617550

撰稿：洪　琪

审核：崔荣彬

太平街道

领导成员

党工委

书　　记：高秀飞（2016 年 5 月离职）
明永成（2016 年 5 月任职）

副 书 记：明永成（2016 年 5 月离职）
张家迎（2016 年 5 月任职）
王传义
李庆春（挂职，2016 年 3 月任职）

纪委书记：高冠华（2016 年 5 月离职）
林令超（2016 年 5 月任职）

组织委员：李　洁（女，2016 年 5 月离职）
杜子磊（2016 年 5 月任职）

宣传委员：诸葛江涛

委员、武装部长：徐景来（2016 年 5 月离职）
王孝华（2016 年 5 月任职）

统战委员：付明伟（2016 年 5 月离职）

鞠传营（2016年5月任职）
党委委员：姜　涛
刘守宝（挂职，2016年8月离职）

人大工作办公室
主　任：张　瑜（女，2016年12月离职）
许立春（2016年12月任职）

政协委员联络室
主　任：王传义（2016年5月任职）

办事处
主　任：明永成（2016年5月离职）
张家迎（2016年5月任职）
副主任：褚　惠（女，2016年5月离职）
姜　涛
邰姗姗（女，2016年5月任职）
王孝华（挂职，2016年5月离职）
张其谦（2016年12月任职）
谭培湘（2016年12月任职）

党政办公室
主　任：杜子磊（2016年5月任职）
副主任：郭沛强（2016年12月任职）

经济发展办公室
主　任：姜　涛（2016年5月任职）
副主任：张其谦（2016年12月离职）
傅珍鸽（女，2016年12月任职）

环境保护办公室
主　任：姜　涛（2016年5月任职）

社会事务办公室
主　任：邰姗姗（女，2016年5月任职）
副主任：葛福鼎（2016年12月离职）
杨建萍（女，2016年12月任职）

社会稳定办公室
主　任：王孝华（2016年5月任职）
副主任：刘立钦（2016年12月离职）
郑建栋（2016年12月任职）

安全生产监督管理办公室
主　任：姜　涛（2016年5月任职）
副主任：刘　涛（2016年12月任职）

乡村规划建设监督管理办公室
主　任：诸葛江涛（2016年5月任职）
副主任：张　敏（女，2016年12月任职）

【机构设置】 截至2016年底，街道机关设党政办公室、经济发展办公室、社会事务办公室、社会稳定办公室、环境保护办公室、安全生产监督管理办公室、乡村规划建设监督管理办公室、街道事业单位设财经服务中心、农业综合服务中心、社会事务综合服务中心、计划生育服务中心、村镇建设服务中心、科技文化服务中心、法律服务所等14个部门，共有工作人员71人。

【概况】 太平街道南接河东主城区，北连省级汤泉旅游度假区，东融临沂农业高新技术产业示范区，西临沂河；距临沂市行政中心10千米、国家级临沂经济开发区15千米、临沂临港产业开发区50千米，是临沂市城市建设“沿河发展，北上东进”重要发展地，辖6个社区、27个村，总人口41619人，总面积3981.8公顷，其中耕地面积3104.7公顷。有规模以上企业15个，学校7所，卫生院1所。先后承接省市区各类现场会、视察调研、督导检查等活动120次，获省市区各级荣誉50余项。2016年完成财政收入4734万元，粮食总产20861吨。

【农业】 素有“河东粮仓”“菜篮子”之称，先后培植了“鲜切花、桂花、稻米、蔬菜”四大优质农产品基地。通过不断实施农产品基地培植、农田水利设施建设、农村产权改革、土地托管“四项举措”，加快现代农业发展步伐。培植大林、万德福等省级农业产业化龙头企业，培育“老庄户”“善禾”“老农户”“同德”4个山东省著名商标，老庄户粳米被评为市级名优农产品。培育景真鲜切花基地、万德福优质稻米基地、太平桂花基地、星期九假日采摘园四大优质农产品基地；累计新成立各类合作社36家，家庭农场6家，通过实行政府购买社会化服务实现农民土地流转、托管 12000 亩。

【工业 招商引资】 培植了大林食品、合力钢材、鲁特工具、蒙花米业等 16 家规模以上骨干企业，初步形成了“脱水蔬菜、五金建材、粮食精加工、新能源”四大主导产业。2016 年，新增规模企业 1 家，实现工业总产值 26.1 亿，共有规模企业 15 家。

招商引资作为一号工程，注重盘活闲置土地和老企业，注重以企招商，注重基础设施建设，努力解决土地制约瓶颈，确保项目引得来留得住。2016 年，共招引项目 4 个，其中过亿元项目 2 个、过 5000 万元项目 2 个，实际到位资金突破 2 亿元。

【城镇建设】 规划建设了大刘寨、西水湖、徐太平 3 个新型农村社区。徐太平社区一期 6 栋居民楼已交付使用；大刘寨社区一期 12 栋居民楼，主体结构已建设完成；西水湖社区一期 6 栋居民楼，已完成全部建筑施工，正在计划交付使用。棚户区改造工作稳步推进，大刘寨 270 户、西水湖 150 户棚户区改造已全部完成任务；亭子头棚户区改造前期拆迁调查、还建安置补偿方案、还建选址已经全部完成。沿 227 省道、滨河东路、临沂市北外环、郑太路和顺正路已形成“两纵三横”的近郊城镇框架。

【城乡环境】 严格按照《建设规范》的综合评价标准，建设基础设施完善、村容村貌美观、公共服务健全、产业发展高效、乡村管理民主的美丽乡村。2016 年，街道 6 个村庄美丽乡村建设已经全部完成，无害化卫生厕所改造 1231 个，户户通村内道路硬化总面积 20 万平方米，总长度 5.8 万米。已建立 206 国道、滨河东路保洁长效机制，并完成绿化面积 7500 平方米，城乡环境继续提升。开展实施村庄五化整治，由专业保洁公司进行日常保洁，切实提升农村生态环境水平。

【教育 卫生】 2016 年，集中建设长春路实验小学幼教楼餐厅大门工程，投资 346.5 万元；太平第二实验小学餐厅工程，投资 52.5 万元；东白塔小学餐厅工程，投资 76 万元。

实施基本公共卫生服务政策，建立居民健康档案 35415 人，新型农村合作医疗参合率达到 100%。推进医疗保障工程，投资 275 万元建设太平卫生院综合服务楼，新增 60 张病床，增设 5 个基本医疗科室，现已投入使用。街道 6 个行政村正在建设卫生室，投资 70 万。

【精神文明】 2016 年，开展“两学一做”学习教育，通过党工委书记上党课，分批次开展党员春季集中轮训活动，倡导和树立“三种风气”，即：联系群众之风、求真务实之风和艰苦奋斗之风；积极探索“党支部 + 合作社”模式，通过合作社党建发挥合作社党员先锋模范作用，带动群众增收；认真贯彻中央“八项规定”和省市区实施办法，开展“干部直接联系和服务群众工作”活动，按照“全覆盖、网格化”的要求，迅速行动，积极抓好落实。

【社会管理】 树立安全发展的理念，深入开展安全生产专项整治，重点加大了对食品生产经营、建筑施工、危化品等行业和领域的安全监督，2016 年，开展安全生存“大、快、严”活动，集中开展大检查活动 40 次，确保无重大安全责任事故的发生。不断创新社会管理，实施天网工程全覆盖，开展矛盾纠纷大排查活动，共化解各类矛盾纠纷 60 余起，未发生一起因调处不当而引发的群体性上访事件。实施村村保安工程，提升辖区治安管理水平，深入开展矛盾积案化解。

2016年太平街道各村居基本情况统计表

村庄名称	人口（人）	户数	土地面积（亩）	耕地面积（亩）	粮食产量（千克）
前姚庄	681	205	1085.6	920	354180
大姚庄	1865	598	2730.9	2150.1	1453530
东南白塔	3498	1110	4737.3	3804.45	2327910
光沂庄	868	297	2046.3	1821.15	921572
罗官庄	1132	375	1584.75	1257.3	837800
郭太平	2731	668	4403.2	4006.2	716110
王太平	707	236	685.85	524.85	433880
申太平	790	270	493.7	284.7	503550
徐太平	3232	1080	5297.5	4585	1457384
郭街	1044	330	399.15	165.15	351116
八间屋	969	331	2716	2433	1405855
亭子头	3437	1180	3639.9	2452.2	1456796
大太平	3110	1046	3160.8	2002.05	1551743
东张屯	4031	1543	6021.45	5038.05	1755950
得胜庄	396	110	605	516	210715
东水湖	1546	505	1657.35	1080.15	864500
西水湖	2363	778	2768.4	1315.35	992200
大刘寨	2332	748	2382.4	1601.4	1151469
大张寨	3429	1271	4812.65	4036.65	2886360
沙岭官庄	1404	466	2460.9	1905.9	768400
葛寨	1032	336	1544.2	1249	517800
小张寨	741	243	940.9	751	359390
小刘寨	691	236	619.55	434.55	352260
小徐寨	672	222	631.4	416.4	344380
郭寨	623	222	917.2	793.2	439830
尹寨	505	196	437.95	295.95	330132

续表

村庄名称	人口（人）	户数	土地面积（亩）	耕地面积（亩）	粮食产量（千克）
大徐寨	790	263	946.95	730.8	465812
合计	44619	14865	59727.25	46570.55	20861023

撰稿：张连华

审核：傅珍鸽

河东工业园区（临沂临空经济区）

领导成员

管委会主任：管继斗（2016年6月离职）

徐立峰（2016年12月任职）

党工委书记：蒋飞鸿（2016年12月离职）

丁永信（2016年12月任职）

常务副主任：李嵘光（2016年12月离职）

冯正新（2016年12月任职）

财政局

局　长：刘　勇（2016年12月离职）

王延信（2016年12月任职）

副局长：王恒兴（2016年12月任职）

社会事务管理局

局　长：郭兰刚（2016年5月离职）

刘文林（2016年12月任职）

副局长：于　辉（女，2016年12月离职）

姚翠善（2016年12月任职）

办公室

主　任：王延信（2016年12月离职）

刘树明（2016年12月任职）

于　辉（女，2016年12月任职）

经济发展局

局　长：高仁彬（2016年12月离职）

投资服务局

局　长：李凤凯（2016年5月离职）

高存义（2016年5月任职）

副局长：秦中华（2016年5月离职）

王举庆（2016年5月任职）

规划建设局

局　长：朱孟华（2016年5月任职）

旅游局

副局长：王举庆（2016年5月离职）

【机构设置】 河东工业园区（临沂临空经济区）为正县级事业单位，内设“一办六局”，分别是：办公室、经济发展局、招商局、社会事务管理局、规划建设局、财政局、投资服务局。截至2016年底，共有工作人员51人。园区内有1处卫生服务中心，1所九年一贯制学校，国土、公安、工商、环保、城管等单位在园区设置派出机构。

【概况】 河东工业园区（临沂临空经济区）是在原河东工业园区的基础上发展起来的，于2005年5月规划建设，2006年3月，被省政府批准为省级工业园区，2011年10月，经市委、市政府批准加挂临沂临空经济区的牌子，同期依托河东工业园区规划建设国家级临沂经济技术开发区北区。建成区规划面积12平方千米。国家级临沂经济技术开发区北区规划区域位于342省道以南、温泉路以东、新规划的东外环路以西，南至国家级临沂经济技术开发区，面积约56平方千米。临沂临空经济区是我省成立的第一个临空经济区。规划区域北至三和东街、东至东外环、南至长安路、西至滨河东路，规划面积100平方千米。园区管辖2个社区共8

个自然村，其中彭于埠、王于埠合并成立于埠社区，尤斜坊、耿斜坊、寇屯、甘屯、范古墩、陈庄合并成立凤仪社区。截至2016年底，共有人口12230人。园区全年实现税收2.3亿元，地方财政收入1.585亿元。

【工业】 2016年，完成规模以上企业工业产值161亿元，同比增长15%；完成固定资产投资27亿元，同比增长28.3%。紧紧围绕转方式调结构，加快传统产业转型升级，帮助三丰化工造粒扩产项目加快手续办理进度；督促天同食品加快研发中心、电商中心、展示中心及培训中心等建设进度，对水果泥水果霜项目占地加快拆迁。引导家具、食品、五金等企业加大技改投入，实现产业提档升级，打造特色产业集群。加快实施“腾笼换鸟”，中国达利集团食品加工项目盘活祥云塑，原圣康门业资产已进入拍卖程序；舜天玻璃纤维项目盘活元鹏国际，海绵城市项目盘活海润鑫环保科技等7宗低效用地的重组盘活。奥德燃气表、蓝泰环保、衡橡管业、欣禹环保材料等项目已完成建设；北汽集团汽车再循环经济项目、金刚石锯片及海尔（临沂）虚实网服务产业园等项目完成签约。生物医药产业宏欣医药中药饮片包装仓储中心项目、伯克生物特殊医药功能食品项目建设中。

【商贸 服务业】 发展“互联网+”等现代服务业，加快推进“创客园”建设，4月3日，举行山东创客科技产业园入园签约暨交接仪式，伦达电商创业园入驻电商160余家。

公铁联运物流园区已动工建设，国投华阳物流园区首发开行临沂经喀什至巴基斯坦瓜达尔港“临沂号”国际货运班列，是第四条货运班列。带动山东大渔冷链物流产业园、瑞祥农产品物流等项目签约落地。

【交通】 完成金雀山东路、杭州路、沭埠岭一路3条道路的图纸设计等基础设施建设工程的前期准备工作。

【社区建设】 加快新型社区建设。投资2.2亿元的彭于埠第二商贸区东城广场项目正在装饰，于埠社区服务中心已建成投入使用；寇屯村完成2栋高层居民楼和紫昇商业街建设。

【教育】 投资1000万元建设的工业园实验学校分校临沂南京路小学投入使用；工业园实验学校投资400万元，建设标准人工草坪运动场及塑胶跑道，投资900万元建设地源热泵系统，已投入使用。

【政法】 化解信访积案5起，受理并办结案件15起，完成重大信访风险评估5起。提高群众社会治安安全感、满意度。发放宣传纸5000份，平安手册4000多本，出动流动宣传车集中宣传15天，新增监控摄像头100多个，投资30多万元建设了园区党工委、彭于埠村、寇屯村三个综治平台，实现联网运行，开展群众安全感测评和暗访检查工作，化解矛盾纠纷70起，完成8个社区2500多户的治安保险续保任务。

【基层党建】 安排17名基层党建指导员，到村居、企业、重点项目提升党建工作。对王于埠、甘屯两个支部书记进行了调整。发挥“第一书记”带动作用，为甘屯村筹措30万元建设光伏发电项目，集体每年增加收入6万余元；投资45万元新建便民服务点，实现后进村销号。村党组织书记“户户到”征求意见建议40条，已解决22件。科级以上干部为基层党员上党课，开展33课次。对648名党员的组织关系逐一核查，对1名失联党员予以除名。开展党费核实补缴工作，共补缴17308元。全年完成党员纳新9名，推荐积极分子19名。深化结亲连心活动，征求需求诉求80余条。开展“两学一做”学习教育，共查摆问题220项，已完成整改。严格落实“两新”组织全覆盖的总体要求，25家非公有制企业单独建立党支部，另外25家和3个社会组织建立13个联合党支部，其中天同食品、天海高压等7个党支部被综合评定为4星以上，中绿等3家企业建成功能齐全的党员服务中心。

2016年河东工业园区（临沂临空经济区）各村居（社区）基本情况统计表

行政村名	总人口（人）	耕地面积（公顷）	粮食总产（吨）	村集体总收入（万元）
彭于埠	2509	0	0	608.3
王于埠	1521	6.67	16.6	367.2
耿斜坊	1591	60	316.8	173.2
尤斜坊	2112	15	65.4	254.7
范古墩	1417	10.67	77.2	171.7
寇　屯	832	0	21.2	126.3
甘　屯	1517	14	196.2	200
陈　庄	731	22.67	163.4	49.15

撰稿：冯殿贵

审核：刘树明　于辉

园区发展

YuanQuFaZhan

临沂东城新区

东城新区指挥部领导成员

指 挥 长：徐立峰（2016 年 6 月离职）
郭飞跃（2016 年 6 月任职）

副指挥长：刘思勤
赵 杰
梅深修
肖树贵
张炳才
李西宝

【机构设置】 指挥部下设办公室、综合处、工程建设处、招商处、财务处“四处一室”，共有人员 24 人。

【概况】 临沂东城新区建设内容主要分为滨河开发、新城区建设两大板块。其中，新城区一期规划范围为：南至三和东街，北至柳杭街，西至滨河东路，东至温泉路，面积 12 平方千米，辖 13 个社区。为确保新城区空间资源有效配置和合理利用，河东区委托中国城市规划设计研究院对新城区进行规划设计，按照“现代高端休闲居住区、公共服务中心区”的功能定位和“双心双轴双廊”的规划布局进行建设。“双心”，即南部商业中心区和北部包括行政中心、文化中心、体育中心、商业副中心、医院等在内的综合服务中心区；“双轴”，即沿青年路建设的文化轴线和沿东兴路建设的商业轴线；“双廊”，即贯穿东城新区南北，沿智圣路、智诚路两条纵向结构性绿色长廊。

滨河开发板块，按照“在滨河重点项目建设上，要科学规划和控制沿河住宅建设项目比例，完善提升滨河景区的建设水平；在滨河项目布局上，加快公用设施建设，着力发展新兴服务业，特色商贸业，文化休闲业，进一步完善城市功能，彰显滨河特色”的要求，重点推进滨河沿线商业、酒店、餐饮、休闲娱乐、商务办公等项目建设，努力打造高层次的滨水商业公建项目，按城市设计标准塑造优美滨河天际线景观。

【产业特色】 东城新区围绕效益提升，结合新区开发，主动培植新的业态，加快发展总部经济、健康产业、体育休闲产业、金融业、文化产业等业态，以第五人民医院、日本金秋康泰健康产业园项目为龙头，推动健康城建设；以阳光城、世贸大厦等项目为龙头，推动总部经济发展，让新区成为总部经济的热点和高地；依托艺体校、体育公园、沂州古城等项目建设，承揽旅游功能，扩大旅游收入，发展体育休闲产业；依托沂州古城、华东野战军总部旧址等项目，加快文化产业发展；同步规划金融聚集区，大力发展金融产业。

【园区建设】 新区 2016 年全年实现开工面积 200 万平米，实现招引项目 6 个，其中过 20 亿元项目 1 个，过 10 亿元项目 2 个。翔宇豪生五星级酒店、阳光城写字楼等地标性建筑拔地而起，上东国际、三江领秀、慧谷、开元．阳光水岸、浅水湾、中和富翔等项目全面开工，优美滨河天际线景观正在形成。沂河文化城全面装饰中；教育学区看台和幼儿园完工并交付使用；新艺体校年底建设完工；第五人民医院病房楼、门诊楼装饰基本完成，医院其他配套 15 个单体全面开工，配套设施正在完善，新区承载功能进一步加强。新建续建道路 13 千米，启动堤下路、长虹街、智诚路、新东兴路、凤鸣街、利源街、利坊街、海棠街等 9 条道路及管网建设和完成李公街、育英街两条道路建设工作，“四纵八横”的城市道路网已经形成。

【企业服务】 实行“项目包扶责任制”。包扶责任人对企业提供全程跟踪服务，配合项目方做好用地、征拆、招标、报规、报建等工作；推行“一线工作法”。项目包扶责任人进驻项目工地，随时掌握项目进展，全程参与项目推进各项工作，及时发现问题、解决问题，全力督导协调项目加快推进。

撰稿：王安帅

审核：赵举民

临沂经济技术开发区北区

【概况】 2011年10月依托河东工业园区规划建设国家级临沂经济技术开发区北区。规划范围：北至342省道，南至国家级临沂经济技术开发区，西至温泉路、东至新规划的东外环路，面积约56平方千米。

【产业特色】 立足河东传统五金产业基础优势，谋划建设高端五金产业聚集区，依托台湾精密五金产业等世界级高端五金制造企业，提档升级五金产业，建成综合性现代产业聚集区。融入临空区总体规划，发展生物医药等新兴产业。

【园区建设】 2016年，台湾精密五金科技产业园2个标准化电梯厂房、产品展示中心、中小企业孵化中心已完成建设。豫鲁五金产业园道路、排水等配套设施已完成建设；其中，瑞健特体育器材项目4个单体车间已试生产，钢结构生产车间、展馆正在施工；远通锻造、瑞科阀门、汉斯工具等3个项目部分厂房已完成建设，设备安装中。新医药产业宏欣医药中药饮片包装仓储中心项目动工建设，科研中心已经封顶，包装仓储中心已完成基础施工；江苏伯克生物医药股份有限公司收购盘活原红箭节能环保电器项目，建设伯克生物特殊医药功能食品项目，生产车间已完成墙体垒砌，正在封顶。

【园区管理】 实行“扎口式”管理。所有项目从签约落地开始，由管委会统一管理服务，立项、土地、规划、环评、建设等各项手续办理均有专人服务办理，全程实行“保姆式”服务，确保项目落地，加快建设进度，营造良好招商引资环境，发挥以商招商带动作用。

撰稿：冯殿贵

审核：刘树明　于辉

临沂临空经济区

【概况】 临沂临空经济区是我省成立的第一个临空经济区，于2011年10月经临沂市委、市政府批准成立。2014年，委托中航设计院对发展规划进行编制，规划面积100平方千米，规划范围东至东外环，南至长安路，西至滨河东路，北至三和东街。规划布局 “1个核心，2个引擎，3大平台，4大产业板块，23大功能单位”（即：临沂机场1个核心，机场客运枢纽、多式联运等2个引擎，国际商贸、信息数据交流、创新研发等3大平台，航空基础产业、临空高端商务服务业、临空高科技制造业、文化创意产业4大产业模块和机场、航空物流区、临空商业服务区、航空培训区、航空维修制造区等23大功能单位）。

【产业特色】 临空经济区以打造全国最具特色的航空物流产业基地为战略发展定位，依托机场综合枢纽，统筹空陆多式联运，发挥临沂商贸物流优势，致力于打造国内一流的商贸型、智慧型、生态型的临空经济区。临沂临空经济产业发展总体思路是立足区域资源、临空制造驱动、商贸转型升级、项目高端植入。以航空基础产业、临空高端商务服务业、临空高科技制造业、文化创意产业为四大产业模块。航空基础产业模块主要布局航空物流、维修改装、总装、通航培训等产业；临空高端服务业主要发展国际商贸物流、总部经济、会展、信息与数据服务等产业；临空高科技产业模块主要布局航空零部件制造、电子信息、精密仪器仪表珠宝加工等产业；文化创意产业模块主要布局文化创意、科技研发等内容。围绕临空区的产业规划，目前共引进航空物流、临空产业、总部经济、商业综合体等各类项目32个，总投资达500亿元。

临沂机场航空货运枢纽工程

【园区建设】 强力推进机场改扩建工程，完善航空口岸功能，加快通用航空基地、机库等工程建设进度，航空货运枢纽工程部分区域已投入使用，顺丰航空速运已入驻。格瑞斯小镇、凯润滨湖花园、水景明珠、凤舞明珠等项目开工续建。伦达国贸城A地块完成摘牌；中科曙光云计算项目人员已进驻河东开展相关工作，部分设备已到位；中信隆国际商贸城项目到位资金500万元。公铁联运物流园区已动工建设，在国投华阳物流园区开通临沂经喀什至巴基斯坦瓜达尔港“临沂号”国际货运班列，是继开通“临新号”“临满欧”“临沂至重庆”的第四条货运班列。班列运行初期，实现单向，每周两列；运行成熟后，隔日开行，每列30车，年运量40万吨，年实现贸易额20亿元，将有效地拉动鲁南苏北板材、瓷砖、五金、白纸、汽车配件、机械、柳编、食品等十七个大类产业的发展，商品覆盖2000多个品种，直接和间接拉动区域人口就业1000余人。

【园区管理】 临空经济区对所有项目实行包扶责任制，每个项目安排一名领导同志牵头，一名工作人员靠上具体负责，帮助企业办理规划、土地、建设、工商注册、税务登记等手续，同时积极协调解决项目建设过程中存在的问题和困难，确保项目又好又快顺利推进。在亲商的同时，全力打造安商的良好环境。临空区坚持将治安环境作为投资环境的基础常抓不懈，采取多种措施，加强社会治安综合治理，对扰乱社会治安和故意破坏建设的违法行为进行严厉打击，努力营造良好的投资发展环境。

撰稿：冯殿贵

审核：刘树明　于辉

农业高新技术产业示范区

农高区领导成员

党 工 委 书 记：王金奎

党工委副书记：郑文范（2016 年 5 月离职）

党 工 委 委 员：张林振（2016 年 12 月离职）

王　军

管 委 会 主 任：王金奎

管委会副主任：张连辉

张林振（2016 年 12 月离职）

王　军（2016 年 12 月任职）

※ 招商局

局　　　长：何　涛（2016 年 12 月离职）

※ 规划建设局

局　　　长：郭同达

※ 科技服务局

局　　　长：傅德峰

※ 社会事务局

局　　　长：王　军（2016 年 12 月离职）

都市农业体验区工作办公室

主　　　任：张连辉

副　主　任：马　芳（女）

周志鹏（女，2016 年 12 月任职）

【机构设置】 2011 年 10 月河东区成立临沂市河东区农业高新技术产业示范区管理委员会，为副处级事业单位，下设办公室、社会事务管理局、规划建设局、招商局、科技服务局，2014 年 11 月增设都市农业体验区工作办公室为农高区内部机构。共有干部职工 23 人。

【概况】 农高区成立于 2011 年 10 月，2012 年 12 月 27 日被山东省政府批准为省级农业高新技术产业示范区。2015 年 2 月，国家科技部正式批准建设临沂国家农业科技园区。农高区主要负责组织实施园区内农业高新技术项目科研攻关和国内外高新技术、先进实用技术的引进、示范、推广工作，积极研究行业政策及国家投资方向，争取上级支持，引进资金、项目以及项目落地后的服务工作。

【产业特色】 临沂农高区以打造现代农业全产业链为目标，重点发展蔬菜、花卉苗木、都市农业三大主导产业，初步形成特色鲜明、科技含量高、示范带动能力强的产业集群。

打造以蔬菜精深加工为龙头的蔬菜产业。以规模化、标准化、特色化、设施化、信息化为重点，以安全、优质、高端、有机为质量目标，打造有机蔬菜、绿色果品、优质食用菌生产、加工、保鲜储运产业集群，建成高端、特色、精品有机果蔬供给基地，新、奇、特有机果蔬休闲采摘基地。重点建设脱水蔬菜专用品种标准化生产基地、优质鲜果初加工基地、高档农产品冷链加工配送中心，大力发展脱水蔬菜、速冻蔬菜、反季节净菜加工等农产品加工产业。

建设具有鲜明地域特色的花卉苗木产业。通过高档花卉苗木的工厂化育苗、设施化栽培、品牌创建、现代化储运，使花卉苗木生产的规模化、专业化、集约化、标准化程度逐年提高，形成集花木生产销售、品种培育研发、科技示范带动、观光休闲旅游“四位一体”的综合型花卉苗木产业基地。主要建设海棠种植资源圃、海棠精品园、以沂州海棠为主的花卉苗木生产基地、正直滨河千亩彩色苗木栽培基地、奥德万亩花卉苗木繁育基地、汤河国际花木城、万亩莲藕种植基地，沿沂河、沭河种植特色花卉苗木，形成以河为轴的城郊休闲观光农业。

培育以都市农业为特色的休闲观光农业产业。立足服务中心城市这一根本职能，按照现代农业示范区和城乡一体化新型社区“两区同建”模式，围绕生产、生活、生态三大主体功能，致力于打造现代农业、景观园林、科普教育、旅游观光、休闲居住“五位一体”的现代都市农业体系，已初步形成生态农业休闲观光、农业科普教育体验、现代高新农业技术展示示范为鲜明特色的现代农业体验园。

【园区建设】 2016年是临沂国家农业科技园区三年建设期的攻坚之年，临沂农高区以建设国家农业科技园区为重心，全面提升园区现代农业品牌、着力推进重大（重点）建设，2016年农高区获全区最佳服务单位称号。

强化品牌战略打造，把标准化建设、科技体系支撑、文化内涵挖掘、金融支持等与品牌建设相结合，着力打响临沂国家农业科技园区战略品牌。在全省科技工作会议上，临沂农高区代表全省12家省级农高区作交流发言；4月21日作为在鲁国家农业科技园区代表，列席了2016年全国农业科技工作会议；5月10日受邀参加全省科学技术奖励大会；农高区整体品牌效应凸显。

提升园区社会效益。龙园生态旅游观光园项目全年累计接待游客100余万人次，完成地中海风情区、香榭里城堡和皇家博物馆等景点，占地53.34公顷、投资5亿元的“三园一馆”龙园二期建设如火如荼进行中。投资3亿元的瑞蕈天库菌种研发中心项目，占地2500平方米的菌种生产中心已正式生产菌种，在国内首次打通双孢菇菌种工厂化生产技术工艺路线，解决了双孢菇工厂化生产难题，改变了国内双孢菇菌种长期依赖美国、荷兰进口的状况，实现年产菌种1800余吨。占地1059亩的中节能光伏农业产业园项目累计发电6310余万千瓦时，棚内已全部完成种植，种植的食用菌、茶叶已初见成效，实现收益6000余万元；投资1.2亿元的仙株生物科技项目，1000平方米的组培中心已投入使用，目前，已引进480余种多肉植物，年繁育1000万株，并实现网络和实体同步销售，扩大了销售渠道和品牌影响力。2016年，农高区仙株生物多肉组培项目、瑞泽农业科技有限公司双孢菇工厂化生产项目作为我区全市优质农产品基地品牌建设点，在全市优质农产品基地品牌建设现场观摩交流会中，以引领全国生产前沿，有规模、效益好，科技含量高、辐射能力强，产品附加值高等独特发展优势，获得与会专家“能够代表临沂、代表山东、代表全国”的赞誉。

抓住成功创建国家农业科技园区带来的机遇，不断加大“招商引资、招才引智”工作力度，引进2名A类创业、1名A类创新领军人才，与江苏明天种业有限公司签约，项目投资1亿元，主要建设金秋大粮水稻良种研发中心；与北京厚德和慕控股集团和晓清环保集团达成投资意向，并进行了实地考察。

【园区管理】 农高区按照“行政协调服务、企业市场运作”的原则，构建“政府领导小组+园区管理委员会+专家咨询委员会+投资管理公司”的四位一体组织管理运行机制。成立园区领导小组，负责园区重大事项、重大项目决策，以及园区建设的指导、协调和督查。成立日常管理机构园区管理委员会。按照决策、执行、监督相协调的原则，综合设置内部机构，成立“一办四局”（办公室、科技服务局、规划建设局、社会事务局、招商局）和都市农业体验区工作办公室，负责协调、处理和解决园区各项具体事务。设立专家咨询委员会，聘请国家级的专家顾问团，对园区发展方向、宏观政策对接、重大问题诊断进行分析研究，为园区开展重大决策提供科学的参考依据。成立园区投资管理公司，负责园区基础设施投资建设、项目投融资等，有效解决园区发展资金短缺问题。

撰稿：魏延鹏

审核：王金奎

汤泉旅游度假区

【领导成员】

党工委书记：吴汉林（2016年1月离职）
党工委副书记：李延杰（2016年6月离职）
　　　　　　管继斗（2016年6月任职）
党工委委员：贺作江
　　　　　　魏元涛
　　　　　　陈　孚
纪工委书记：陈　孚
管委会主任：李延杰（2016年6月离职）
调 研 员：叶　军
管委会副主任：管继斗（2016年6月任职）
　　　　　　贺作江
　　　　　　魏元涛
　　　　　　王金奎

办公室

主　任：王友仕
副主任：李　华
　　　　王全富
　　　　刘月震

党群工作部

主　任：徐洪波（2016年12月离职）
　　　　吴善平（2016年12月任职）
副主任：王孝华（2016年5月离职）
　　　　张成振（2016年12月任职）

旅游局

局　长：孙成伟（2016年5月离职）
　　　　王帅忠（2016年5月任职）
副局长：王举庆（2016年5月离职）
　　　　高秀猛
　　　　王传胜（2016年12月任职）

规划建设局

局　长：朱孟华（2016年6月离职）
副局长：吴善平（2016年12月离职）
　　　　周良银（2016年6月离职）

招商经贸发展局（发展改革局）

局　长：王守堂（2016年5月离职）
　　　　史兰坤（2016年5月任职）
副局长：孔　杰

社会事务管理局

局　长：庞文洋
副局长：蒋世启（2016年12月离职）
　　　　吴清桩

财政局

局　长：张永明（2016年12月离职）
副局长：于怀德
　　　　郁有雪（女）

【机构设置】 临沂汤泉省级旅游度假区为正县级事业单位，下设“一办一部五局”，即办公室、党群工作部、旅游局、规划建设局、招商和经济发展局、社会事务管理局、财政局。截至2016年底，共有干部职工37人。

【概况】 截至2016年底，临沂汤泉省级旅游度假区总面积174.8平方千米，辖100个自然村，12万人口，其中建成区面积7平方千米，城镇人口5万人。2016年全年完成公共财政预算收入1.06亿元，实现规模以上固定资产投资32亿元，实现规模以上工业企业总产值61亿元，实现主营业务收入59亿元，实现旅游服务业收入22亿元，招商引资实际到位资金20亿元。汤头温泉资源丰富。为把汤头打造成集休闲度假、养老养生、生态观光、商贸宜居为一体的“国际旅游目的地”，2008年5月成立了副县级规格的汤泉旅游区管委会，2010年10月升格为正县级，更名为“临沂地热城管委会”，2011年更名为现名“临沂汤泉旅游度假区管理委员会”，2011年3月获批省级旅游度假区，是临沂市唯一的省级旅游度假区和山东省唯一的温泉类省级旅游度假区。2016年荣获科学发展综合考核先进镇街园区二等奖、招商引资工作先进镇街园区一等奖、重大（重点）项目建设先进镇街园区、全区招大引强工作先进单位等荣誉称号。

【产业特色】 结合汤泉区实际，实施“南工、中旅、北农”的发展框架。南部，打造以旅游产品加工为主的旅游产品加工园。园区位于206国道以东、长深高速连接线南侧，占地面积6平方千米，规划5纵6横的道路框架，分为旅游产品加工区、仓储物流区和文化产业园三大部分。截至2016年底，园区已调整基本农田为一般耕地2300亩，按照“四供两排”标准完成旅品二路北段、产业二路西段、产业三路3条4200米道路建设；同时，园区内投资1.1亿元、日处理能力2万吨的污水处理厂已建设完成。

中部以旅游服务业为主，建设文化商旅园。截至2016年底，园区有国家AAAA级旅游景区1处，AAA级旅游景区2处，省级煤炭疗养院1处，高中档酒店20余家，其中按星级标准建设的酒店6家；有13家大小功能各异、适应不同群体养生休闲的温泉企业，具备年接待国内外游客360万人的能力；到2016年底，汤泉区已建成观唐温泉、奥华温泉、龙园、临沂国际影视城、泰国PTT润滑油等旅游、产品加工项目17处，鲁商国际健康城、绿城桃李春风、中国梦幻城、博物馆小镇等15大项目正在建设。2016年共接待游客320万人，实现旅游收入24亿元。

北部发展优质、高效、生态农业，建设现代农业示范园。园区位于农高区核心区和滨河东路原葛沟沿线。正直苗木花卉、光伏太阳能发电、创新花卉等项目建成，龙园生态旅游观光园、瑞蕈天库菌种、市农科院现代农业科技创新示范园等一批现代农业项目正在推进。葛沟片区农业综合开发、农田水利等一系列建设项目顺利实施。

【园区建设】 将争创国家级旅游度假区列为汤泉区总的奋斗目标。成立了专门创建班子，外出到南京汤山国家级旅游度假区等地考察学习，全面提升软硬件指标，邀请南京中陆必得旅游规划设计院对汤泉区公共服务体系进行规划设计，按照先急后缓的原则分步组织实施；对上积极争取国家、省、市旅游部门的支持，多渠道融资，加快基础设施建设，完善承载功能配套，夯实发展平台。围绕路网工程，开工建设东外环北延工程，完成了葛沟南线村村通公交道路铺设、高标准基本农田建设改造任务，对牧鹅湖路、汤泉路北延、葛一路、葛二路进行规划设计。围绕管网工程，完善30万吨自来水、温泉水、燃气、雨污水管网等“四供两排”城区管网配套建设，推进驻地强电下地，全年完成各类管网建设14千米。围绕水网工程，完成汤河综合治理、茶山橡胶坝、沂河水利枢纽工程占迁清表工作。完成葛沟片区规划，并与旅游区总体规划进行对接融合。立足汤泉区大旅游、大健康的发展定位，开展温泉文化、养老养生、观光农业、旅游产品等产业招商。全年共招引项目13个，实际到位资金20亿元；引进B类创业人才3名、创新人才5名，C类高学历人才28名；引进世界第一的NGV润滑油生产技术。

【园区管理】 实行“区街合一”，汤泉区成立以来，为适应发展需要，将原属汤头街道的所有职能全部整合到汤泉区“一办一部五局”7个内设机构中，达到“区街合一、高度融合、一体运转”的效果，建立健全分工明确、职责清晰的管理体制和工作运行机制，为汤泉区发展提供制度性保障。明确园区“旅游度假、生态观光、休闲养生、商贸宜居”为主体功能的发展方向和临沂城市后花园的清晰定位。树立“变被动服务为主动服务、变有距离服务为零距离服务、变低层次服务为高层次服务”的核心服务管理理念，为企业投资创业创造良好的环境。

撰稿：洪　琪

审核：崔荣彬

人物

RenWu

市级及以上劳动模范、先进工作者

“富民兴鲁”“振兴沂蒙”劳动奖章获得者名录

序号	姓名	性别	民族	出生年月	政治面貌文化程度	工作单位及职务	荣誉称号及授予时间
1	寇凤禄	男	汉	1970.01	中共党员、大专	临沂华太电池有限公司维修车间主任	省富民兴鲁 2016
2	刘明珍	女	汉	1970.06	中共党员、大专	临沂市三丰化工有限公司副总经理	振兴沂蒙劳动奖章 2016
3	张　燕	女	汉	1976.11	群众、本科	河东区郑旺镇人民政府统计员	振兴沂蒙劳动奖章 2016
4	宋南京	男	汉	1979.11	中共党员、研究生	山东宏艺科技股份有限公司技术中心副主任	振兴沂蒙劳动奖章 2016
5	任宪君	男	汉	1963.01	群众、本科	临沂清宇环境资源综合利用研究院有限公司技术总监	振兴沂蒙劳动奖章 2016

注：资料由区总工会提供

全国、省级先进人物名录

姓名	性别	出生年月	文化程度	民族	政治面貌	参加工作时间	工作单位及职务（含专业技术职务）	所获荣誉称号	授奖单位
任兴林	男	1988.04	本科	汉	中共党员	2012.08	区委统战部科员	全国统战宣传工作先进个人	中央统战部
王军微	男	1974.01	专科	汉	民进会员	1995.07	临沂市河东区天使国际特教学校校长	全国残疾人工作先进个人	国务院残疾人工作委员会
王军微	男	1974.01	专科	汉	民进会员	1995.07	临沂市河东区天使国际特教学校校长	交通银行特教园丁奖	教育部办公厅、中国残联办公厅、交通银行办公室
姜良运	男	1978.12	大学	汉	中共党员	1997.11	区工商局办公室主任	全国个私协会系统先进工作者	国家工商总局、中国个体劳动者协会
朱丽华	女	1986.12	硕士	汉	群众	2011.12	区审计局法制科副科长	全国审计宣传工作先进个人	中国审计报
宋维扬	男	1983.04	大学	汉	中共党员	2006.12	区审计局办公室主任	通联工作先进个人	中国审计报
姚运明	男	1970.10	大学	汉族	中共党员	1993.08	区政府区长	山东省社会治安综合治理先进个人（二等功）	中共山东省委、山东省人民政府
王军微	男	1974.1.18	专科	汉族	民进会员	1995.07	临沂市河东区天使国际特教学校校长	齐鲁和谐使者	山东省人民政府
王苗苗	女	1989.12	大学本科	汉族	中共党员	2012.08	中共河东区委党史研究室办公室主任	全省党委系统信息调研工作先进个人	中共山东省委办公厅
李　琦	女	1987.03	本科	汉族	中共党员	2009.08	河东区纪委宣传部部长	全省纪检监察系统网络评论工作优秀个人	中共山东省纪委宣传部

续表

姓名	性别	出生年月	文化程度	民族	政治面貌	参加工作时间	工作单位及职务（含专业技术职务）	所获荣誉称号	授奖单位
高冠军	男	1980.04	研究生	汉	中共党员	2003.07	区委党校办公室主任讲师	省级优秀教师	山东省委党校
刘亚男	女	1982.02	大学	汉	中共党员	2005.07	区委党校副校长讲师	省级优秀教学奖	山东省委党校
刘德印	男	1971.01	大学	汉	中共党员	1995.07	临沂市公安局河东分局刑侦大队大队长	个人二等功	山东省公安厅
王兆文	男	1976.04	研究生	汉	中共党员	1998.04	临沂市公安局河东分局经侦大队三中队中队长	全省公安系统先进个人	山东省公安厅、省人社厅、省公务员局
胡顺华	男	1973.10	大学	汉	中共党员	1994.07	临沂市公安局交警支队河东大队副大队长	二等功	山东省公安厅
徐志文	男	1972.11	大学	汉	中共党员	1993.09	区经信局副局长	2016年度省经信委、省人社厅、省公务员局“三等功”	山东省人社厅、省公务员局
彭善超	男	1988.10	大学	汉	中共党员	2010.12	区编办科员	全省机构与行政宣传工作先进个人	山东省编办、大众报业集团（大众日报社）
刘夫海	男	1983.08	本科	汉	中共党员	1998.12	河东区人社局信息科科长	2015年度全省社会保障统计报表工作先进个人	山东省社会保险事业局
杨武装	男	1987.06	本科	汉	中共党员	2011.12	河东区人社局社保处稽核科科长	2015年度全省社会保障基金报表工作先进个人	山东省社会保险事业局
周　颖	女	1987.04	大学	汉	中共党员	2013.09	区水务局办公室副主任、助理工程师	全省农林水畜牧系统合理化建议活动先进个人	山东省农林水工会委员会
姜兆艳	女	1982.12	大学	汉	中共党员	2006.12	区水务局人事科科长、中级工程师	全省农林水畜牧系统合理化建议活动先进个人	山东省农林水工会委员会
姜良军	男	1968.12	大专	汉	中共党员	1991.01	区散装水泥管理办公室主任	2016年省散装水泥管理先进工作者	山东省散装水泥办公室
刘亚菲	女	1987.1	研究生	汉	中共党员	2013.07	区经信局企业科科长	山东省中石化油气管道重大隐患整治工作先进个人	山东省中石化油气管道重大隐患整治工作领导小组
李　伟	女	1983.06	本科	汉	群众	2008.12	临沂电信河东分公司办公室主任	省级优秀员工	中国电信集团公司山东分公司

注：资料由各单位提供

市级先进人物名录

姓名	性别	出生年月	文化程度	民族	政治面貌	参加工作时间	工作单位及职务（含专业技术职务）	所获荣誉称号	授奖单位
刘庆功	男	1982.04	大学	汉	中共党员	2004.10	区委党校副校长	市级优秀共产党员	中共临沂市委
孙　勋	男	1982.10	大学	汉	中共党员	2003.07	区检察院未成年人刑事检察办公室主任	全市优秀党务工作者	中共临沂市委
徐相吉	男	1965.08	大学	汉	中共党员	1984.07	区检察院宣教科科长	全市“六五”普法依法治理工作先进个人	中共临沂市委、临沂市人民政府
鞠　晓	男	1974.03	大学	汉	中共党员	1995.07	临沂市公安局交警支队河东大队副大队长	全市人民满意政法干警	中共临沂市委、临沂市人民政府
韩庆文	男	1958.10	大学	汉	中共党员	1981.07	河东地税分局正科级干部	临沂市第一书记工作先进个人、市委市政府“三等功”	中共临沂市委、临沂市人民政府
李　桦	男	1972.06	本科	汉	中共党员	1990.07	区农业综合开发办公室副主任	先进个人	中共临沂市委、临沂市人民政府
王　琦	男	1974.08	大学	汉	中共党员	1995.12	区审计局主任科员	个人三等功	中共临沂市委、临沂市人民政府
杨　海	男	1984.10	大学	汉	中共党员	2007.07	区司法局办公室主任	2016年度平安临沂建设先进个人	中共临沂市委、临沂市人民政府
何　鑫	女	1991.09	大学	汉	中共党员	2015.09	凤凰岭街道宣传干事	2016年平安临沂建设先进个人	临沂市人民政府
颜洪刚	男	1971.08	大学	汉	中共党员	1992.11	河东地税分局相公中心所所长	全市财税征管工作先进个人	临沂市人民政府
王军微	男	1974.1.18	专科	汉	民进会员	1995.07	临沂市河东区天使国际特教学校校长	沂蒙和谐使者	临沂市人民政府

注：资料由各单位提供

附　录

Fu Lu

2016年河东区国民经济和社会发展统计公报

2016年，全区各级在区委、区政府的正确领导下，认真落实“五区托一城”总体发展战略，扎实做好稳增长、调结构、促改革、惠民生、守底线各项工作，经济社会保持良好发展态势。初步核算并经市统计局审核，全年实现地区生产总值186.14亿元，增长6.5%；其中，第一产业增加值12.46亿元，增长4.2%；第二产业增加值87.83亿元，增长5.1%；第三产业增加值85.85亿元，增长8.2%。三次产业比为6.7∶47.2∶46.1。实现公共财政预算收入14亿元，同比增长11.9%。

一、农林牧渔业

农林牧渔业平衡发展。全区农林牧渔业增加值实现12.93亿元。农业增加值7.98亿元，比上年增长5.1%；林业增加值0.8亿元，增长1.56%；牧业增加值3.21亿元，增长6%；渔业增加值0.47亿元，增长0.04%；农林牧渔业服务业增加值0.47亿元，增长12.2%。

林业生态建设取得新进展。完成新造林5000亩，林地面积达到20.1万亩，林木覆盖率达到35%。

全年粮食总产量25.74万吨，亩产430.4千克，水果总产1.17万吨，蔬菜总产16.25万吨。全年生猪出栏20.65万头，下降4.35%；家禽出栏553.2万只，同比下降13.89%；猪肉产量分别为1.41万吨，下降6.7%；牛肉产量0.05万吨，下降20.8%；羊肉产量0.01万吨，与去年持平；奶类产量0.24万吨，下降40%。

农业现代化建设取得新成效。农村基础设施更加完善。拖拉机14070台。稻麦联合收获机764台、玉米联合收获机211台。新增现代农业示范区2个，新认证“三品一标”品牌3宗。培育科技示范户700户，建设3个试验示范基地；培育新型职业农民260人，建设农民田间学校8家。全区农民专业合作社达951家，其中，国家级示范社3家，省级示范社11家。全区家庭农场达210家，其中，省级示范场1家，市级示范场5家。

二、工业、建筑业

全区规模以上工业增加值增长5.1%。规模以上工业总产值485.1亿元，下降8.9%。十大传统产业完成产值372.3亿元，六大未来新兴产业完成产值0.95亿元，分别下降10.91%和85.08%。产值过亿元企业96家，完成产值420.9亿元，下降1.4%；全年主营业收入过亿元企业92家，同比减少15家。农副食品加工企业完成产值175.7亿元，下降7.77%；非金属矿物制品企业完成产值60.97亿元，下降19.54%；金属制品企业完成产值53.31亿元，增长7.85%；电气机械和器材制造企业完成产值43.76亿元，同比增长12.51%；橡胶和塑料制品企业完成产值20.38亿元，下降13.18%。

全区规模以上工业实现主营业务收入432.5亿元，下降17.49%；实现利润13.2亿元，下降29.14%；利税18亿元，下降34.45%。51家企业实现利税过千万元，减少17家；其中利税过亿元企业1家，比去年少3家。

建筑业生产情况。全区资质以上建筑企业22家，完成建筑业总产值10.1亿元，同比下降20.8%。全年房屋施工面积67.5万平方米，同比下降37.3%。房屋建筑竣工面积28.9万平方米，同比下降50.3%。

三、固定资产投资

投资结构持续调整。全区完成固定资产投资152亿元，下降7.6%。投资结构趋于优化，一产完成投资4.4亿元，下降17%；二产完成投资63

亿元，下降21.1%；三产完成投资84.6亿元，增长6.5%。全区完成技改完成投资40.3亿元，同比下降27.6%；高新技术产业完成投资7.3亿元，同比下降71.9%，占全部投资比重4.8%，比去年同期减少10.9个百分点。全区亿元以上新开工投资项目个数27个，较去年同期减少40个，完成投资48.5亿元，同比下降49.2%。民间投资完成113.8亿元，同比下降13.8%，占固定资产投资总量比重74.9%，同比下降5.3个百分点。

全区房地产企业完成投资21.71亿元，增长97.9%；商品房销售面积31.1万平方米，下降2.9%；商品房销售额14.5亿元，增长6.5%。

四、国内市场和外经外贸

全区实现社会消费品零售总额148.5亿元，同比增长11.1%。限额以上企业完成零售额85.3亿元，同比增长7.8%，占全区社会消费品零售总额的比重为57.4%。传统消费品持续增长，全区限额以上批发、零售业零售额中，石油及制品实现零售额16.2亿元，同比增长95.8%；各类日用消费品实现零售额9.8亿元，同比增长20.6%；汽车实现零售额35.7亿元，同比下降11.1%。

商品交易市场形势良好。商城交易额593.3亿元，增长15.2%；商城物流总额304.7亿元，增长14.2%；全区实现电子商务交易额152.6亿元。

全年居民消费价格上升1.7%；服务价格指数上涨0.7%；工业生产者出厂价格下降0.7%，建筑安装工程价格下降0.9%，固定资产投资价格下降0.9%。

全年实现进出口总额27.2亿元，增长11.3%，其中，出口额24.86亿元，增长11.7%；进口额2.34亿元，增长7.7%。全年新批利用外资项目1个，实际到账外资1617万美元。

五、招商引资和旅游

全区共有在建项目162个（其中联合招商项目13个，飞地项目7个），到位资金1203138.99万元，其中项目资金1025639.27万元、争取无偿资金及融资折算认定177499.72万元，完成全年目标任务的120.31%。奥德燃气发行公司债券认定到位资金50000万元；金融机构扶持招商引资企业（项目）中长期贷款54878万元；境外到位资金1571万美元。其中新上项目98个，续建项目64个。投资过5亿元项目25个（新上项目12个，其中工业10个），投资过10亿元项目17个（新上项目5个，其中工业2个），投资过50亿元项目1个，投资过100亿元项目2个。在建项目中，世界500强项目2个为PTT润滑油、豪生大酒店；中国500强3个为鲁商国际健康城、有色金属交割库、东明石化；行业10强1个为长城宽带。

全区年接待游客总量达到650万人次，实现旅游总收入45亿元。都市休闲游乐城、万福农庄分别被评为国家3A级、2A级旅游景区；汤河镇上榜山东省旅游强乡镇；旦彰街村、窦岭村、白塔街社区创建为山东省旅游特色村；立晨农庄被评为山东省农业旅游示范点；龙园采摘园等3家单位被评为山东省精品采摘园；龙园桃园居等7家农家乐分别被评为四星级、三星级好客人家农家乐；汤河镇、汤头街道和旦彰街村、窦岭村、白塔街社区分别被确定为市级旅游特色镇和特色村；龙园二期加快推进，红妆馆、木文化博物馆建成开放；凤凰欢乐大世界开门纳客。一批新业态项目正加快建设，沂州古城已完成前期规划设计，临沂旅游集散中心已上报国家发改委。

六、财税、金融

全区实现公共财政预算收入14.03亿元，占年初预算100.91%，比去年同期增长11.88%。其中税收收入完成12.43亿元，占年初预算101.22%，增长13.35%，占公共财政预算收入88.60%；非税收收入完成1.6亿元，占调整预算98.52%，增长1.70%，占一般公共预算收入11.40%。四项主体税种：增值税完成28787万元，占调整预算103.52%，增长46.72%；营业税完成31898万元，占调整预算100.01%，增长14.04%；企业所得税完成10868万元，占调整预算 101.36%，增长 47.00%；个人所得税完成 1606 万元，占调整预算 105.66%，增长 22.41%。

截至 2016 年末，全区本外币各项存款余额 278.3 亿元，较年初增加 47.8 亿元。各项贷款余额 202.1 亿元，较年初增加 30.5 亿元。

七、科技、教育和卫生

科技事业健康发展。全区共有高新技术企业 13 家，省创新型企业 3 家，全区 2016 年发明专利申请 85 件，授权 23 件。全区有生产力促进中心 1 家，省级工程技术研究中心 3 家。

教育水平不断提高。全区辖区内各类公办学校 89 所，其中中心小学 17 所，区直小学 6 所，村级小学 49 所，初级中学 11 所，普通高中 1 所，区职业中专 1 所，九年一贯制学校 2 所，专任教师 5035 人，其中普通中学专任教师 2140 人，普通小学专任教师 2667 人，职业学校教师 228 人；全部在校学生共有 7.96 万人，其中普通中学生 2.32 万人，普通小学生 5.36 万人，职业学校人数 2831 人。目前，全区省级教学示范学校 3 处，市级教学示范学校 17 处，省级规范化学校 9 处，市级规范化学校 55 处。

卫生工作逐步加强。全区辖区内拥有医院 3 家、疗养院 2 家，卫生院 9 处，社区卫生服务中心 2 所，疾病预防控制机构 1 所，妇幼保健机构 1 所，拥有病床床位 2697 张，卫生技术人员 2549 人，其中，执业医师及执业助理医师 1244 人，注册护士 1282 人。

八、居民生活和社会保障

全区居民人均可支配收入 23128 元，增长 7.6%。

社会劳动保障逐步加强。全区参加城镇职工基本医疗保险的人数为 31981 人，参加城乡居民基本养老保险的人数为 306916 人，新增就业人员 5791 人，转移农村劳动力 5014 人，失业率控制在 2.34% 以内。社会保障工作进一步加强。参加城镇职工基本养老保险的人数为 61183 人，参加失业保险人数为 14608 人，参加工伤保险的人数为 36940 人，参加生育保险保险的人数为 18620 人，五项社会保险基金总收入 5.13 亿元，增加 0.96 亿元；支出 4.04 亿元，增加 0.47 亿元。共征缴各项社会保险基金（含城乡居民）7.39 亿元，2016 年参加居民基本医疗保险人数达 499002 人，筹资 2.8 亿元，累计结余 1.76 亿元。

九、安全生产、环保

全区安全生产工作在区委区政府的正确领导下，各级各部门单位牢固树立红线意识和底线思维，全面贯彻落实上级各项政策措施，以安全生产“大排查、快整治、严执法”为主线，建立完善安全风险分级管控和隐患排查治理两个体系建设，严格落实安全生产责任制，扎实推进政府属地管理、部门单位行业管理和企业主体责任的落实，全区安全生产形势保持了持续稳定的态势。

河东区空气质量综合指数平均值 6.34，位于全市第三，比 2015 年前进 4 个位次；优良天数 231 天，全市第二；空气质量改善率 18.5%，位居全市第一。

中共河东区委　河东区人民政府
关于表彰2016年度先进单位和先进个人的通报

（2017年2月4日）

临东委〔2017〕7号

2016年，全区各级各部门在区委、区政府的正确领导下，认真贯彻党的十八大和十八届历次全会精神，以“两学一做”学习教育为动力，深入学习习近平总书记系列重要讲话和特别是视察临沂重要讲话精神，紧紧围绕“四个全面”战略布局和省委省政府“走在前列”、市委市政府“大美新”临沂建设的部署要求，主动适应经济发展新常态，深入实施“五区托一城”发展战略，统筹做好稳增长、调结构、促改革、惠民生、守底线等各项工作，圆满完成了各项目标任务，全区上下呈现出政治安定、社会稳定、经济发展、人民生活水平稳步提高、各项社会事业全面进步的良好局面，各条战线上涌现出一大批先进单位和先进个人。

为发扬成绩、表彰先进，振奋精神、乘势而上，推动全区科学发展再上新水平，区委、区政府决定，授予九曲街道“2016年度综合考核一等奖”；授予汤头街道、太平街道“2016年度综合考核二等奖”；授予河东工业园区、汤河镇、八湖镇“2016年度综合考核三等奖”。授予区供销社等24个单位“2016年度最佳服务单位”荣誉称号，授予河东区国税局等10个单位“2016年度发展河东先进单位”荣誉称号，给予河东环保分局集体记三等功。同时，对在“三引一促”、重大（重点）项目建设、服务业发展、农业农村、扶贫、平安河东建设等工作中做出突出贡献的先进单位和先进个人予以表彰。

2017年是实施“十三五”规划、推进供给侧结构性改革、全面建成小康社会的攻坚之年，做好今年的工作，对巩固新常态下经济社会发展的良好势头，全面加快建设大美新临沂美丽河东区具有十分重要的意义。希望受表彰的先进单位和先进个人，要珍惜荣誉，戒骄戒躁，再接再厉，为加快全区经济社会发展做出新的更大成绩。全区各级各部门和广大党员干部群众，要以先进单位和先进个人为榜样，进一步解放思想，开拓创新，勇于担当，认真贯彻中央、省、市经济工作会议精神，围绕建设“大美新”临沂的战略部署，按照“走在前列、争先进位”的工作要求，以推进供给侧结构性改革为主线，深入推进“五区托一城”发展战略，扎实推进“八项发展举措”，着力强化“八个保障举措”，以优异的成绩迎接党的十九大和省、市党代会的胜利召开，为加快建设大美新临沂美丽河东区做出新的更大贡献！

附件：2016年度先进单位和先进个人名单

附件

2016年度先进单位和先进个人名单

一、综合奖

（一）先进镇街园区

1. 综合考核一等奖（1个）

九曲街道

2. 综合考核二等奖（2个）

汤头街道　太平街道

3. 综合考核三等奖（3 个）

河东工业园区　汤河镇　八湖镇

（二）最佳服务单位（24 个）

1. 经济类部门单位（11 个）

区供销社　区民政局　区商务局

区工商局　农高区　区金融办

区财政局　区招商局　区人社局

区科技局　区农业局

2. 非经济类部门单位（13 个）

区教体局　区城管局　区卫计局

区审计局　区文广新局

区残联　区委党校　区信访局

区政府法制办公室

区有线广播电视台　区安监局

区扶贫办　区委农工办

（三）发展河东先进单位（10 个）

河东区国税局　河东国土资源分局

河东区公路局　河东交警大队

河东公安分局　河东地税分局

河东交通运输分局

河东农村商业银行　河东环保分局

临沂供电公司河东客户服务中心

（四）集体三等功

河东环保分局

二、单项奖

（一）“三引一促”工作

1. 2016 年度“三引一促”工作先进镇街园区（6 个）

一等奖（1 个）：

临沂临空经济区（河东工业园区）

二等奖（2 个）：

九曲街道　太平街道

三等奖（3 个）：

临沂汤泉旅游度假区（汤头街道）

凤凰岭街道　八湖镇

2. 2016 年度全区“三引一促”工作先进单位（30 个）

一等奖（5 个）：

区招商局　区委组织部　区科技局

区发改局　区教体局

二等奖（10 个）：

区委办公室　区人社局

临沂农业高新技术产业示范区

区工商局　区直机关党工委

区政府办公室

区中小企业管理服务中心

区妇联　区政协办公室　区审计局

三等奖（15 个）：

河东国土资源分局　区金融办

区财政局　区文广新局

区旅游局　区残联　区统计局

区粮食局　区委宣传部

区食药监局　河东区国税局

区商务局　区水务局

区人大常委会办公室　区城管局

3. 2016 年度“招才引智”工作先进镇街园区（6 个）

一等奖（1 个）：

临沂临空经济区（河东工业园区）

二等奖（2 个）：

九曲街道　相公街道

三等奖（3 个）：

太平街道　郑旺镇　凤凰岭街道

4. 2016 年度“招才引智”工作先进单位（15 个）

一等奖（5 个）：

区委组织部　区招商局　区科技局

区人社局

临沂农业高新技术产业示范区

二等奖（5 个）：

区教体局　区中小企业管理服务中心

区商务局　区工商局　区经信局

三等奖（5 个）：

区农业局　区卫计局　区食药监局

区财政局　区政协办公室

（二）重大（重点）项目建设工作

1. 全区重大（重点）项目建设先进镇街园区（6个）

临沂汤泉旅游度假区（汤头街道）

临沂临空经济区（河东工业园区）

九曲街道　太平街道

临沂农业高新技术产业示范区

凤凰岭街道

2. 全区重大(重点)项目建设先进单位(10个)

区发展和改革局　区统计局

区住建局　区财政局

区招商局　区节能办　区经信局

河东环保分局

河东国土资源分局　河东规划分局

（三）服务业发展工作

1. 全区服务业发展先进镇街园区（6个）

临沂汤泉旅游度假区（汤头街道）

九曲街道

临沂临空经济区（河东工业园区）

太平街道　八湖镇　凤凰岭街道

2. 全区服务业发展先进单位（10个）

区发展和改革局　区统计局

区工商局　区商务局　区金融办

区旅游局　区招商局　区质监局

河东区国税局　河东地税分局

（四）招商引资工作

1. 全区招商引资工作先进镇街园区（6个）

一等奖（1个）：

临沂汤泉旅游度假区（汤头街道）

二等奖（2个）：

临沂临空经济区（河东工业园区）

九曲街道

三等奖（3个）：

太平街道　凤凰岭街道　汤河镇

2. 全区招商引资工作先进单位

一等奖（2个）：

区招商局　区委组织部

二等奖（4个）：

区发展和改革局　区科技局

区委办公室　区政府办公室

三等奖（4个）：

区财政局　区直机关党工委

河东区国税局　区妇联

3. 全区招商引资工作先进单位（20个）

区人大常委会办公室　区教体局

区审计局　区委宣传部

河东国土资源分局　区文广新局

区政协办公室　区人社局

区工商局　区统计局

临沂农业高新技术产业示范区

区金融办　区住建局

区中小企业管理服务中心

区旅游局　区残联　区粮食局

河东地税分局　河东规划分局

河东环保分局

4. 全区招大引强工作先进单位（9个）

临沂汤泉旅游度假区（汤头街道）

临沂临空经济区（河东工业园区）

临沂农业高新技术产业示范区

九曲街道　相公街道

郑旺镇　区招商局　区委组织部

区食药监局

5. 招商引资工作三等功（23人）

管佃富　李延杰　魏元涛　管继斗

王延信　张　远　曹飞征　郭方飞

林永前　王金奎　张林振　郭同达

诸葛夫杰　王海滨　李丽娜　孙成伟

蔡明朋　陈学涛　高秀飞　明永成

张连辉　王洪慧　王家楼

（五）农业农村工作

1. 全区农业工作先进镇街园区（5个）

八湖镇　临沂汤泉旅游度假区（汤头街道）

太平街道　凤凰岭街道　郑旺镇

2. 减轻农民负担工作先进镇街园区（5个）

凤凰岭街道　汤河镇　九曲街道

临沂临空经济区（河东工业园区）

相公街道

3. 秸秆禁烧与综合利用工作先进镇街园区（5个）

八湖镇　太平街道

临沂汤泉旅游度假区（汤头街道）

凤凰岭街道　九曲街道

（六）商务及外贸工作

1. 2016年度商贸工作先进镇街园区（3个）

九曲街道

临沂汤泉旅游度假区（汤头街道）

临沂临空经济区（河东工业园区）

2. 2016年度外贸工作先进单位（5个）

临沂汤泉旅游度假区（汤头街道）

九曲街道　八湖镇　郑旺镇　太平街道

（七）扶贫工作

1. 全区脱贫攻坚优秀镇街（3个）

八湖镇　汤河镇　郑旺镇

2. 全区脱贫攻坚先进镇街园区（6个）

九曲街道　相公街道

临沂汤泉旅游度假区（汤头街道）

太平街道

临沂临空经济区（河东工业园区）

凤凰岭街道

3. 全区行业扶贫工作先进单位（20个）

区供销社　团区委　区委组织部

区委农工办　区民政局

区卫计局　区教体局　区经信局

区残联　区财政局　区住建局

区审计局　区水务局　区农业局

区商务局　区文广新局

临沂供电公司河东客户服务中心

区人社局　区发展和改革局

山东临沂河东农村商业银行股份有限公司

4. 全区社会扶贫先进单位（20个）

临沂创新食品有限公司

临沂田源食品有限公司

河东区祥瑞葡萄种植专业合作社

临沂瑞泽生物科技股份有限公司

临沂万隆工艺品有限公司

临河防水材料有限公司

临沂金盛工艺品辅料有限公司

河东农商行汤河支行

山东省临沂市河东区农村商业银行郑旺支行

临沂市河东区郑旺供销社

临沂市成业工艺品有限公司

山东森诺特环保能源股份有限公司

山东力扬塑业有限公司

临沂奥达建陶有限公司

山东鲁泰鞋业有限公司

振宏苗木种植合作社

临沂市三丰化工有限公司

临沂汇海油脂有限公司

临沂市河东区学雷锋志愿者联合会

临沂市善德爱心社

5. 全区扶贫开发工作先进个人（100名）

张培会　袁堂明　李增光　滕世辉

盖云宝　王新刚　李全华　杨士田

金　刚　刘贵喜　李洪强　王英新

王建业　田夫贤　王　雨　赵鹏成

李淑兰　丁　华　刘中建　庞现青

岳　磊　李晓玲　郁有学　刘楠楠

王升彦　许跃源　王　东　董立伟

王秀珍　蔡　琦　徐世霞　黄元磊

魏　伟　侯青青　郭士文　朱振海

王飞龙　李志林　陈效宏　王艳秀

张　杨　徐连三　李庆春　鞠传营

杨建萍　孙建光　邢子芹　张　远

陈　超　禹腊腊　诸葛绪林　刘洪产

张书阳　孙文豪　李　勇　宋连运

徐　峰　刘　晨　杨　慧　高艺文

周　颖　薛兴自　刘海涛　陈学平

郭　慧　绍泽涛　郭广阔　冯善常

刘洪春　刘国辉　王庆奎　张从岩

张庆娟　王　静　刘志峰　李长欣

郑庆法　赵玉洁　王倩倩　罗民辉

李　超　吴慧云　刘廷虎　丁国欣

高君宝　管文波　王文瑞　尹晓东

郑田嘉　王俊成　张春光　苏玉祥
张　勇　张百祯　张　辉　代振福
刘　达　杨　勇　管业圣　王德庆

（八）环境保护工作

1. 全区环保工作先进镇街园区（5个）
八湖镇　凤凰岭街道　太平街道
相公街道　郑旺镇
2. 全区环保工作先进单位（6个）
河东环保分局　区农业局　区质监局
区城管局　区水务局　区住建局

（九）美丽乡村和城乡新型社区建设工作

1. 全区美丽乡村建设工作先进镇街园区（5个）
汤河镇　太平街道　郑旺镇
临沂汤泉旅游度假区（汤头街道）　八湖镇
2. 全区美丽乡村建设工作先进单位（8个）
区委农工办　区财政局　区住建局
区水务局　区教体局　区文广新局
河东规划分局　河东交通运输分局
3. 全区城乡新型社区建设工作先进镇街园区（5个）
九曲街道　临沂汤泉旅游度假区（汤头街道）
凤凰岭街道　相公街道
临沂临空经济区（河东工业园区）
4. 全区城乡新型社区建设工作先进单位（5个）
区委农工办　区委组织部　区住建局
区民政局　河东规划分局
5. 美丽乡村建设工作先进个人（30人）
孙　新　高　震　王帅光　缪兴霞
祁桂菊　闫明家　马永超　潘运国
丁翱翔　禹腊腊　李晓琳　李天骄
耿向楠　尤高杰　崔建柱　尤常江
李庆银　谷程瑶　杜明义　张　浩
刘月震　苑光川　诸葛江涛　吕昌华
包　磊　赵国营　张传瑾　侯常勇
尹晶晶　李文珍
6. 社区建设工作奖励人员名单（22人）
于运前　刘阳强　刘洪波　王成彬
袁文辉　范艳华　郭兴泉　钟　海
邵明帅　赵钦华　陈效宏　徐　伟
贾彦鹏　高秀猛　李　璐　陈永存
许振东　袁堂勋　邵长青　于运宝
刘　迅　辛　得

（十）审计工作

1. 全区审计工作先进镇街园区（5个）
九曲街道　太平街道　相公街道
临沂汤泉旅游度假区（汤头街道）　八湖镇
2. 全区审计工作先进个人（18名）
陈　美　陈　颖　刘士民　孙艳丽
彭树芳　诸葛瑞萍　张　也　张　静
王世文　董志刚　孙玉莹　林　凤
唐欣光　李　勇　张　璐　石桂丽
苏永秀　朱丽华

（十一）政务服务工作

1. 全区政务服务工作先进单位（11个）
区政府办公室　区财政局　区食药监局
区政务服务中心管理办公室
河东区国税局　区安监局
河东地税分局　区工商局
河东烟草专卖局　区发展和改革局
区科技局
2. 全区政务服务工作先进个人（30名）
张淑敏　孙冰冰　杨婷婷　李淑敏
周　欢　崔　红　郑　飞　刘曼丽
胡　新　高玉翠　王　欣　韩　蕾
赵　莉　刘　莹　李金泽　王志凤
李崇镇　李兆庭　王世文　张晓蕾
王　振　葛玉英　刘远平　林　蕊
李　锋　赵　敏　张现羽　张晓梅
孙　倩　康建美

（十二）依法行政工作

1. 全区依法行政先进单位（10个）
区工商局　区食药监局　区安监局
区卫计局　区农业局　区审计局
区文管执法局　河东区国税局

河东公安分局　河东地税分局

2. 全区依法行政标兵（10名）

张　彬　林凡岭　蒋阿霞　张　磊

赵　涛　王　静　任姝昕　郑建栋

窦英志　何鑫

（十三）安全生产工作

1. 全区安全生产工作先进镇街园区（4个）

八湖镇　临沂汤泉旅游度假区（汤头街道）

相公街道

临沂临空经济区（河东工业园区）

2. 全区安全生产工作先进单位（10个）

区政府办公室　区粮食局

河东国土资源分局　河东交警大队

临沂供电公司河东客户服务中心

区水务局　区文管执法局　区旅游局

河东交通运输分局　区林业局

3. 履行安全生产职能先进单位

临沂市公安消防支队河东区大队

4. 全区安全生产工作先进个人（20名）

姜丹丹　吴善光　刘亚菲　陆永文

庞士尊　郭学德　朱步纲　史运峰

季　勇　崔盟国　林东伟　周富恒

孟　菲　李文盛　卢　恒　张军田

张　静　王言宝　张春笋　谢炜

（十四）水利工作

1. 全区重点水利工程建设先进镇街（4个）

八湖镇　临沂汤泉旅游度假区（汤头街道）

汤河镇　郑旺镇

2. 全区汪塘整治工作先进镇街（3个）

相公街道　汤河镇　八湖镇

（十五）人口和计划生育工作

全区人口和计划生育工作先进镇街园区（7个）

一等奖（3个）：

临沂汤泉旅游度假区（汤头街道）

太平街道　汤河镇

二等奖（4个）：

凤凰岭街道　九曲街道

临沂临空经济区（河东工业园区）

郑旺镇

（十六）食品安全工作

1. 全区食品安全工作先进镇街园区（4个）

凤凰岭街道　临沂汤泉旅游度假区（汤头街道）

九曲街道　临沂临空经济区（河东工业园区）

2. 全区食品安全工作先进单位（10个）

区食药监局　河东公安分局　区畜牧兽医局　区教体局　区盐务局　区财政局　区工商局　区农业局　区委宣传部　区卫计局

3. 全区食品安全工作先进个人（30名）

唐　倩　刘文艳　杨广瑞　朱孟江

朱孔华　司　波　韩洪琛　王西文

窦英志　李文盛　杨　龙　张树腾

李学珍　周洪斌　周云龙　周　鑫

张鹤宗　吴善光　徐　峰　王夫涛

李西康　胡顺龙　尤高杰　马士良

杜　明　卢晓辉　李振玲　徐贵英

刘　军　何　磊

（十七）宣传思想文化工作

1. 全区宣传思想文化工作先进镇街园区（6个）

九曲街道　汤河镇　郑旺镇　临沂汤泉旅游度假区（汤头街道）

太平街道　临沂临空经济区（河东工业园）

2. 全区宣传思想文化工作先进个人（18名）

李艳艳　朱孔明　张　浩　孙菲菲

于　洋　张军田　陈晓晖　聂凤昌

张连华　焦　建　王艳秀　尹晶晶

龙军超　徐　强　闫　浩　彭树芳

王西文　朱　云

3. 全区新闻宣传十大标兵（10名）

王乐梅　王金贵　徐继忠　朱孟仓

钟继平　韩大伟　陆永文　李玉娟

刘正洁　房欢欢

4. 河东区第六届“十大道德模范”（10名）

苏秀红　刘丰林　刘君峰　常开秀

盖庆宽　尤小伟　胡清仁　刘传东
张　达　冉祥良

（十八）平安河东建设工作

1. 平安河东建设先进镇街园区（5个）

太平街道　相公街道　郑旺镇
临沂汤泉旅游度假区（汤头街道）
凤凰岭街道

2. 平安河东建设先进单位（26个）

区财政局　河东国土资源分局　区质监局
区教体局　区总工会　团区委　区工商局
区信访局　区委610办公室　区安监局
河东人保公司　区食药监局　区编办
区城管局　区政府法制办　区文管执法局
区卫计局　区金融办　区维稳办
河东移动公司　区文广新局　区农业局
区发改局　区经信局　区民政局
区商务局

3. 平安河东建设先进村（社区）（40个）

彭于埠社区　耿斜坊社区　西水湖崖村
郭太平村　八间屋村　大太平村
小程子河社区　管岭村　曲坊村
西洽沟社区　马家宅村　潘家湖社区
李公庄村　西李家埠村　坊上村
树沂庄村　付家赤草坡村　王圪墩村
徐八湖村　张柴河村　小梁家村
大赵家村　王家戈村　林家湾沟南
张埠子村　崔台子村　前西沂村
盖家五湖村　西北村　庙前村　东山东村
东王庄村　孙旺村　小茅茨村　李团村
周庄村　孟于埠社区　小李庄社区
九曲店社区　独树头佳园社区

4. 平安河东建设先进个人（80人）

陈明远　马学琳　王传义　王孝华
徐若绍　杜希来　倪美霞　马　欣
房春光　李　龙　许守三　邢茂选
沈如林　穆　霆　宋西宝　尤志愿
林清果　韩春超　王成之　郇金凯
徐大志　杨洪平　姚洪瑞　庞树太
秦洪胜　谭建林　孙宗峰　陈　龙
庄新亭　郁　杨　咸彦江　胡晓东
赵丙存　张洪清　李松峰　李西光
彭洪树　马召义　崔明花　于学森
马跃飞　胡旭云　高　波　刘　雯
管纪燕　李崔法　朱孟伟　马永超
邹世军　钱　磊　张宝贵　张　建
丰丙飞　朱小明　何　飞　冯善常
秦永波　王倩倩　王庆奎　王　磊
张　华　王维震　翟萌萌　孙仕伟
俞　凯　刘力文　宋丹丹　李曼笛
贾瑞安　孙　静　刘洪春　徐进奎
张传理　李　伟　翁瑞萍　李绍玉
张永强　李　可　张海波　朱孟启

5. 十佳政法单位（10个）

河东区人民法院办公室
河东区人民法院九曲法庭
河东区人民检察院公诉科
河东区人民检察院侦查监督科
临沂市公安局河东分局国保大队
临沂市公安局河东分局工业园区派出所
临沂市公安局河东分局太平派出所
河东区司法局汤河司法所
临沂市公安局交通警察支队河东大队相公中队
临沂市公安局交通警察支队河东大队特勤中队

6. 十佳政法干警（10名）

蒋大伟　河东区人民法院刑二庭审判员
褚丽英　河东区人民法院民三庭审判员
侯光宏　河东区检察院政治处副主任、人事科科长
陈广栋　河东区检察院公诉科科员
刘敬刚　临沂市公安局河东分局刑侦大队三中队指导员
贾书亭　临沂市公安局河东分局桃源路派出所副所长
诸葛江伟　临沂市公安局河东分局汤头派

出所科员

史利伟　河东区八湖镇司法所所长

殷光清　临沂市公安局交通警察支队河东大队特勤中队指导员

杨　阳　临沂市公安局交通警察支队河东大队事故处理中队科员

7. 十佳政法科室负责人（10 名）

魏荣良　河东区人民法院行政庭庭长

吴彦章　河东区人民法院审管办主任

赵同利　河东区检察院反贪局侦查二科科长

王元峰　河东区检察院侦查监督科科长

王兴华　临沂市公安局河东分局相公派出所所长

于连梓　临沂市公安局河东分局特巡警大队指导员

刘守光　临沂市公安局河东分局治安大队副大队长

许守海　河东区司法局基层科科长

王　伟　临沂市公安局交通警察支队河东大队城区一中队中队长

陆永文　临沂市公安局交通警察支队河东大队宣传科科长

8. 2016 年度信访工作先进镇街园区（6 个）

太平街道　汤河镇　郑旺镇

八湖镇　九曲街道　凤凰岭街道

9. 2016 年度履行信访工作职能先进单位（20 个）

区纪委（监察局）　区委组织部

区委政法委（综治办）　区卫计局

区委 610 办公室　区民政局　区经信局

区教体局　区财政局　区法制办

区水务局　区供销社　区司法局

区粮食局　区人社局　区法院

区检察院　河东交警大队

河东国土资源分局　河东环保分局

10. 2016 年度信访工作先进个人（40 名）

孟凡琦　王　强　赵常杰　马　欣

李永彬　陈　琛　朱长虹　马跃飞

史成志　耿修威　邵长凯　赵西兵

王　亮　苑光川　潘慧慧　郭士刚

赵振全　刘纯燕　王子弟　胡顺强

朱崇国　高　娜　张西银　高　斌

赵丽伟　刘正军　张振国　付克惠

尤洪玉　蒋友梅　林春燕　郑燕燕

王　娟　梁鲁临　赵永春　李宗华

杨春晓　李　珂　闫相强　王　峰

11. 2016 年度防范和处理邪教工作先进镇街园区（5 个）

郑旺镇　临沂临空经济区（河东工业园区）

相公街道　临沂汤泉旅游度假区（汤头街道）

八湖镇

12. 2016 年度防范和处理邪教工作先进单位（15 个）

区委机要局　区委 610 办公室　区信访局

区法制办　区委党校　区有线广播电视台

区文广新局　区教体局　区司法局

区法院　区检察院　区科协　区财政局

区城管局　河东公安分局

13. 2016 年度防范和处理邪教工作先进个人（50 名）

刘宗良　李洪玲　朱孟豪　孙国刚

赵艳梅　朱孟兴　冯天时　李　鑫

赵英瑞　张传忠　朱长虹　陈　琛

苏同文　赵　森　王彩萍　刘玉龙

刘纯燕　李　鹏　王永刚　李　静

刘汉进　陈金平　吴莎莎　贾翠娟

孙士刚　殷洪亮　王庆奎　张　晨

邵姣竹　李曼笛　刘　飞　徐慧娟

马　径　岳　洁　刘本永　张　利

朱崇国　彭善坤　姜　欣　刘海涛

吴立鼎　连金贵　刘宗帅　庞树利

姜妍婷　王从之　解永香　段守建

刘从国　刘宝鼎

三、企业贡献奖

（一）纳税功臣企业（10 家）

山东奥德燃气有限公司

山东荣盛富翔地产开发有限公司
临沂市正直驾驶员培训有限公司
临沂华太电池有限公司
山东临沂河东农村商业银行股份有限公司
山东天元建设机械有限公司
山东临沂烟草有限公司河东营销部
临沂豪尔森置业发展有限公司
山东省临沂市三丰化工有限公司
中国石化销售有限公司山东临沂石油分公司

（二）纳税模范企业（10家）

临沂市第九建筑安装工程有限公司
临沂河东齐商村镇银行股份有限公司
临沂河东远通汽车销售服务有限公司
临沂大林食品股份有限公司
临沂市奥达建陶有限公司
临沂华辰置业有限公司
临沂市金潮港置业发展有限公司
临沂市广鑫房地产开发有限公司
山东天海高压容器有限公司
临沂市河东区万宝企业总公司

（三）先进企业（40家）

临商银行股份有限公司河东支行
临沂万盛置业有限公司
山东鲁泰鞋业有限公司
临沂东浦置业有限公司
山东宏艺科技股份有限公司
临沂盛拓置业有限公司
山东力扬塑业有限公司
临沂鲁商置业有限公司
中铁十五局集团临沂置业有限公司
临沂新凯润置业发展有限公司
临沂市东大建筑安装有限公司
山东翔宇房地产开发有限公司
山东中绿资源再生有限公司
山东中兴市政工程有限公司
临沂中暨置业有限公司
临沂田润置业发展有限公司
临沂市保安服务总公司
临沂市宏建建筑工程有限公司
中泰证券股份有限公司临沂分公司
国泰财产保险有限责任公司临沂中心支公司
临沂沂东中联水泥有限公司
临沂圣福源木业有限公司
临沂澳美纺织有限公司
山东天同食品有限公司
临沂诚誉食品有限公司
山东九州商业集团有限公司河东购物中心
临沂天顺置业有限公司
山东蒙凌工程机械股份有限公司
临沂市正泰建筑工程有限公司
临沂市供销石油公司
临沂市中天建筑有限公司
山东中和富翔地产开发有限公司
临沂唯品置业有限公司
临沂凯佳食品有限公司
临沂海诺置业有限公司
临沂三德建筑工程有限公司
临沂市中油供销石油销售有限公司
临沂市中通进出口贸易有限公司
临沂欣明房地产开发有限公司
临沂金港建设工程有限公司

（四）2016年度利用外资先进企业（1家）

临沂同泰食品机械有限公司

（五）2016年度出口贸易进步奖企业（11家）

山东永安合力钢瓶股份有限公司
临沂市亿发食品有限公司
山东启阳液压科技有限公司
临沂开元进出口有限公司
山东临航沃德供应链管理有限公司
临沂圣福源家居有限公司
临沂恒工机械有限公司
山东正工机械有限公司
临沂皓舜进出口有限公司
山东诚铭建设机械有限公司
临沂丰度进出口有限公司

（六）2016年度出口贸易先进企业（9家）

山东鲁泰鞋业有限公司

临沂创新食品有限公司

临沂万德福食品有限公司

临沂中洋国际贸易有限公司

临沂田源食品有限公司

临沂天勤食品有限公司

临沂市河东区鲁聚国际贸易有限公司

临沂市林海木业有限公司

临沂园源食品有限公司

（七）2016年度出口贸易明星企业（1家）

临沂圣福源木业有限公司

（八）2016年度出口贸易功勋企业（1家）

临沂华太电池有限公司

（九）2016年度进口贸易先进企业（2家）

临沂大林食品股份有限公司

临沂路晟进出口贸易有限公司

（十）2016年度商贸工作先进企业（6家）

山东九州商业集团有限公司河东购物中心

临沂盛业超市有限公司

山东九州商业集团有限公司九州购物广场

山东九州商业集团有限公司九州宜佳家电器河东店

山东九州商业集团有限公司连锁超市彭于埠店

山东观唐盛世旅游开发有限公司观唐大酒店

（十一）2016年度电子商务工作先进园区（2个）

河东区电子商务创业园

创众空间跨境电商产业园

（十二）2016年度电子商务工作先进企业（12家）

临沂河东供销电子商务有限公司

临沂华太电池有限公司

山东天同食品有限公司

临沂市河东区梦之缘服装销售有限公司

山东鲁泰鞋业有限公司

临沂瑞华制冷设备有限公司

临沂海淘电子商务有限公司

临沂慧众网络服务有限公司

临沂同辉商务展示有限公司

临沂天安网袋有限公司

临沂亿铭五金有限公司

河东区新颖竹木工艺品厂

索 引

Suo Yin

说明：

本索引为综合性主题索引，标示正文部分的内容。索引标目按汉语拼音字母顺序，标目后数字为页码。

A

B

C

D

F

G

H

J

K

L

M

W

X

Y

Z